ABJEÇÃO E DESEJO
uma etnografia travesti sobre o
modelo preventivo de aids

Larissa Pelúcio

ABJEÇÃO E DESEJO
uma etnografia travesti sobre o modelo preventivo de aids

Infothes Informação e Tesauro

P45 Pelúcio, Larissa
   Abjeção e desejo: uma etnografia travesti sobre o modelo preventivo de aids. / Larissa Pelúcio. - São Paulo: Annablume; Fapesp, 2009.
   264 p.; 16 x 23 cm

   ISBN 978-85-7419-990-0

   1. Antropologia. 2. Travestis. 3. Prostituição. 4. Clientes. 5. Política de Saúde. 6. DST/AIDS. 7. Política de Prevenção de DST/AIDS Para Travestis. 8. Política de Saúde na Cidade de São Paulo. 9. Sexualidade. 10. Gênero. 11. Saúde. I. Título. II. Uma etnografia travesti sobre o modelo preventivo de aids. III. Projeto Tudo de Bom. IV. Silva, Larissa Maués Pelúcio.

                           CDU 577.8
                           CDD 306

Catalogação elaborada por Wanda Lucia Schmidt - CRB-8-1922

ABJEÇÃO E DESEJO - UMA ETNOGRAFIA TRAVESTI SOBRE O MODELO PREVENTIVO DE AIDS

Projeto e Produção: Coletivo Gráfico Annablume
Capa: Mário Pizzignacco
Fotos: Mário Pizzignacco
Modelo: Verônica Rios

CONSELHO EDITORIAL

Eduardo Peñuela Cañizal
Norval Baitello Junior
Maria Odila Leite da Silva Dias
Celia Maria Marinho de Azevedo
Gustavo Bernardo Krause
Maria de Lourdes Sekeff (in memoriam)
Pedro Roberto Jacobi
Lucrécia D'Aléssio Ferrara

1ª edição: setembro de 2009

© Larissa Pelúcio

ANNABLUME editora . comunicação
Rua M.M.D.C., 217 . Butantã
05510-021 . São Paulo . SP . Brasil
Tel. e Fax. (011) 3539-0226 - Televendas 3539-0225
www.annablume.com.br

Agradecimentos

Trocando Miçangas

Por mais que eu fosse curioso e questionasse sobre suas vidas, logo aprendi que esta relação não poderia ser desigual: as travestis reivindicavam para si o direito de saber sobre a minha vida particular, sobre as minhas práticas, desejos e valores; desafiando minhas idéias. A reciprocidade parece ser uma lei unívoca neste universo cultural, sem a qual, relações sociais não são estabelecidas.

(Benedetti. 2005: 45)

Sentadas em torno de uma mesa de bar, duas antropólogas conversam sobre suas experiências de campo. Uma delas sou eu mesma, e conto um episódio que tenho como marco da minha aceitação entre as travestis paulistanas. A outra é Anna Paula Vencato, que fez sua etnografia entre camarins e boates onde *drag queens* "se montam" e se apresentam. Ela também me fala de sua "corrida com a polícia"[1] e, depois da pausa para um gole de *chopp*, conclui, com o tom das conversas de mesas de bar: "no fim, todos nós trocamos miçangas". Essa conversa, recheada de experiências e frases – que parecem só fazer sentido àqueles e àquelas que tiveram contato com certos textos e autores do campo das Ciências Sociais – me voltou inteira quando buscava dados no livro de Marcos Benedetti, e me deparei com a epígrafe que abre este rol de agradecimentos. Penso no quanto há de afetiva doação justamente onde o senso comum acredita haver apenas uma firme racionalidade.

Hélio Silva, ao apresentar o livro de Benedetti, escreve que "observar o campo e interagir nele é um permanente auto observar-se e uma auto-avaliação permanente. E isso é mais do que teoria, método ou técnica. É uma atitude necessária que submete todas as outras dimensões e produz uma identidade ambígua e oscilante: a do etnógrafo".

Assim, curiosamente, o etnógrafo aproxima-se da travesti, sempre em transformação, desconstruindo-se e reconstruindo-se num processo tão rigoroso quanto

---

1. Vencato usa a expressão em referência à experiência relatada por Clifford Geertz quando de sua aceitação como pesquisador entre os balineses, por quem foi ignorado durante semanas, apesar de seus esforços para ser aceito.

surpreendente. Para aprender outras linguagens, novas técnicas corporais, ardis e estratégias, é preciso também desaprender.

As oscilações e desconstruções começaram nas inúmeras conversas com minha orientadora, a professora doutora Marina Denise Cardoso, sempre rigorosa com as leituras, conceitos e escolhas teóricas. Nosso encontro foi um verdadeiro rito de passagem, e sou grata a ela por seus ensinamentos.

Por cerca de nove meses, contei com a orientação do professor doutor Richard Miskolci Escudeiro, que na ausência (para pós-doutorado) da professora Marina, se encarregou do projeto. Nasceu desse contato uma relação sólida que nos manteve como parceiros intelectuais e, sobretudo, como amigos. Ao Richard devo muitos *insights*, infindáveis e produtivas conversas, dicas bibliográficas e acadêmicas, hospedagem, acolhimento e apoio, nunca condescendente. Sou-lhe imensamente grata.

Agradeço também ao professor doutor Luiz Henrique Toledo, pela leitura atenta e pelas contribuições valorosas que deu a este trabalho, quando membro da banca de qualificação.

A identidade "ambígua e oscilante de etnógrafo" encontrou chão firme nas discussões do grupo de pesquisa *Corpo, Identidade Social e Estética da Existência*. Muito do que se lerá neste livro é resultado dos debates feitos em nossas reuniões. Sou grata a estes e a estas colegas pela interação profícua.

No decorrer da pesquisa, sempre nos deparamos com questões burocráticas e, nessas horas, é muito bom poder contar com pessoas prestativas e competentes. Meu muito obrigada a Ana Maria Bertolo e Ana Virgínia Moreira Amaral, por terem sido sempre prestativas e terem me auxiliado com a papelada.

Do *campus* para o campo, o aprendizado foi tão profundo que às vezes penso que o termo êmico *"transformação"* (usado pelas travestis quando se referem ao interminável processo de construção da Pessoa), cabe perfeitamente em minha experiência. Aqui os agradecimentos são inúmeros. Começarei agradecendo a Marli Dias, presidente da Casa de Apoio Brenda Lee quando realizei esta pesquisa. Graças ao seu profissionalismo pude conhecer Laura, Rúbia e Mônica, pessoas intensas que compratilharam suas vidas comigo.

Meus especiais agradecimentos às técnicas em saúde do projeto *Tudo de Bom!*: Deborah Malheiros, coordenadora geral do projeto quando comecei a pesquisa que, além de atenciosa, confiou no meu trabalho e empenhou-se como pôde para facilitar meu acesso aos dados e às unidades de saúde. Nestes espaços contei sempre com a solicitude e profissionalismo de Angélica e Yedda (*CR Santo Amaro*), Gilda (*SAE Butantã*), Marta e Solange (*CTA São Miguel*), Silvia (*SAE Campos Elíseos*), e Reginaldo (*SAE Lapa*). Agradeço especialmente à Fátima (*SAE Cidade Líder II*) e Marina (*AE Kalhil Yasbeck*), parceiras dedicadas, com as quais tive a oportunidade de conviver mais longamente e, assim, usufruir da experiência de ambas.

Acompanhar o trabalho das agentes e dos agentes de prevenção do *Tudo de Bom!* nas ruas de São Paulo foi um aprendizado cercado de boas conversas e situações memoráveis. Pelo carinho e paciência agradeço a Thaís, Paulette, Vanessa, Jocasta, Sílvia, Miriam, Reinaldo e Cícero. Entre tantas caminhadas, pude contar seguidamente com a companhia bem humorada de Elaine, com suas frases memoráveis e sua sabedoria despretensiosa, a quem agradeço do fundo do coração.

Graças a Daniel, Marcinho e Douglas adentrei no mundo da noite; eles foram essenciais para essa aproximação, por isso os cito aqui.

Portas abertas, parti para a rua. Nas primeiras incursões aos pontos de prostituição de São Carlos, o abraço afetuoso de Jennifer foi sempre um destensionador, um convite e uma proteção. Assim como as lições de vida da guerreira Bety, informante, amiga e parceira. Destes primeiros tempos, quero agradecer a Samantha, por ter sido a primeira travesti a me dar entrevista; a Cláudia, por ter-me aberto sua casa e Maraya e Alessandra, pelo insight que me levou a buscar a clientela.

As travestis, quando iniciam seu processo de transformação, geralmente o fazem a partir de referências vindas das esquinas, onde também podem achar uma "*mãe*" - aquela que as ensinará o que é ser travesti. Minha "*mãe*" foi Verônica Rios, amiga querida e serena. Na casa dela conheci pessoas especiais que colaboraram imensamente com este trabalho. Fabyanna Ferraz, Gisele, Francislaine, Brenda, Malu, Carla e Fernanda Lima são algumas que gostaria de nomear.

Foi pela internet, na minha busca por contatar a clientela das travestis, que conheci Jota, uns dos parceiros mais importantes desta pesquisa. Graças a sua experiência e terna cumplicidade, pude lidar melhor com as ferramentas da *web* e conhecer os meandros do mercado de sexo paulista. A ele agradeço por todas as caronas, conversas, dicas, apoio, abraços e cuidados. Vai ser difícil esquecer o dia em que, pela primeira vez, subimos juntos as escadas do **Nice bar**, ambos ainda apreensivos, mas firmes. Lá em cima encontramos Verônica, Mônica e Bruna, que me receberam naquela noite, entre curiosas e interessadas. Muito obrigada, meninas!

São muitos os nomes, mas impossível não agradecer a Victória Ribeiro pelas lições; a Bárbara Kysivics, pela confiança; a Karen Zanetti, pelas histórias; Sasha pelas boas risadas; Juliana Nogueira, por aquela noite na **The Week**; Fabianna Toledo, por ter me visto como uma "quase- travesti"; a Gladys Adriane pelas consultorias *on-line*; a Nick pelas fotos e inspirações; a Sarah Hevin pelo carinho; a Safyre e Eduarda Guimarães pela nossa deliciosa amizade. Às musas Bianca Di Capri e Cláudia Wonder, pela garra e pela coragem de serem quem são: absolutas e necessárias!

Agradecer a Alex Jungle exigiria uma longa lista, então fico com o texto comovente que postou no **Blog T**, após minha visita ao encontro dos *T-lovers* de Belo Horizonte. Pela acolhida e caronas na cidade maravilhosa para mais um *Dia T*, agradeço ao Supercarioca e a todos que compartilharam aquele jantar em Copacabana.

Agradecimentos extensivos a Neilove por ter me adotado; ao Heitor por querer me contar tudo; ao Rick pela doçura; ao Danil por ter me ensinado que "*travesti não tem namorado e sim marido*"; ao Crico pela descontração; ao Biker, meu consultor para assuntos do mundo "T", sempre a postos; ao Marcos, por ser um interlocutor instigante e um amigo raro; Fogo, pelas primeiras dicas da "*pista*"; ao Mr. Anônimo, pelo ombro amigo e pelas cervejas; ao Ninja pelo afeto, papos e confidências e, por fim, ao meu grande amigo WildCat, o informante que fala "antropologuês": por sua amizade, hospedagem, carinho, confiança e apoio incondicional serei sempre grata!

Os agradecimentos familiares são quase um chavão, mas não há como não dizer obrigada ao meu tio Fernando, primeiro companheiro nas incursões a campo; à minha mãe, intelectual sutil e crítica; ao meu pai por ser provocativo e amoroso numa só frase; às minhas filhas Giulia e Milla, pela tolerância e permanente interesse no meu trabalho. Agradeço em especial a minha filha mais velha, Tainá, por querer aprender e buscar no campo a inspiração para fazer seu mestrado. Ao meu irmão pelas hospedagens e pela leveza da sua companhia; a Julieta, um anjo bom que sempre guardou minha vida; a Maria que esteve comigo estes anos cuidando sempre de tudo e ao meu companheiro Mário, a quem dedico este trabalho, por ser o homem especial que é.

Para Mário

Agradecimentos especiais à Fundação de Amparo à Pesquisa do Estado de São Paulo.

Ao encarnarem para o imaginário social as estigmatizadas associações entre perversidade sexual, delinqüência, espetacularização dos prazeres eróticos e pornografia num único corpo conscientemente forjado, esta "intolerável ambigüidade" paga o terrível preço de conviver com o fascínio carregado de ódio, a desqualificação de seus desejos e a inferiorização de seus gozos. Como a própria pornografia, "o corpo que é uma maravilha", o da travesti, especialmente aquela que trabalha com prostituição, encarna a violência cotidiana de quem assume uma vida e um físico modelados pelo desejo e o prazer eróticos, questionando, mesmo eu sem intenção, o discurso do verdadeiro sexo.

(Jorge Leite Jr. *Das Maravilhas e Prodígios Sexuais – a pornografia "bizarra" como entretenimento*. 2006)

Sumário

Apresentação 17

Trilhas Iniciais 25
    Tese, Trocas e Ética 51

1. Território e Tempo 57
    Corpos, Códigos e Lugares 57
    Na Noite nem Todos os Gatos são Pardos 69

2. Gêneros Rígidos em Corpos Fluidos 77
    Maridos, Bofes, Mariconas e Vício 77
    Mona, Bicha, Travecão, Européia... (Ainda Sobre Gêneros, Corpos e Territórios) 89

3. Prevenção e "SIDAdanização" 105
    SUSjeitos da aids 105
    A Prevenção do Desvio 113
    Diversidade no Singular: O Modelo Oficial Preventivo 121

4. Tudo de Bom para as Travestis 135
    Do Posto Para a Pista 135
    O Dialógico e as Diferentes Lógicas 149

5. A Invisibilidade dos Normalizados 163
    T-Lovers: A Masculinidade sob o Peso do "Armário" 163
    O Medo é de Ser Viado, Não da aids 172

6. Culpa, Acusação e Pressão: os Significados da aids e da Doença 183
    Mona, Eu me Cuido 183
    Politização e Axé – ou de Como Enfrentar a aids 199

7. Casa, Corpo e Pessoa 205
    Corpos *Estranhos* em Espaços Invisíveis 205
    Da Vida Nervosa das Travestis 214
    O Gênero na Carne: a Construção da Pessoa Travesti 226

Bibliografia 241

Glossário 255

Anexo 261

Siglas

Sistema de Saúde

AE	–	Ambulatório de Especialidades
CPA	–	Centro de Prevenção e Assistência
COAS	–	Centro de Testagem e Aconselhamento Sorológico
CR	–	Centro de Referência em DST/AIDS
CTA	–	Centro de Testagem e Aconselhamento
DST	–	doenças sexualmente transmissíveis
HPV	–	Papilomavírus humano
ONG	–	Organização Não-Governamental
PN-DST/AIDS	–	Programa Nacional de Doenças Sexualmente Transmissíveis e Aids
SAE	–	Serviço Ambulatorial Especializado
TB	–	tuberculose
UBS	–	Unidade Básica de Saúde
UNAIDS	–	Programa Conjunto de Aids das Nações Unidas

Universo Travesti (Travestis e *T-lovers*)

(Maiores especificações podem ser encontradas no glossário, ao fim deste livro.)

CD	–	*crossdresser*
DP	–	dupla penetração
DQ	–	*drag queen*
GG	–	*genetic girl*
HC	–	*hard core*
LB	–	lista branca
LN	–	lista negra
PVT	–	privado
SM	–	sadomasoquista
TG	–	*T-gata*
TS	–	transexual
TV	–	travesti

Apresentação

Há algum tempo Gilberto Velho nos alertava para desconfiarmos daquilo que supúnhamos conhecer. Proximidades espaciais, temporais e culturais não autorizam cientistas sociais a dizer que o familiar é conhecido. Estranhar o familiar, pôr em suspeição o estabelecido, problematizar os significados do "familiar" e "estranho", são princípios orientadores do trabalho de Larissa Pelúcio.

Quem são os estranhos? Quem são os diferentes de nós mesmos? Conheciam-se as travestis, as/os transexuais, os gays, as lésbicas com os olhos religiosos e médicos. O que está acontecendo nas Ciências Sociais brasileiras é uma radical desconstrução dos saberes hegemônicos das sexualidades e dos gêneros. Teses, dissertações, monografias, artigos que discutem as identidades de gênero e as sexualidades em perspectivas despatologizando, estabelecem disputas teóricas com os feminismos heterocentrados, apontam o caráter ideológico da suposto neutralidade das ciências psi., nega a tese da diferença sexual como demiurgo primeiro da existência identitária.

Este livro é uma obra de combate. Será uma referência em nossas disputas internas e externas à academia bolorenta que ainda discute gênero nos marcos de "estudos de/para mulheres", condicionando o masculino ao homem XY e a feminilidade à mulher XX e em nossas reflexões sobre os limites e tensões dos Direitos Humanos. Seja pelas questões metodológicas, teóricas e éticas, Larissa Pelúcio contribui criativa e singularmente com os estudos *queer* brasileiros ou estudos transViados, como prefiro nomear este novo campo de pesquisa.

Comecemos pelas questões metodológicas.

Larissa Pelúcio discute ao longo do livro o modelo oficial preventivo para DST/aids para as travestis que se prostituem, respaldada em um longo e intenso trabalho de campo. Conclui que o modelo baseado na racionalidade técnico-científica e em valores normativos universalizantes implementado pelo Estado, não reverbera nas subjetividades das travestis, tampouco nas práticas entre cliente/profissional do sexo travesti, frustrando parcialmente os projetos dos gestores dos corpos e dos desejos alojados no Estado. As tensões que permeiam subjetividades dos sujeitos que aderem à terapêutica oficial e aqueles que promovem a dissidência são uma das questões que Larissa enfrenta em sua pesquisa. Aos/às aqueles/as que não aderem, a autora nos apresenta os sentidos de suas ações. O resultado é que vemos emergir um complexo sistema de cuidado de si, um conhecimento empírico que confere significados às práticas das travestis.

A autora quer conhecer o outro lado da moeda, aquele invisibilizado nas políticas e discursos oficiais: quem são os consumidores de sexo vendido pelas travestis? Como se relacionam com as travestis? São adeptos aos métodos oficiais de prevenção à DST/aids? Essa pesquisa não poderia lançar mão de um trabalho de campo convencional, nos moldes caderno de campo e gravador. Não conseguiria muita coisa. A relação cliente/travesti profissional do sexo sempre foi mantida em segredo. Toda sociedade produz seus segredos. Em nossa sociedade, esse é um deles. Larissa Pelúcio tem o *insight* de utilizar as plataformas de sociabilidade disponibilizadas na rede mundial de computadores. Abre uma comunidade no Orkut dedicada a pessoas que gostam de fazer sexo com travestis, faz centenas de entrevistas com homens no MSN, troca emails.

Para um/a cientista social atormentado/a pelo fantasma da objetividade e da produção de verdade, a utilização de ferramentas desse porte representa um pecado original no processo de "coleta de dados", mas não "coletamos dados", os construímos. Larissa Pelúcio desfaz corajosamente a dicotomia *off-line* e *on-line*. É no mundo virtual que identidades e práticas silenciadas no mundo *on-line* podem ser encarnadas. Passamos a conhecer os homens que amam fazer sexo com travesti, os T-Lovers. Do mundo *on-line* para o *off-line*, a autora nos revela as falas, os medos, as repulsas desses homens "poupados" pelas políticas públicas de prevenção às DST/aids.

Além do uso criativo e rigoroso das plataformas de sociabilidade do ciberespaço, a pesquisadora acompanhou sistematicamente o trabalho das agentes do Projeto *Tudo Bom!* em suas rotinas de distribuição de preservativos e de sensibilização das travestis para aderirem ao modelo oficial, freqüentou uma pensão para travestis, aprendeu a linguagem secreta delas, o Bajubá ou Pajubá, observou o trabalho da "fada madrinha" produtora de sonhos e corpos das travestis, as bombadeiras.

O resultado não é "apenas" uma descrição densa, mas uma interpretação original e posicionada da forma como as travestis vivem, (re) constroem seus corpos, seus desejos e sonhos, a solidão e a depressão que levam muitas à morte. Nas cartografias existenciais das travestis, a aids não aparece como um fato social total, ou que tenha um sentido estruturante de suas vidas.

Vale um alerta: quem espera encontrar uma narrativa pautada em um "sujeito travesti" uníssono, uma categoria identitária sem fissuras, quem procura "uma espécie quase humana", não deverá ler a obra de Larissa Pelúcio.

As dificuldades no trabalho de campo já renderam alguns livros. Um chiste dizia: "Sorte tem a/o antropóloga/o. Termina a pesquisa com dois livros; aquele dedicado propriamente à pesquisa e o diário de campo". De fato, os "imponderáveis da vida real" atuam na delimitação de nossa atuação. Larissa não estava procurando "um/a informante privilegiado/a", aquele/a que tem canais de comunicação e de acessos privilegiados na comunidade. Ela buscou construir uma densa rende de intersubjetividades que está presente em toda obra. Para construí-la precisou passar pelos ritos de aceitação, muitas vezes não ditos, que lhes foram interpostos pelo grupo, pois ali, ela era a estranha. Afinal, o que queria uma amapô entre as travestis?

O respeito pelas travestis profissionais do sexo e clientes que povoam este livro é uma marca ética que deveria ser inspiradora para os controladores do saber, membros de Comitês de Ética que frequentemente reduzem toda a complexidade da relação pesquisador/pesquisadora e seus/suas colaboradores/as à assinatura de um termo de consentimento. A leitura do livro de Larissa lhes apresentará outras dimensões da ética na pesquisa.

Se a construção da pesquisa já vale a leitura dessa obra, seus "achados" a torna obrigatória para as/os pesquisadores/as dos estudos transViados. Elegi apenas alguns eixos.

A natureza da cultura

Os corpos das travestis, artefatos inacabados, projetos inclusos, estão em processo contínuo de construção. É da natureza de nossa cultura contemporânea centrar a existência e a promessa de felicidade no corpo, fazendo-nos todos/as prisioneiros/as de ideais corpóreas inatingíveis. Para as travestis, o processo de fazer-se em corpos femininos implica uma disciplina que lhes consome horas de cuidado. Aqui a radicalidade da plasticidade dos corpos se anuncia. Larissa conclui que esta "engenharia erótica" é estruturante de suas subjetividades. O pensamento de Ovídio de que *"Nossos corpos também mudam. O que fomos, o que somos agora, não seremos mais amanhã"*, é uma síntese das corporalidades travestis.

As tecnologias de gênero são amplamente acionadas para produzir corpos femininos hiperbólicos. A utilização do silicone, o cuidado com os cabelos, com a pele, os truques, os pêlos pinçados diariamente. O feminino construído pelas travestis está condicionado às tecnologias de gênero, mas esse processo é o mesmo para as mulheres biologicamente XX. Todas/os precisam das próteses identitárias para sermos reconhecidos/as "naturalmente" como homens e mulheres. O que torna o feminino travesti inspirador para pensarmos os limites discursivos do binarismo é a valorização do feminino artificial.

A etnografia do corpo e das práticas que o produzem, fez a pesquisadora reposicionar a discussão corpo/subjetividade. O corpo travesti não se configura como epifenômeno da identidade de gênero, antes é condição para sua existência.

Quando as margens e o centro se misturam

Esta é uma obra de deslocamentos. Homens e travestis nos relevando a cada página que os pares dicotômicos (masculino/feminino, homossexual/heterossexual, passivo/ativo) são precários para conferir sentido às experiências existenciais aqui tratadas. A margem (as travestis) e o centro (os clientes) estabelecem níveis diferenciados de continuidades possíveis de serem efetivadas porque os que habitam as margens e os que estão no centro somos feitos do mesmo barro, o barro da heteronorma. A norma que define verdades para os gêneros e para as sexualidades fundamentadas na determinação de diferenças intransponíveis, na biologização dos desejos e das identidades, opera com eficácia nos discursos de travestis quando define que "homem de verdade" jamais pediria para que elas lhes penetrasse e nos discursos dos clientes nos quais fica sugerido que o medo real não é da aids, mas de serem "confundidos com gays".

As constantes reinvenções e interpretações para os deslocamentos ocorrem mediante a negociação com as heteronormas. Isso sugere que pensemos em continuidades e não em termos binários, representado por dois conjuntos díspares de valores e crenças. O heterossexual que deseja ser penetrado e que enlouquece de prazer ao fazer sexo oral, a travesti que não aceita que seu companheiro toque seu pênis, embora seja esse mesmo pênis o objeto de desejo para seus clientes, travestis que utilizam os padrões hegemônicos dos gêneros para definir e qualificar o feminino e para identificar o "homem de verdade".

Pensar a relação margem/centro em termos de continuidades pode ser uma interessante chave explicativa para a relação entre puro e impuro, desejo e abjeção, prazer e perigo. Aquilo que é construído pelo centro como abjeto, o corpo "pecaminoso/doente da travesti", é reelaborado nos marcos do prazer, tornando-se estruturante do desejo. Embora definidos como esferas que deveriam viver separados, sem nenhum nível de intersecção, estas polaridades discursivamente excludentes se alimentam da existência do outro negado. É um processo contínuo de retroalimentação.

Nos entrelugares do desejo e do abjeto

A emergência da aids complexificou a relação entre desejo e abjeção. O Estado intensificou consideravelmente seu papel de produtor de discursos contra as "práticas de risco". Contraditoriamente, o mercado do sexo não arrefeceu. Outro elemento apareceu na hora da negociação do programa sexual: o preservativo. Larissa Pelúcio aponta como este insumo passou a está presente na cena da alvoca. Usar o preservativo é um sinal de impessoalidade, não usá-lo uma prova de confiança. Por vezes, as falas das colaboradoras de Larissa nos remete ao amor romântico. Não usar o preservativo sugere uma prova de amor. Se o vírus foi contraído em uma relação amorosa, parece que esta origem diminui a carga moral de ser uma "aidética". A não utilização do preservativo com clientes obedece a outras circunstâncias, uma delas é a oferta de dinheiro por parte do cliente. Os motivos que os levam preferir o sexo arriscado em contrapartida ao sexo seguro são amplamente discutidos pela autora. O contato visual, olfativo e táctil com o sêmen seria uma dessas motivações e sua presença faria parte das cartografias do desejo e perigo.

Colaboradoras travestis e clientes deixam claro que conhecem todas as implicações possíveis pela não utilização do preservativo, ainda assim, "confessam" que seu uso constituiria um impedimento para o prazer radical, ou seja, perigoso. O objetivo do Estado em produzir subjetividades guiadas exclusivamente pela ação racional com relação a um fim, não consegue êxito total. Mais uma vez podemos notar que há uma intensa comunicação entre prazer e perigo, níveis de comunicação estruturantes do desejo.

A utilização do silicone líquido é uma prática que também remete para riscos largamente conhecidos e que, no entanto, continuam a ser usados. Aliás, a utilização desse produto está diretamente vinculada à condição travesti. O preservativo e o silicone, portanto, são artefatos que podem ser lidos como exemplos da tensão entre prazer e perigo. Vale uma ressalva para o caso do silicone. O perigo de morte que elas correm é pela falta de condições de adquirem as próteses atualmente comercializadas e que têm preços elevados. Entre o risco e não ter um corpo travesti, corre-se o risco.

A bioidentidade política ou quando a margem não é uma metáfora

O Estado passou a fazer e pensar políticas públicas para a população travesti quando esta foi considerada como um "grupo de risco". De fato, é generosidade qualificar um conjunto de discursos e recursos destinados exclusivamente para o controle das DST/aids como "política pública para as travestis". Pode-se argumentar que o Estado está agindo na defesa da vida das travestis ao informar e distribuir preservativos. Esta é uma meia verdade. Travestis e transexuais são reiteradamente assassinadas no Brasil, mortes brutais, são expulsas das escolas, agredidas nas ruas, não têm direito a um documento com suas identidades de gênero, não encontram oportunidades de emprego no mercado formal, ao contrário, o Estado brasileiro, no Código Nacional de Ocupação, afirma que "travesti" é um dos sinônimos para "prostitutas", quando a travestilidade relaciona-se às questões identitárias e não a profissão.

O que o Estado faz para preservar a vida cotidiana das travestis e transexuais? Nada. Se a preocupação é com a vida das travestis por que não financia integralmente o processo travestilizador (o que já começou a ser feito com as mulheres e homens transexuais)? O Estado, através de suas várias polícias, aparece nos discursos das travestis como os grandes agentes da violência. Então, por que foi a aids que fez o Estado produzir Programas nacional, regionais e municipais para atender às travestis?

As análises de Larissa Pelúcio nos leva a concluir que o Estado tem agido na defesa radical da estrutura familiar heterocentrada. Se na produção subjetiva do desejo margens e centro estão imbricados, aqui "a margem" não é uma metáfora. Ocupar este lugar significa a impossibilidade de acessar bens materiais e simbólicos definidoras da categoria cidadão/cidadã. Os homens heterossexuais, depois de um programa voltam para o conforto de suas casas, acordam, vão para seus empregos, levam seus filhos à escola, transitam livremente durante o dia. As travestis terão que viver a insegurança de uma vida precária, estigmatizada, uma vida impossível. Nesse contexto, de absoluto abandono pelo Estado, a aids em seus cotidianos não aparece como a questão central, inclusive para aquelas que são portadoras do vírus.

Movido pelo medo do contágio da "sociedade", dos humanos mais humanos, as travestis são chamadas pelo Estado em sua cruzada para controlar a epidemia. Por que não há campanhas do tipo: "Homens, cuide-se, usem preservativos com suas parceiras fixas e com as trabalhadoras sexuais"; "Homens, não contaminem as travestis"? Por que os agentes dos Programas de Saúde não estudam métodos para abordarem os clientes que se aproximam das travestis?

Mesmo sabendo que o vírus circula que não tem um pólo irradiador, o Estado continua fazendo campanhas de sensibilização para as travestis e continua invisibilizando/protegendo os clientes. Outro efeito perverso dessa atuação do Estado é produzir nas próprias travestis a sensação de que a aids é uma doença moral e que elas estarão sempre mais susceptíveis de contrair o vírus, pois são moralmente inferiores.

Se as travestis entram no Estado pela enfermaria, terminam por ocupar outros espaços públicos e políticos não esperados. Os encontros nacionais de travestis financiados pelo Estado para discutir aids terminaram por produzir uma agenda de reivindicações ampla que inclui a educação, o combate ao preconceito, o cuidado à saúde. Com isso, uma agenda imposta pelo Estado acaba propiciando desdobramentos não esperados. Estes efeitos rizomáticos são amplamente discutidos pela autora.

A família deslocada e o léxico da resistência

Larissa nos apresenta uma multiplicidade de classificações identitárias que circulam nas vivências travestis. Travesti top, traveção, colocadas, bandidas, ninfetas, abusadas, veteranas, deusas, divas, monas, michê, fino, varejão, penoso, abusadas, patricinhas. As classificações hierarquizadas dos clientes e das colegas se efetivam referenciadas principalmente na idade e na beleza. Em relação aos clientes são os atributos de masculinidade e a condição financeira que operam a organização das hierarquias.

A bombadeira é uma personagem central na vida das travestis. Ela detém o conhecimento do corpo, as técnicas para aplicar o silicone líquido e os cuidados necessários para se evitar efeitos colaterais. A bombadeira e a cafetina, figuras que por vezes confundem-se na mesma pessoa, ocupam uma ascendência na estrutura das relações internas às vivencias travestis. Ela é a mãe, a que cuida, protege, castiga. A família construída, deslocada de referências biológicas, tem suas regras.

Para significar sofrimentos, exclusões, experiências subjetivas/corpóreas, se produz discursos que são sistemas de saberes que se apresentam como verdade e que se materializam performaticamente nas reiterações cotidianas das travestis. Larissa nos leva a este sistema de saberes e regras organizador da vida das travestis, analisando em profundidade seu *modus operandi*. Se a família de origem exilou a travesti, elas a reconfiguram. Estratégias de sobrevivência nos são apresentadas e neste caso, tornam-se estratégicas de resistência. A vida travesti é um combate diário e o escândalo uma arma poderosa, uma arma transViada.

Ao longo dos últimos anos, tornou-se comum escutarmos depoimentos de pesquisadores/as que relatam suas transformações subjetivas com o trabalho campo realizado entre travestis e transexuais. O conhecimento do "outro", espacialmente tão próximo, faz com que os/as pesquisadores/as também se percebem e se refaçam. Nietzsche afirmava que "somos precisamente estranhos a nós mesmos, não nos compreendemos, temos que nos confundir com os outros, estamos eternamente condenados a esta lei: não há ninguém que não seja estranho a si mesmo; nem a respeito de nós mesmos somos "homens [sujeitos/sujeitas] de conhecimento". O encontro com outro também é o encontro com o eu. Somos estranhos para nós mesmo, estamos sempre em estado de rascunho.

A experiência humanizadora de viver vidas que não são as nossas, experiências marcadas pela exclusão e resistência é um privilégio para poucos, mas mediante a leitura do livro de Larissa Pelúcio abre-se a possibilita de nos tornarmos mais humanos. Esta obra faz com que sintamos "nos nervos, na carne e na pele" um desejo de nos tornamos politicamente travestis.

Berenice Bento
Profa. Dra. em Sociologia/UFRN

Trilhas Iniciais

Já passa das 21 horas quando Márcia, travesti, agente de saúde ligada ao projeto preventivo para DST/Aids ***Tudo de Bom!***, chega à movimentada avenida João XXIII, zona leste de São Paulo. Não é a primeira vez que a acompanho em suas incursões a campo, por duas outras vezes já estivemos juntas no Parque do Carmo, além dos contatos feitos em reuniões no ***Serviço de Assistência Especializada (SAE) Cidade Líder II***, ao qual está vinculada. Essas interações anteriores me deixam à vontade para pedir-lhe permissão para gravar seu trabalho naquela noite.

[**Travesti** que cruzamos no caminho aproxima-se para pegar camisinhas e, antes que eu começasse a gravar, fala da morte de uma travesti conhecida dela, passando a se referir, em seguida, aos clientes.] *Eles não, eles têm médico, querida, a gente não tem, não. Eles têm os médicos finos deles* [referindo-se aos clientes] *A gente só tem a prefeitura...*
[**Márcia**] *De vez em quando...*
[**Travesti**] *Eu tô mentindo? Eu fiz uma maricona[2] de Santo André. Cheguei em Santo André, a bicha[3] que ele sai também, morreu. E as bicha tudo dizendo "Essa maricona aí, sai com ele não, ele tem o babadinho[4]. A bicha que morreu saía com ele". E a maricona?! Tava vivíssima, gorda, bonita!*
[**Márcia**] *...corada!* [risos]
[**Travesti**] *E a bicha? Tava no céu!*
[**Márcia** ri alto.]
[**Márcia** cumprimenta algumas mulheres prostitutas que passam.] *Oi.*

---

2. Esta é a forma das travestis se referirem à maioria dos clientes, cabendo a denominação, sobretudo, àqueles que gostam de ser passivos na relação com elas, isto é, que pretendem ser penetrados. No capítulo sobre a clientela será feita uma discussão mais pormenorizada desta categoria. "*Fazer uma maricona*" significa fazer sexo na condição de ativo/ativa, isto é, penetrar o parceiro.
3. É comum que as travestis se tratem por "*bicha*", "*viado*" e "*mona*", termos que revelam a percepção do grupo quanto à sua condição de pessoas homorientadas. Don Kulick analisa a semântica dos termos usados pelas travestis para se auto-referirem sugerindo que o uso do substantivo "*bicha*" se sobrepõe ao de "*travesti*" por ser o primeiro feminino, enquanto este último só muito recentemente passou a ser precedido pelos artigos "a"/ "uma" (Kulick. 1998: 214-219). Entre as travestis com as quais convivi o termo "*mona*", derivado do *ioruba-nagô*, é largamente usado nas interlocuções com outra travesti, enquanto "*travesti*" se utiliza mais para se referirem ao coletivo.
4. Refere-se à aids.

[Prostitutas] *Ôooi...*
[Travesti] *Não dá camisinha pra elas, não!*
[Uma das prostitutas, rindo] *Olha, cê deixa de ser ruim, tá? Tu não era assim.*
(...)
[Prostituta agradece pelas camisinhas dadas por Márcia.] *Obrigada, tá?*
[muito ruído de carros na rua]
[Pesquisadora] *Agora você tá entregando mais, né, Márcia?* [refiro-me ao número de preservativos.]
[Márcia] *Tô! Tô entregando oito, doze, né?*
[Nos aproximamos de um grupo de oito prostitutas mulheres.]
[Márcia] *E as coisa, melhorou pra cá, ou tá no truque*[5]*?*
[Prostituta 1] *Cê acha que vai voltar?* [refere-se ao grande número de casas de prostituição e *drive-ins* fechados pela prefeitura.]
[Prostituta 2] *Tem camisinha feminina?*
[Márcia] *Não peguei, vou pegar, ainda vai chegar. Eu pedi lá pra supervisora e ela ficou de arrumar.*
[Prostituta 3] *Me dá umas aqui. Você tem bolso aí? Guarda pra mim?* [pede a uma colega.]
[Márcia] *Outro dia eu fui dá camisinha pra uma travesti que fica ali e ela me perguntou "Quanto que é?"*
[vozes] *Ahhh...*
[Prostituta 3] *Vocês são do pessoal que faz campanha do posto de saúde?*
[Márcia] *É. E ela faz um estudo, né?*
[Pesquisadora] *Eu faço um trabalho, né?*

O objetivo geral deste trabalho que faço com travestis[6] que se prostituem é discutir o modelo preventivo para DST/aids adotado pela agência pública **DST/AIDS Cidade de São Paulo**, junto à essa população. Para tanto, me propus a investigar e a analisar, por meio da observação etnográfica, a maneira como o discurso oficial preventivo para DST e aids circula no "universo travesti" e como é ali resignificado. Nessa investigação, o vínculo entre sexualidade, gênero e saúde mostrou-se estreito e ganhou relevo. Se o eixo da pesquisa aponta hoje para a centralidade da sexualidade e das relações de gênero para o enfrentamento do problema teórico a ser explorado, não foi assim desde o início. Tomada uma certa distância, diria que a perspectiva teórica inicial sugeria um olhar quase epidemiológico da relação entre travestis e aids. Ainda que este trabalho tenha se pautado em hipóteses críticas no que se refere ao modelo oficial preventivo para doenças sexualmente transmissíveis (DST) e aids, a sexualidade

---

5. Expressão comum entre as travestis. "*Dar o truque*" significa valer-se de recursos diversos que otimizem a aparência, as condições de trabalho, entre outras situações, referindo-se sempre ao "se virar" com o que têm em mãos.
6. Ainda que no universo travesti não haja consenso sobre qual é o gênero da palavra, uso o artigo feminino para me referir às travestis não só por uma posição política (uma vez que o tratamento no gênero feminino é uma das reivindicações dos movimentos sociais), mas também para estar mais de acordo com a forma como elas se tratam. Entre elas, os artigos, pronomes e substantivos para se auto-referirem, ou para tratarem aquelas que lhes são próximas, estarão sempre no feminino.

e o gênero não eram considerados fatores determinantes para a reflexão sobre saúde entre travestis.

Progressivamente, a experiência etnográfica foi mostrando a necessidade de se agregar a este estudo outras questões relevantes, entre as quais destaco a própria idéia de que se estava lidando com um "grupo"[7], numa visão um tanto funcionalista, que procurei tornar mais consistente valendo-me da proposta teórica de Néstor Perlongher (1987) sobre redes e identidade/territorialidade. Por esse enfoque, a noite adquiriu um sentindo simbólico, temporal e espacial, associado à transgressão da ordem burguesa, aos prazeres, ao inesperado, mas também a leis implacáveis e tácitas. A noite marca os corpos notívagos, sobretudo aqueles que trabalham no mercado do sexo[8]. São olhares que sabem fazer negócio; posturas e gestos que falam de práticas eróticas; olheiras, cicatrizes, maquiagens, roupas específicas que fazem parte da "reinscrição do sujeito desejante num outro código" – o código da noite. Uma reinscrição que, para Perlongher, "não é meramente simbólica, mas literal" (Perlongher. 1987: 186-187). Nos casos das travestis, essas marcas não são apenas performáticas, no sentido teatral do termo. São constitutivas, uma vez que as travestilidades não podem ser sem um corpo transformado, marcado por um feminino que procura borrar, nesses corpos, o masculino, sem apagá-lo de todo[9]. E essa afeminação as estigmatiza até mesmo no "mundo da noite".

A percepção dessa dinâmica me fez optar pelo conceito de travestilidade por considerar que ele alarga aspectos de categorização identitária do termo "travesti", que pode ser bastante simplificador quando busca contemplar a gama de possibilidades dessa experiência. A travestilidade aponta para a multiplicidade dessas vivências ligadas à construção e desconstrução dos corpos. Ainda que, muitas vezes, tenha aparecido na

---

7. Coloco a palavra "grupo" entre aspas já que essa perspectiva foi sendo, aos poucos, problematizada pelos dados, bem como pela leitura crítica de pesquisadores que têm acompanhado este trabalho. Agradeço particularmente ao professor doutor Luiz Henrique Toledo por suas observações em relação ao uso acrítico que vinha fazendo deste conceito.
8. Trabalho com a concepção abrangente de Laura Agustín, para quem a indústria do sexo "incluye burdeles o casas de citas, clubes de alterne, ciertos bares, cervecerías, discotecas, cabarets y salones de cóctel, líneas telefónicas eróticas, sexo virtual por internet, *sex shops* con cabinas privadas, muchas casas de masaje, de relax, del desarrollo del 'bienestar físico' y de sauna, servicios de acompañantes (call girls), unas agencias matrimoniales, muchos hoteles, pensiones y pisos, anuncios comerciales y semi-comerciales en periódicos y revistas y en formas pequeñas para pegar o dejar (como tarjetas), cines y revistas pornográficos, películas y videos en alquiler, restaurantes eróticos, servicios de dominación o sumisión (sadomasoquismo) y prostitución callejera: una proliferación inmensa de posibles maneras de pagar una experiencia sexual o sensual. Está claro entonces que lo que existe no es 'la prostitución' sino un montón de distintos trabajos sexuales". (Agustín. 2000: 03)
9. Uso o termo no plural por entender que, cada vez mais, torna-se evidente que não há uma maneira única de se constituir essa expressão de gênero. Como ocorre com outros segmentos sociais, as travestis têm se referenciado em imagens múltiplas do ser mulher/homem, em discussões cada vez mais presentes sobre o tema de gênero e sexualidade veiculadas em diversos meios de comunicação. Somem-se a isso, as variações regionais e de ambientes, as quais também incidem nessas escolhas. A pesquisa de Tiago Duque (2009) traz dados importantes neste sentido, mostrando que há uma geração mais nova que expressa outras percepções e reinvindicações relativas à corporalidade, estética de gênero e à orientação sexual. O próprio termo "travestilidade" vem sendo proposto por autores como William Peres (2004), não só para marcar a heterogeneidade de possibilidade identitárias das travestis, como também em substituição ao sufixo "ismo", que remete à doença e a patologias.

fala de minhas colaboradoras uma rigidez na gramática de gênero, estava patente a fluidez na elaboração de categorias êmicas autoclassificatórias. Estas servem para falar da corporaldiade, mas também da moralidade, e estão estreitamente ligadas ao trânsito dos corpos pelos territórios, o que se vincula, por sua vez, às transformações desses mesmos corpos.

A convivência em meio às travestis foi revelando a centralidade do estigma e da abjeção[10] marcados pelo embaralhamento de gêneros e, sobretudo, pela construção do feminino em corpos masculinos. Essa marca corporal[11] encarna aspectos de uma sexualidade vista como exacerbada e, por isso mesmo, desregrada e, portanto, problemática. Associar as travestis à aids, via patologização da própria sexualidade, não exigiu grandes esforços.

Maria Ângela Paulilo e Leila Jeolás observam que:

> No processo de construção social da Aids, significados produzidos na história das epidemias ocidentais se mostraram igualmente presentes: a força da idéia do contágio; os simbolismos atribuídos aos fluidos corporais como o sangue, o esperma e a saliva; o medo do desconhecido e a segurança do familiar; as explicações moralistas para os perigos e sofrimentos; a busca de bodes expiatórios e a responsabilização do "outro" – o estrangeiro, o diferente, o estigmatizado – como o portador do mal. (Paulilo & Jeolás. 2005: 178)

Desde seu início, a aids foi associada ao "desvio" e aos "desviantes". Como assinalam Victoria Barreda e Virginia Isnardi (2007), a transmissão sexual do vírus HIV, sobretudo a homossexual, apareceu claramente definida pelo modelo médico epidemiológico já nos primeiros casos registrados, e ganhou relevo como modalidade de contágio. "Así el modelo médico-epidemiológico reunió en una única categoría – la homosexual – una diversidad de identidades socio-sexuales con características de morbimortalidad bien diferentes. Entre ellas una de las más afectadas fue la población travestis" (Barreda e Isnardi. 2007: 01).

Apesar de discutirem sobre a realidade argentina, o que estas autoras constatam em relação às políticas públicas se assemelha ao que se passa no Brasil. Nos "Boletins Epidemiológicos" do *Programa Nacional de DST/Aids* usa-se o termo "homossexual" como guarda-chuva para se referir a diferentes formas de viver a sexualidade. Ao achatarem as peculiaridades de comportamentos e práticas, as políticas preventivas

---

10. Judith Butler explora a idéia de abjeção tornando-a um dos mais marcantes conceitos de suas reflexões. Segundo ela, os corpos abjetos não encontrariam legitimidade social por não se referearem nos ideais hegemônicos de gênero, sexualidade e raça, por exemplo. Daí não conseguirem se materializar, no sentido de não terem relevância político-social, o que levaria essas pessoas a perderm, pelo menos parcialmente, seu status humano (Butler. 2002).
11. O estigma, ensina Erving Goffman, tem sua origem nas marcas corporais capazes de comprometer o status moral de seus portadores. (Goffman. 1988: 11)

não apresentaram dados estatísticos sobre a prevalência da aids entre travestis[12] e, até muito recentemente, não havia medidas de intervenção que tratassem da travestilidade para além da chave da homossexualidade[13].

Morte e incurabilidade também fizeram e fazem parte da "rede semântica"[14] da aids, que ganhou status de peste, de castigo, de doença moral. As travestis se viram logo associadas a essa cadeia em que homossexualidade, desvio e doença se relacionam. Passaram, então, a compor um dos "grupos de risco" mais perseguidos[15] e, até muito recentemente, um dos menos assistidos pelas agências de saúde. A aids aparece, dessa forma, como mais um elemento de estigma para as travestis, tornando-se um termo de acusação, inclusive entre elas.

Pensar em saúde e, sobretudo, em "saúde sexual", tornou-se algo indissociável desse contexto de acusação e culpa, uma vez que tanto a abordagem preventiva quanto a significação da aids entre as travestis está centrada na forma de gerir a sexualidade.

Ana Amuchástegui aponta para a recente associação que as agências internacionais ligadas à ONU têm feito entre direitos humanos, sexualidade e saúde. Para Amuchástegui, os ganhos com essa associação têm tido conseqüências desiguais, que vão desde propostas mais conservadoras que associam saúde sexual a relações heterossexuais, procriativas, monogâmicas – este seria o sexo saudável, como já discutiu Gayle Rubin (2003) – até o ativismo progressista que passou a reivindicar serviços de saúde, como parte dos direitos civis para que se alcance uma cidadania plena (Amuchástegui. 2006: 210). O que a autora procura problematizar é o enfoque heteronormativo das políticas públicas de saúde. Valendo-se do exemplo mexicano para embasar suas reflexões, ela mostra a associação limitadora, e por isso problemática, que essas políticas ainda fazem entre saúde sexual e procriação, no caso das mulheres; a invisibilização da sexualidade, quando se trata dos jovens; e a centralidade da ereção/

---

12. Neste sentido o *Plano Nacional de Enfrentamento da Epidemia de Aids e das DST entre Gays, HSH e Travestis*, elaborado em 2007 pelo **Programa Nacional de DST/Aids** juntamente com lideranças dos segmentos listados (ainda que seja polêmico definir quem é o Homem que faz Sexo com Homens – HSH) pretende singularizar cada um desses segmentos em relação aos cuidados e prevenção. Porém, as discussões sobre a inclusão da categoria "travesti" nos questionários e tabelas que compõem os Boletins Epidemiológicos ainda não resultaram em mudanças que permitam consolidar dados sobre essa população e aids.
13. Essa associação permanece, como se pode ver na elaboração do *Plano* citado na nota acima. Ainda que algumas travestis não se considerem "homossexuais" por suas percepções e definições sobre sexualidade, e haja aquelas que se relacionam afetiva e sexualmente com mulheres, essas singularidades não são consideradas, o que, de certa forma, cristaliza essa expressão de gênero.
14. Good (1980) refere-se à "rede semântica da doença" como o processo pelo qual a experiência da doença é significada e articulada aos valores culturais comuns aos grupos de referência do sujeito que realiza essa experiência sob a forma da sua "narrativização". No caso aqui, estamos nos referindo meramente aos valores difundidos pelo senso comum.
15. A travesti Fernanda Albuquerque conta em seu livro a sistemática perseguição que as travestis sofreram por parte da polícia nos primeiros anos da década de 1980, tendo a aids como mote para a repressão. Ela narra ainda os muitos assassinatos de travestis que ocorreram no mesmo período, e as ações da população em geral que, em São Paulo, chegou a atacar grupos de travestis que faziam ponto em determinadas regiões da cidade. (Albuquerque e Janelli. 1994)

penetração para a sexualidade dos homens, com pouca discussão sobre outras práticas eróticas que possibilitem relações também prazerosas, onerando os homens com a exigência do "desempenho sexual", leia-se capacidade de ereção para penetrar uma vagina. Por essa perspectiva, a insistente associação sexo/risco aparece como "ameaça velada contra o verdadeiro inimigo: o prazer erótico, que nem por acaso é considerado como elemento para a saúde". (Amuchástegui. 2006: 212. Tradução da autora.)

Ao ressaltar o caráter heteronormativo das políticas públicas de saúde, Amuchástegui traz para o debate um conceito já difundido nos estudos de gênero e sexualidade recentes, mas pouco problematizado na área da saúde. Antes de explorar esse veio teórico é importante que fique claro como se define o conceito de heteronormatividade neste trabalho. A heteronormatividade não é uma norma hétero que regula e descreve um tipo de orientação sexual. Trata-se, segundo Lauren Berlant e Michael Warner, de um conjunto de "instituições, estruturas de compreensão e orientações práticas que fazem não só que a heterossexualidade pareça coerente – isto é, organizada como sexualidade – como também que seja privilegiada" (2002: 230, nota de rodapé 2). Esses privilégios vêm materializados nos discursos jurídicos, médicos, educativos, midiáticos, nas produções culturais como filmes e romances, estabelecendo hierarquias que não se pautam explicitamente pela sexualidade ou só por ela, mas que regulam as relações sociais a partir do pressuposto da heterossexualidade como um estado natural e moralmente desejável. Nestes termos, não há uma "homonormatividade", uma vez que a homossexualidade é o termo englobado e inferior.

Quando me filio à autora mexicana estou propondo que as políticas de saúde (mesmo as que consideram as relações entre pessoas do mesmo sexo) refletem os valores heteronormativos, pois estão informadas por um modelo idealizado de gestão da sexualidade que, mesmo não explicitado, está calcado na família nuclear, no sexo reprodutivo, na valorização da penetração pênis/vagina, na desaprovação do sexo para adolescentes e pessoas "em idade não reprodutiva", entre outros dispositivos reguladores que tendem a patologizar as relações que escapam a esse modelo. Políticas sexuais como as preventivas procuram gestar o uso dos órgãos, territorializando-os e os hierarquizando: o que é para o "bom" sexo, o que é para comer, defecar, procriar. Nas palavras de Néstor Perlongher, este "regime dos corpos" prega uma "organização do organismo", considerando prescindível o uso alternativo do corpo (Perlongher. 1987a: 83). Esta perspectiva resume a orientação heteronormativa das políticas preventivas, adiantadas neste ponto da discussão a fim de balizar a leitura e aclarar conceitos.

No Brasil, o *Programa Nacional de DST e AIDS (PN-DST/AIDS)*, do Ministério da Saúde, tem se preocupado em incluir nas suas propostas e reflexões sobre cidadania sexual questões relativas à raça/etnia, gênero e orientação sexual[16],

---

16. O site oficial do *Programa Nacional de DST e AIDS* traz um link sobre Direitos Humanos e Legislação (http://www.aids.gov.br/data/Pages/LUMISA787E311ITEMID98A3C40926424BBDAAA 88EF71D026779PTBRIE.htm), no qual é possível ter acesso a diversos documentos, entre eles o *Programa Estratégico de Ações Afirmativas*, o *Brasil AfroAtitude* e o *Brasil Sem Homofobia*. A relação entre serviços públicos de saúde e travestis será abordada oportunamente.

mas ainda assim, basta que nos lancemos a uma pesquisa pela definição do conceito de saúde sexual, para que se evidencie que o par saúde sexual e reprodutiva persiste. Porém, há avanços inegáveis no que se refere à legislação voltada para os direitos em saúde, como a Portaria nº 675/GM de 30 de março de 2006, que tem como espinha dorsal a "humanização" do atendimento aos usuários do sistema público de saúde. No ponto que me interessa aqui, isto é, a relação das travestis com este sistema, o referido documento determina como um de seus princípios o direito de atendimento sem discriminação ou restrição na rede de serviços de saúde, incluindo, no rol das diferenças, a orientação sexual e a identidade de gênero[17]. Por outro lado, o quinto princípio desta Portaria traz em seus parágrafos X, XI e XII[18], deveres do cidadão atados a perspectivas racionalizadas e que não consideram as implicações culturais – sobretudo de determinadas populações e subculturas sexuais – , indo de encontro ao que o *Programa Nacional de DST e AIDS* prevê quando incentiva que as agências públicas ligadas a ele considerem justamente estes aspectos. Essas incoerências aparecem também quando os projetos do *PN-DST/AIDS* ou por ele financiados são colocados em prática, como será discutido ao longo deste trabalho.

Em relação à prevenção da aids, as discussões internacionais capitaneadas pela UNAIDS, órgão das Nações Unidas destinado a cuidar de políticas internacionais para a aids, têm reverberado nacionalmente, evidenciando a tensão e os desafios que a questão preventiva tem lançado para os formuladores de políticas públicas, sobretudo quando se pretende ter os Direitos Humanos como marco.

Pensar sobre o modelo oficial preventivo brasileiro é também percebê-lo como uma resposta local que se mostra muitas vezes corajosa[19], mas nem por isso rompe de todo com os parâmetros ditados no plano internacional. Nesse sentido, vale a pena

---

17. Portaria 675/30/03/2006, terceiro princípio, disponível em http://www.aids.gov.br/data/documents/storedDocuments/%7BB8EF5DAF-23AE-4891-AD36903553A3174%7D/%7B38BCA7D1-EABA-42E2-A6BD20F8A8B32717%7D/Port_675_GM_30_mar_2006_carta_direito_usu%E1rios.pdf
18. "X - atentar para situações da sua vida cotidiana em que sua saúde esteja em risco e as possibilidades de redução da vulnerabilidade ao adoecimento; XI - comunicar aos serviços de saúde ou à vigilância sanitária irregularidades relacionadas ao uso e à oferta de produtos e serviços que afetem a saúde em ambientes públicos e privados; e XII - participar de eventos de promoção de saúde e desenvolver hábitos e atitudes saudáveis que melhorem a qualidade de vida" (na já citada Portaria). A problematização desses aspectos será desenvolvida em capítulo específico.
19. O Brasil tem marcado sua posição em relação à assistência (distribuição de anti-retrovirais) às pessoas vivendo com HIV/aids, apesar da pressão contrária do Banco Mundial, que tem destinado verba para os projetos capitaneados pelo *PN-DST/AIDS* (Pelúcio. 2002: 137). Outro exemplo mais recente refere-se à recusa do atual governo (abril de 2005) em assinar acordo com o governo Bush, abrindo mão de fundos no valor de US$ 40 milhões, por não concordar com as diretrizes da USAID (agência americana de financiamento para desenvolvimento internacional) em exigir de seus subsidiados a não promoção, legalização ou a prática da prostituição. Isto implicaria que essa verba não fosse usada para projetos voltados para profissionais do sexo, como é o caso do *Tudo de Bom!*. (http://www.aids.gov.br/main.asp?ViewID=%7BDA56F374%2D128A%2D40FB%2DB16F%2DD08A1F5DD07B%7D&params=itemID=%7B129BCC59%2D0BCC%2D4FB3%2DAB44%2D8C803 CAA8A86%7D;&UIPartUID=%7BD90F22DB%2D05D4%2D444%2DA8F2%2DFAD4803C8898%7D).

explorar um recente documento publicado pela UNAIDS, intitulado *Intensificando a Prevenção ao HIV - Documentação Referencial: Políticas de Prevenção ao HIV/ AIDS*, de junho de 2005, a fim de colocar em relevo a filiação dos projetos locais aos parâmetros e diretrizes internacionais.

Parto do princípio que, mesmo com uma conotação eventualmente específica e diferenciada para determinadas clientelas, o modelo preventivo adotado pelo *PN-DST/AIDS* se caracteriza por uma "racionalidade técnica"[20] e valores normativos universalizantes, que não são necessariamente compatíveis nem com a lógica social que preside a organização das chamadas "populações-alvo"[21], nem com os valores diferenciais que lhes servem de base.

Por outro lado, o projeto *Tudo de Bom!*, alocado na agência pública de saúde *DST/AIDS Cidade de São Paulo*, da Secretaria Municipal de Saúde, voltado para trabalhadores do sexo que atuam na capital paulistana, forneceu a base empírica, no que se refere ao modo de operacionalização do modelo preventivo elaborado pelas agências estatais encarregadas da definição das políticas de saúde pública para DST/ aids. Participar das reuniões com agentes de prevenção e técnicas de saúde[22], ir a campo com as agentes e acompanhar os procedimentos de acolhimento[23] foram atividades fundamentais para o cumprimento dos objetivos norteadores deste livro.

---

20. O que implica escolher os meios mais apropriados para se atingir um determinado objetivo, decidindo entre alternativas de ação tidas como eficientes, pois baseadas nesta calculabilidade, anulando-se a subjetividade dos agentes e minimizando os efeitos dos determinantes culturais que interferem nas decisões.
21. Ricardo Ayres, médico e acadêmico que discute os modelos preventivos para HIV/aids, aponta a necessidade dos educadores e formuladores de políticas preventivas abandonarem o conceito de "população-alvo" substituindo-o por "contextos de intersubjetividade", uma vez que "são modalidades particulares de encontro o que melhor define o que se deve e se pode esperar da intervenção". (Ayres. 2002: 09)
22. As técnicas são profissionais de nível superior, na sua maioria com formação nas áreas das Ciências Psi e/ou Biomédicas. São elas as responsáveis por supervisionar o trabalho do/das agentes de prevenção do projeto *Tudo de Bom!*. Os/as agentes do referido projeto são profissionais do sexo, usuários do sistema de saúde, que foram convidados a participar de um processo de capacitação objetivando o trabalho preventivo nas ruas junto aos seus pares.
23. Trata-se de um procedimento presente em todas as unidades públicas de saúde especializadas em DST/aids. Os/as usuários/as são atendidos/as individualmente por uma técnica de saúde através de uma conversa, na qual se deve ouvir os motivos que levaram aquela pessoa até o serviço, procurando deixá-la à vontade para manifestar suas dúvidas e apreensões. Nesse momento cabe ao/à profissional de saúde aconselhar testagens, encaminhar para consultas e buscar vincular o/a usuário/a ao sistema. Nos termos do *PN-DST/AIDS*, o acolhimento é um procedimento que faz parte do "aconselhamento". Este último é definido como um processo de "escuta ativa", individualizado e centrado no cliente. Pressupõe a capacidade de estabelecer uma relação de confiança entre os interlocutores, visando ao resgate dos recursos internos do cliente, para que ele mesmo tenha possibilidade de reconhecer-se como sujeito de sua própria saúde e transformação. "Especialmente no âmbito das DST e HIV/AIDS, o processo de aconselhamento contém três componentes: apoio emocional; apoio educativo, que trata das trocas de informações sobre DST e HIV/AIDS, suas formas de transmissão, prevenção e tratamento; avaliação de riscos, que propicia a reflexão sobre valores, atitudes e condutas, incluindo o planejamento de estratégias de redução de risco. Esses componentes nem sempre são atingidos em um único momento ou encontro e, de certa forma, podem ser trabalhados tanto em grupo como individualmente". (http://bvsms.saude.gov.br/bvs/publicacoes/aconselhamento_ dst_ aids.pdf)

Na outra ponta, conviver com travestis nos espaços noturnos do mercado do sexo, assim como nas pensões das cafetinas, possibilitou-me verificar os modos pelos quais o discurso[24] educativo-preventivo vem sendo assimilado pelas travestis, em referência ao seu "modo de vida", valores e práticas comportamentais. A literatura sobre sexualidade e gênero me foi muito útil nessa empreitada, bem como os estudos existentes à época sobre travestis (Silva. 1993, Kulick. 1998, Oliveira. 1994, Oliveira. 1997, Denizart. 1997, Jayme. 2001, Patrício. 2002, Peres. 2005, Benedetti. 2005, Vale. 2005, Cardozo. 2006).

À observação participante somaram-se análises de documentos produzidos pelas agências públicas de saúde municipais e nacionais, além da bibliografia – hoje bastante vasta na área da Antropologia – sobre a questão da aids e suas implicações sociais.

A partir da perspectiva da Antropologia da Saúde, as preocupações em campo se voltaram para a significação da aids entre as travestis, os sentidos do adoecer e do sofrimento, bem como os cuidados desprendidos com o corpo. Para tanto, estive atenta às categorias locais que dizem respeito à doença, cuidados, corporalidade, sexualidade, e como elas são articuladas ao conjunto maior de valores que orienta o comportamento dessas pessoas. Assim, foi necessário reconstruir as redes pelas quais essas informações circulam, se transformam e são incorporadas. Ao investigar o "universo travesti"[25], busquei captar a apropriação e a resignificação das informações preventivas, que são levadas até essa clientela via agentes de prevenção, campanhas, entre outras intervenções pautadas pelo discurso oficial.

Quando se fala em prevenção à aids, o que se deve ter em conta é o contexto no qual se dá a relação entre os parceiros, ou pode-se repetir o que os projetos preventivos em geral têm feito, isto é, desconsiderar os determinantes culturais e sociais que orientam essas relações. Além disso, o que os dados mostram é que o alvo preferencial das políticas preventivas ainda têm sido os "desviantes", sejam eles travestis, gays, prostitutas ou usuários de drogas, mesmo havendo projetos específicos para mulheres casadas, para adolescentes, caminhoneiros, garimpeiros, homens encarcerados e populações indígenas. Em todos os casos, o que se quer regular são as práticas sexuais

---

24. O termo é usado aqui no sentido empregado por Foucault (1987) quando se refere "ao conjunto de saberes e práticas que formam sistematicamente os objetos de que falam". Ou seja, os discursos que estariam supostamente descrevendo um real pré-dado estão, de fato, implicados com a produção desse real e de seus sujeitos.
25. Marcos Benedetti usa o conceito de "universo trans", "em função de sua propriedade em ampliar o leque de definições possíveis no que se refere às possibilidades de 'transformações do gênero'. Assim, esta denominação pretende abranger todas as 'personificações' de gênero polivalente, modificado ou transformado, não somente aquelas das travestis" (Benedetti. 2005: 17). Tomo de empréstimo a expressão para categorizar e amarrar, num conjunto identificável, os espaços de convívio das travestis, onde são tecidas as relações sociais que compõem o meio em que vivem, bem como seu sistema material e moral. Ainda que considere este conceito bastante conveniente e aplicável, pretendo ampliá-lo, incluindo neste "universo" também a clientela das travestis, e todo um conjunto de pessoas que vivem no mercado sexual e do mercado sexual e, por isso, não só desenvolvem relações múltiplas com as travestis, como são integrantes do que venho chamando de "universo da noite".

que escapam à proposta do sexo monogâmico, procriativo, heterossexual, não-comercial e autorizado.

Regrar a sexualidade considerada promíscua tem sido, segundo Foucault (2001 e 2003), interesse da medicina e do Estado dede o início do século XIX. As campanhas daquele período visaram levar uma certa moral (a burguesa) até os segmentos populares, a fim de regular suas práticas[26]. Guardadas as distâncias de enfoque e de tempo, proponho que quando os projetos preventivos se voltam para outras populações que não aquelas que foram identificadas inicialmente como "de risco", o fazem tendo como foco os grupos que organizam sua sexualidade a partir de valores distintos daqueles que orientam os valores hegemônicos da sociedade contemporânea.

No caso específico das travestis que se prostituem, os clientes – homens que se auto-reconhecem como heterossexuais, vivendo, portanto, oficialmente dentro da heteronormatividade –, não são diretamente visados[27]. Talvez até pela clandestinidade de suas práticas, ou, o mais provável, porque eles sejam os "insuspeitos", uma vez que, numa perspectiva heterocentrada, eles agem dentro do esperado no exercício da sexualidade masculina. O que não significa que estes homens estejam livres de controle: apenas estão expostos a outros dispositivos que os levam, por exemplo, a viver uma vida dupla, marcada pelo medo da afeminação.

O *Tudo de Bom!*, ao se centrar nos "profissionais do sexo" sem considerar a clientela, reproduz – ainda que a partir de outra gramática e outras táticas – o dispositivo de controle da sexualidade que visa aqueles e aquelas que se prostituem, mas nunca os clientes, uma vez que a aventura sexual sugerida por esse tipo de sexo estaria enquadrada no exercício esperado da masculinidade. Daí o papel "educador" conferido pela Organização Mundial de Saúde (OMS) às prostitutas. Estas, de acordo com documentação gerada pela OMS, deveriam ser "capacitadas" para atuarem junto à

---

26. Em *Os Anormais*, Foucault discute dois modelos de cruzadas morais empreendidas pelo poder médico: um voltado à família burguesa (por volta de 1760) e outro à proletária urbana (entre 1820 e 1840). Enquanto para a primeira família o discurso prega a vigilância sobre as crianças, sintetizado na cruzada antimasturbatória, para a família operária o que se difunde é o casamento. "Contra a fluidez extra ou parafamiliar" que teria vindo como conseqüência do deslocamento das massas camponesas para as cidades, foi preciso fixar as relações para também fixar o trabalhador. Sua estabilidade se fez necessária para os interesses da burguesia. O tema de fundo de ambas campanhas é o incesto, mas encaminhado por vertentes distintas. A burguesia precisava vigiar o sexo da criança; e a classe operária tinha de ser vigiada de maneira que os familiares não se misturassem de forma promíscua (Foucault. 2001: 341-344).

27. Os clientes das travestis só se tornam alvo da prevenção quando tidos como "corpos nômades": caminhoneiros e garimpeiros, por exemplo. Estes dois segmentos, definidos pela atividade laboral, são homens que vivem um distanciamento da casa e vivenciam uma sexualidade não controlada nos espaços convencionais, o que poderia, eventualmente, levá-los a práticas consideradas como "de risco": sexo com prostitutas e travestis; sexo anal e oral; sexo precedido de ingestão de bebida alcoólica. Todas estas práticas, se não reguladas por campanhas e discursos disciplinadores, sugerem o sexo sem camisinha, justamente por serem vivenciadas em contextos de exercício da masculinidade, onde o preservativo é visto como barreira ao prazer e à espontaneidade do ato (Medeiros. 2003. Tamayo et al. 2001).

clientela como agentes multiplicadoras de informações, tornando-se elas as responsáveis pela mudança de comportamento no ambiente da prostituição (Medeiros. 2002: 26-27).

O modelo preventivo oficial, ainda que sob a rubrica de um novo paradigma (prevenção dialogada), como se propõe o projeto paulistano **Tudo de Bom!**, volta-se para as sexualidades e identidades de gêneros[28] "residuais". Assim, quem dever "se cuidar" são as pessoas identificadas como portadoras de sexualidades que escapam à norma. Essas seriam, sim, alvo de campanhas que trabalham com a mudança de comportamento como objetivo, tendo o "empoderamento"[29] como mecanismo operador dessa mudança.

No convívio com as travestis percebi que para responder as questões que balizavam esse estudo era necessário me aproximar dos seus clientes. Caso contrário, teria uma visão parcial da realidade. Afinal, como já dito, trata-se de uma relação. A percepção de que seria fundamental contatar a clientela veio da própria dinâmica do campo. Numa conversa com Thais e Wanessa, travestis que viviam naquele momento em São Carlos, elas afirmavam já terem tido que fazer "mini-palestras" para clientes que queriam sexo desprotegido, isto é, sem preservativo. Foi quando Thais observou que era dessa forma que se criava uma corrente. "*Não que a gente que passa: todo mundo tá sujeito a pegar, qualquer um*". E concluiu que "*na verdade são os homens que passam pros travestis*", e não o contrário. Ela reverte a acusação: a aids seria a doença que os heterossexuais[30] levam para as travestis, pois elas "se cuidam". Um "cuidar-se" que se distancia daquele pretendido pela prevenção à aids.

Interessa-me, ainda, problematizar a noção de risco, a qual, defendo, ainda permeia e estrutura as ações preventivas, ainda que o conceito de "grupo de risco" tenha sido criticado e substituído pelo de "vulnerabilidade" (ver Ayres. 2002 e Sefnner. 2005). Parece-me profícuo pensar em vulnerabilidade, no que se refere às travestis, a partir de uma outra chave, a do estigma, de sua marca corporal, estendendo-o à sexualidade.

Para investigar esse conjunto de questões conceituais e teórico-metodológicas o campo de pesquisa foi subdividido em cinco espaços de convivência, distribuídos na cidade de São Carlos, no interior do estado e em São Paulo, capital. Na primeira, o campo foi subdividido em (1) visitas às casas de travestis da cidade e (2) ponto de

---

28. Foca-se nos gêneros e não se problematiza as práticas eróticas, como discuto no capítulo sobre os T-lovers.
29. Empoderamento é a tradução literal de "empowerment", termo em inglês largamente usado a partir da perspectiva de promoção da saúde e foi incorporada e largamente usada nos discursos preventivos contra a aids. Segundo Nogueira-Martin e Bogús, o empoderamento significa "o ganho de poder por alguém. Poder para tomar decisões, para realizar ações, individuais e coletivas. Implica em auto-estima, motivação, consciência e compromisso social" (2004: 46). Na perspectiva que adoto aqui, o discurso do empoderamento procura tornar os soropositivos "aptos" para o exercício político dos seus diretos e reivindicações, fortalecendo-os como grupo em defesa desses interesses.
30. A maioria dos clientes entrevistados se reconhece como heterossexual, assim como muitas travestis os consideram "homens de verdade", principalmente aqueles que não procuram sexo como "passivos", isto é, para serem penetrados.

prostituição local, com menor ênfase no comparecimento a eventos em boates. Na capital, o trabalho centrou-se (3) no acompanhamento de reuniões do projeto preventivo do *DST/AIDS Cidade de São Paulo Tudo de Bom!*, e (4) em incursões a campo com as travestis e *michês*[31] agentes de prevenção do referido projeto, além da (5) participação nos *Dia T*[32] (encontros dos *T-lovers*[33], grupo mais ou menos organizado de homens que gostam de ter sexo com travestis) e em momentos de sociabilidade em boates e festividades.

Ao *Dia T* comparecem muitas travestis consideradas "*tops*" (categoria êmica), isto é, famosas, pois estão em sites de acompanhantes na internet, fazem filmes de sexo explícito e saem em revistas especializadas. A partir desse espaço foi possível conviver com um conjunto diferenciado de travestis, o que possibilitou a observação dentro do contexto das suas redes de relações, práticas e representações, além da relação com os clientes, especificamente, e com as representações do masculino, de forma geral.

O contato com a clientela se estabeleceu, inicialmente, via internet, a partir de diferentes plataformas de sociabilidade virtual. O ponto de partida foi uma comunidade que abri no site de sociabilidade *Orkut*[34], chamada *Homens que Gostam de Travestis*.

---

31. Os *michês* são homens que se prostituem. No capítulo seguinte ele serão melhor caracterizados.
32. O *Dia T* é o encontro semanal realizado pelos *T-lovers* em algumas cidades do país. Os encontros ocorriam às quintas-feiras, no piso superior de um bar do centro de São Paulo. Ao longo dos três anos em que esses encontros se deram em São Paulo, diversas mudanças ocorreram, buscando-se, justamente, a manutenção dos mesmos. Sua organização inicial se deu via fóruns e *blogs* da internet. Atualmente estes encontros não ocorrem mais, mantendo-se, porém, uma intensa sociabilidade em espaços virtuais especializados.
33. O termo *T-lover* chegou ao Brasil via rede mundial de computadores, nascido na onda dos movimentos identitários que ganharam força nos anos 80, sobretudo depois do surgimento da aids. Segundo um dos *T-lovers* pioneiros, o carioca Alex Jungle, o termo derivou de *T-girl*, usado por algumas ONG norte-americanas para se referirem a transgêneros. Assim, os homens que se relacionavam com as *T-girls* (tgs) eram, conseqüentemente, os *T-lovers*. Um de meus informantes *T-lover*, que reside nos Estados Unidos, me diz, porém, que esse termo é pouco usado por lá e vincula-se estreitamente ao universo homossexual, diferentemente do que vem ocorrendo no Brasil. Aqui, os *T-lovers* estão fortemente identificados com a heteronormatividade, trabalham e reforçam a masculinidade enquanto valor simbólico, associando-a sempre à "normalidade", em oposição à homossexualidade, tida como "desvio".
34. Dornelles descreve o *Orkut* como uma plataforma de sociabilidade virtual que atingiu um sucesso extraordinário desde seu lançamento, em 2004. "Tanto ele quanto as plataformas de 'blog' e de 'mural de internet' possuem um ponto em comum. Em termos comunicativos, ambos se assemelham a um quadro/mural de recados. Os usuários desses programas, conectados via internet, enviam mensagens a uma central. Essa mensagem é publicada no seu respectivo site e fica visível para os demais usuários (Dornelles, Jonatas. www.megabaitche.hpg.ig.com.br/jonatas/menu.html). Atualmente há restrições de acesso a vários tipos de informações publicadas ali. Todas podem ser administradas por cada usuário. Há aqueles que permitem a visualização pública de suas mensagens e fotos e os que optam por "abrir"apenas algumas áreas de sua página pessoal. Em maio de 2007, quando eu finalizava esta pesquisa, o *Orkut* contava com 51.704.081 membros, contra menos de 1 milhão de usuários registrados em setembro de 2004, quando me integrei àquela plataforma. Não foi apenas o número de usuários que cresceu, mas o perfil dos mesmos também se alterou. Por exemplo, em 2004, as travestis não eram usuárias desse sistema. Além de diversas mudanças na interface e operacionalidade deste sistema. Por tanto, as informações sobre o *Orkut* estão referidas ao momento inicial de pesquisa.

As comunidades do *Orkut* são compostas por grupos de pessoas que se reúnem a partir de um tema de interesse, seja na área acadêmica, sexual, de esportes ou as muitas "odeio" ou "amo" alguém ou alguma coisa. Qualquer usuário pode criar uma comunidade, passando a ser seu gerenciador/gerenciadora, o que lhe dá opções e prerrogativas. Por exemplo, pode-se optar por permitir o ingresso de novos membros só a partir de um aceite do gerenciador/gerenciadora, ou deixar o ingresso livre. Quem administra a comunidade pode apagar um tópico de discussão por inteiro, ou apenas um dos comentários (fora o/a gerenciador/a só quem escreveu pode "deletar" seu próprio *post*). O/a administrador/a pode ainda expulsar membros da comunidade, transferir a gerência da mesma para outro membro filiado, entre outras ações.

Quando não se é associado à comunidade é possível visitá-la, ler os *posts* e acessar o perfil de seus membros, mas não responder ou elaborar tópicos. Essa facilidade de navegação me levou a outras comunidades, principalmente à **Amamos Travestis**, onde a direção dos tópicos era mantida por alguns usuários que se faziam muito presentes e conduziam as discussões de maneira séria (o que não significa que não havia tópicos de uma pornografia quase juvenil, ou em tom de anúncio de classificados).

Passei a interagir por e-mail com vários "homens que gostam de travestis" associados à comunidade, adicionando alguns à minha lista de contatos do **Messenger - MSN**[35], obtendo por esses canais uma série de informações que se mostraram cruciais ao longo do trabalho de campo.

Por esses meios virtuais, acabei conhecendo os *T-lovers*, grupo de homens que assim se denominam por serem "admiradores das travestis", como costumam dizer. Eles me foram apresentados por Jota, que veio a se tornar um importante colaborador. Este informante interessou-se pela pesquisa depois de conhecer a comunidade **Homens que Gostam de Travestis**. Resolveu, então, me enviar um e-mail oferecendo seu endereço de **MSN** para que pudéssemos conversar. Neste primeiro contato, ainda muito embaraçado, mas sensivelmente desejoso de falar sobre o tema travesti, Jota mencionou que iria, no dia seguinte, a um **Dia T**. Contava-me ele[36]:

> Jota diz:
> vc deve saber q existem vários grupos de pessoas q gostam de travesti na net, e eu faço parte de alguns legais, onde se discute bastante, tenho ate um grupo mas abandonei um pouco por falta de tempo.
> (...)
> Jota diz:
> hoje é o dia-T

---

35. Trata-se de um programa de *instant messaging*, isto é, conversa em tempo real, por meio do qual o usuário, depois de baixar o programa e abrir um e-mail, pode anexar outros usuários que também tenham o serviço e conversar com eles. As caixas de diálogo permitem que se visualize fotos, que se envie arquivos, que se convide integrantes para conversar numa mesma janela.
36. Mantive as abreviações comuns dos diálogos via **MSN**, e a grafia própria desse meio, corrigindo apenas os erros de digitação.

Larissa diz:
???
Jota diz:
onde alguns membros se reúnem em um bar no centro de sp
Jota diz:
e sempre aparecem algumas bonecas[37]
(...)
Jota diz:
Mas só para conversar e beber cerveja. Interagir.

Ele compareceu no dia seguinte, 24 de setembro de 2004, ao seu primeiro *Dia T*. Menos de um mês depois, já apresentada por Jota a outros *T-lovers*, comecei a freqüentar o encontro. Antes disso, orientada pelo meu informante, passei a acompanhar um fórum de e-mails intitulado *AJ-SP*[38], onde ocorria uma intensa troca de mensagens entre seus membros, todos interessados em sexo com travestis. Foi também Jota que me falou sobre o *Blog T*[39]. O *blog* é interativo, isto é, permite comentários ao material nele divulgado, sejam fotos consideradas sensuais ou crônicas de colaboradores e colaboradoras. Serve também de "ponto de encontro" de "admiradores" das travestis, que podem não só trocar experiências como manterem-se informados sobre as novidades do que eles chamam "mundo T". Oferece *links* para outros *blogs* afinados com a temática, além de endereços de *MSN* de freqüentadores do espaço, sejam eles travestis ou *T-lovers*.

Esse contato via *web* foi, por um período de seis meses, diário, e envolveu o que posso chamar de uma "etnografia virtual", com sistemático levantamento de dados via e-mails e conversas pelo *MSN*; acompanhamento de discussões no *Blog T*; visita aos perfis daqueles que desejavam se filiar à comunidade *Homens que Gostam de Travestis*; além do comparecimento aos encontros *off-line* dos *T-lovers*. Por intermédio destes, obtive contatos com travestis de diversas partes do Brasil e com algumas que estavam naquele momento vivendo na Europa, o que alargou sensivelmente minha rede.

Freqüentar o *Dia T* possibilitou-me uma interação intensa com um núcleo específico de organizadores do encontro, o que me permitiu acompanhar a dinâmica das relações ali estabelecidas entre eles e deles com as travestis. Assim como as interações delas com eles e entre elas. Freqüentar o *Dia T* me ofereceu uma condição privilegiada para acompanhar os jogos de sedução e negociação, as expressões da sexualidade e do

---

37. Esta é uma outra forma muito recorrente dos *T-lovers* se referirem às travestis. É comum também que as travestis usem o termo.
38. AJ, sigla de Alex Jungle, o mentor do *Dia T* no Brasil. À época, o fórum tinha um mediador (Sr. Pinto) e pelos menos dois elementos que cuidavam de questões técnicas: Fogo e WildCat, este último responsável pela atualização da página do fórum e por passar informações para o *Blog T*, página de notícias e sites correlatos sobre os *Dia T* (encontros dos homens que gostam de travestis) no Rio, Belo Horizonte e São Paulo.
39. Os *blogs* são plataformas de sociabilidade virtual que agem como murais de notícias. Diferenciam-se das *webpages* por permitirem que os visitantes da página digitem comentários sobre temas ali discutidos e - sobretudo nos *fotoblogs* - sobre as fotos e/ou pessoas e/ou eventos que as mesmas retratam.

erotismo entre travestis e estes homens. Ter me centrado neles para falar da clientela se deve não só a essa condição privilegiada de observação, mas também por tomá-los como referentes quando se pensa na questão do apagamento da clientela. Por sua construção corporal, modos e comportamentos altamente referenciados por um tipo de masculinidade que os invisibiliza, porque são normalizados. Assim, não se vêem nem são considerados em "risco" quando se trata de aids[40].

Em paralelo a essas atividades deu-se a aproximação com o sistema público de saúde da capital paulista voltado à prevenção e assistência para DST/aids. Desta forma tomei conhecimento do ***Projeto Tudo de Bom! – Parcerias de Prazer, Saúde e Direitos***. O mesmo serviu, desde então, nesta pesquisa, de base empírica para a discussão sobre o modelo preventivo para HIV/aids. O ***Tudo de Bom!*** está alocado na agência pública de saúde ***DST/Aids Cidade de São Paulo***, da Secretaria Municipal de Saúde e é voltado para trabalhadores do sexo que atuam na capital paulistana, valendo-se da "educação entre pares" como recurso metodológico de intervenção. Os/as agentes de prevenção que devem atuar "entre seus pares" são identificados em meio aos usuários do sistema de saúde, e convidados pelos técnicos/as do projeto. Passam a receber uma ajuda de custo de R$ 300,00 mensais por uma dedicação semanal de 20 horas de trabalho. Estas se dividem entre atuação em campo e atendimento em plantões (porém, nem em todas as unidades onde o projeto funciona há este expediente). Além dessa rotina, os/as agentes de prevenção devem comparecer a reuniões de grupo nas quais todos os integrantes dos projetos preventivos[41] se reúnem, e a outras que porventura sejam agendadas.

Quando falo em "trilhas iniciais", mais do que me valer de um recurso retórico, estou sendo literal, pois essa etnografia fez-se por meio de muitas andanças. Caminhar com Márcia e outras agentes de prevenção, pelos espaços do mercado do sexo em São Paulo; conviver com a clientela das travestis entre bares, conversas íntimas e noitadas com direito a café da manhã pelas padarias de São Paulo; freqüentar a casa de Monique, a cafetina em São Carlos, e acompanhá-la na meticulosa tarefa de "*bombar*"[42] o corpo

---

40. Atualmente, o Programa Municipal de DST/Aids de São Paulo oferece o Projeto Homem, iniciativa piloto iniciada em 2008, depois que esta pesquisa já estava concluída. Mais informações no site: http://www10.prefeitura.sp.gov.br/dstaids/novo_site/projetos/projetos.php?id=17
41. Existiam até 2007, além do ***Tudo de Bom!***, seis projetos preventivos em funcionamento, todos alocados na ***Área Temática*** do ***DST/Aids Cidade de São Paulo***, são eles: ***Cidadania Arco-íris***, voltado para homens que se identificam como homossexuais; ***Elas por Elas***, para mulheres heterossexuais; ***Plantão Jovem***, para adolescentes (que pretende ampliar-se para atender também a jovens homossexuais); ***Forma***, que visa a "redução de danos" no uso de silicone industrial e hormônios por parte das travestis (o mesmo acaba de ser incorporado ao ***Tudo de Bom!***), ***PRD-Sampa***, programa de redução de danos para usuários de drogas injetáveis; e o ***Vamos Combinar?***, voltado para a população de estudantes da rede pública, que atua em parceria com a Secretaria de Educação e visa reduzir o uso de drogas e estimular a prevenção em relação às DST e aids.
42. "*Bombar*" é o verbo utilizado entre as travestis para o ato de injetar ou receber injeção de silicone industrial em alguma parte do corpo, a fim de torná-lo mais arredondado e, assim, na concepção dominante, mais feminino. A palavra "meninas" aparece entre aspas, pois é assim que Monique se refere às travestis que moram em sua pensão.

das "meninas" de sua casa; sair para dançar com Victória, Juliana, Bárbara, Alessandra; foram algumas das experiências que mostraram que os caminhos são muitos quando se quer discutir as travestilidades. Transita-se por uma multiplicidade de trilhas, mas que se conectam por fios perceptíveis, articulando as redes por onde os códigos estruturadores dessa cultura sexual circulam.

No cotidiano da casa de Monique foi possível acompanhar a produção diária da feminilidade das travestis. Como observou Juliana Jayme (2001), há uma clara marca temporal no ser travesti, não só como processo de construção da Pessoa, mas da própria transitoriedade de gênero que se faz sentir ao longo do dia. De manhã, ou melhor, início da tarde, quando a voz ainda lhes sai grave pelo sono e os pêlos afloram. Entre esse despertar e o período da noite chego a não reconhecer algumas delas, sobretudo as mais novas na casa. Sem peruca, sem maquiagem, sem salto e sem a preocupação com o gestual, algumas me confundem.

Começa então a rotina com a casa: limpeza, fazer comida, ou então encomendar o que comer; lavar e cuidar da roupa. Paralelamente vão tratando de cuidar de si: tiram pêlos do rosto e da sobrancelha, depilam pernas e axilas, dedicam-se ao cabelo. E, à noite, quando já maquiadas, depiladas e vestidas com esmero, finalmente se aproximam do ideal de feminilidade e beleza que querem para si.

Transitar pela noite me fez perceber que a rua é claramente um espaço de sociabilidade, onde se aprende a se tornar e a ser travesti. É também um local em que elas encontram pessoas conhecidas e fazem novas amizades. Muitas vezes, também, é ali que conhecem seus parceiros; que compram roupas, perfumes e acessórios; que planejam festas, defendem-se mutuamente, ou se rivalizam. É na rua que elas ficam sabendo como anda o comércio sexual na região, no estado, quando não, no país e no exterior. Informam-se também sobre novas técnicas de transformações corporais, interam-se sobre o destino de uma ou outra travesti conhecida: se foi para a Europa, se morreu "*bombando*", se está com a "*tia*", que é como muitas vezes se referem à aids. Nas esquinas testam o sucesso de suas próprias transformações em busca do feminino (Benedetti. 2005).

A rua ou a "*avenida*" também pode ser um "*doce*", termo muito usado entre as travestis para designar algo que é ruim. "*Mandar um doce*" para alguém, por exemplo, é armar uma cilada, provocar uma situação desagradável e/ou violenta. "*A noite está um doce*", é uma expressão que aponta para a falta de movimento comercial ou para o excesso de "*função*". Isto é, a movimentação de grupos de homens que passam pelos pontos de prostituição no claro propósito de incomodá-las, usando desde palavras depreciativas e xingamentos como "você é feia, hein?!", "*viado*", "tem vergonha na cara, não?". Até atos de agressão física: jogam garrafas ou pedras, cospem e, mais raramente, atiram nelas. Muitas travestis reagem de maneira igualmente agressiva nesses momentos. Mas, na maior parte das vezes ironizam os rapazes: chamam-nos de *mariconas*, "*viados*", sacudindo as genitálias para eles e dizendo que é aquilo que eles gostam e buscam ali. Muitas vezes esses episódios terminam em risos, por outras, tornam-se agressões mais pesadas, derivando em confrontos físicos ou em ferimento de alguém de um dos lados, geralmente das travestis. Mas, o pior dessa rotina, segundo reportam, é a "humilhação". Sentem-se agredidas, quando, na verdade, estão trabalhando. Queixam-se da "hipocrisia" por parte dos agressores, que agem daquela maneira quando estão em grupo, mas que, quando sozinhos, as procuram para sexo.

Tanto em São Carlos quanto nas incursões a campo com agentes de prevenção em São Paulo, ficou patente a violência à qual estão submetidas as travestis, assim como outros/outras trabalhadores/trabalhadoras do sexo. Sem pretender construir um discurso vitimizador, é preciso ressaltar as inúmeras situações violentas (sejam simbólicas ou físicas) em que se vêem envolvidas, pois estas incidem diretamente sobre as questões preventivas e de cuidados de si.

Mesmo com as facilidades oferecidas pelo **Tudo de Bom!** para que façam suas consultas e sejam atendidas sempre na parte da tarde, além de outros mecanismos facilitadores (como não precisar agendar consulta e terem prioridade na realização de exames), a ingestão de bebidas, o uso de drogas como o *crack*, as brigas e discussões, as frustrações amorosas, a perda de documentos, a repressão policial, a falta de dinheiro, as dificuldades em conseguir moradia, a luta diária para pagar contas, o sentimento de solidão que muitas expressam, a busca incessante pela "beleza", associada ao que é socialmente referendado como feminino, se sobrepõem às preocupações com a aids, hepatite, contágios, uso constante de preservativos e outras tantas recomendações presentes nos discurso dos/das agentes de prevenção, que falam em direitos, protagonismo, cidadania, entre outras categorias afeitas ao universo individualista moderno, mas que pouco sentido fazem para as travestis, imersas numa realidade que teima em apontar para outros determinantes. Como lembra Luis Castiel, "é preciso cogitar na intuição de tanto o adoecer como a exposição a determinados riscos se constituírem em modos possíveis de permanecer vivo e, por extensão, de levar a vida" (Castiel. 1996a:95).

Outro dado que salta aos olhos de quem vai a campo nos espaços de prostituição travesti é o uso que elas fazem de drogas lícitas e ilícitas. O álcool é bastante consumido, principalmente destilados como conhaque e pinga, mais do que fermentados como cerveja, que além de mais cara é uma bebida gelada, que não contribui para dar o conforto térmico que a noite por vezes pede. Muitas travestis contam que o *crack* é a droga da vez e que tem causado mortes e decrepitude entre elas. Outras, sempre se eximindo de pertencer ao grupo das "*colocadas*" (as que fazem uso intenso de drogas) ou das "*bandidas*" (as que roubam), me falam que esse tipo de comportamento atrai repressão e bandidos para as áreas onde trabalham. Por isso, muitas delas recorrem às cafetinas e cafetões (estes últimos são mais raros na prostituição travesti) para assegurarem a ordem.

Assim como ocorrem as "*funções*", já descritas anteriormente, há as chamadas "*curras*", em que rapazes as abordam e as obrigam a sexo oral ou mesmo com penetração; falsos clientes que as violentam e assaltam; policiais que as extorquem e humilham; brigas com e traficantes; entre travestis e *michês*, por conta de pontos de prostituição, acerto de dívidas de drogas e de amores; desentendimentos entre si, gerados por motivos que vão da disputa por clientes, acertos de contas por comentários depreciativos e delações. Muitas vezes esses embates terminam de forma trágica, sendo o uso de facas e canivetes o meio de defesa mais usado por elas.

Essa dinâmica da noite nos espaços de prostituição, somada à freqüente discriminação que sofrem de dia, incide sobre a percepção que têm de si mesmas, chegando algumas a se julgarem merecedoras de alguns atos violentos. As experiências que constituem a travestilidade têm na transformação do corpo e do gênero um fator que desestabiliza a ordem binária dos sexos e dos gêneros. O fato de estarem subvertendo uma ordem tida como natural e, por isso, tomada como "normal", tende a tornar suas vidas inabitáveis. Assim, é pela força da exclusão que elas têm se constituído.

Afinal, quem são as travestis? Para responder essa pergunta é preciso seguir por muitas trilhas, perseguir códigos-territórios, fixar-se nesses corpos que não cansam de ser nômades. Com a autoridade de quem, desde os dez anos, sabe-se "*viado*", Melina diz que "*travesti tem que ter alguma coisa de mulher, senão não é travesti; tem que pôr silicone, seio*" (em entrevista à pesquisadora, em 21/01/2006). É assim também que Moema, uma das informantes de Hélio Silva, define sua travestilidade, dando ênfase à ingestão de hormônio feminino para que uma neofila venha ser de fato travesti (Silva. 1989: 133). O hormônio aparece como fundamental para a construção da Pessoa travesti, nas falas colhidas por Marcos Benedetti, pois é essa substância que, ao misturar-se ao sangue, instaura "uma nova condição no corpo: a condição de travesti" (Benedetti. 2005: 78).

"Quando falo em travestis, a sensação de simplificar um universo tão diverso me incomoda", escreve Suzana Lopes, acentuando a pluralidade dessa experiência (Lopes. 1995: 224). Desde o primeiro contato com o texto de Lopes a frase acima me impressionou, mas foi em campo que adquiriu um significado concreto. Em minha pesquisa conheci travestis que não tomavam hormônios nem tinham silicone no corpo, mas que se auto-reconheciam como travestis, usavam nomes femininos, mantinham intensa sociabilidade no meio, adotando termos do *bajubá*[43] (a linguagem tributária do *ioruba-nagô* usada pelas travestis), ainda que negligenciassem certos valores estéticos que, como se verá, são também valores morais.

Convivi com pessoas que se identificavam como transexuais, mas viviam, segundo elas mesmas, como travestis, pois se prostituíam e faziam uso sexual do pênis. Assim como estive com travestis que, em algum momento da vida, desejaram tirar o pênis; e outras que jamais tinham pensado naquilo, mas que começavam a estudar essa possibilidade mais recentemente, passando a cogitar a possibilidade de serem transexuais. Conheci rapazes que se sentiam femininos e eventualmente se "montavam" [44] para sair pela noite. Um deles estava se hormonizando, isto é, fazendo

---

43. As travestis fazem uso de uma linguagem própria, composta não só de gírias que são palavras da língua portuguesa resignificadas, como também usam inúmeras palavras provenientes do *ioruba-nagô*, compondo uma linguagem que elas denominam de *bajubá* ou *pajubá*, ou ainda *"bate-bate"* (Ver Benedetti. 2005).
44. O que significa, no vocabulário próprio do universo homoerótico masculino, vestir-se com roupas femininas, maquiar-se de forma a esconder a marca da barba, ressaltar maçãs do rosto, evidenciar cílios e as pálpebras dos olhos, além da boca. Vestir-se com roupas femininas ainda é, nessa etapa, algo ocasional, de tom furtivo, restrito a momentos noturnos ou de lazer.

uso de hormônios femininos, e cogitava a possibilidade de ser travesti, mas tornou-se, segundo me disse, "uma *cross-dresser*[45] com alma de travesti".

As travestilidades, portanto, podem ser vistas como processos (nem sempre continuados ou lineares) de construção de um certo feminino, muitas vezes glamorizado, ligado historicamente à noite e às artes cênicas (Trevisan. 1986, Green. 1999), mas que veio se constituindo como "fruto histórico do asfalto e das grandes aglomerações urbanas", na prosa poética de Hélio Silva (1993: 39). Essa relação com a vida urbana remonta à trajetória de tantos homens efeminados que buscaram no anonimato das cidades um espaço para tornar suas vidas mais habitáveis[46].

Travestis ligadas ao movimento social pelos direitos das minorias sexuais têm adotado o termo "travestilidade" para falar de sua condição, numa tentativa de resignificar o sentido das palavras "travestismo" e "travesti". Um processo que se pluraliza, daí o "s" que precisa ser acrescentado à noção ainda incipiente de "travestilidade', enquanto reflexão e tentativa teórica de se ir mais além do que o senso comum tem se permitido.

A idéia de apropriação de um termo sistemática e historicamente usado para ofender, patologizar e desqualificar é, segundo Judith Butler, uma das táticas políticas da **Teoria Queer**, à qual me aproximo neste trabalho e que permeará as discussões aqui travadas.

O *queer*, define Butler, "tem operado como uma prática lingüística cujo propósito tem sido a degradação do sujeito o qual se refere, ou melhor, na constituição desse sujeito *mediante* esse apelativo degradante" (2002a.: 58). Apontar alguém como "estranho", "anormal" e, sobretudo, como aquele/aquela que escapa da norma sexual estabelecida é tomá-lo/a como menos humano, cabendo a estes seres os lugares marginais.

Apropriar-se de termos ofensivos que foram sempre impostos, a fim de subverter seu uso, é uma estratégia de desconstrução que pretende colocar em xeque os valores que sustentam esses enunciados depreciativos estreitamente associados às práticas e desejos sexuais proscritos.

---

45. Jorge Leite Jr. define, grosso modo, a/o *cross-dresser* como "pessoa que gosta de se vestir com roupas do sexo dito oposto ao seu sexo biológico, independente de sua orientação sexual e que, comumente, não realiza mudanças definitivas no corpo como o implante de próteses para os seios - eventualmente fazendo uso de hormônios - e se contentando, na maioria das vezes, com uma "montagem"30 restrita a algumas horas por dia/ semana ou a períodos mais significativos da vida" (Leite Jr. 2008: 123-124). Ver também Vencato (2008).
46. Em seu texto **Pânicos Morais e Controle Social: Reflexões sobre o Casamento Gay** (2007), Richard Miskolci lista alguns estudos que se dedicaram à questão da migração de gays e lésbicas para longe de suas pequenas cidades, no intuito não só de escapar da violência em seus vilarejos, como também para poderem viver mais livremente sua sexualidade. Reproduzo a seguir os autores e autoras citados/as por Miskolci: "Didier Eribon aborda a questão no capítulo sobre a fuga para a grande cidade em **Reflexiones sobre la cuestión gay**. Barcelona, Anagrama, 1999. Consulte também CHAUNCEY, George. **Gay New York**. London, Flamingo, 1995 e, para o caso brasileiro, GREEN, James N. **Além do Carnaval**. São Paulo, Editora Unesp, 2000".

No que concerne à proposta teórica mais geral, conforme resumiu o sociólogo norte-americano Steven Seidman, os estudos *queer* procuraram, de alguma forma, mudar o foco do debate da categoria homossexual ou da homossexualidade para questões relacionadas à operação do binarismo hetero/homossexual, sublinhando sua centralidade como princípio organizacional da vida social contemporânea e dando mais atenção crítica a uma política do conhecimento e da diferença. (Miskolci e Simões. 2007)

Falar em travestilidades é conceber essas possibilidades de expressar um gênero (e não estou convencida de que esta seja a melhor locução quando se trata de ser/tornar-se travesti) como uma possibilidade para além do binarismo de gênero e do determinismo do sexo, ainda que muitas de minhas informantes não tenham tido qualquer intencionalidade teórica e/ou política nesse sentido, quando iniciaram o longo e, na maioria daz vezes, permanente processo de feminilização. Ao contrário: muitas vezes o que fazem é justamente reafirmar o binarismo e o essencialismo. Ainda que haja uma denúncia da naturalização do sexo e do gênero implícita na própria experiência das travestilidades, na maior parte dos casos esta não pode ser tomada como um enfrentamento engajado. "Por que teria de ser diferente para elas, se compartilham sistemas simbólicos socialmente significativos para os gêneros?", interroga Berenice Bento, referindo-se especificamente às/aos transexuais, propondo que a própria experiência já leva em si um componente subversivo (Bento. 2002: 13).

Toda essa pluralidade na experiência travesti não implica impossibilidade de definição conceitual, apenas alerta para o perigo de se propor categorias teóricas sem a necessária flexibilidade para enfrentar o que acontece no espaço do empírico.

Benedetti, que estudou travestis que se prostituem na cidade de Porto Alegre, registra o cuidado que os/as pesquisadores/as devem ter quando se trata de delimitar o conceito de travesti, mas não se furta de fazê-lo, valendo-se de uma definição que se orienta, segundo ele, pela "própria lógica do grupo estudado" (Benedetti. 2005: 18), a qual está bastante afinada com a que também encontrei convivendo com travestis no estado de São Paulo.

Ainda que cautelosamente, creio que posso afirmar que as travestis são pessoas que se entendem como homens que gostam de se relacionar sexual e afetivamente com outros homens[47], mas que para tanto procuram inserir em seus corpos símbolos do que é socialmente tido como próprio do feminino. Não desejam, porém, extirpar sua genitália, com a qual, geralmente, convivem sem grandes conflitos.

Esse feminino buscado não passa necessariamente por transformações profundas no corpo, ainda que isso seja polêmico e até mesmo inaceitável para a maioria das

---

47. Márcia, travesti que não se prostitui e que pacientemente leu este trabalho, alerta-me que nem todas as travestis sentem-se atraídas por homens. Ela mesma vive com uma mulher e que, portanto, seria preciso ser mais cautelosa com essas generalizações. Agradeço-lhe por essa observação e registro que, no meu campo, foram poucas as travestis que se disseram atraídas sexual e/ou afetivamente por mulheres.

travestis com as quais convivi mais intensamente. Intervenções apenas epidérmicas e esporádicas podem ser lidas como covardia, safadeza, entre outros adjetivos que denunciam falhas morais. Mesmo com essa percepção, as travestis reconhecem um corpo masculino que subjaz: temem a calvície, um câncer de próstata, que o silicone se aloje no saco escrotal. Por outro lado, apreciam esse corpo, seja pela valorização do sêmen que podem produzir, pelo "gozar", ou pela manifesta admiração do próprio pênis, ou de uma colega.

Ao me dar conta da impossibilidade de responder às questões problematizadoras que norteiam este trabalho sem considerar as representações de gênero, as concepções de corpos e de como ambas se associam à sexualidade e ao processo saúde/doença, precisei buscar na literatura o escopo teórico necessário para empreender tal discussão. A partir do enfoque que dialoga com Foucault e com alguns teóricos e teóricas *queer*, procuro marcar o lugar de onde falo.

Difícil não recorrer a Foucault quando se fala de doença e sexualidade. Sobretudo no âmbito deste trabalho, no qual a aids com seu status de doença sexual, transmissível, incurável, se vincula a um segmento social que tem na sexualidade sua marca de "desvio", e sobre os seus corpos os olhares de diferentes instâncias de "saber" e "poder", para ficarmos com os termos foucaultianos.

Desde *Os Anormais* (1974-1975)[48], o filósofo francês vem mostrando como discursos médicos foram ocupando o lugar daqueles formulados pela Igreja e pelo direito canônico, a fim de apontar com o seu saber "neutro" e científico os perigos das sexualidades não normalizadas[49], associando-as à doença mental. Esse domínio, segundo Foucault, se amplia tanto a partir do século XIX que a medicina se sobrepõe à esfera jurídica, descobrindo em infratores da lei, suas taras, vícios e desvios sexuais. Os corpos são assim escrutinados, medidos, observados e transformados em casos médicos. Aquilo que não pudesse ser obtido por esse minucioso trabalho de observação e experimentação, deveria ser extraído pela confissão do desviante, pelos dados de sua vida pregressa, vivificados pelas palavras. Discursos colhidos pelos juízes, reivindicado pelos médicos, psiquiatras, sexólogos e psicólogos, tornaram as "sexualidades periféricas" espécies catalogáveis, portanto, identificáveis e, quem sabe, tratáveis.

O sexo posto em discurso, como afirma Foucault, produz efeitos sobre os corpos, conforma subjetividades, produzindo verdades sobre o que as pessoas são. Os efeitos desses discursos são, assim, controladores. Buscar a genealogia desses poderes capazes de instituir verdades que se materializam em saberes, que por sua vez, instituem normas e práticas, exige uma arqueologia desses mesmos saberes. Essa novidade histórico-metodológica de Foucault impacta teóricos e teóricas, sobretudo feministas, mas também os movimentos identitários da década de 1970, principalmente o gay e lésbico. Estes

---

48. Curso ministrado por Foucault no *Collège de France* entre os anos de 1974 e 1975, e que serviu de base para *Vigiar e Punir*. *Os Anormais* foi publicado no Brasil em 2001, pela editora Martins Fontes.
49. Isto é: heterossexuais, procriativas, conjugais e não-comerciais.

passam a propor uma política de ação independente do socialismo e, assim, da transformação do sistema capitalista.

Como aponta Miskolci,

> O aspecto histórico da metodologia de Foucault foi decisivo na criação de uma nova corrente de estudos que enfatiza a necessidade de desconstruir categorias naturalizadas como mulher, gay, lésbica, homossexual, heterossexual. Esta linha de pesquisa passou a ser conhecida no fim do século passado como **Queer Theory.** (Miskolci. 2005b: 26)

No campo teórico, o livro **Between Men: English Literature and Male Homosocial Desire**, de Eve Kosofsky Sedwick, lançado em 1985, pode ser tomado como um marco dos estudos *queer*. Partindo de Foucault, Derrida e Deleuze, esses trabalhos procuram, assim, deslocar os discursos e os olhares para as margens. E a partir de lá, formular outras falas que escapem aos binarismos rigidamente estabelecidos (heterossexual/homossexual, por exemplo), numa desnaturalização das identidades, dos gêneros e, por conseguinte, dos corpos. Desvelar esses mecanismos de naturalização e essencialização, os termos e as relações por eles significados, requer uma profunda genealogia dos termos. É a esta tarefa que se propõe Judith Butler em dois livros referenciais para os estudos *queer*: **Gender Trouble - Feminism and the Subversion of Identity**, lançado em 1990 nos Estados Unidos (**Problemas de Gênero – Feminismo e Subversão de Identidade**, editado no Brasil em 2003) e **Body that Matter: On the Discursive Limits of Sex**, de 1993 (este último sem tradução ainda para o português).

Existiria o sexo biológico independente dos significados culturais a ele atribuídos? Haveria, assim, um sexo pré-discursivo? Para Butler, não. Numa crítica à proposta feminista construtivista que, ao diferenciar sexo/natural e gênero/cultural mantém o binarismo intacto, a filósofa propõe um exercício lógico. "Se o gênero são os significados culturais assumidos pelo corpo sexuado, não se pode dizer que ele decorra de um sexo desta ou daquela maneira" (Butler. 2003:24). Pois, se assim for, como o sexo se diferenciaria de fato do gênero? O que se infere daí é que há uma relação mimética entre os termos, o último restringindo o primeiro que, por sua vez, restringe o outro. E mais, se o sexo for tomado como naturalmente dado e, por isso, independente do gênero socialmente construído, nada impediria, então, que sobre um sexo masculino se inscrevesse um gênero feminino.

De acordo com Butler, não é assim, pois esse sexo estabelecido como binário e pré-discursivo é ele mesmo produto de um discurso que pretende assegurar a estabilidade dessa estrutura binária.

No primeiro capítulo de **Problemas de Gênero**, Butler discute com a teoria feminista contemporânea questionando a fixidez do conceito de identidade, necessário ao momento inicial de circunscrição e afirmação do movimento de mulheres, mas que apresenta claros limites. A teórica *queer* interroga como essa noção de identidade impregna o discurso sobre a "identidade de gênero". Para ela, "seria errado supor que a discussão sobre 'identidade' deva ser anterior à discussão sobre identidade de gênero, pela simples razão que as 'pessoas'[50] só se tornam inteligíveis ao adquirir seu gênero em conformidade com padrões reconhecíveis de inteligibilidade do gênero" (Butler. 2003: 37).

Falando a partir das margens, os teóricos *queer* buscam não só romper com o binarismo, conforme discutido até aqui, ou questionar noções clássicas de sujeito, de identidade, de agência, que têm permeado o debate das Ciências Sociais e dos estudos feministas, mas também conferir um certo contorno ontológico àqueles que tem sido sistematicamente destituídos do privilégio da ontologia.[51]

Como discute Butler, "a matriz cultural por intermédio da qual a identidade de gênero se torna inteligível exige que certos tipos de 'identidade' não possam 'existir'" (Butler. 2003: 39). Essa "não-existência" acaba por colocar pessoas como as travestis no plano do abjeto, corpos cuja existência parece não importar. De fato, importam, pois os abjetos precisam estar lá, ainda que numa higiênica distância, para demarcar as fronteiras da "normalidade".

As diversas questões que atravessam essa pesquisa encontram no corpo travesti um ponto de convergência. Nele, território, identidade e gênero se cruzam. Por isso mesmo, o **capítulo inicial** volta-se para os espaços por onde elas circulam, e como estes são marcados por códigos que regem a sociabilidade que ali se desenvolve, ao mesmo tempo em que conferem identidades aos que por eles transitam. Ruas, becos, esquinas, praças, bares, casas noturnas, cinemas, boates compõem a tessitura do mercado do sexo; são pontos de encontro, de aprendizado, desavenças e alianças. Por esses espaços circulam também os clientes, os *maridos*, as agentes de prevenção, cafetinas, *michês*, vendedores noturnos que oferecem *lingeries*, perfumes, calças jeans às mulheres e travestis que se prostituem. Sem situá-los, esse mundo perde sua dimensão, volume, cheiro, intensidade, vida. E torna opaca qualquer tentativa de se apresentar o universo travesti. Espero dar minha contribuição, uma vez que etnografias como as de Hélio Silva, Don Kulick e Marcos Benedetti já ofereceram uma visão densa e profunda neste sentido.

Cecília Patrício escreve que não vê categoria melhor para se analisar o fenômeno da travestilidade do que a da mobilidade, pensada como movimento (2005). Mover-se na busca de um corpo, de um lugar habitável, de uma vida longe da abjeção, da pobreza e da violência doméstica é um enredo comum. Sair de casa ainda menino, muitas vezes escorraçado; encontrar no corpo de outra travesti as referências para si mesmo; buscar febrilmente essa transformação; são roteiros que se repetem e têm uma geografia a cumprir. Os lugares vão ficando marcados no corpo: as sobrancelhas

---

50. O termo não é empregado por Butler no sentido antropológico, conforme apresentado em outro momento neste livro, e sim dentro da perspectiva sociológica do "sujeito".
51. Butler, em entrevista a Baukje Prins e Irene Costera Meijer, reconhece a contradição que existe entre o "não-ser" presente na definição do "ser abjeto", e a sua própria existência como ser "materializável" por um discurso de exclusão. Ao que ela argumenta: "Eu atribuo ontologia exatamente àquilo que tem sido sistematicamente destituído do privilégio da ontologia. O domínio da ontologia é um território regulamentado: o que se produz dentro dele, o que é dele excluído para que o domínio se constitua como tal, é um efeito do poder". Butler deixa claro, a seguir, que a abjeção não está circunscrita a sexo e heteronormatividade, mas se estende "a todo tipo de corpos cujas vidas não são consideradas 'vidas' e cuja materialidade é entendida como ''não importante'''". (Prins & Meijer. 2002: 161)

pinçadas ainda na cidade de origem; os primeiros hormônios femininos ingeridos sob prescrição de uma amiga feita depois da saída de casa; a aplicação de silicone líquido, realizada numa cidade grande; as próteses cirúrgicas adquiridas em São Paulo, a marca de bala também; um novo nariz, depois da ida à Europa, uma cicatriz a mais conseguida numa esquina de Milão.

Essa fluidez pelos espaços se relaciona diretamente às mudanças no corpo, numa construção orientada por uma gramática de gêneros que parece rígida, essencialista, binária e mesmo conservadora, e que ainda assim é subversiva. Há todo um léxico para se falar do feminino e do masculino entre as travestis, e é sobre essas categorias êmicas – e as representações de gênero que elas encarnam que versa o **capítulo dois**. Primeiro os homens: o papel do *marido*, a classificação dos clientes e como tudo isso se imbrica com as práticas eróticas, as representações de gênero e com as medidas preventivas, não só no sentido de se precaver de doenças, mas da manutenção da própria vida. Em seguida apresento as travestis *tops*, as *européias*, as *ninfetas*, *veteranas*, categorias êmicas que levam em conta capital corporal, faixa etária, andanças e experiências internacionais e, que, como acontece com os homens, também têm suas implicações quando se pensa em prevenção.

O modelo oficial preventivo é problematizado no **capítulo três**. Parto da idéia de "SIDAdanização", numa alusão ao processo de cidadanização discutido por Luiz Fernando Duarte et al. Segundo esses autores, a "conversão" que este processo encerra pressupõe uma adesão a princípios tipicamente modernos como a "individualização" e "racionalização", que implicam mudanças ideológicas profundas entre as populações visadas. No caso da prevenção, especificamente, faz parte dessa conversão a "responsabilização" do sujeito no que se refere à saúde, a forma de lidar com o corpo e os vínculos que passaria, necessariamente, a ter com o sistema oficial preventivo. A politização dos indivíduos almejada pelo modelo preventivo visa constituir bioidentidades, num processo sutil e sofisticado de controle, que busca internalizar a vigilância sobre o corpo e os cuidados a partir dessa "nova consciência política", como propõe David Armstrong (1993).

No mesmo capítulo será discutido o vínculo entre risco e a idéia, remanescente, de "desvio". A partir desse recorte torna-se perceptível que as ações interventivas-preventivas se voltam para certos estilos de vida vistos como "arriscados" e/ou fora dos padrões de normalidade[52]. Permanece, portanto, a perspectiva da mudança de comportamento como estratégia de proteção em relação à aids e outras doenças sexualmente transmissíveis.

---

52. Miskolci remonta à construção da normalidade como oposição ao desvio, destacando que ao longo de todo o século XIX a Psiquiatria cuidou de associar comportamentos criminosos ou de desvios sociais a partir da relação com as anormalidades da família. Assim, "o criminoso ou o louco passou a ser julgado ou diagnosticado sempre a partir de sua inconformidade à formação normativa da família" (Miskolci. 2005a: 14). Como aponta Canguilhem (1995), a normalidade é construída a partir de julgamentos valorativos e, ao contrário do que pretende mostrar Comte, não é apenas referida em uma média estatística de casos disponíveis socialmente.

O contexto brasileiro também é tratado nesta seção. Tomo, entre outros elementos, uma campanha nacional voltada para as travestis a fim de dar relevo ao argumento de homogeneização das condutas visadas pelo modelo preventivo. Tanto globalmente quanto localmente, as formas de intervenção deste modelo reduz as diferenças culturais a um padrão universal, ainda que venha insistindo no uso do conceito de diversidade/diferença cultural como categoria necessária para a abordagem preventiva.

No **capítulo quatro**, o projeto *Tudo de Bom!* é apresentado: sua metodologia de trabalho, dinâmica de atuação e a história de sua constituição como exemplo do novo paradigma, o da prevenção dialogada. Ainda nesse capítulo procuro contrastar, a partir dos dados obtidos, o que chamo de distintas lógicas de ação do ***Tudo de Bom!***: a das técnicas, a das travestis agentes de prevenção, e de ambas em interação com as travestis da rua/*pista*/avenida. Proponho uma triangulação dessas relações, a fim de mostrar que a interação se dá em fluxos, por vezes tensos, e não de forma compartimentada. Assim, essas diferentes lógicas se tocam, se cruzam e, muitas vezes, se excluem, num movimento que ainda está circunscrito às unidades nas quais o ***Tudo de Bom!*** encontra-se em funcionamento. E, mesmo nestas unidades, não ocorre de maneira abrangente.

Os clientes das travestis aparecem no **capítulo cinco**. O recorte feito dá ênfase aos *T-lovers*, não só porque tive uma inserção privilegiada entre eles, mas por considerar que sintetizam uma parte significativa da clientela travesti. Além de terem uma capacidade potencializada – pelo largo uso que fazem da internet – de problematizar valores e pautar códigos de conduta que consideram pertinentes para quem se serve do mercado do sexo, eles têm o perfil descrito pelas travestis como sendo de seu cliente contumaz. Este é um homem casado, de classe média, com idade entre 30 e 45 anos.

Ainda nesta seção, procuro deslocar o foco das travestis para as falas e representações desses homens, a fim de discutir, pelo prisma da masculinidade hegemônica, como (de que forma) sexualidade, práticas eróticas e prevenção à aids se cruzam e se chocam, num discurso em que a doença é encapsulada pela tensão de uma vida em segredo e culpa.

No **capítulo seis** procuro desenvolver a discussão sobre os significados da doença e do sofrimento entre as travestis que compõem o universo desta pesquisa. A recorrência do bordão "todas têm" contrasta com o silêncio em torno da sua própria condição de saúde, sintetizado na afirmação categórica do *"eu me cuido, mona!"*, que procura marcar um compromisso permanente com a transformação e manutenção de um corpo feminino e forte ao mesmo tempo. A aids, como *"coisa de bicha burra"*, é termo acusatório, por isso a doença é discutida levando-se em conta a sua carga moral de imputação de culpa e os enunciados acusatórios que as travestis manipulam e com os quais lidam. Estes não se desassociam do espaço onde as relações são construídas, fornecendo também as categorias identitárias que delimitam, hierarquizam e ordenam as relações no "universo trans".

A visibilidade dada às travestis a partir da aids – e de suas implicações – aparecem discutidas ainda nesse capítulo, onde procuro analisar as falas daquelas que se identificam como soropositivas, em geral agentes de prevenção e ativistas do movimento social. Defendo que na conformação desses discursos sobre o adoecer dois modelos se confrontam e se cruzam: o pautado pela Biomedicina e outro orientado pela medicina popular.

Acredito que, para se entender a relação das travestis com a doença e com o sistema oficial de saúde, é preciso que se pense o fenômeno da travestilidade a partir da proposta antropológica de construção da Pessoa. Assim, no **capítulo final** procuro oferecer ao leitor e à leitora uma visão, o mais ampla possível, desse processo. O conceito de Pessoa é usado aqui no sentido maussiano/dumountiano do termo, o que significa considerar que a pessoa se constitui por meio de um sistema moral e de valores próprios de cada sociedade e/ou grupo a que pertence, numa construção que deve ser buscada nos conteúdos culturais e simbólicos e no conjunto de práticas e discursos que são histórica e socialmente marcados.

A seção final se inicia com a entrada na casa/pensão da cafetina, espaço que se coloca em oposição à casa paterna muito mais do que em contraste com a rua. As "casas" são administradas por cafetinas, que podem ser também "*mães*" e são, quase sempre, cuidadoras. À mãe ou madrinha cabe ensinar à sua filha as técnicas corporais e a potencializar atributos físicos, a fim de se tornar mais feminina. Ela ensina a tomar hormônios, sugere que partes do corpo a novata deve *bombar* e quantos litros colocar. Indica a *bombadeira*[53], instrui quanto aos clientes e sobre as regras do pedaço[54]. Apesar disso, a casa da cafetina é um espaço cheio de regras e obrigações. É ali que se aprende a ser travesti e se vive a transformação. Por isso a figura da cafetina é central no que se refere ao corpo e aos cuidados de saúde. Na minha experiência, conheci várias cafetinas que são também *bombadeiras*, e por isso respeitadas como pessoas que conhecem sobre saúde, cura, doença, beleza.

Aliás, isso é bem importante: para as travestis há uma estreita relação entre saúde e beleza, e entre beleza e o sucesso na feminilização. As cafetinas são também aquelas que precisam zelar pela saúde das "*filhas*", pois dependem do trabalho delas nas ruas. Quase sempre são elas que as acompanham ao posto de saúde, que vão à farmácia e escolhem os medicamentos, e é nesta relação que fica patente que aquilo que as travestis entendem por "cuidados" não é o mesmo que o discurso preventivo dita. A casa pode ser tanto um espaço de aprendizado desses cuidados, de destensionamento do cotidiano da rua/noite, quanto um ambiente de conflitos e rígidas cobranças, que acabam por refletir na forma como a travesti vai lidar com a rua.

No caso das travestis, falar sobre as transformações no corpo é referir-se também à materialização de um gênero, a partir da reiteração de normas que prescrevem o que

---

53. Isto é, travestis que aplicam silicone industrial no corpo de outras travestis, a fim de torná-lo arredondado, o que remeteria ao feminino. A ingestão de hormônios femininos e aplicação de silicone líquido são partes integrantes de um saber próprio das travestis, que encontra nas *bombadeiras* as manipuladoras legítimas desse domínio.
54. Uso o termo aqui no sentido empregado por Magnani: como lugar dos colegas, dos chegados, onde há o sentimento de pertença e familiaridade, espacial e simbolicamente, pois naqueles espaços se compartilham valores, bem como o uso de equipamentos urbanos neles disponibilizados (Magnani. 2002:22). Esse conceito será melhor explorado e ampliado na discussão sobre rede e territorialidade.

é ser feminina. Aqui a discussão sobre o conceito de performatividade ganha espaço, entrelaçando-se com a perspectiva teórica de gênero que, como espero, aparece ao longo do trabalho. É importante frisar que quando trato de performatividade estou me valendo do conceito butleriano[55], tomado, por sua vez, da lingüística de John Austin.

As tecnologias do corpo e os valores morais que norteiam e conformam um *ethos* próprio das travestis são apresentados num subtítulo desse mesmo capítulo. Torna-se, então, necessário que se enverede pelo campo da saúde, o que propicia o paralelo com os conceitos e preceitos sobre saúde e cuidados veiculados pelo sistema médico oficial.

Por fim, proponho que a centralidade dos valores estético-morais na constituição da travestilidade esvazia a força de certas mensagens preventivas, sobretudo quando o discurso não se faz acompanhar de uma política de saúde que possa atender demandas que vão para além daquelas referidas às DST/aids, marcando as travestis como pessoas historicamente ligadas ao perigo.

Tese, Trocas e Ética

Antes de adentrar nas discussões elencadas acima, gostaria de registrar algumas reflexões sobre questões éticas que orientam esse trabalho, uma vez que nas trilhas iniciais de qualquer pesquisa estas são questões sinalizadoras. As exigências éticas são de ordem moral, mas também burocráticas. Logo nos primeiros passos, o projeto da tese precisou ser submetido a dois Comitês de Ética em Pesquisa: o da Universidade Federal de São Carlos e o da Secretaria de Saúde de São Paulo. Este procedimento obedece à Determinação 196/96 (***Diretrizes e Normas Regulamentadoras de Pesquisas Envolvendo Seres Humanos***) do *Conep – Comissão Nacional de Ética em Pesquisa* – e visa proteger os sujeitos da pesquisa. O instrumento mais importante para esse fim é o ***Consentimento Livre Esclarecido*** (***TCLE***), um documento que pretende assegurar o respeito às comunidades estudadas, preservando os direitos dos sujeitos envolvidos, seja ao anonimato, sigilo, possibilidade de desistir de participar sem que isso o comprometa, entre outros princípios capazes de garantir a integridade física e moral dos participantes, sua autonomia e benefício. O mesmo deve ser escrito em linguagem acessível e apresentado e assinado pelos envolvidos, incluindo o/a pesquisador/a, antes de se iniciar a entrevista (ou, no caso de etnografias, o convívio).

Essas exigências burocráticas têm sido polemizadas por antropólogos e antropólogas, com os quais tendo a me solidarizar sem, contudo, deixar de reconhecer as boas intenções que orientam a Resolução 196/96. Porém, o que a experiência etnográfica tem mostrado é que a relação entre antropólogos/antropólogas e seus

---

55. Para Butler, a performatividade baseia-se na reiteração de normas que são anteriores ao agente, e que, sendo permanentemente reiteradas, materializam aquilo que nomeiam (2002 e 2002a).

sujeitos se dá em outras bases que não as formalistas e burocráticas, mesmo porque estas, muitas vezes, podem fazer pouco ou nenhum sentido para a população estudada[56]. Nas etnografias as relações se assentam na categoria "confiança", que por sua vez tem como operador a troca. Trocamos histórias, informações, cumplicidades, miçangas, favores.

O **Termo de Consentimento Livre Esclarecido** foi, na maior parte das vezes, um instrumento do qual só me vali depois de uma longa convivência, pois ele me pareceu, quase sempre, mais constrangedor do que esclarecedor[57]. Entre os T-lovers, por exemplo, esse instrumento, ainda que garantisse o anonimato, os deixava mais temerosos do que seguros.

Ao longo desses anos de pesquisa, entrevistei cerca de 45 clientes, todos via **Messenger**, organizei 300 páginas de e-mails respondidos a partir de interações que se iniciaram na plataforma de sociabilidade virtual **Orkut**; são também 300 páginas de e-mails compilados a partir do acompanhamento de um fórum usado pelos T-lovers; mais de 30 arquivos com textos e comentários colhidos no **Blog T**; além da interação por dois anos e meio com um grupo de T-lovers paulistanos, comparecendo ao **Dia T**, indo a churrascos, festa de aniversários, jantares e saindo para dançar em boates GLBTT (gays, lésbicas, bissexuais, travestis e transexuais). Esse intenso convívio me permitiu uma imersão no mundo da noite, que, como já disse, se confunde com o universo travesti.

Foi muitas vezes da janela do **Nice bar**, estabelecimento onde os T-lovers se reuniam, que vi os vendedores ambulantes oferecendo calças jeans, lingeries, lanches, cafés, bijuterias, drogas, entre tantas mercadorias, às travestis que fazem ponto ali na frente. Dali pude observar a dinâmica dos carros, as "entrevistas" [58] que antecedem os programas; as cafetinas passando; os michês que vinham fumar um cigarro e flertar um pouco com as travestis. Percebi que os taxistas também fazem parte desse universo, são por vezes "maridos", cafetões, protetores, exploradores ou simplesmente companheiros na noite. No **Nice bar** compartilhei pratos de comida, cervejas, alegrias e decepções. E me dei conta da importância de estabelecimentos como aquele para uma pausa, um papo, um xixi, um cigarro e para guardar pertences. Em todas as áreas por onde andei me deparei com locais semelhantes.

---

56. Benedetti assinala que "o instrumento formal de consentimento, quando solicitado a grupos pouco letrados, em situação socioeconômica precária, com pouca informação sobre os procedimentos científicos e quase nenhuma inserção nas esferas públicas de reivindicação de direitos – grande maioria da população das quais a antropologia se ocupa –, acaba sendo mais uma violência simbólica a oprimir as pessoas em estudo"(Benedetti. 2005: 49).
57. Apenas em três entrevistas, realizadas na **Casa de Apoio Brenda Lee**, com travestis que vivem lá, me vali de antemão desse documento. Mais em respeito às normas da instituição do que por qualquer interesse ou preocupação das pessoas que me concederam as entrevistas.
58. A entrevista é o momento em que o cliente sonda o preço, pergunta pelas práticas eróticas que a prostituta se dispõe a realizar, negocia o tempo, o uso ou não de preservativos, enfim, estabelece um contato comercial (ou procura quebrar o caráter comercial) com a travesti.

Entre as travestis convivi, esquematicamente, com três grupos: travestis da casa de Monique, em São Carlos; travestis que conheci via *T-lovers* e travestis agentes de prevenção. Cada um desses grupos me proporcionou convívio com um grande número de travestis, em situações as mais diversas: nos pontos de prostituição, nas casas de cafetinas, em residências familiares, nas boates e bares, nas unidades de saúde, em salões de beleza, shoppings, farmácias... Sinto falta de não ter tido a oportunidade de acompanhar alguma travesti a espaços religiosos. Mas essas são contingências do campo, sempre cercado de surpresas, acasos, uma dose de sorte e, por vezes, da falta dela também. Ao todo contabilizo que estive com mais de 100 travestis, das quais entrevistei em profundidade não mais que 25. Estas entrevistas seguiram um roteiro temático e nelas privilegiei (1º) aquelas que mostraram interesse em participar e (2º) as que tinham papel de destaque na conformação da travestilidade, como *bombadeiras*, cafetinas, travestis mais velhas, outras ligadas ao movimento social de luta por direitos e pelo combate à aids e as que eram tidas como *tops*, isto é, belas e admiradas, servindo de referência e modelo para muitas outras.

Nesse convívio no universo travesti houve mais aceitação que desconfianças, em relação a mim (numa primeira aproximação) e ao meu trabalho (posteriormente). O que não significa que não houve recusas, olhares hostis, compromissos desmarcados sem qualquer justificativa prévia, entre outras situações cercadas de tensão. Mas julgo que estas foram pontuais e raras e se diluíram no tempo e com o tempo.

Um dos elementos cruciais no processo de aproximação com as travestis foram as fotografias. A facilidade proporcionada por uma máquina digital era um atrativo para as pessoas fotografadas que já podiam, no momento seguinte à foto, verem-se na pequena tela do equipamento. Isso atraia e facilitava o contato, que começou nas boates da região de São Carlos e Araraquara. Os flashes seduziam, pois a maior parte delas não tinha fotos como travesti ou, se as tinham, já não condiziam mais com o "novo visual": seios que se desenvolveram, bunda *bombada*, rosto transformado pelos hormônios. As fotografias criavam também um pretexto para a aproximação. Pois, uma vez de reveladas, eu teria que levá-las até elas. Nessas oportunidades, os comentários sobre seus próprios corpos, um gracejo maledicente sobre as formas de uma ou outra, as observações sobre as roupas, as caras e bocas, proporcionavam um grande aprendizado sobre corporalidade, representações de gênero e técnicas corporais.

Em muitos momentos minhas informantes são-carlenses me perguntaram se eu iria usar as fotos para a internet, principalmente depois que minha amizade com os *T-lovers* donos de sites especializados em travestis tornou-se do conhecimento delas. Evidentemente não fiz esse uso, mas pedi a permissão de várias delas para usar essas imagens em apresentações em congressos, na minha página pessoal do **Orkut** e na própria tese. Nunca negaram, mas sempre exigiram que eu só mostrasse as fotos que elas escolhessem com muito critério.

Para minha surpresa, foram raros os momentos em que fui cobrada em relação à forma como iria usar as informações que obtinha delas, o que não significou que não se interessassem em saber o porquê de eu estar ali, cheia de perguntas que soavam tolas, e de demonstrar tanto interesse por um mundo ao qual eu não pertencia. Havia sim uma curiosidade sobre a minha curiosidade. "*O que esta amapô[59] quer aqui?*", perguntavam-se muitas delas, reportando tempos depois esse estranhamento para mim.

Esclarecer o que faço e o porquê sempre foi uma das minhas preocupações em campo. Aliás, explicar para as travestis no que consistia o meu trabalho foi desafiador, pois não queria falar sobre a pesquisa relacionando-a à aids, evitando que me vissem como alguém ligada a programas preventivos; ou mesmo pela associação, que poderia soar mecânica, entre elas e a doença. O caminho mais curto e de maior efeito me foi dado por uma jovem travesti. Numa noite no banheiro da **Apollu´s**, a boate onde comecei meu campo, Camille explica para Beto (ainda *"gayzinho"*, que apenas se monta[60]), que eu estava escrevendo um livro sobre as *"travas"*[61]. Ao que Beto exclama: *"Por enquanto eu sou drag[62], quando eu for travesti eu te dou uma entrevista, viu?"*. Ao que Camille completa: *"Isso, vamo marcar um bafão[63] lá na casa da cafetina. Assim você conversa com todas as travas juntas. Vai ser babado!"*[64] Pronto, estava resolvida parte de meu problema. Eu estava escrevendo um livro, o que não deixa de ser verdade, pois uma tese é uma espécie de livro (e aquela se transformou neste livro). Além de, de um momento em diante do trabalho, ter levado essa idéia bastante a sério, o que acabou por se concretizar nesta edição.

William Foote-Whyte, ao comentar em artigo o seu clássico **Street Corner Society**, narra sua ansiedade em explicar às pessoas com as quais interagia em campo qual era o seu papel ali, o que buscava, pois obviamente havia, na comunidade que estudava, uma curiosidade em torno da figura dele. Escreve o pesquisador:

---

59. *Amapô* significa mulher, no *bajubá*, espécie de gíria falada pelas travestis em todo o Brasil. Muitas vezes fui assim identificada pelas travestis.
60. As travestis costumam dividir o processo de transformação em algumas etapas, o que não significa que esta seja assim tão linear. Apresento essas fases de maneira esquemática, por tanto, simplicada. A primeira delas é quando ainda se é *"gayzinho"* (classificação do grupo), ou seja, já se assumiu para familiares e para "a sociedade" (como elas dizem, ou seja, um conjunto mais abrangente de pessoas) sua orientação sexual, mas ainda não se vestem com roupas femininas ou ingerem hormônios. Todo esse processo será discutido em capítulo específico.
61. Forma contraída da palavra "travesti".
62. Beto se referia à figura da *drag queen*. Em sua dissertação de mestrado, Anna Paula Vencato escreve que as *drags*, "de modo geral, são homens que se transvestem, mas sem o intuito de se vestir de mulher, mesmo que de forma caricata (...) reinventam um feminino exagerado em sua representação, porém sem debochar do 'ser mulher' (...) As drags buscam, tal qual as/os travestis, uma certa aproximação dessa 'mulher' que levam a público, muito embora a completa identificação nunca seja o resultado almejado" (Vencato. 2002: 03). Na verdade, Beto usou o termo para indicar que havia algo de transitório e lúdico na sua performance daquela noite. Aliás, a primeira em que *"se montava"*. Atualmente Beto adotou um nome feminino e esta "se transformando".
63. A expressão deriva do termo francês *"bas-fond"*, que significa estar num espaço subterrâneo, equivalente ao termo inglês *"underground"*. *Bas-fond* soa como "bafon"; daí para se transformar em *"bafão"* pela proximidade sonora foi só uma questão de uso freqüente. O termo tem diversas possibilidades de uso, todas ligadas a eventos que saem da rotina, que têm potencial para virarem fofoca ou algo que movimenta a cena onde ocorre. Significa, assim, algo inusitado; confusão; uma revelação bombástica; situação polêmica e/ou explosiva.
64. *"Babado"* às vezes se assemelha ao uso que se faz do termo *"bafão"*, mas tem mais usos positivos do que a primeira expressão. Assim, *"babado"* pode significar algo muito bom; uma novidade que se conta (geralmente boa); um acontecimento interessante, divertido e/ou com episódios surpreendentes; algo bom. Porém, dependendo do contexto, pode significar algo que vai ter conseqüências ruins.

> Comecei com uma explicação muito elaborada. Eu estaria estudando a história social de Corneville, mas possuía uma nova perspectiva (...) Logo descobri que as pessoas estavam desenvolvendo a sua própria explicação sobre mim: eu estava escrevendo um livro sobre Corneville. Como esclarecimento isso poderia parecer inteiramente vago e, no entanto, era suficiente. Descobri que minha aceitação no bairro dependia muito mais das relações pessoais que desenvolvesse do que das explicações que pudesse dar. (Foote-Whyte. 1990:79)

Foi exatamente o que vim a perceber. Camille havia me convidado para o *"bafão"* na casa da cafetina porque já me associava àquele grupo, uma vez que havia acompanhado, meio de longe, a entrevista que fiz lá com uma das travestis da casa. Sendo assim eu era, de certa forma, alguém já aceita pelo grupo no qual ela estava inserida, e podia se aproximar de mim sem receios.

Ao longo do trabalho de pesquisa, tenho me pautado pela diplomacia[65], procurando ser autêntica no que digo, mas sempre com cuidados, deixando claro quando possível que minhas discussões teóricas não mudam o que sinto por determinadas pessoas que comigo interagem. Tanto entre travestis quanto entre *T-lovers*, coloco meus dilemas e procuro deixar uma porta aberta para as perguntas que essas pessoas têm a fazer: para mim, sobre mim, sobre a pesquisa, sobre as conclusões que já cheguei. Aliás, é grande a expectativa das pessoas envolvidas na pesquisa, no que se refere às conclusões sobre questões que me parecem serem problemáticas para elas: por que alguém quer ser travesti? Um homem pode gostar de travesti e se sentir heterossexual? São perguntas recorrentes, para as quais eles e elas acreditam que poderei dar alguma resposta "científica". O prestígio das Ciências também se faz sentir entre essas pessoas.

Questões éticas me levaram a mudar o nome das envolvidas e dos envolvidos neste trabalho, sejam travestis que se prostituem, agentes de prevenção, técnicas de saúde ou clientes, ainda que manter seus nomes e sobrenomes tenha sido uma reivindicação de muitas travestis, pois elas querem ter esse registro que as materializa e lhes confere, assim, uma história. Mudá-los não foi uma decisão fácil. O que me convenceu a fazê-lo foi a discussão com colegas[66], bem como o próprio campo, onde

---

[65]. Ao contrário dos sujeitos da pesquisa, que muitas vezes podem manifestar abertamente seus sentimentos, não considero produtivo agir da mesma forma em relação à explicitação das minhas "simpatias" ou "antipatias" a um/uma ou outro/outra colaborador/colaboradora, sem que isso reflita na qualidade das relações estabelecidas em campo. Daí o termo "diplomacia". Acredito que por mais desafiadora que seja a "divisão" entre teorização e emoção, ela é possível. O fato de achar, por exemplo, que os *T-lovers* reproduzem comportamentos machistas e que muitas vezes reforçam o estigma que pesa sobre as travestis, o de serem pessoas que servem ao prazer sexual e nada mais, não muda o sentimento de apreço que tenho por muitos deles, e nem faz com que eu não problematize o porquê desses comportamentos. Isso não significa que todos me aceitem, confiem em mim ou mesmo que não tenham sentimentos de recusa à minha presença (que nem sempre são racionalmente articulados, do tipo "não bate o santo"). O mesmo se aplica à pesquisadora.

[66]. Agradeço especialmente a Wiliam Peres, Marcos Benedetti, Regina Facchini e Miriam Grossi pelas orientações neste sentido.

percebi que a fluidez das relações e mesmo a clandestinidade de algumas práticas (*bombar*, vender drogas, "cafetinar") poderia colocá-los em risco. Entretanto, mantive os nomes das travestis envolvidas com o movimento social, ou que têm visibilidade na mídia (seja por suas atuações artísticas ou por militância), pois estas têm inserção pública e são importantes referências no meio. Preservei também o nome dos médicos entrevistados.

Em relação aos *T-lovers*, mantive seus *nicks*[67], que é a forma como eles preferem ser identificados. A maior parte deles não quis que seus "nomes de guerra" fossem substituídos por iniciais, sob o argumento de que isso os descaracterizaria. Em relação aos que não quiseram ser identificados e ainda assim decidiram participar da pesquisa, omiti qualquer referência que possibilitasse serem reconhecidos por seus pares.

Das incursões tateantes à primeira vez em que Jéssica, travesti são-carlense, me abraçou sincera e disse que tinha sentido minha falta, ou quando o *T-lover* Jota me convidou a comparecer ao **Dia T**, não foram poucos os percalços pelas trilhas do campo. Definidor também foi o momento em que recebi o primeiro e-mail vindo da coordenação do **Projeto Tudo de Bom!**, noticiando que havia unidades de saúde interessadas em me receber. As primeiras reuniões com as técnicas e travestis agentes de prevenção[68] foram também marcantes. Ou ainda, a primeira aparição no **Blog T**, numa foto onde se lia na legenda: "nossa antropóloga e amiga Larissa", conferindo-me legitimidade ao mesmo tempo em que os colocava como grupo "digno" de estudos[69]. Fragmentos que contam uma trajetória que, pontuada assim, parece rápida e fácil. Mas qualquer um ou qualquer uma que já se envolveu numa pesquisa de campo, sabe que não o é. Aos poucos, deixei de ser uma estranha na rua para ser "*a amapô das fotos*", passando a ser "a antropóloga dos *T-lovers*, "a pesquisadora do **Tudo de Bom!**", a amiga de Monique e WildCat, enfim, alguém aceita, sem deixar de ser "a que veio de fora". E isso se fez para além de qualquer documento formalizador[70].

---

67. "*Nick*" vem do inglês *nickname*; são apelidos, nomes adotados pelos usuários quando em interação *on-line*. No caso dos *T-lovers*, muitos *nicks* também eram usados nos encontros *off-line*.

68. Mesmo entre as técnicas do **Tudo de Bom!**, teoricamente mais afeitas a procedimentos formais, o **TCLE** não foi cobrado quando elas eram o alvo das entrevistas. Ao todo, entrevistei seis técnicas e um diretor de unidade de saúde. Em relação às agentes de prevenção todas assinaram o Termo, ainda que só tenha feito entrevista em profundidade com três delas.

69. É interessante notar que tanto travestis quanto *T-lovers* parecem capitalizar para si o meu interesse por eles, aceitando-me também graças ao capital simbólico que angario, a partir do *quantum* de capital cultural acumulado ao longo dos anos de estudo. Num episódio passado em São Carlos, uma das travestis dispensou o cliente alegando que estava numa confraternização entre amigas e que uma delas (eu) era professora da "Federal" (como normalmente as pessoas da cidade se referem à UFSCar) e madrinha das travestis. Bem, eu não era professora da Universidade, mas era reconhecida por elas como alguém de lá. Minha presença entre elas, elevada subitamente à condição de "madrinha", atestava para o cliente o prestígio que, teoricamente, tinham entre intelectuais.

70. Concordo com Benedetti quando escreve que "resumir toda a questão ética da pesquisa, especialmente daquela que se debruça sobre as relações sociais, a um instrumento jurídico-legal parece uma relação formalista e que não produz avanços no que se refere ao respeito às particularidades e especificidades dos grupos culturais que constituem o núcleo ético da situação de investigação" (Benedetti. 2005: 49).

1.
Território e Tempo

Corpos, Códigos e Lugares

As ruas estão muito movimentadas na noite de São Miguel Paulista, cidade-dormitório que integra a Grande São Paulo. Já passa das 22 horas, mas os ônibus que trafegam pela movimentada avenida São Miguel ainda trazem pessoas vindas do trabalho. A essa massa que desce constantemente dos ônibus misturam-se aqueles que, visivelmente arrumados para a noite, começam a buscar alguma diversão pelas esquinas, bares e salões de forró espalhados ao longo da avenida central.

No ponto onde me encontro, sentada em uma mureta junto com algumas travestis que trabalham ali, os carros dos anos 80 são os modelos mais comuns. Alguns motoristas olham, brincam ou se insinuam para elas, que devolvem os gracejos. Estrategicamente, as travestis se posicionam numa esquina onde há um semáforo bastante demorado, assim é possível negociar programas apenas com olhares e gestos, além de ficarem sob a mira dos trabalhadores que lotam os ônibus. Alguns assobiam, outros são zombeteiros, há os que as ofendem, poucos são os indiferentes. As travestis jogam beijinhos, rebolam, xingam ou simplesmente deixam para lá e seguem conversando comigo e com a agente de prevenção, que também é travesti e freqüenta com assiduidade aquele ponto. Ela se chama Joyce e é *bombadeira*, isto é, "faz o corpo" de outras travestis injetando silicone líquido, a fim de moldar formas mais arredondadas. As *bombadeiras* costumam ser bastante prestigiadas entre as travestis. Assim a conversa, naquele momento, girava em torno do desejo de uma delas mudar ainda mais o seu corpo. Logo outra travesti se junta a nós, e o assunto segue sendo sobre os litros de silicone que cada uma tem injetado, o que ainda querem alterar, quais corpos admiram. Entremeiam a conversa com comentários sobre o movimento da rua e a clientela. Distraio-me, olhando uma travesti que está mais distante de nós. Ela é muito bonita, e mesmo de longe percebo que tem uma pele bronzeada e muito lisa no rosto, sem marca de "*chuchu*", que é como elas se referem à barba. Está de minissaia e com uma blusa que deixa sua barriga de fora. Ela se chama Janaina, como logo fico sabendo, e estava naquele momento negociando um programa, mas dispensara o freguês. Não parecia nada interessada. Penso que ela é bonita demais e que teria potencial para estar no centro da cidade ou na área mais prestigiosa da avenida Indianópolis. Não percebi naquele momento que este pensamento sinalizava que eu já começara a mapear os pontos de prostituição travesti, hierarquizando-os a partir de categorias como "capital corporal", tipo de clientela, aparelhos urbanos disponíveis na região, espaços de lazer, motéis, *drive-ins*, bares. Todos estes, como espero mostrar, são elementos importantes para se entender as redes das travestilidades, seus nós e as categorias classificatórias êmicas, que se associam também com a territorialidade.

A partir das discussões de Néstor Perlongher (1987), Marco Aurélio Silva propõe que "a territorialidade consiste na distribuição dos corpos no espaço, mas num espaço decodificado, em que determinadas sociabilidades - e não outras - são inscritas. Uma distribuição que é tanto populacional quanto semântica ou retórica, num nível discursivo" (Silva. 2006:14). Significa dizer que a territorialidade não se limita a um espaço físico, mas, sobretudo, ao espaço do código, pois é este código que se inscreve num determinado lugar e lhe dá um sentido muito menos descritivo (o que é feito lá) do que prescritivo (o que pode ser feito lá). (Silva. 2006.)

Em relação ao capital corporal, Janaina poderia muito bem estar na esquina da rua Major Sertório com Rego Freitas, em pleno coração da **Boca-do-Luxo** paulistana[71]. Ali, afirma um de meus informantes, "ficam as mais bonitas, as mais transformadas". Não é raro que se encontre, naquela esquina, travestis *tops*: as que trabalham em filmes pornôs, que fazem ou fizeram ensaios fotográficos para sites ou revistas especializadas e/ou são bastante comentadas pelos fóruns e *blogs* da internet. Muitas *européias* também estão por ali. São travestis que já tiveram sua experiência com a prostituição internacional e que, via de regra, amealharam algum dinheiro, construindo não só um patrimônio materializado em carros e/ou apartamentos, como também investindo largamente na construção de um corpo feminino. *Tops e européias*[72] são vistas muitas vezes como "divas". Suas figuras são inspiradoras para outras travestis e motivo de cobiça entre clientes, que se vangloriam de já terem saído com uma delas. Na região central, as "divas" e as *ninfetas* costumam ficar em frente ao **Hotel Grant´s**, na rua Major Sertório, quase esquina com a escura, mas ampla, avenida Amaral Gurgel.

---

71. Área tradicional de prostituição e boemia paulistana, a região conhecida como **Boca-do-Luxo** reúne bares, casas de show com sexo explícito, boates, hotéis de alta rotatividade onde travestis e mulheres ficam à porta, ruas e bares com garotos de programa, meninos de rua, homens em busca de sexo (pago ou não), negociantes de drogas e de sexo. Esta região se mescla com a **Boca-do-Lixo**, numa geografia móvel e marcada pela história e urbanização da cidade. Perlongher mapeia as **Bocas** valendo-se da descrição de Barbosa da Silva (1959), que a representa graficamente como um grande *T* pelo qual os "homossexuais" paulistas circulavam: da esquina da avenida Ipiranga com a São João, se estendendo até a avenida São Luís, o que incluía a Praça da República, Largo do Paissandu, Praça Clóvis, Praça João Mendes e Ramos de Azevedo, Largo do Arouche, entrando pela rua Barão de Itapetininga e seguindo até a Barão do Rio Branco. Atualmente essa área vasta inclui a avenida Amaral Gurgel, abrangendo todas as suas perpendiculares entre a avenida da Consolação e o Arouche, e entre a Maria Antônia e a São Luís.
72. É importante frisar que algumas classificações não são excludentes, podendo uma *top* ser *européia*, ou um *travecão* já ter sido *top*, assim como uma *T-gata* pode ser *ninfetinha* ou *top*. Além disso, ser *top* ou *européia* não restringe a forma de trabalho. Como diz a *top* Larissa Ribeiro, se as coisas não vão bem via internet ou celular ela vai para a rua, vai *fazer pista*, isto é, postar-se na rua à espera de clientes.

As mais novinhas (*ninfetas*), mesmo que tenham o corpo pouco transformado, valem-se da precocidade com que começaram a ingerir hormônios femininos para legitimar sua permanência naquela região. As *ninfetas* compensam as poucas curvas e carnes com o "frescor" de quem acaba de entrar na "noite"[73] e, muitas vezes, não têm marca de barba. São ousadas em suas performances junto aos clientes ou, como dizem as mais velhas, são "*abusadas*". O que não é propriamente um elogio. Significa que são desrespeitosas com as "*veteranas*", que infringem regras do mercado sexual e que, por isso, estão sempre em risco, ou colocando as demais em situações delicadas.

Como demonstrado, a territorialidade vincula-se também a identidades, que apesar de marcadas pela fluidez, são estabelecidas relacionalmente. A demarcação espacial é também moral[74] e passa por jogos de poder pelos quais se determina quem pode ficar onde e os significados dessa fixação. Fixação que não pode ser confundida com imobilização/sedentarização, mas com aceitação e compartilhamento de códigos que circulam e informam, mas que são fluidos. Não só porque a transformação é uma marca da travestilidade, o que pode fazer do *gayzinho* de hoje a *bela* de amanhã que, por sua vez, quem sabe, pode vir a ser simultaneamente a *bandida* e a *européia*. A reconfiguração permanente dos espaços provocada pela dinâmica das relações entre poder público e espaço urbano (projetos de "revitalização" dessas áreas são exemplos desse tipo de intervenção que envolve muitas vezes repressão policial) também incide sobre esses fluxos e realocações. Essa dinâmica de mobilidade, apropriações e

---

73. Fernanda Albuquerque, a Princesa, conta em sua biografia (Albuquerque e Janelli. 1994) que a noite/rua/prostituição marca aqueles e aquelas que vivem intensamente essa temporalidade/territorialidade. Há também uma relação estreita entre essa perda de "frescor" com o tempo que se permanece em um mesmo ponto. Ela mesma experimentou o "revigoramento" de sua imagem e de sua relação com a rua quando chegou a Madri (Espanha). Mesmo já tendo uma longa trajetória na prostituição, ali ela era a novidade. Na sua noite de estréia na Europa fez 32 programas. Márcia, minha informante, também menciona esse aspecto da prostituição quando diz que "*por mais que você tenha um visual bonito, eles [os clientes] vê o cansaço na sua cara*".
74. Foucault aponta para a ambigüidade da palavra "moral". Procurando aclarar seu uso, trabalha com os conceitos "código moral" e "moralidade dos comportamentos". O primeiro é "um conjunto de valores e regras de ação propostas aos indivíduos e aos grupos por intermédio de aparelhos prescritivos diversos, como podem ser a família, as instituições, as igrejas, etc." Essas regras e valores podem ser escritos, claramente formulados numa doutrina, ou podem ser difusos e não formarem propriamente um conjunto sistemático, o que permite "compromissos ou escapatórias" (Foucault. 2003a: 26). Quanto à "moralidade dos comportamentos", pode ser entendida como "o comportamento real dos indivíduos em relação às regras e valores que lhes são propostos" e como eles se submetem ou não a um princípio de conduta; como obedecem ou resistem às interdições e prescrições; como acatam ou desprezam os valores. "O estudo desse aspecto da moral deve determinar de que maneira, e com que margens de variação ou de transgressão, os indivíduos ou os grupos se conduzem em referência a um sistema prescritivo que é explicita ou implicitamente dado em sua cultura, e do qual eles têm uma consciência mais ou menos clara" (Ibidem, p. 26). Aqui, no sentido em que emprego o termo, ambos os sentidos estão abarcados. De maneira esquemática e, portanto, simplificada: penso que o código moral rege as ações no que se refere à rede de relações constituídas dentro das travestilidades, enquanto a "moralidade dos comportamentos" estende-se à relação das travestis com a sociedade abrangente, referindo-se por valores que são largamente difundidos, mas também resistindo a eles, por vezes contestando-os claramente, por outras procurando a eles se adequarem.

demarcações dos espaços urbanos imiscui-se com a história das cidades que, por sua vez, nunca está descolada daquilo que Foucault chama de "relações de poder"[75]. Estas levam ao desprestígio de certas zonas e à assunção de outras, à ocupação por certas populações e à expulsão de outras, inteiras ou em partes. Pode-se invisibilizar determinadas zonas ou classificá-las como perigosas ou, ao contrário, promovê-las e tratá-las como aprazíveis[76]. Regiões prestigiadas podem ser apropriadas por indivíduos tidos como marginais, gerando tensões que por vezes desembocam em realocações duramente negociadas.

No centro de São Paulo, os *gayzinhos* e travestis pouco transformadas, que costumam cobrar mais barato pelo programa (*"fazem varejão"*), ficavam na rua General Jardim, esquina com a Rego Freitas. Passeiam em curtas idas e vindas pelas calçadas em frente aos hotéis baratos da General Jardim, vão até a esquina da Amaral Gurgel, onde um posto de gasolina facilita a parada de um possível cliente[77]. Mas não ousam *"fazer pista"* na esquina do **Nice bar**, em frente ao **Hotel Sultão**, onde as *"plastificadas"*[78] costumam ficar. Os *gayzinhos* podem vir a se transformar em travestis *"belas"*[79] ou

---

75. Judith Revel sintetiza a discussão foucaultiana sobre poder em um verbete de seu **Michel Foucault: Conceitos Essenciais,** onde ressalta que Foucault "caracterizou as relações de poder como modo de ações complexos sobre a ação dos outros", o que permitiu que ele incluísse nessa descrição a idéia de liberdade, rompendo com a dicotomia poder/liberdade. Se o poder é exercido sobre os sujeitos (individuais ou coletivos) "que têm diante de si um campo de possibilidades onde diversas condutas [...] podem acontecer [,] não há relações de poder onde as determinações estão saturadas" (Focault, 1982, apud Revel, 2005: 68). Segue a autora: "é precisamente [por tornar indissociável o vínculo entre poder e liberdade] que Foucault pode reconhecer no poder um papel não somente repressivo, mas produtivo (efeitos de verdade, de subjetividade, de lutas), e que ele pode, inversamente, enraizar os fenômenos de resistência no próprio interior do poder que eles buscam contestar, e não num improvável 'exterior'" (Ibidem, p. 68).
76. A região do Parque do Carmo é um exemplo recente desse jogo. Concebido para ser o "Parque Ibirapuera da zona Leste", o Parque atraiu para o seu entorno edifícios e casas de alto padrão imobiliário e, assim, moradores com um padrão aquisitivo acima da média da população e com um capital social suficiente para acionar meios de comunicação de massa, advogados e autoridades públicas, a fim de afastar dali a prostituição que, segundo informações fornecidas por técnicas do **Tudo de Bom!,** chega a reunir nos finais de semana até 650 profissionais do sexo em suas imediações. Ao longo da avenida Afonso Sampaio de Souza, do lado oposto ao que a extensa área verde do Parque se estende, concentram-se muitos *drive-ins*, casas noturnas, prostíbulos e bares. Conheci o Parque em janeiro de 2005, quando o embate entre a associação de moradores e os donos dos estabelecimentos estava acirrado sem, contudo, afetar a movimentação do mercado sexual. Em novembro do mesmo ano fui informada por Márcia, agente de prevenção que atuava na região, que estava tudo "parado" por lá. Casas e *drive-ins* estavam sendo fechados sistematicamente pela prefeitura, e a polícia havia iniciado uma ação repressora junto à prostituição de rua. O centro da cidade também passou por processo de "revitalização" com a transferência, para a região, de diversas secretarias e órgãos públicos e com a conseqüente "limpeza" da área. O próprio termo "revitalização de zonas urbanas" remete à idéia de que nelas não havia vida. Pelo menos não uma vida aceitável para os interesses estatais ou privados.
77. Essa dinâmica de uso dos espaços e distribuição de pessoas já sofreu alterações. As referências aqui citadas se referem aos anos de 2003 a 2007, quando realizei o campo etnográfico.
78. Termo êmico que aponta para o número de cirurgias plásticas realizadas pela travesti.
79. Categoria local para qualificar as travestis mais femininas e que já investiram bastante na transformação corporal.

passar a vida toda apenas "*se montando*", sem nunca ir a fundo na transformação do corpo, o que faz com que as travestis os vejam como "covardes". Enquanto isso não acontecer, o lugar deles no movimentado centro será o das esquinas mais escuras, mais distante das boates da Rego Freitas, onde o movimento de carros costuma ser intenso.

Na avenida Vieira de Carvalho, edifícios residenciais de estilo neoclássico convivem com prédios comerciais e com o movimento diurno de *office-boys*, funcionários públicos, ambulantes, mendigos, homens engravatados e mulheres executivas (ver foto na página seguinte). À noite, quando as fachadas dos bares se acendem, a movimentação é ainda intensa, mas de outra ordem. Os *michês* espalham seus corpos musculosos pelas calçadas, um vaivém de rapazes gays[80] enche as ruas e os carros, passando lentamente, tumultuam o trânsito nos dias mais concorridos. No canteiro central da avenida, meninos de rua aprendem o negócio do *michê* e oferecem aos motoristas, que passam lentos, seus corpos sem pêlos. Eles já aprenderam a gramática do território, tentam agora dominar a do corpo, imitando os mais experientes.

Os *michês* ocupam também as ruas perpendiculares à Vieira de Carvalho, dividindo cinemas da rua Aurora com travestis e a calçada com toda uma variedade de tipos que estão ali não só pelo comércio do sexo, mas também pela boemia.

Caminhando-se dali rumo à Praça da República, pode-se enveredar pelas ruas escuras e recendendo a urina que se ramificam a partir da Praça até um pequeno largo onde se situa a boate *Love Story*. Estamos próximos à avenida Ipiranga. Por ali, as prostitutas mulheres são a maioria, mas há também travestis. Os espaços de descanso e lazer como bares, padarias, fliperamas e boates são divididos por todos sem rígidas demarcações.

Nessa rede densa de corpos e negócios pode-se ver mais recentemente a figura miúda de Karol, agente de prevenção do projeto **Tudo de Bom!**. Envergando seu tailleur azul-marinho, ela percorre o quadrilátero que começa na rua Maria Antônia e se entende até à Vieira de Carvalho, da Consolação ao largo do Arouche. A função de Karol, nas noites em que sai assim vestida, é fazer o trabalho de prevenção às DST/aids, divulgar os serviços do **SAE Campos Elíseos** (unidade de saúde à qual está ligada) e distribuir camisinhas. Na altura da General Jardim com a Rego Freitas, Karol se depara com o furgão de uma ONG, que também circula pela região fazendo trabalho semelhante. Ao se aproximar de um grupo de travestis para entregar camisinhas, a agente de prevenção é surpreendida com uma negativa. As travestis agradecem, mas não querem preservativos, pois o pessoal da ONG já entregou várias no dia anterior e passou de novo naquela noite com mais oferta. O certo é que elas "*já não têm onde enfiar tanta camisinha*".

Essas novas personagens transitam por ali negociando sexo seguro, tendo como moeda a camisinha, um atrativo que serve de argumento para se iniciar uma conversa,

---

80. Entendidos aqui como rapazes com práticas homoeróticas e orientação sexual auto-reconhecida como homossexual, que pautam o seu consumo por determinado conjunto de valores que os identifica entre si, e que angariam um certo capital cultural e social que os filia às classes média e média baixa.

distribuir panfletos e sinalizar um possível contato pacífico e sem interesses comerciais. Essa "novidade" (coloco entre aspas, pois desde os anos 80 algumas ONG[81] já tinham ações semelhantes, principalmente nos redutos gays) ainda é recebida com desconfiança, mesmo que o trabalho tenha sido sistemático por parte de diferentes ONG. O estranhamento maior fica por conta do serviço oferecido por Karol, que além de travesti e prostituta, fala em nome da Secretaria Municipal de Saúde, exibindo orgulhosamente seu crachá de agente de prevenção.

Essas novas presenças circulam (literalmente) o discurso preventivo pelas áreas de abjeção que o comércio sexual desenha, lançando linhas higienistas na trama complexa do que Robert Park (1979) chamou de "região moral"[82]. A região moral, que na definição de Park, agruparia os indivíduos por seus gostos e temperamentos e não necessariamente por interesses ocupacionais ou econômicos, passa a ser, agora, uma região "moralizável", na qual agentes identificados de alguma forma com aquela vasta "marginália" pretendem mudar comportamentos, disciplinando práticas eróticas, entre outras. Eles mapeiam e reconhecem nos espaços os corpos, articulando o discurso guiado por esses referenciais.

Em Santo Amaro (zona sul da capital), Roberta, travesti agente de prevenção, me leva a uma rua com significativa concentração de *veteranas*, travestis mais experientes, entre os 30 e 45 anos. Reunião esta que não era mera coincidência, e sim demarcação territorial/corporal/etária.

Santo Amaro é um bairro de trânsito entre a capital e cidades-dormitórios que ficam ao sul. Segundo Roberta, o bairro é perigoso e *"tem de tudo"*, descreve como quem alerta. Talvez por isso as mais velhas, e menos cobiçadas, mas com maior traquejo para a dinâmica da rua, apareçam tão concentradas ali.

Quando passamos pelo Largo Treze de Maio, com suas inúmeras barracas de ambulantes e bares, Roberta diz que ali está *"o pior da prostituição"*, que trabalhar naquele pedaço é *"fim de linha"*. *"Rola muita droga, sabe? Eu não gosto de ficar pra esse lado"*. Aliás, aquele é um trecho para as mulheres. Roberta me explica que para fazer prevenção o certo é chegar cedo naquele trecho, pois o movimento do comércio sexual das prostitutas mulheres inicia-se ao entardecer. Na verdade, desde manhã já há prostituição ali. "Às nove já tem mulher na rua. Já as travestis, são mais da noite mesmo", diz a agente (diário de campo, 18/04/2005). Depois dali rumamos para as ruas Senador Fláquer e Paulo Eiró, onde fica o *"famoso paredão"*, conforme comenta Roberta. O paredão é a frente azulejada de um hotel, numa rua estreita e em declive. Ali várias

---

81. Em 1983, por exemplo, o grupo gay **Outra Coisa**, em parceria com a Secretaria de Saúde de São Paulo, passou a distribuir panfletos alertando sobre a disseminação da aids no Brasil e fornecendo orientações de encaminhamento para sanar dúvidas (Perlongher. 1987a: 53).
82. Perlongher, que se valeu desse conceito para analisar as zonas da "michetagem" paulistana, refere-se à "região moral" do centro da cidade como uma marginalidade (sociológica) de centralidade (ecológica). Como região moral, por lá seus habitantes "apenas deambulam pela zona" sem, necessariamente, residirem nela. Interesses, gostos e desejos são marcadores que segregam e reúnem (Perlongher. 1993: 141).

prostitutas fazem ponto. Naquela região, de acordo com minha informante, mulheres de todas as idades se prostituem. "*Tem umas de 60 [anos] sacudidonas*", comenta Roberta entre risos. O preço do programa gira em torno de 20 reais. Tentou-se passar para R$ 26,00, mas não "pegou", lembrando-se que R$ 6,00 é para o pagamento do quarto. Bem diferente do preço pedido pelas travestis do centro ou da região da avenida Indianópolis, onde o programa sai em média por R$ 50,00. Enquanto em São Miguel, onde Janaina dispensara seu cliente com jeito de homem simples e levemente embebedado, os programas podem sair entre R$ 1,00 e R$ 10,00. Segundo Viviane, travesti agente de prevenção que atua naquela região, o preço cai entre as "*drogadas*" e "*bandidas*": travestis que estão viciadas em *crack* ou as que se comprometeram roubando sistematicamente os clientes, e por isso vão sendo expulsas pelas demais dos pontos mais visados.

Na opinião de Greyce Negra, travesti são-carlense, os homens sabem muito bem onde estão as *bandidas*, as *drogadas*, as mulheres e as travestis. "*Ah, minha filha, vem da Getúlio pra cima da DPaschoal*[83], *quer o quê? Quer travesti, quer travesti, vem perguntando se você é mulher, tá boa?*". As práticas sexuais também vão sendo mapeadas, não só nos territórios, mas também na circulação de informações que correm pela rede, que se estabelece tanto nos espaços concretos como nos virtuais (via internet). Monique, também travesti de São Carlos, comenta comigo sobre um cliente que dá voltas e mais voltas pela avenida: "*Esse? Esse não pára pra mim que sabe que eu sou totalmente passiva, e isso é maricona daquelas que só quer dá o edi!*", isto é, o ânus, no *bajubá*.

Como se vê, os territórios e identidades se confundem pela significação que os sujeitos imprimem nos corpos: formas, músculos, saltos, olhares, gestos, práticas eróticas anunciadas e insinuadas nessa marcação.

> À idéia de identidade, que define sujeitos pela representação que eles próprios fazem da prática sexual que realizam, ou por certo recorte privilegiado que o observador faz dessa prática, justapomos a idéia de territorialidade. Daí o "nome" dos agentes num sistema classificatório-relacional vai exprimir o lugar que ocupam numa rede mais ou menos fluida de circulação e intercâmbios. Os sujeitos se deslocam intermitentemente nesses *spatiu continuum* e são passíveis de permanecer na mesma posição a respeito dos outros, ou ainda de mudar de posição. Essa nomenclatura classificatória – que tem alguma coisa de provisória, de mutável – alude a certa freqüência de circulação: o grau de fixação dos agentes a um "ponto" (um gênero, uma postura, uma "representação", mas também a uma adstrição territorial) será determinante para estabelecer seus lugares no sistema de trocas. (Perlongher. 1987: 152-153)

Ainda que se refira aos *michês*, a longa citação de Néstor Perlongher cabe bem ao universo retratado aqui, até mesmo porque os dois se cruzam, se misturam e se

---

83. Referência à avenida Getúlio Vargas, que corta o distrito industrial de São Carlos e que era à época a área de maior concentração de prostituição rueira na cidade.

confundem, pois fazem parte de uma mesma gramática urbana/sexual, ainda que guardem peculiaridades. O michê de hoje pode vir a ser a *ninfetinha* de amanhã, deslocando-se no espaço porque o corpo marcado assim o pede. À fluidez dos corpos travestis se associa inextricavelmente a mobilidade espacial. A rua, *pista* ou avenida, enquanto terreno da prostituição tem claras repartições, limites e esquadrinhamentos. Os territórios ali sinalizam quem é quem, estabelecendo uma hierarquia nos papéis, que reflete, por sua vez, os valores vigentes entre as travestis do pedaço.

Os clientes também fazem parte dessa teia de corpos e desejos. Os *T-lovers*, articulados via internet em seus fóruns e *blogs*, mapeiam a cidade, avisando uns aos outros onde estão as *"listas negras" (LN)*, aquelas que roubam, não cumprem o prometido e/ou dão escândalo; quem são e onde ficam as *"listas brancas" (LB)*; avisam sobre mudanças na distribuição dos pontos e se algum lugar, antes seguro, tem oferecido ameaças. Estes homens de classe média, temerosos de perderem o capital maior da masculinidade, são cautelosos na sua movimentação, evitando os pontos mais visibilizados ou aqueles em que a policia costuma se fazer mais presente. São conhecedores também dos melhores horários em cada região. Sabem, por exemplo, que quem busca programas à tarde a região é a do Jockey Clube, na zona Oeste da cidade. Naquele horário, é notório, ficam as *européias* e as novinhas, enquanto pela noite arrisca-se mais quem resolve fazer programa por ali, pois os períodos do dia também são marcadores. À noite, a região do Jockey dá lugar às *bandidas*.

Habituados a baixarem filmes pornográficos via internet e a acompanharem ensaios fotográficos nos sites, esses homens conhecem e desejam as travestis mais populares desses canais, aquelas mais *transformadas*, isto é, "mais femininas". Por isso, será mais raro vê-los com seus carros novos, em bairros periféricos onde, via de regra, não encontrarão as *"deusas"* e *"divas"*. Darão preferência ao centro da cidade e/ou à prestigiada avenida Indianópolis, ainda que o programa seja mais caro nessas regiões.

As marcas de territorialidade/identidade podem ser percebidas na fala da agente do **Tudo de Bom!**, que mapeia as cercanias da avenida Indianópolis. Ensina-me que aquela é uma área em que prostitutas mulheres e travestis dividem o espaço, sendo bastante rara a presença de *michês*. Porém, há ali ruas exclusivamente travestis, como é o caso da famosa *"rua da neca"* (neca significa pênis, no *bajubá*).

> [**Poliane**] *Aqui na praça não tem polícia. Aqui na praça, aqui na Irerê* [nome de umas das perpendiculares da avenida Indianópolis]. *Agora, na Itacira* [idem] *já tem mais, porque elas trabalham puxando* [faz sinal de masturbação do pênis][84].
> [**Pesquisadora**] Eu sei. É a rua da neca?
> [**Poliane**] *É, é a rua da neca. Tem a rua da neca aqui na Itacira e tem a rua da neca lá em baixo, que é depois do Clube Sírio. Então, ali a polícia ataca mais. Do Bradesco pra frente é onde a polícia ataca mais. Mas do Bradesco pra cá, não.*
> (...)

---

84. Trabalhar *"puxando"* significa que as travestis ficam com o pênis para fora, alisando-os para que os clientes possam vê-lo. Essa é uma prática que as travestis que se classificam como *"finas"* desprezam, por considerarem vulgar, pois as iguala aos *michês*, que são homens procurando exacerbar atributos masculinos, justamente o contrário do que elas fazem.

[Pesquisadora] Aqui você acha que as meninas... assim... se for classificar o tipo das travestis que ficam aqui em Indianópolis, você classificaria como?
[Poliane] *Olha, aqui tem as chiquérrimas, que é do meio da avenida pra lá. E tem a ralé, que é pra cá.* [risos]
[Pesquisadora] E do meio da avenida pra lá é que trecho?
[Poliane] *Assim: do Bradesco pra lá, a rua da neca; antes da rua da neca, que são aquelas travestis mais bonitas, mais bombadas, européias. Aquelas belíssimas que ficam só de close*[85] *encostadas nos carros, toda deslumbrada, aquelas ali não saem por menos de 50. E tem a ralé que é 10, 5, 15... aí varia.* (Entrevista concedida à pesquisadora, em 04/04/05.)

Segundo Gabriela Guimarães, travesti que fazia ponto na Indianópolis, há programas de R$ 150,00 ali na região. Ela mesma costuma cobrar entre R$ 50,00 a 150,00: os preços variam de acordo com o cliente e até mesmo com a forma como ela é contatada, se pelo site de acompanhantes na internet, por celular ou na rua. Gabi, como é mais conhecida, pode cobrar de acordo com essa tabela porque é bastante "*feminina*": tem próteses cirúrgicas nos seios, quadris e nádegas, trabalhadas por uma *bombadeira* competente, está sempre muito bronzeada, usa perfumes importados e está em evidencia nos canais especializados da internet, sendo ainda muito próxima do grupo dos *T-lovers* paulistas que têm uma eficiente rede de promoção das travestis que freqüentam os encontros. Seus atributos físicos e sua rede de relações a colocam num lugar de prestígio entre as travestis e a clientela.

Como se viu, mesmo quando se circula pelos espaços virtuais, os sinais identitários estão sendo anunciados e lidos. Ao fim, sabe-se com quem se está falando e quanto se pode cobrar/pagar.

Para as travestis, estar na internet é um indicador de capital corporal, social e financeiro. Figurar num site de acompanhantes ou ser citada e exibida em fóruns e *blogs* é sinal de prestígio, e pode ser contabilizado na hora de se negociar um programa. Com a expansão do uso dos meios virtuais, é mais arriscado dizer exatamente quem é este cliente que navega pela rede. Dados levantados a partir da comunidade **Homens que Gostam de Travestis** permitem que se arrisque um perfil. Esse cliente internauta é casado, tem entre 30 e 45 anos, é profissional liberal e/ou profissional da área de vendas e do setor de informática e morador de cidades de porte médio, ou reside numa capital[86].

---

85. Significa exibir-se, esnobar, fazer-se passar por superior.
86. Esses dados provêm de um levantamento realizado por três meses (setembro de 2004 a dezembro do mesmo ano) através da interação via e-mail com cerca de 20% das pessoas que pediram ingresso na comunidade que criei, a fim de fazer contato com a clientela. Finalizei a pesquisa quando a comunidade contava com 648 membros, pois os dados começaram a se repetir, sem trazer novidades. O **Orkut** foi, até o final de 2004, uma plataforma majoritariamente acessada por jovens entre 18 e 30 anos, segundo dados fornecidos pelos seus próprios gerenciadores, o que me dá um viés etário considerável. Além disso, até o final de março de 2005 as informações do sistema vinham todas em inglês, o que restringia seu uso para determinadas camadas. Além desse obstáculo, o próprio acesso à internet já me traz um outro viés, o de classe social. Considerei todas essas interferências. Mas levei em conta, também, que não se tratava de uma pesquisa quantitativa, e o que eu buscava ali eram pistas e um canal que me possibilitasse outros tipos de acesso àqueles homens, fosse via internet ou em interações face a face. Ainda assim, em campo, esses dados pareceram sólidos.

O mesmo perfil de cliente que se pode encontrar circulando pela agitada avenida Afonso Sampaio de Souza, na região do Parque do Carmo. Os que chegam em carros sofisticados, misturando-se com homens a bordo de veículos mais antigos, o que indica uma condição financeira menos privilegiada. Essa clientela, de qualquer forma, é distinta daquela formada pelos trabalhadores braçais que vão e vêm a pé pela avenida São Miguel, na periferia da metrópole.

Em todas as áreas pelas quais circulei sempre estiveram presentes os meninos e adolescentes em suas bicicletas. Quase sempre em bando, eles chegam fazendo *função*, isto é, ofendendo e agredindo as travestis, numa dissimulação do seu interesse por elas. Alguns voltam sozinhos para tentar um *vício*, ou seja, um programa sem pagar; outros querem vender-lhes drogas; há ainda os que vêm roubar e os que querem saber como ficar igual a elas.

Na esquina barulhenta da Major Sertório com a Rego Freitas os carros não param de buzinar. Muitos deles têm vários homens dentro, que gritam e fazem gracejos com as travestis. Os que param em tom de burla recebem em troca frases de cortante ironia, ou impropérios acompanhados de chutes na lataria do carro.

> - *O que você faz por R$ 10,00?* – pergunta um cliente a Keyla Zanon, travesti que já fez filmes pornôs e que naquele momento estava na esquina da Rego Freitas com a Major Sertório.
> - *Te dou um tapa na cara que você roda.* – responde indignada. Afinal, ela é uma travesti *plastificada*, que trabalha num lugar de prestígio e estava especialmente impaciente naquela noite fria e sem programas.

As atitudes variarão de acordo com o ritmo da noite, com o número de programas já feitos, com as relações estabelecidas entre as que dividem o mesmo ponto.

Na mesma esquina, às vésperas do feriado de aniversário da cidade, um carro esportivo dourado dá voltas e voltas pelo quarteirão. O som alto e as luzes internas acessas anunciavam que quem estava passando era uma *européia*. Só elas podem andar com as luzes internas acessas, pois têm legitimidade para "*dar esse close*", conta-me uma das travestis que estava ali no momento. A *européia* em questão, fico sabendo depois, é também uma das cafetinas da região. Por isso, parava aqui e ali para conversar com as travestis: estava cobrando a "*diária*". "*Ela compra as brigas da gente*", me garantiu uma de minhas informantes. O que significa que as cafetinas negociam proteção com a polícia e com os bandidos sempre que necessário; intervêm em rixas; distribuem espaços; ajudam financeiramente as preferidas, enfim, são elementos organizadores das relações sociais e territoriais. As leis do pedaço circulam grandemente por intermédio das cafetinas.

Um episódio passado em São Carlos ilustra essa lei que circula sem nunca estar escrita. Uma travesti havia roubado o celular de um homem que era cliente de um traficante local. Feita a queixa para o traficante, este foi ao ponto tradicional das travestis acompanhado de pelo menos uma dezena de rapazes, todos em bicicletas:

[Traficante] *Cadê aquele viado filho da puta?*
[Travesti] *Cê tá falando da [nome da travesti]? Porque se for dela, ela tá lá pra baixo. Pode ir lá.*
[Traficante] *E avisa pra Monique [nome da cafetina da cidade] que se ela não sabe colocar ordem nesses viado dela eu vou sair arrepiando essa Getúlio [em alusão ao nome da avenida: Getúlio Vargas], que não vai ficar uma bicha nessa avenida!*

Cabe à cafetina fazer com que as regras sejam respeitadas e, assim, que as relações fluam de maneira mais harmoniosa. Por ter claro o funcionamento das normas que regulam as relações no espaço da prostituição rueira, é que Greyce, travesti são-carlense, separa bem o que é próprio da rua daquilo que se circunscreveria ao território do bairro/vizinhança/casa. Ao me mostrar a mordida que tinha no pulso explica como conseguira aquele machucado, numa narrativa que ordena espaço, papéis, códigos de comportamento e relações no meio.

Eu grudei uma maricona semana passada. **Mas foi lá na frente de casa, longe daqui. Aí é diferente, porque sou eu e ele lá na frente de casa, não aqui na rua pra sujar todo mundo.** *Peguei uma carona com uma maricona. Tava cansada, queria ir logo pra casa. Chegou lá na frente de casa e ele queria que eu fizesse uma chupetinha. Falei que não, que se ele quisesse* **era quinze reais, mas como ele tinha me dado a carona eu faria por dez**[87]. *Aí, tudo bem, ele falou que sim. Fomos um pouco mais pra lá, eu coloquei o guanto [camisinha] nele, fiz ele gozar e aí ele disse que queria me comer. Eu falei: 'Tudo bem, gato, mas aí já é 30'. Ele disse que tudo bem. Fomos. Depois, a maricona se encosta assim no banco do carro [faz o gesto dele, com as mãos cruzadas sob a cabeça] e me fala que não tinha dinheiro. Aaah, pra quê? Fiquei louca, né?! Ele pensando que eu era assim bobinha. Eu fazendo a feminina. Ele tinha tirado a chave da ignição.* **Agora, me diz: você acha que num é cara acostumado a aprontar com travesti? Claro que é! Se não, não ia ter tirado a chave do contato**[88]. *Não mesmo! Aí, eu falei pra ele: 'Como é que fica, gato? Você tá me devendo'. E ele: 'Eu vou te levar não sei pra onde e te dar umas porradas'. Tá boa?! Assim que ele colocou a chave no contato, eu, ó! Catei! Mas o filho da puta me mordeu. Olha isso!* [mostra o machucado nos pulsos] *Aí eu grudei na nuca dele. Comecei a sentir o gosto de sangue e meu dente quase tocando um no outro. Ele me largou e eu catei a chave. Ele veio pra cima e eu enfiei a chave no pescoço dele. Raspou assim, ó, ficou horrível! Eu olhei pra trás e vi que tinha um amplificador de som,* **mas pensei: 'Não, não vou pegar isso que vai sujar pra todo mundo aqui em casa'**. *Mas ele tinha um celular que tava em baixo do banco. Um modelo velho, mas eu catei. Nisso eu já tinha gritado pela Francine e vieram as bichas todas. Eu disse pra ele: 'Tá legal, você quer seu celular, então me traz 150 reais que eu te devolvo. Você tá me devendo dinheiro'. Nisso, a cachorra já tava latindo* [trata-se de um pit bull que vivia na casa] *e ele se assustou. Foi embora. Dali a pouco, a gente já tava quase dormindo, só ouvimos o 'uoh, uoh'. Eram os alibã*[89]. *Saímos lá fora, os caras foram finos, disseram que ele tinha dado queixa. Mas a Francine falou muito bem com os alibã.* **'Não, o cara**

---

87. É de praxe entre as travestis que se pague uma carona com sexo oral.
88. Uma das dicas básicas de segurança divulgada pelos *T-lovers* em seus canais na internet refere-se justamente a esse procedimento, pois é tomando posse da chave do carro que muitas travestis conseguem intimidar o cliente, roubá-lo ou extrair mais dinheiro do que o combinado pelo programa.
89. Significa polícia, no *bajubá*.

fez pograma com ela e não quis pagar. O celular é dele, ninguém aqui quer esse celular podre. Todo mundo aqui tem celular. Mas ele tem que pagar ela. Ele agrediu ela, ela se defendeu. **Com tanta coisa pra vocês fazerem de importante ficar correndo atrás de travesti, né?** (diário de campo, 30/06/05)

Nos trechos grifados estão claras algumas regras de conduta e de relações, por exemplo, no que se refere à casa e à rua; cliente e travesti; polícia e travesti: 1. Quer "aprontar"? Não o faça no espaço comercial, pois compromete as demais; 2. Programa acertado tem que ser pago. É lei, que se não cumprida pode resultar em briga, roubo, *multa* e comprometer o cliente na região; 3. Travesti não é assunto para a polícia, uma vez que as regras que regulam as relações no grupo são estabelecidas dentro da própria rede; 4. Francine faz um jogo de inversão de hierarquia colocando as travestis abaixo dos policiais e de outros segmentos sociais com os quais a polícia deveria de fato se preocupar, estratégia de defesa e de ordenamento das relações.

Os clientes não se fixam, são os que circulam. Sua classificação é feita a partir de suas posses materiais (carros, roupas), maneira de interagir com a travesti (cortês, agressivo) e de suas preferências sexuais. Assim categorizados, são reconhecidos, possibilitando que as travestis possam, a partir desses códigos, agir e, se preciso, se defender[90].

Ainda em São Carlos, nas cercanias da avenida Getúlio Vargas, o cliente pára. Vê-se logo que é *fino*, que tem dinheiro: dirige um carro do ano e de dentro vem um cheiro de perfume importado. Ele estica o pescoço na direção da travesti e pergunta quanto é, o que ela faz e, de repente, vem com essa: *"você tem peito mesmo?"*. A travesti está ofendida, mas não fez programa ainda naquela noite. Além disso, trata-se de uma *maricona fina*; entrar num carro de luxo sempre dá prestígio[91]. Ela aceita. Vão para o *drive-in* que é também motel, local para programas preferido pelas travestis dessa cidade. Quando ela volta, comenta comigo: *"E você acha que ele ligou pro meu peito? Queria é que eu comesse ele!"*. Ri gostosamente e segue fazendo chacotas sobre o cliente que queria se fazer passar por *bofe*, um "homem de verdade", segundo as travestis.

A desvalorização dos atributos femininos, por parte dos clientes, aborrece muito as travestis. Shena, como seus seios volumosos, cabelos naturalmente longos e tingidos queixa-se das *mariconas* que preferem pagar mais barato e saírem com *"viados montados"* do que fazer um programa com uma travesti "de verdade". Esse é um aspecto que a enche de desilusão, pois do que adianta estar tão transformada, arrumada e cheirosa *"se o cliente vai parar lá General Jardim e pegar um viado de peruca?"*. Para Márcia, isso ocorre porque *"homem quer mesmo é gozar"*. *"Se a travesti aqui não foi com ele, ele vai mais pra baixo na avenida e paga R$ 5,00 e sai com uma gay[92]"*. Esse imperativo do gozo desloca os valores do corpo marcado e territorializado. Pois o território imbrica-se com a

---

90. Uma classificação pormenorizada da clientela será feita na seção seguinte.
91. Perlongher também observou esse tipo de valor material e simbólico entre os *michês* paulistas. O carro e as roupas finas são indicadores do luxo, e este fascina. (Perlongher. 1987: 146)
92. As travestis referem-se aos homens assumidamente homossexuais como *"as gays"*, usando o artigo feminino para marcar o desejo homoerótico e, assim, a afeminação.

identidade e ambos com os preços do mercado sexual. Dá-se a entender que o valor-gozo se relaciona na prostituição travesti, sobretudo com o pênis, ainda que no discurso da clientela este seja invisibilizado ou afeminado, sendo chamado de "*clitóris avantajado*", "*vírgula*" e "*grelão*".

As práticas e desejos sexuais, configuradoras de espaço, também vêm marcadas pela temporalidade. Experiente, Márcia comenta com a convicção de quem passou os últimos 20 anos na prostituição:

> Homem quer no travesti, pinto! Ela pode ter peito, ela pode ter quadril, se ela não tiver pinto ela pena, entendeu? Ela vai arrumar quantos homens pra transar com ela na noite? Quantos ativos ela vai arrumar na noite? Se, na noite, roda mais maricona? Os ativo tão tudo com sua namorada em casa. À noite a rua é de maricona, entendeu? Que é a fantasia da maricona? Vê aquela mulher comendo ele, entendeu?(Em entrevista concedida à pesquisadora, em 14/11/2005, na casa da entrevistada.)

Na Noite, nem Todos os Gatos são Pardos

Intrincada rede, essa, em que a temporalidade é um marcador que se confunde com os espaços, alterando códigos e, assim, os corpos e as relações entre as pessoas. Não só o tempo de uma vida balizada por transformações corporais e espaçais, mas também a divisão dicotômica em dia e noite.

Na "noite", tratada aqui como uma categoria temporal e espacial abstrata, há legitimidade em se transgredir comportamentos que seriam malvistos ou mesmo impensáveis de dia. Há sedução e glamour, mas há também muitos códigos e regras. Pode haver muitas surpresas na noite, mas certamente não há impunidade. As travestis aprendem logo isso. Muitas vezes elas "*deixam o rapaz pular pra fora*", procurando garantir com esse jogo de corpo a flexibilidade necessária para lidar com as possíveis situações de ameaça que a rua e noite guardam. Para isso, elas criam uma rede de proteção própria formada pelas cafetinas, *bandidos* (como elas classificam os vendedores de drogas, puxadores de carro e assaltantes), alguns policiais, taxistas e certos donos de estabelecimentos comerciais que ficam nas áreas de prostituição. Essa rede de proteção abrange desde o fornecimento de local para se guardar pertences pessoais enquanto se está em programa e possibilidade de usar o banheiro (às vezes até para se esconder da polícia ou de algum desafeto) até proteção física; garantia de seus direitos de cidadãs (denúncias de agressões por parte de clientes, ameaças de cafetinas e/ou cafetões); garantia do cumprimento das normas estabelecidas de distribuição comercial do território (onde cada travesti pode trabalhar, onde ficam as mulheres, qual o território dos *michês*); e, até mesmo, a proibição de que alguns *bandidos* atuem na área, entre outras regras presentes no comércio sexual. O descumprimento das regras tem, normalmente, punições que podem ir da proibição de se circular no pedaço, passando por surras, até mesmo à morte.

Como categoria espacial e simbólica – ligada à noite, à boemia, aos prazeres e à prostituição, a rua seduz. Para Gabriela Guimarães "*a esquina é o palco onde cada uma dá seu show*". Na *"avenida"* (categoria êmica para designar os territórios da prostituição rueira) as travestis testam o sucesso de seus esforços de transformação, *"dando close"* – exibindo-se e esnobando as outras –, fazem amizades, aprendem a ser travesti a partir das trocas de informações e da observação. Nos territórios da prostituição elas namoram, encontram e fazem amigas, compram roupas, aprendem técnicas corporais importantes, além, é claro, de ganharem o seu *"aqüé"* (dinheiro). Na análise sensível de Benedetti,

> é na convivência nos territórios de prostituição que as travestis incorporam os valores e formas do feminino, tomam conhecimento dos truques e técnicas do cotidiano da prostituição, conformam gostos e preferências (especialmente os sexuais) e muitas vezes ganham ou adotam um nome feminino. Este é um dos importantes espaços onde as travestis constroem-se corporal, subjetiva e socialmente. (Benedetti. 2004:06)

Nesse sentido, a rua pode ser muito acolhedora. A partir das etnografias de Hélio Silva (1993), Don Kulick (1998), Marcelo Oliveira (1997) e Marcos Benedetti (2005) recolho relatos convergentes com meus dados de campo. Quando as travestis "se assumem", o espaço doméstico da família, via de regra, se torna insustentável. Perde seu caráter de acolhimento e proteção, passa a ser ameaçador. São lugares-comuns as histórias de irmãos mais velhos que hostilizam e agridem fisicamente as travestis, ainda *"viadinhos"*; o pai que joga na rua o filho e seus pertences; a mãe que chora desolada perguntando onde teria errado, vigiando os passos do filho, procurando protegê-lo das pancadas do pai e dos riscos dos vizinhos e, por vezes, ela mesma usando da força física para "corrigir" o que considera seu erro.

Em muitos casos, é enquanto vivem com a família que as travestis, ainda *"viadinhos"*, vêem pela primeira vez outra travesti. Hoje em dia é mais comum que esse primeiro contato se dê pela televisão, mas a rua ainda é a referência mais freqüente nos relatos.

Vistos e criados como meninos, as travestis quase sempre têm uma mobilidade maior do que a das meninas. Àqueles meninos é permitido circular mais livremente pela vizinhança e aventurar-se à noite pelas ruas. Muitos, cientes de sua "inadequação", procuram espaços públicos de sociabilidade que respondam às suas angústias. Seja nas cidades de médio porte, ou nas metrópoles, os espaços à margem são facilmente localizáveis, pois são demarcados. É para essas praças, ruas, largos e avenidas que costumam ir furtivamente aqueles curiosos rapazinhos.

Nas esquinas é que as travestis, muitas vezes, têm a sensação de pertencer a algum lugar. Um lugar que começa no corpo de uma outra travesti.

O relato de algumas travestis com as quais Kulick conviveu em Salvador, Bahia, são tidos por ele como "clássicos" neste sentido. Por isso tomo um deles como síntese de muitas histórias semelhantes colhidas por mim e por outros pesquisadores que se dedicaram ao tema.

É Magdala, uma dessas travestis, quem narra:

> When we see a travesti[93] for the first time, what a impact! When I saw one for the first time, I didn't believe it. I was with my sister across the town square, and there are three. There was a blonde hair down to here, and there were two more. I thought she was a woman, but she had a kind of strange way (*um jeito estranho*), it was like outrageous – you know, strange. But days later... I´m sitting alone in the square, the Praça da Bandeira, and a travesti passed by me. I looked and said, "Oh, what a beautiful woman". But a strange beautiful a woman, but she had something different, that didn't fit. (Magdala, em entrevista a Kulick. 1998: 62)

A loira que fascinou Magdala tornou-se sua "*mãe*"[94]: deu-lhe o seu primeiro nome feminino, mostrou-lhe lugares de lazer onde travestis (e outros "homossexuais") se encontravam e lhe ensinou a tomar hormônios. O aprendizado, a partir daí, tem que ser intenso. Segundo Márcia:

> A avenida é muito boa pra quem é informado. Pra quem sabe o que tá fazendo ali. Mas, pra quem não sabe, pensa que é um mar de rosas tudo aquilo... porque a avenida só é boa quando você come um quilo de sal nela. Porque antes você se deslumbra. Eu me deslumbrava, (...)[me sentia] maravilhosa, porque eu batia porta[95]. Mas quando levei a primeira ovada, extintorada, a primeira surra... Porque você leva... Tem sempre uma que se incomoda com você, e você leva, ela te manda alguém te dar uma surra, você começa a ver como é que é. Porque você sabe, quando você incomoda... se você incomoda muito você sabe que vai tá sempre tirando uma inimizade, incomoda. Por mais que eu te beijo, te abraço, se você tá incomodando ela, você é uma rival pra ela. Então se ela não puder fazer nada pra você, ela vai mandar alguém fazer.
> [Pesquisadora] Manda um docinho.
> [Márcia] Manda um docinho?! Manda um bolo, minha filha, um bolo confeitado! Que doce o quê?! [risos] Então, até você ir ganhando a manha...(Depoimento colhido durante reunião de supervisão técnica em 26/01/05.)

Até que se "pegue a manha" não serão poucas as situações de ameaça, medo e insegurança que as travestis que se prostituem enfrentarão. Mesmo as *veteranas* não estão isentas de sofrerem violência. Lembro-me de uma noite que, sentada na calçada de uma rua em Santo Amaro, bairro paulistano, conversava com um grupo de travestis mais velhas. Uma *ninfetinha* aproximou-se do grupo um tanto desolada, pois acabara de ser roubada por um suposto cliente. A indiferença foi geral. Mais tarde Xuxa, da turma das *veteranas*, comentou: "*A bicha queria dar close pra gente, dizer que bate porta. Eu, hein?! Conheço esses tipos de longe!*" (diário de campo, 18/04/2005).

---

93. Kulick não traduz o termo "travesti" para o inglês "*transvestites*", pois defende que essa categoria não dá conta do que é a travesti brasileira, tomada por ele como uma construção de gênero referida no sistema de sexo/gênero local, como será discutido mais adiante.
94. No **capítulo sete** apresentarei em detalhes as "*mães*", categoria êmica que classifica aquelas travestis que participam e promovem a transformação do "*gayzinho*" em travesti.
95. Significa fazer programas, numa alusão ao "entrar e sair" do carro do cliente.

Ficou um certo "peso" no ar depois do episódio. Mas nenhuma ali estava interessada em conferir aquele fato sem muita relevância. Eu era, de longe, a mais impressionada. Perguntei se aquele sujeito teria coragem de aparecer ali de novo e o que elas fariam se ele viesse. "*Aparece!! Ih, filha, esses caras... bandidinho!*", assegurou Xuxa.

Ela mesma se lembra de uma noite em que "um tipo como aquele" saiu com uma das travestis dali. "*Roubou ela e depois ainda veio dar carona pra mim*". Disse-me ainda que, se o cara aparece com dinheiro, sempre terá uma que irá fazer o programa com ele.

A rua, irmanada à categoria noite, tem ameaças, mas também regras claras, ainda que tácitas. Oferece proteção a quem se integra às redes estabelecidas, as mesmas redes que punem com rigor os infratores. À racionalidade da rua/*pista*/avenida somam-se os rigores da noite: frio, violência, desafetos, rivalidades. Nos mesmos espaços e temporalidade em que se encontra afeto, amigos, um amor, diversão. Mesmo a prostituição, mencionada muitas vezes como um fardo, uma falta de opção – numa reprodução dos discursos morais hegemônicos – , aparece também como divertimento e valorização dos seus atributos físicos e eróticos. Em minha primeira noite no *Dia T* recolhi algumas falas nesse sentido.

Letícia, uma das freqüentadoras do encontro, comentava sobre as fantasias dos homens em relação a elas. Mais tarde Fabiana, transexual que atua num projeto preventivo de ONG/aids e que também estava lá naquela noite, observava que "*com exceção de Roma, São Paulo seria, em termos bíblicos, uma verdadeira Sodoma e Gomorra*". Não havia no tom de seu comentário nada que soasse condenatório; ao contrário, parecia me oferecer aquilo como uma verdadeira iguaria do vasto menu sexual da metrópole. Justificava, deste modo, porque a cidade atrai tanto os que desejam aventuras tidas como proibidas ou pouco convencionais dentro do léxico erótico que Galyn Rubin classifica como de "sexualidade boa, normal, natural, abençoada"[96].

As narrativas continuavam em tom divertido:

> – *Já teve um cara que me pagou pra eu ficar vendo ele comer a mulher dele.* – comentou Mônica.
>
> – *Tem uns que querem ver a gente comendo a mulher. Tem de tudo, coisa bizarra, cliente que só quer conversar... Menina, você não faz idéia!* – disse Luana.
>
> – *Porque os caras quando vêm com a gente não querem nada do tradicional.* – acrescentou Letícia.

---

96. Rubin, em **Pensando sobre Sexo** (2003), defende que a ideologia sexual popular mescla a idéia de pecado à de inferioridade psicológica, anticomunismo (observo que o texto foi publicado pela primeira vez em 1984, antes do colapso socialista, portanto), histeria de massa, acusações de bruxaria e xenofobia. A mídia, segundo ela, corroboraria esse sistema de estigma e preconceito, favorecendo e fixando uma hierarquia de valor sexual na qual, à "ralé sexual", caberia a segregação e o infortúnio. No sistema de valores sexuais, o sexo "bom" seria aquele feito entre um homem e uma mulher, preferencialmente casados, monogâmicos, que visam fins procriativos e, assim, fazem um sexo não comercial. (Rubin. 2003: 26-27)

Brenda acha que elas têm sorte, porque saem com homens *"muito gostosos e lindos, que eu até penso... 'não acredito que esse cara tá pagando pra mim'"*. No cotidiano das conversas domésticas, quando passam a contar umas para as outras sobre os prazeres encontrados na noite anterior, detalhes são remontados e degustados entre suspiros, exclamações e risos. Camilinha, travesti ainda sem peito, que esteve um tempo em São Carlos, se delicia ao lembrar do cliente que lhe *"chupava toda"*, a chamava de *"linda, gostosa"*, e que tinha *"uma pica assim, ó"* [mostra o tamanho do órgão afastando as mãos a uma distância de uns 20 centímetros]. As outras ouvem, entre divertidas e duvidosas, pois como travestis experientes, sabem que muitas histórias são inventadas para valorizar quem as protagoniza. Mesmo com um toque de exagero no que se refere à diversão e ao prazer, é inegável que ambos são encontrados nas esquinas e na noite, muito mais do que no dia e nos espaços normalizados.

O "dia" é uma categoria temporal que encarna um tipo de sociabilidade com o qual as travestis não parecem à vontade em lidar. A suposta racionalidade diurna se coloca de maneira dramática nas narrativas colhidas ao longo deste trabalho. Assim, é mais difícil se proteger dos olhares e falas diurnas do que da violência e surpresas da noite.

"A gente sai e nunca sabe se vai voltar". Sair de casa, ainda que não seja para o trabalho, para a *"esquina"*, se mostra um desafio para as travestis. Como relata Bruna D'Ávila:

> Sair na rua, ir a um banco, ir ao correio, ir ao comércio comprar alguma coisa, já é uma tensão. Porque é como se nós fossemos... a sensação é que nós vamos pra guerra: eu vou, não sei se volto. De repente posso não voltar. Eu vou, mas eu sei que eu vou ser xingada, vou ser zoada. Que eu vou ser vista mal... Porque é horrível você sair na rua e você ser o centro das atenções e ser vista de uma forma que não é padrão. Então, aquilo te faz mal. Você ser vista de uma forma que não é padrão. Então você se sente...'puta, será que eu sou de Marte?". Então isso é uma pressão (Em entrevista concedida à pesquisadora, em 06/01/2006, na residência de Bruna).

Foi a noite/rua e a prostituição que deram a Bruna o que ela considera um bom padrão de vida, além da possibilidade de encontrar homens com os quais pudesse se relacionar afetivamente. Ao contrário do dia, a noite oferece às travestis distintas possibilidades.

> Na esquina, por exemplo, ela tem várias possibilidades. Tem possibilidade de você crescer e de você descer, tá? É uma faca de dois lados. Então, por exemplo, ali você tanto sobe quanto desce. E é uma grande experiência de vida. Eu aprendi a viver muito numa esquina, aprendi a conhecer a realidade da vida numa esquina. Voltando um pouquinho atrás, quando eu caí numa esquina eu já tava transformada e tudo. E meus amigos, nenhum. (Se vestiam apenas de mulheres, né?) Por acaso eu fui fazendo amizades na esquina, na rua e eu acabei trazendo comigo uma leva de travesti, né? (Bruna D'Ávila, na já citada entrevista.)

Foi assim que Bruna se tornou *"mãe"* de muitas travestis, que seguiram o seu exemplo. Atualmente, abriga em sua casa algumas travestis que se prostituem, e cobra pelo teto e comida. Por isso é também conhecida como cafetina. Na sua casa há acolhimento, mas também inúmeras regras para aquelas que ali vivem. Ela é a autoridade, por vezes bastante rígida, mas é também a que protege.

Deste modo, a casa da cafetina ou aquela em que a travesti vive sem a família de origem torna-se uma espécie de refúgio. Num plano de segmentação, esse lar se estende à vizinhança. Em busca de comadragem, domesticidade e relações pessoais de dependência é que Bruna elegeu Itaquera como seu lar. Participa da escola de samba Leandro de Itaquera, circula pelo bairro, brinca com as crianças, conversa com as vizinhas, conforme conta.

A casa e a vizinhança, segundo a análise de Bruna, tornam-se espaços habitáveis durante o dia, ao contrário da rua, onde são comuns os olhares condenatórios e as falas que não se intimidam em dirigir-lhes impropérios.

> Às vezes, você se depara com uma travesti na rua, ela tá louca, ela tá revoltada. Por quê? Porque ela não agüenta mais ser xingada, ela não agüenta mais ser esculachada, ela não agüenta mais aquela vida que ela tá levando. Então, ela tá num estresse muito grande. Ela não tem uma vida social. Ela não sai no dia-a-dia. Por isso que eu amo viver no bairro. Porque no bairro eu tenho uma vida social. (Bruna D'Ávila, na já citada entrevista.)

Rua, avenida, pista e *esquina* são termos por vezes intercambiáveis na gramática própria do universo travesti. Significam mais o espaço da prostituição e de aventuras sexuais, do que uma oposição à casa. Ainda que em algumas situações sejam vistos como tal. A noção de "rua" dialoga com a proposta conceitual de DaMatta[97], mas sobretudo com o conceito de Magnani de "pedaço" (1996). Assim, a "noite" e a "rua" formam uma territorialidade específica onde as travestis podem ter vidas mais viáveis, ainda que para vivê-las tenham que aceitar os códigos de classificação que as movem para as sombras, em mais um dos paradoxos constituintes das travestilidades.

Essa mobilidade[98] e fluidez referidas aqui marcam o *ethos* travesti e tornam-se um problema para os profissionais de saúde que lidam com essa população. As travestis não se fixam. O corpo muda, o gênero oscila, os endereços se alteram, os celulares são trocados constantemente. Debruçar-se sobre essa mobilidade/fluidez é uma forma de pensar a própria constituição dessa cultura sexual, pensá-la na relação com o seu entorno e, assim, com a heteronormatividade. A circulação das travestis, ainda que intensa, se faz pelas margens. É nesse território da abjeção que elas articulam suas

---

97. Em *A Casa e a Rua*, DaMatta estabelece uma triangulação espacial, simbólica e moral entre casa/rua/outro mundo, propondo que essas categorias espaciais estão moralmente opostas. Ainda que não sejam estanques, só se definem em oposição uma às outras, ocorrendo o englobamento de uma pela outra, mas não o patente trânsito que proponho. Magnani procurou quebrar essa visão dicotomizada de "casa" e "rua" a partir da idéia de "pedaço". Acrescento a estas propostas conceituais a discussão encetada por Néstor Perlongher em *O Negócio do Michê* (1987) sobre códigos-territórios, conforme vim discutindo até aqui.
98. Cecília Patrício (2002) explora em profundidade essa relação entre a construção da identidade travesti e a mobilidade desses corpos.

redes fluidas que se constituem "no aqui", para se desmancharem num momento impreciso e se reconstituírem em outro lugar, um lugar sempre marcado, cujos nós são, paradoxalmente, fixos. O que permanece são os códigos que determinam o que se pode ou não fazer, dizer ou ser quando se transita por esses territórios. Nas palavras de Perlongher, "as redes de códigos 'capturariam' os sujeitos que se deslocam, classificando-os segundo uma retórica, cuja sintaxe corresponderia à axiomatização dos fluxos" (Perlongher. 1987: 152, nota 8). O que identifico como "nós", Perlongher chama de "personagens paradigmáticos". Estes são, para ele, justamente aqueles que adensam a rede e a enrijecem, mas também lhe conferem um sentido particular, capaz de fornecer elementos para a identificação de cada sujeito que por ela transita. A cafetina, a *mãe*, a *bombadeira*, as *monas*, o *bandidinho*, o *michê*, o *marido* e a *maricona* são alguns desses nós aos quais me referia. Enquanto "identidades paradigmáticas", essas figuras são referentes, mas enquanto sujeitos, novamente só são o que são quando alocados em espacialidades específicas, alterando sua identificação conforme mudam e se movem.

Essa dinâmica das redes, territorialidades e identidades começou a ser percebida pelas técnicas do ***Tudo de Bom!*** que, numa reavaliação do programa, passaram a propor que a abordagem junto às travestis fosse feita a partir das redes territoriais, e não mais pela "educação entre pares", considerada limitada e segmentada. Na prática, o trabalho de prevenção tem se efetivado a partir da composição de redes, com fios que se entrelaçam nas ruas, boates, *drive-ins*, cinemas pornôs, saunas, casas de massagem, entre outros espaços. O trânsito do discurso preventivo por esses muitos fios é garantido, mesmo que com limitações, pela intervenção/atuação das/os agentes junto àqueles e àquelas que circulam pelas regiões em que cada agente deve intervir, sejam *michês*, prostitutas mulheres ou travestis. Conhecer os códigos territoriais – que são também corporais e morais – é imprescindível para que essa atuação possa se efetivar.

Noite e rua se confundem para formar uma parte significativa do "universo trans". É na rua/*pista*/avenida que muitas vezes as travestis que se prostituem arrumam "*maridos*". O *marido* é também um elemento de proteção e de respeitabilidade entre elas. Confere-lhes um sentido de normalidade, legitimando sua feminilidade e possibilitando, muitas vezes, que elas possam ampliar as fronteiras das margens, participando da vida social e familiar desses homens e transitando com mais segurança por locais públicos. "Ser travesti" está estreitamente ligado à relação que elas mantêm com os homens, sejam eles namorados/*maridos* ou clientes. É aqui que a gramática dos gêneros se acentua e possibilita que se reflita sobre os aspectos relacionais da construção da Pessoa, bem como sobre as questões preventivas.

2.
Gêneros Rígidos em Corpos Fluidos

Maridos, Bofes, Mariconas e Vício

"*Travesti não tem namorado, tem marido*", ensina-me Danil, um jovem de 26 anos que desde os 15 se relaciona com travestis. Ele está apaixonado por Paula, uma travesti dois anos mais velha que ele. Ela abdicou do sonho de ir para a Europa para ficar ao lado dele e planeja morar com Danil em breve[99]. O que o deixa temeroso, pois o obrigará a tornar pública, para além do "gueto"[100], a relação de quase um ano. Mas Giselle, travesti paulistana, experiente, me esclarece que "*marido*" trata-se mais de uma gíria que elas usam do que a caracterização de laços conjugais: isto é, dividir o mesmo teto e repartir obrigações daí advindas[101].

A categoria "*marido*" sugere que nas relações amorosas envolvendo travestis, o tempo de consolidação dos laços e dos compromissos é distinto daquele que envolve relacionamentos de contornos heterossexuais e de classe média[102]. Nada de encontros cercados de amigos, flertes em barzinhos, passeios de mãos dadas em shoppings, saídas para jantares ou reuniões em casas de parentes.

Além disso, travestis costumam ter uma trajetória de vida que as distancia dos padrões de comportamento considerados adequados para certas faixas etárias, mesmo

---

99. Em 2008, Danil se mudou para Paris para viver com Paula que foi trabalhar no mercado do sexo da capital francesa. De certa forma, contornou a questão que mais o angustiava: conciliar o amor por Paula com a revelação deste para a família.
100. Muitos de meus informantes que se relacionam com travestis, referem-se aos territórios do mercado sexual paulistano como "*gueto*". Utilizo o termo entre aspas por não considerar que se trate de um gueto na acepção da palavra. Pois, mais do que uma região circunscrita e imposta àqueles que por ali circulam, essas áreas são ocupadas, negociadas, alargadas ou encolhidas de acordo com interesses públicos e/ou privados. Além disso, sofrem alterações no simples câmbio do dia pela noite, como espero tenha ficado perceptível a partir da discussão sobre território e tempo apresentada no capítulo anterior.
101. Heilborn considera que "a conjugalidade não emerge de um fato jurídico. É isto sim, o que expressa uma relação social que condensa um 'estilo de vida', fundado em uma dependência mútua e em uma dada modalidade de arranjo cotidiano, mais do que propriamente doméstico, considerando-se que a coabitação não é regra necessária". (Heilborn. 2004: 11-12)
102. Para uma discussão aprofundada de padrões de conjugalidade nas camadas médias urbanas ver Heilborn, 2004, capítulo 3.

entre camadas populares. Saem cedo de casa, em torno dos 14 anos. Geralmente, iniciam aí uma vida noturna sustentando-se pela prostituição.

Precisam aprender, então, a *"dar o truque"*: parecerem mais velhas, driblar as situações de violência (que podem vir tanto dos clientes como da polícia e, não raro, de pessoas do seu grupo de convivência). Aprender os códigos da rua e da noite significa sobrevivência, e isso não é coisa de criança nem de adolescente. É como me diz Brenda Fontenelle, 24 anos, desde o 14 na prostituição travesti:

> *Quando eu cheguei em São Paulo, depois de fugir de casa de carona, fazer sete programas no caminho, procurar a casa da cafetina... Quando eu cheguei em frente ao prédio dela, eu olhei pro céu e pensei: 'pronto, agora eu sou dona do meu nariz! Agora eu sou adulta!'* (diário de campo, 13/05/05)

Não há espaço para relações pautadas pelos "roteiros" comuns à classe média heterossexual. Ainda assim, as travestis, informadas dos códigos conjugais heteronormativos, almejam uma vida marital nos moldes instituídos por essas normas: uma casa, marido "homem de verdade", tranqüilidade financeira, trabalho "normal" (que significa fora da noite e da prostituição) e, se possível, filhos.

Há no comércio sexual, em geral, claras demarcações das práticas sexuais: o que se pode fazer na rua, com clientes, e o que não se deve fazer, em contraste com aquelas que são reservadas aos *maridos* (portanto, ao espaço doméstico e dos afetos). Carol não admite "fazer papel de homem" com seus namorados. Queixa-se de um deles que insinuava querer ser penetrado, e ela nunca se permitiu satisfazê-lo nesse desejo. Resultado: ele procurou realizar sua fantasia com outras travestis. O que a ofendeu sobremaneira, pois se viu duplamente traída: não só por ele ter feito sexo com outras, mas por ele, "seu homem", "ter feito papel de mulher", estendendo essa desmoralização a ela, uma vez que a "passividade" dele denunciaria a pouca feminilidade dela, não no que se refere às práticas eróticas, mas à capacidade de atrair para si um "homem de verdade". Para a maioria das travestis, "homem de verdade" é aquele que reproduz no seu comportamento valores próprios da masculinidade hegemônica. Segundo Vale de Almeida a masculinidade hegemônica se define como um:

> modelo cultural ideal que, não sendo atingível por praticamente nenhum homem, exerce sobre todos os homens um efeito controlador, através da incorporação, da ritualização das práticas da sociabilidade quotidianas de uma discursividade que exclui todo um campo emotivo considerado feminino; e que a masculinidade não é simétrica de feminilidade, na medida em que as duas se relacionam de forma assimétrica, por vezes hierárquica e desigual. A masculinidade é um processo construído, frágil, vigiado, como forma de ascendência social que pretende ser. (...) Segue-se que as masculinidades são construídas não só pelas relações de poder mas também pela interrelação com a divisão do trabalho e com os padrões de ligação emocional. Por isso, na empiria, se verifica que a forma culturalmente exaltada de masculinidade só corresponde às características de um pequeno número de homens. (Vale de Almeida. 2000: 17 e 150)

Para se viver o masculino a partir desse modelo (ativo, penetrador, empreendedor, provedor, forte, autônomo), é preciso se ter no corpo essas referências. Músculos desenvolvidos, pêlos no corpo, gestos firmes e uma sexualidade exacerbada marcam idealmente essa corporalidade cujo modelo está sintetizado no termo "*bofe*". O *bofe* gosta de mulher ou, no mínimo, do feminino. Por isso, quando procura uma travesti quer ser "o homem" da relação. Isso implica ser sempre o "ativo" no ato sexual, ou seja, no plano privado. Já no plano público, busca reproduzir um tipo de comportamento que subalterniza o feminino.

Porém, este mesmo "homem de verdade" pode, subitamente, perder sua condição de macho. No caso dos *maridos*, por exemplo, um simples movimento de corpo (sintetizado no termo êmico "*virar*") o desloca do pólo masculino, tornando-o um "*viado*". O "*virar*" tem um sentido corporal e moral. No primeiro sentido refere-se ao ato de oferecer as nádegas para penetração durante o ato sexual. É, assim, literal. O homem que deveria estar de frente, por cima, vira-se numa posição considerada passiva e feminilizante, invertendo papéis e a hierarquia dos gêneros, desestabilizando a relação e colocando sua masculinidade em xeque. E aqui está o sentido moral. Ele transforma-se, "*vira*" outra coisa, torna-se, subitamente, inclassificável, gerando recusa.

No sistema de gênero construído pelas travestis, chama atenção a visão essencialista que elas parecem ter sobre os atributos de gênero. Como observou Don Kulick (1998), as travestis desenvolvem um "construtivismo essencialista". Subvertem a própria idéia que comungam de ser o sexo biológico o definidor do gênero, uma vez que, para elas, os atributos da masculinidade e da feminilidade podem se descolar do sexo biológico e passarem a ter, nos jogos corporais e atitudes sexuais, a marca do verdadeiro pertencimento de gênero de cada um. Kulick sublinha que o sistema de classificação de gênero das travestis tem como pilar a posição adotada no ato sexual e não a noção cultural do sexo do corpo (McCallum. 1999)[103]. Roberta dá detalhes de como essa mudança pode se dar, com base nas práticas eróticas:

> Um homem que quiser se virar pra mim...ah, já não é homem. Mulher é essa coisa delicada. E eu sou a mulher. Uma vez, por exemplo, eu fui assim, passar a mão na bunda do meu marido, só passar a mão, um carinho. Ele se virou feito bicho: 'tá pensando que eu sou que nem os homens que você pega na rua, é? Eu sou é homem, não vem com essas coisas pro meu lado não'. Ele era assim, um homem de verdade, não admitia viadagem. (diário de campo, 18/04/2005)

Ao mostrar uma revista cujo nome é **Travestis**, Carol comenta diante de uma foto em que o homem de bigode e pêlos faz felação numa travesti com seios muito redondos, cintura bem definida, coxas roliças, cabelos longos e loiros: "*Eu jamais admitiria um namorado meu fazer isso comigo...*". Mas se necessário, Carol também cede, profissionalmente, ao papel de ativo. Na vida íntima essa possibilidade a deixa irritada.

---

103. Concordo parcialmente com esse ponto de vista, por isso pretendo discutir a relação entre corpo biológico e representação de gênero, mais adiante.

Ao *marido* é comum que estejam interditas práticas que "masculinizem" a travesti e, por oposição, o feminilize: ver o pênis dela, tocar nele e procurar carícias anais são as mais citadas. Francine Ferraz procura explicar que o *marido* "tem de ser homem", "homem, homem".

> [Pesquisadora] E em relação, assim, ao Raul [o ex-marido], que você tá frisando bem que ele é "homem, homem"? Pra você, pro cara ser homem... o que isso significa?
> [Francine] *Homem?! O que significa homem?* [pausa] *Digo assim, "homem", porque ele era ativo, completamente ativo. Então ele não era gay. Não era e não é gay, ele é homem. Fica aquela coisa, ele me ver como mulher. Porque quando um homem tem um relacionamento com uma travesti e ele é homem, ativo, ele não vê travesti, ele vê uma mulher. Então, no nosso relacionamento ele me tratava como mulher. Então, eu não ficava pelada perto dele, eu não deixava ele ver minha neca* [pênis]. *Esse tipo de coisa.* (...)
> [Pesquisadora] E se ele quisesse, por exemplo, te chupar, fazer sexo oral com você?
> [Francine] *Eu não deixaria.* (Entrevista concedida à pesquisadora, em 04/05/2005.)

Dadas essas interdições, Francine justifica, na mesma entrevista, porque tinha tanto ciúme de sua ex-namorada, uma travesti[104], com quem manteve um relacionamento de dez meses.

> *O cliente muda* [a relação entre o casal]. *Muda pelo fato, assim, que eu que tô lá na rua, sei tudo o que eu faço com um homem. Da mesma forma que eu sabia como ela fazia. E vinha o ciúme na minha cabeça: 'meu, ela tá entrando nesse carro agora, poxa, eu sei tudo que ela tá fazendo. O cara tá na maior sacanagem com ela'. E isso deixava eu possuída, descontrolada.*

"A *maior sacanagem*" implica práticas proibidas no espaço doméstico, havendo, assim, com os "homens da rua", "todo tipo de permeabilidade não regulada", constituindo essas práticas "um lugar de poluição e perigo".

Butler, numa releitura de Mary Douglas, argumenta que "o sexo anal e oral entre homens estabelece claramente certos tipos de permeabilidade corporal não sancionado pela ordem hegemônica" (Butler. 2003: 190). E essa permeabilidade desestrutura a pretensa ordem social que demarca com suas regras e tabus o que deve ser esse corpo (físico e social). As travestis compartilham dessa ordem, ainda que a transgridam com suas práticas. No discurso explicativo que articularam para falar da sexualidade, do lugar do feminino e do masculino, e das interdições que regulam as relações entre as parelhas, valeram-se de referências rigidamente binárias, informadas por esses valores hegemônicos.

A "poluição" no contexto aqui tratado se refere à maculação do feminino na travesti, enquanto o perigo se inscreve no marco da desordem dos papéis. A travesti,

---

104. As travestis classificam jocosamente aquelas que namoram entre si de "*lésbichas*", numa alusão às lésbicas.

como representante do feminino na relação, não deveria, supostamente, ser a "penetradora", nem a que recebe o sexo oral, nem a que "come e dá". Porém, na rua – um espaço não regulado no que se refere às práticas sexuais, justamente pelo fato dela ser comercial e potencialmente transgressiva –, esse desordenamento é aceito e pode ser até mesmo prazeroso. Daí, também, seu perigo. No âmbito doméstico, teoricamente resguardado desse desordenamento externo, a relação sexual se daria a partir de um repertório restrito, no qual caberia ao feminino/travesti o papel de passividade e ao masculino/marido o de atividade no sexo. Os papéis assim ordenados geram segurança e confiabilidade. Nesse espaço, asseguram-me muitas travestis, o preservativo não cabe, pois seu uso atribuiria ao "seu homem" o mesmo status dos "homens da rua". Demarcação que pode ser tão fluida e intercambiável como a própria separação entre casa e rua.

Nas margens das relações entre as travestis e os homens situa-se um tipo que elas classificam de *"vício"*. Como elemento das bordas, não fixável, ele é perigoso e, assim, poluidor. O *vício* também pode ser visto como "homem de verdade", mas, ao contrário do *marido*, o seu lugar não é a casa, espaço mais relacionado à afetividade. Tampouco é como o cliente, alguém que paga pelo sexo, com quem se relacionam "profissionalmente", sem beijo na boca, com tempo pré-determinado. Daí a categoria problemática do *vício*. Pois este não é nem um namorado/*marido*, tampouco um cliente. Flutua entre a casa e a rua, a noite e o dia. Apesar disso, é um elemento mais noturno e do espaço das transações comerciais. Porém, não se encontram interditas a ele uma série de práticas, como, por exemplo, o beijo na boca e mesmo o sexo sem camisinha. Muitas vezes o *vício* pode vir a ser um namorado/*marido*. Outra questão problemática envolvendo o *vício* é o fato de não serem cobrados os momentos passados ao seu lado. Seu perigo está justamente em não se associar à cadeia conhecido/doméstico/seguro. É um estranho com quem, por motivos diversos, se mantém relações que seriam, teoricamente, restritas aos conhecidos. Na "hierarquia do risco" (Monteiro. 2002), o *vício* tem seu lugar nos patamares mais elevados.

O *vício* é uma categoria depreciativa quando aplicada às próprias travestis. Uma travesti *"viciosa"* é alguém que não sabe separar trabalho de afeto, planos opostos e, teoricamente, imiscíveis. A *viciosa* compromete os negócios de todas que estão próximas dela, porque tende a sair de graça com homens desconhecidos. Paira sobre ela também a suspeita de "não se cuidar", pois se deixa levar pelos afetos de ocasião. Daí a discreta relação que essa categoria guarda com o feminino, pois a travesti *viciosa* é alguém "sem cabeça". A cabeça, por sua vez, tem relação com o "ter juízo", ser racional, portanto. O que aparece nas falas associado como atributo próprio da masculinidade.

Existem também os "homens *viciosos*", aqueles que estão sempre tentando sair com elas sem pagar e sem querer envolvimento afetivo. Estes são *"podres"*[105], isto é, têm valores morais deteriorados, merecem o desprezo.

---

105. Entre esses valores deteriorados estaria o da inversão de papéis sexuais, abdicando parcialmente de sua masculinidade a partir de certas práticas feminilizantes. O termo *"maricona podre"* também aparece em Perlongher (op. cit.), mas tem sua relação com a postura de superioridade econômica e social adotada por alguns clientes com intenção de subalternizar o *michê* sem assumir a sua "homossexualidade".

Um *vício* pode ser, potencialmente, um *marido*, como já dito. Pois só vale o risco de *"fazer vício"* com "homens de verdade". Namorar na rua ou *"viçar"* são comportamentos marcados por sutis distinções. Entre elas, a longevidade da relação, o vínculo sentimental, as interdições nas práticas eróticas. Conforme se deslinde o contato, o *vício* pode se tornar namorado/*marido*.

Márcia lembra que *"travesti não é uma máquina de fazer sexo"*, sendo assim, há a possibilidade de, em algum momento da noite, aparecer alguém especial com quem haja *"aquela coisa de pele"*. Desta forma, práticas teoricamente interditas no ambiente da rua e no âmbito profissional serão acionadas. Entre estas, o sexo sem preservativo.

> *Eu como profissional* [do sexo], *eu sou nota dez, entendeu? Mas eu como namorada, amante, esposa: zero! Porque você confia no outro, entendeu? Você tem aquele momento, poxa! Cê fala, "ah, fui profissional a noite inteira...", aí você vê aquele menino bonitinho que quer namorá com você... vai se preocupar com isso, bem? Chapada? (Que pra aturar a noite você se chapa, bebe, né?) Você vai ter essa estrutura? Não tem!* (Márcia, em entrevista à pesquisadora, em 14/11/2005, em sua residência.)

"Quando a gente ama, o corpo castiga. Acho que ninguém se arrisca de pegar aids", completa ela, referindo-se ao seu próprio quadro. Tem aids, o *marido* também. Diz que sofreu um pouco no começo, mas que hoje "encara numa boa", pois continua "vivendo bem e é feliz". Foi feliz também quando pegou aids, diz ela, pois foi fruto do prazer que teve. Márcia atenta para o fato de a maioria das travestis não usar camisinha com seu "amor". Sendo assim, quem pega não é porque se arriscou, mas porque quis viver intensamente uma relação. O risco, segundo a lógica de Márcia, pouco tem a ver com a forma que o discurso preventivo aprega. Para ela, o risco é uma atitude intencional. Racional, portanto. Enquanto o amor, não.

> *Eu tive sete casamentos, filha. Eu tive sete maridos, entendeu? Você acha que eu ia transar com meus sete maridos com camisinha? Não tem lógica pra isso, entendeu? Não tem lógica a pessoa pregar lá que toda vez se preveniu. Não tem lógica! A gente se previne até um certo ponto. A gente, quando existe paixão, quando existe tesão, a pessoa não tem como se... quando você menos espera, já foi.* (Entrevista concedida à pesquisadora, em 14/11/2005, na residência de Márcia.)

O comportamento tido como lógico e racional pelo discurso preventivo – fazer sexo "seguro", se prevenir no maior número possível de relações – é, para Márcia, algo "ilógico", porque não condiz com a realidade das travestis. A lógica não está numa mecânica homologia com a rua/esquina/*pista*. Pois tanto faz se a travesti está na avenida trabalhando ou no espaço privado da casa, o que voga é a relação que se estabelecerá no contato, ou como sugere Ricardo Ayres (2002), nos "contextos de intersubjetividade". Para este autor, são nos espaços sociais e culturais de interação que se efetivam as vulnerabilidades, sejam ligadas à pobreza, à baixa escolarização ou a questões de gênero.

A avenida pode ser o único lugar onde a travesti se sinta bonita e desejada. Além de ser um espaço onde pode encontrar homens que não se identificam com o universo gay, os "homens de verdade". Daí ser arriscado traçar fronteiras tão rígidas de comportamentos. Reforço: elas existem, mas são muito mais fruto de um discurso mimético, que procura instituir relações nos moldes heterossexuais, do que aquilo que se vê na prática.

> Comecei a ir a casas noturnas tentar encontrar uma outra pessoa, e acabava só encontrando pessoas opostas a mim. Então eu pensei "eu não vou, que **eu gosto de homem.** Eu não vou achar homem aqui". Então, eu acabei indo pra esquina fazer um teste. Mas na realidade, não com objetivo de fazer programa. Porque até então, eu me sustentava de outra forma. E foi onde acabou rolando o programa. (Bianca di Capri, em entrevista concedida à pesquisadora, em 06/01/2006. Grifo meu.)

Bianca acabou indo para a *pista* a fim de encontrar um homem que correspondesse às suas expectativas em relação ao masculino. Um tipo muitas vezes sintetizado na categoria "*bofe*". Em sua etnografia entre *michês*, Néstor Perlongher (1987) define o *bofe* como aquele homem que tem relações homossexuais nem sempre declaradas, mas que mantém a sua "macheza" como marca corporal (Perlongher. 1987: 128). Essa categorização de um tipo másculo como "o verdadeiro homem" também permeia o universo travesti. O homem de verdade, no fundo, "gosta de *buceta*". Não resistirá a uma, ainda que vá procurar travestis ou que viva com alguma delas. É esse o grande diferencial entre "ser homem" e "ser *viado*". As travestis com as quais Kulick conviveu em Salvador também são taxativas em relação ao que define um "homem de verdade" e "aqueles outros". Elas, as travestis, não gostam de *buceta* e ponto final. Algumas dizem que aceitam fazer sexo com mulheres, mas por dinheiro, outras até confessam que gostam de fazer sexo oral em mulheres, mas que só se excitam na presença de um homem[106].

Quanto aos aspectos preventivos, é justamente com os "homens de verdade" que as travestis acabam fazendo sexo sem camisinha, ou porque é com eles que irão ter relações afetivas ou por serem eles os clientes *gostosos*, como se refere Gladys Adriane, travesti que vive neste momento na Itália. A fixidez de suas performances num dos pólos do binarismo de gênero, faz desses homens pessoas menos perigosas, porque passíveis de definição e alocação. Talvez por isso a categoria "*maricona*" seja mais uma das categorias problemáticas de classificação dentro do sistema de gêneros rigidamente binário que orienta muitas travestis.

---

106. Ainda que essa afirmação seja muito mais enfática no plano discursivo do que nas vivências. Conheci travestis que quando estavam entre outras faziam afirmações de negação dessa ordem, mas que em conversas mais reservadas chegaram a comentar sobre sexo com mulheres, pago ou não, sem manifestar rechaço ou nojo, ao contrário. Porém, reconheço que a maior parte das travestis com as quais convivi costumava ser enfática em relação à recusa do sexo com mulheres e mais ainda sobre o sexo das mulheres.

E o que é ser uma *maricona*? O termo já foi usado para classificar homens afeminados e mais velhos, mas, pelo menos entre a rede de travestis que participou desta pesquisa, se disseminou e virou uma espécie de xingamento, de ofensa dirigida a certos tipos de homens. Aqueles que até passariam por "homens de verdade" na vida pública, mas que na privacidade das práticas sexuais escapariam para o desprestigiado pólo feminino, "*virariam*" (*viados*). Na tentativa de se invisibilizarem, e de negarem publicamente seus desejos[107], deslocam-se da zona moral da masculinidade: não têm coragem ou honra. Por isso muitas travestis se dizem "*mais machos*" que estes homens, pois têm coragem de "*se assumir*" e de "*encarar a sociedade*".

As *mariconas* reúnem outros atributos, relacionados à faixa etária e pertencimento de classe, por exemplo. Via de regra, são mais velhos que a média da clientela, e evidenciam seu poder aquisitivo nos carros, roupas e modos refinados.

Gladys Adriane, travesti prestigiada entre os clientes contumazes dos sites especializados, postou num freqüentado fórum de discussão da internet um tópico com o título "***O que é uma maricona***":

> Vou tentar explicar o meu ponto de vista ao que eu e as outras travestis que falo a respeito pensamos sobre esse tema que vai dar polêmica que é sobre o porquê da utilização deste termo para designar alguns homens que saem com travestis que é o de Maricona.
> A primeira e principal característica para identificar esse tipo de homem é a mudança drástica de comportamento que eles passam a ter na cama surpreendendo as trans com seu comportamento às vezes mais FEMININO que o delas!!!
> *O problema não está na atitude sexual de chupá-las e assumir a postura passiva na relação, mas sim seu comportamento feminino em excesso o que realmente as choca e causam até certa revolta porque convenhamos...**só existem duas maneiras de atuar na cama**: 1-másculo, independente de ser passivo ou ativo ou 2-feminino cheios de trejeitos até com leve modificação na voz pedindo desesperadamente que elas hajam como homem na relação!!!* (http://damazo.groobyforums.com/index.php. Grifo meu.)

Ao repertório sexual supostamente amplo do mercado sexual, Gladys contrapõe um código binário de comportamento que tem nas qualificações de "macho" e "fêmea" suas balizas. E surpreende quando não vincula a masculinidade ao sexo penetrativo, mas ao comportamento do cliente durante o intercurso sexual. Ainda que aceite ser penetrado, esse homem, segundo Gladys, deve manter um tom de voz firme e agir como "o homem" da relação, ainda que não fique claro na sua definição exatamente o que isso significa. Talvez, por ter postado o texto acima num fórum voltado para a clientela, a experiente travesti tenha tomado o cuidado de não feminilizar aqueles que

---

107. Em *O Negócio do Michê*, de Perlongher (1987), o termo "*maricona*" aparece relacionado ao cliente "enrustido", aquele que não "assume" sua homossexualidade, o que o estigmatiza e deprecia. Relação semelhante se vê nas classificações que as travestis desta pesquisa fazem à clientela.

gostam de ser penetrados, por ela mesma ter clientes com esse perfil e que não gostariam de ser classificados como *mariconas*. Ou, ainda, por ter uma larga vivência no mercado internacional do sexo[108], ter flexibilizado a rigidez da gramática de gênero que orienta muitas travestis, como fica evidente a partir das etnografias de Kulick (1992), Silva (1993) e Benedetti (2005).

Entre as travestis que participaram desta pesquisa, a afeminação é um fator de desprestígio e de falha moral para os homens. Assim, a ofensa mais recorrente que ouço fazerem aos homens, principalmente aos clientes, aparece na locução "*maricona viciosa*", associando dois comportamentos desprestigiados entre elas. A masculinidade deles estaria duplamente maculada, pois o termo "*viciosa*" nesse contexto é sinônimo daquela "falta de cabeça" atribuída à travesti que faz *vício*. Enquanto a categoria "*maricona*" denuncia a falta de coragem de se assumir como afeminado, uma vez que gosta de ser penetrado.

Se são os "homens de verdade", os *bofes*, que acabam incitando o desejo das travestis a ponto de fazê-las "perder a cabeça", são as *mariconas* que ficam loucas por elas e acabam deixando de lado o chamado "sexo seguro". Mylena Toledo diz que há clientes que "*já vêm chupando, sem pedir nada. É babado!*". Na mesma conversa ela conta que são esses homens que em outros contextos não as assumem, que negam suas práticas sexuais, mas que "*depois vem pedindo pra gente gozar na boca deles. E depois de tudo, aí sim, vão perguntar se a gente tem alguma coisa*". (Em conversa via **MSN**, em 10/06/2005.)

O sêmen é uma substância que gera muito prazer para um grupo de clientes (contatados por mim via internet). Tocar, sentir, sorver a "porra" dá a muitos excitação e prazer, que o uso do preservativo tira. O sêmen é um líquido impregnado de significados simbólicos, associado à masculinidade, à força, à reprodução e à vida[109]. O contato com essa substância, segundo alguns relatos colhidos, aponta para "intimidade" entre os parceiros, estabelecendo uma aliança pela troca de fluidos. Associa-se o contato com o sêmen à percepção de que se está praticando um ato transgressivo, pois se trata de uma relação entre iguais. Ainda que esta relação seja orientada por práticas que podem ser vistas como assimétricas, estas fazem parte de uma gramática erótica compartilhada. Na análise de Regina Medeiros, esse "fluido mágico" representa o prazer sexual do cliente, além de ser um marcador do fim da

---

108. Gladys já está na sua segunda temporada na Itália, onde se encontra desde 2004, além de ter viajado por diversos países, quase sempre como acompanhante de clientes.
109. Em *O Uso dos Prazeres*, Foucault (2003a) menciona em diversas passagens como o desperdício do sêmen foi tido ao longo da história sexual do Ocidente como pernicioso, enfraquecedor. Tantos nos texto da Antiguidade Clássica como naqueles produzidos pela "*sciencias sexualis* do século XIX", o sêmen recebe atenção. Apesar de abordado sob diferentes ópticas, o sêmen e seu "desperdício" têm em ambos os contextos o mesmo significado, o de força e vida, sendo seu desperdício vinculado à fraqueza, debilidade e morte. Ainda que Foucault não pretenda fazer uma história das representações, não se pode deixar de refletir sobre elas, e sobre como certas estruturas simbólicas permeiam nossas formulações valorativas.

relação, liberando a ambos. Para quem se prostitui, a ejaculação do cliente indica sucesso profissional. Enquanto para o homem, seja cliente ou não, reafirma a sua virilidade. A visualização do sêmen materializa o prazer e indica o sucesso na relação e da relação, além de afirmar a masculinidade daquele que faz gozar. Mesmo que esse gozo faça verter sêmen (no caso o da travesti). Ao fim esse sêmen atesta a capacidade sexual daquele homem, que em sua performance (adequada) foi capaz de provocá-lo (Medeiros. 2002: 178-179).

O prazer com a transgressão é discutido por Michel Pollak em seu livro *Os Homossexuais e a Aids*[110]. O autor refere-se aos homossexuais (organizados ou não a partir de uma identidade de grupo), tomando a paquera, a *pegação*[111], como práticas vinculatórias, pelas quais essas pessoas encontram e têm contato com "iguais", experimentando pela transgressão às regras heterossexuais um sentimento de liberdade e de encontro consigo mesmo, um pretenso "verdadeiro eu"[112]. Escreve Pollak: "A satisfação oriunda da transgressão de regras e tabus pode prolongar-se no prazer de uma 'transgressão de si mesmo' pela violação de limites físicos" (Pollak. 1988: 48). Apesar de se referir na citada passagem, principalmente, às práticas sadomasoquistas como o *fisting fucking*[113], proponho que entre homens que não têm uma identidade gay[114] – como é o caso da maioria daqueles que procuram sexo com travestis – tocar no pênis, ter contato com o sêmen, assumir na relação sexual um papel tido como feminilizante já são, por si, atos transgressivos.

Se o contato com fluidos corporais (sangue, saliva, leite, sêmen) são vias condutoras privilegiadas de contágio do HIV/aids, assim como substâncias carregadas de erotismo e do poder de estabelecer vínculos entre parceiros sexuais, principalmente quando se trata de práticas não-convencionais de sexo, como trabalhar a questão preventiva? Qual a força do discurso preventivo, higienista e normativo nesses meios? Até mesmo porque, para esses homens, as práticas "transgressivas" são ocasionais, esporádicas e, assim, a prevenção/evitamento de contato com o sêmen não é uma preocupação constante dos mesmos em relação às suas vidas sexuais. (O ponto de vista dos clientes sobre esses aspectos aparece discutido no **capítulo cinco** deste livro).

O leque de classificações da clientela é nuançado e entrecortado por uma gama de variáveis, que vão além do comportamento sexual ou das marcas corporais

---

110. O livro foi escrito nos primeiros anos do aparecimento da doença, quando sequer havia tratamentos minimamente eficientes para a síndrome. Nesse livro, o autor analisa o impacto da aids entre os homossexuais masculinos franceses.
111. O termo é usado no meio gay para designar paquera, caracterizada como um relacionamento erótico breve, "impessoal" e não mediado por palavras.
112. Sennett e Foucault em *"Sexualidade e Solidão"* (1981) afirmam que a subjetividade de cada um passou a ser subjugada à sexualidade. Assim, esta última passa a ter o status reconhecido de "poder dizer a verdade" sobre a pessoa.
113. Penetração anal ou vaginal feita com o braço.
114. Trato o termo "gay" como identidade política, historicamente construída, em contraponto aos discursos médicos patologizantes e os religiosos, moralizantes.

evidenciadas nas roupas, no gestual e no trabalho sobre o corpo. O cliente pode ser o *varejão*, o *penoso*, o *truque*, o *fino*... predicados que se referem à juventude, beleza, posses materiais, à forma como esse homem as aborda no momento da negociação do programa ou, enfim, por códigos outros que não estão referidos diretamente à sexualidade. A partir dessa tipologia as travestis podem orientar formas de interação com seus clientes, o que as ajuda a se protegerem, praticar sexo da maneira que julgam ser mais satisfatória para aquele homem (fidelizando-o como cliente) e, até mesmo, eleger um parceiro.

O *penoso* é aquele cliente que nunca tem dinheiro. Estampa essa carência em suas roupas e meio de transporte: a pé, bicicleta, moto, carros velhos. O *penoso* pode ser um rapaz ou um senhor, pois sua classificação se dá sobretudo a partir de seus atributos materiais. São geralmente trabalhadores braçais, pessoas mais próximas a elas na questão de pertencimento de classe, comungando assim valores e representações sobre sexualidade, e que operam essas significações atribuindo papéis de gênero bastante essencializados a cada um dos envolvidos na relação. O que, teoricamente, tornaria a negociação – a chamada "*entrevista*" – mais fácil, não fosse a barreira financeira, que o coloca em condição desprestigiada. Porém, são esses clientes os que costumam ter aparência mais máscula, o que agrada grande parte das travestis. São eles também que dificilmente pedirão para "*fazer passivo*", pois dentro do sistema de sexo/gênero que operam, o "verdadeiro homem" não faz sexo anal[115]. Outro ponto positivo para eles.

O *varejão* é normalmente um homem mais jovem, tem performance mais ousada, arrisca-se mais, pois tenta passar a mão nas travestis, podendo ser rechaçado e mesmo agredido, verbal ou fisicamente. Pede para ver partes de seus corpos, como os seios e o pênis, por exemplo. Por ser mais jovem, muitas vezes não tem renda própria ou, se tem, não aufere o suficiente para dedicar-se a esse tipo de gasto. Daí também a pechincha, como é próprio do *penoso*. Além disso, explica-me Evelyn, travesti que trabalha em São Carlos, o *varejão* é geralmente bonito, e acha que essa qualidade é suficientemente sedutora para que a travesti queira fazer sexo com ele sem cobrar. Parece que essa "beleza" está relacionada com a sua juventude e com a aparência que reproduz os atributos físicos considerados desejáveis para um "macho".

O *truque* é um tipo mais escorregadio, exatamente porque é capaz de enganá-las, prometendo o que não poderá cumprir em termos de pagamento, aparentando um poder aquisitivo que na verdade não tem. Esse é mais "perigoso", pois não se sabe o que esperar dele.

Muitas *mariconas* podem se enquadrar no perfil do *fino*, um cliente cortês, bem-apessoado, o que é indicado pelos seus trajes e meio de transporte, geralmente

---

115. Ainda que haja flexibilidade em relação a isso, como aparece na fala de Gladys Adriane e no depoimento de uma travesti são-carlense, que atribuiu a masculinidade de seu *marido* ao fato dele "ter coragem" de assumi-la "para toda a sociedade", e não ao que "acontece na cama". Esta travesti se classifica como "*liberal*" em relação a sexo. O que ela não tolera mesmo num homem é "*viadagem*", "*coisa de gay*", "*falar mole, desmunhecar*". Fora isso, diz que não vê problemas em um homem procurar travesti para "*fazer o modo passivo*", observação que vai ao encontro daquela feita por Gladys.

automóveis de modelos mais novos e caros. São quase sempre mais velhos que as travestis e pertencentes à classe média, o que é evidenciado não só pelos seus bens materiais como também por seu comportamento. Sair com um cliente com esse perfil dá prestígio à travesti, ainda que durante o programa ela venha a se surpreender com seus desejos "pouco másculos" para os padrões delas.

Algumas travestis são taxativas em relação a essa clientela: são os que menos querem camisinha. Relata Greyce, travesti de São Carlos:

> *Você sai a pé com um bofe, desses que conta o dinheiro pra sair com você, e ele não faz, na hora, se não tiver guanto* [camisinha]. *Vem um desses aí, ó* [aponta para um carro visivelmente caro, com dois rapazes dentro] *e acham porque tão de carrão, podem* [esfrega o dedo polegar no indicador, simbolizando dinheiro]. *Querem meter sem camisinha. Ai, filha, isso é o que mais tem!* (diário de campo, 22/07/05)

Interrogo: por que esses homens, pertencentes a outro grupo social, que se percebem como "homens de verdade", são os que menos pedem o preservativo nas relações? Greyce arisca uma resposta: *"eles dizem que são casados, que não saem pra putaria, que só tão indo com você. 'Eu não tenho nada. Eu não tenho doença não'. Mas, eu, hein?! Se ele não tem nada vai vir assim, querendo fazer sexo com viado?"*, conclui desconfiada. O que Greyce conta sobre esses clientes reflete um comportamento bastante comum entre a clientela das travestis, principalmente quando se trata de homens casados, entre 30 e 45 anos e que não têm identificação com os gays, como são os *T-lovers*, que serão apresentados no **capítulo cinco**.

Além das classificações dadas aos clientes, outro elemento preventivo a ser considerado refere-se à constância das relações entre as travestis e a clientela. No estudo interdisciplinar **Travestis Profissionais do Sexo: Vulnerabilidades a Partir de Comportamentos Sexuais**, desenvolvido por Elizabeth Ferraz. et al. (2006), esse é um dado relevante quando se fala de prevenção. "A pesquisa procurou explorar as práticas sexuais e o uso de preservativos nas relações com clientes novos, clientes regulares e parceiros fixos, visando identificar as possíveis particularidades de comportamento existentes em cada tipo de parceria" (Ferraz. et al. 2006: 07). Para tanto, os pesquisadores entrevistaram 100 travestis que trabalham no mercado sexual de Uberlândia (MG), e constataram que o tipo de parceria define também como será a relação sexual que a travesti manterá com o cliente. Assim, o uso de preservativo foi maior quando se tratou de sexo com um cliente novo. Todas as entrevistadas (100%) relataram ter usado camisinha nesse primeiro contato, independente da prática sexual (sexo anal, oral receptivo ou insertivo). Enquanto 82% das entrevistadas manteve o uso do preservativo com clientes regulares. Tratando-se de parceiros fixos, aqueles com os quais não têm uma relação comercial, o uso caiu para 46%[116]. Os parceiros fixos são aqueles classificados como "*maridos*".

---

116. Na referida pesquisa, a questão sobre o uso de preservativos nas relações sexuais abrangia um período de seis meses.

> Os dados da pesquisa com travestis profissionais do sexo apontam (...) que existe uma maior preocupação em se proteger quando as relações ocorrem com clientes, porém entre essa categoria de parceiros ocorre ainda uma diferenciação: o uso do preservativo se relaciona diretamente à familiaridade que a entrevistada tem do cliente. Como mencionado anteriormente, o cliente novo é alguém com quem a entrevistada fez um ou dois programas, não existindo entre eles nenhuma relação de proximidade. Já os contatos sexuais com clientes regulares são mais freqüentes, proporcionando certo conhecimento entre ele e a travesti, o que, em alguns casos, pode levar ao estabelecimento de uma relação de afinidade entre ambas as partes, acarretando um afrouxamento quanto à prevenção. Um dos aspectos da vulnerabilidade das travestis profissionais do sexo frente ao HIV/Aids apontados por esse estudo encontra-se diretamente relacionado à familiaridade que possuem com o parceiro. (Ibidem, p. 10)

Ainda assim, não se pode negar, é no âmbito do afeto e do privado que o uso da camisinha se torna mais problemático. Na rua, a tendência é usá-la, valorizá-la mesmo[117]. O que aponta para uma aparente aceitação do que se divulga sobre a aids e DST em geral, e para a credibilidade nas formas preventivas do sistema oficial de saúde. Ainda que na prática essas recomendações não sejam regularmente seguidas.

Com seus discursos estruturados a partir de categorias como diversidade e respeito, os formuladores de políticas públicas em saúde ainda visam disciplinar, sobretudo, os corpos que parecem lhes escapar. Defendo que os programas preventivos não radicalizam as questões que envolvem sexualidade, tampouco encaram as relações de gênero em toda sua complexidade. No caso das travestis, o que os dados evidenciam é que a relação entre elas e os seus parceiros, sejam clientes ou não, ainda não tem sido alvo de análises consistentes, recaindo o controle sobre as práticas e comportamento das travestis. E mesmo no que se refere a elas, ainda que comece a se discutir, em nível de saúde preventiva, aspectos da transformação corporal dessa população, a abordagem é excessivamente medicalizada, desconsiderando aspectos culturais implicados na construção da Pessoa. Daí considerar fundamental aprofundar aqui as discussões sobre gênero, sexualidade e corporalidade, antes de adentrar propriamente no terreno da prevenção para DST/aids.

Mona, Bicha, Travecão, Européia...
(Ainda Sobre Gêneros, Corpos e Territórios)

"*A gente é viado, mas as gays são as gays e as travestis são as travestis*", explica Sandra a Marcos Benedetti (2002: 08). Isto porque, diferentemente "*das gays*", as travestis buscam materializar em seus corpos um gênero, investindo diariamente nessa transformação.

---

117. Em muitas oportunidades, acompanhando o trabalho preventivo do **Tudo de Bom!**, vi travestis beijarem a tira de preservativos, agradecerem pela doação feita pelas travestis agentes de prevenção, dizendo que vieram em boa hora, pois já estavam sem.

Ingerem hormônios femininos, aplicam silicone líquido a fim de obterem formas arredondas que as façam "parecer mulher", como gostam de dizer. Fazem transformações epidérmicas: extraem pêlos, deixam o cabelo crescer, valorizam maçãs do rosto com o uso de cosméticos; perfumam-se; pintam unhas e, claro, vestem-se com roupas femininas. Operam, a partir dessa inscrição na carne e na "alma", uma transformação moral, adequando seu sexo, marcado pelo pênis, a um gênero. E este, à atração sexual que sentem pelo masculino.

Na visão das travestis o sexo masculino, anunciado primordialmente pelo pênis, não se coadunaria com o gênero, definido, sobretudo, por "se sentirem mulher"; somado ao desejo sexual por um outro homem. A suposta coerência dessa cadeia conforma o que Butler chamou de "matriz de inteligibilidade" (Butler. 2003: 39). Os espectros de descontinuidades e incoerência procuram ser corrigidos pela desconstrução do corpo masculino, que passará a ser proteticamente reconstruído a partir de símbolos do feminino, tornando o gênero "inteligível". "Gêneros 'inteligíveis' são aqueles que, em certo sentido, instituem e mantêm relações de coerência e continuidades entre sexo, gênero, prática sexual e desejo" (Butler. 2003: 38). Há, assim, uma "heterossexualização do desejo" que se coloca nas camadas de silicone e na ingestão de hormônios, que adequariam o corpo às práticas sexuais homorientadas e, sobretudo, a esse desejo. Dessa forma, a admitida homossexualidade das travestis estaria mais de acordo com o gênero que elas constroem para si, ou melhor, que materializam em seus corpos[118].

O paradoxo dessa trajetória de materialização está no jogo entre a inteligibilidade obediente a um código normalizador *versus* o corpo que resulta dessa busca de coerência. Ao fim, essa "incorporação desviante" (Preciado. 2004) não as faria "inteligíveis", ao contrário[119]. Justamente porque elas se valem de maneira subversiva das tecnologias de gênero (De Lauretis. 1994) disponíveis, denunciam, ainda que de maneira não intencional, que essas tecnologias falham.

Segundo Preciado, as disciplinas e tecnologias biopolíticas têm operado no sentido de reafirmarem as fronteiras entre feminino e masculino, exacerbando em cada corpo os signos desse pertencimento. "São máquinas para naturalizar o sexo" (Preciado. 2006), legitimadas pelo saber médico, que passou a desenvolver meios de intervenção cirúrgicos e químicos (hormonais) a fim de "adequar" o sexo das crianças *intersex* (os antigos hermafroditas) e das/dos transexuais. Essa adequação significa tornar esses

---

118. A construção, propõe Butler, implica processo temporal que opera através da reiteração de normas. Digo que a idéia de construção sugere que há uma certa autonomia dada a quem opera esse processo, quando de fato este não se dá sem uma relação com os efeitos produtivos e materializadores dos enunciados de poder (Butler. 2002: 28-29). Daí optar pelo termo "materialização", por considerar que este está mais de acordo com o assujeitamento presente no processo de conformação corpo/gênero ao qual as travestis se submetem.
119. A manutenção do pênis (e mesmo quando há a extração deste) no corpo transformado suscita repúdio, por um lado, e atração por outro. É essa dificuldade classificação a partir de uma gramática heteronormativa que as patologiza, criminaliza e desumaniza.

corpos – e, assim, essas pessoas – inteligíveis, a partir de uma matriz heteronormativa. Quando travestis se valem dessa tecnologia protética e hormonal para transformarem seus corpos de homens em "outra coisa" – pois não se tornam mulheres (nem o pretendem), e tampouco seguem sendo homens – estão denunciando, ainda que sem intencionalidade, que se pode fazer apropriações não planejadas dessas tecnologias. É neste sentido que elas, as tecnologias, falham.

As travestis fazem uso das tecnologias do corpo que estão disponíveis, (re)apropriando-as e (re)convertendo-as, a partir da articulação de um saber próprio que, como se verá, tem na *bombadeira* sua detentora legítima, mas faz parte também da própria constituição das travestilidades[120].

Alterar grande parte do corpo aponta para a insubordinação das travestis diante de um "destino" anatômico, mas também implica adequar esse corpo a um gênero, tomando como referência padrões estabelecidos pela heteronormatividade. Porém, é certo que o fazem a partir de "um uso impróprio das tecnologias de normalização", nos termos de Beatriz Preciado (2004: 250), provocando desordem nos códigos dominantes de significação. Esta teórica *queer*, numa crítica a Butler, propõe que se confira maior densidade aos corpos quando se pretende discutir gênero, sexualidade e desejo. Para Preciado, os corpos estavam "diluídos" nas primeiras discussões *queer* enfrentadas por autoras como Judith Butler e Eve K. Sedgwick. Diz ela:

> Al acentuar la posibilidad de cruzar los géneros a través de la performance teatral, **Gender Trouble** [livro de Butler, publicado em 2003 no Brasil com o título **Problemas de Gênero**], el texto canónico de la teoría queer, habría subestimado los procesos corporales y especialmente las transformaciones sexuales presentes en los cuerpos transexuales y transgenéricos, pero también las técnicas estandarizadas de estabilización de género y de sexo que operan en los cuerpos "normales". (Preciado. 2004: 248)[121]

---

120. Ainda que, mais recentemente, como mostra a pesquisa de Tiago Duque (2008), algumas travestis mais jovens sejam mais cautelosas em relação a esses usos, elas seguem buscando formas de ter acesso a próteses, hormônios, medicamentos, plásticas, entre outras intervenções corporais referendadas pelo *mainstrem*.

121. Arrisco-me a trabalhar com as propostas de Butler e Preciado, sobretudo quando parto dos primeiros trabalhos da autora norte-americana, pois há um descompasso na abordagem que fazem do papel do corpo nos processos de materialização do gênero. Enquanto para Butler o peso do performativo é evidente, para Preciado é preciso se ir do discurso à carne, percebendo-se a performatividade como reiteração capaz de "fazer corpos", acionado todo um arsenal de efeitos protéticos. Por isso, esta última autora tem se dedicado a uma genealogia não do gênero, mas da sexualidade e dos corpos sexuados a partir de uma lógica protética que ela chama de "genealogia do *dildo*", numa alusão aos pênis vendidos em *sex shops* para jogos sexuais. O "*dildo*" sintetizaria não um gênero, o masculino, mas entraria no marco da sexualidade. Essa "incorporação desviante" das discussões empreendidas por ambas ainda é ensaística e deve ser sofisticada e problematizada nos próximos trabalhos. Butler reconhece que há um limite na construção discursiva do corpo enfrentada pelo debate construtivista, por isso, diz que "argumentar que o corpo é um referente evasivo não equivale a dizer que ele é apenas e sempre construído. De certa forma, significa exatamente argumentar que há um limite à construtividade, um lugar, por assim dizer, onde a construção necessariamente encontra esse limite" (Prins & Meijer. 2002:158). Por outro lado, Preciado reconhece que nos escritos mais recentes de

Nos primeiros textos *queer*, o gênero performatizado é discurso que envolve a fabricação de si e constitui corpos que são também construídos discursivamente. Não haveria, portanto, um sexo/corpo natural referenciando um gênero cultural. De forma que ser ou não ser masculino (ou feminino) pode independer desse mesmo corpo.

Porém, lembra Butler,

> isso não quer dizer que toda e qualquer possibilidade de gênero seja facultada, mas que as fronteiras analíticas sugerem os limites de uma experiência discursivamente condicionada. Tais limites se estabelecem sempre nos termos de um discurso cultural hegemônico, baseado em estruturas binárias que se apresentam como a linguagem da racionalidade universal. Assim, a coerção é introduzida naquilo que a linguagem constitui como domínio imaginável do gênero. (Butler. 2003: 28)

É assim que discursos e enunciados são capazes de marcar diferenças sexuais, uma vez que estas nunca são apenas materiais. O que não quer dizer que são os discursos que causam essas diferenças. Alerta que Butler registra em ***Corpos que Importam***, onde irá retomar de maneira esclarecedora o conceito de performatividade. Primeiro é preciso desassociá-lo da idéia voluntarista de representar um "papel de gênero", construindo para si um corpo que expresse e marque uma condição de escolha do sujeito que adota uma identidade. A performatividade se insere na reiteração de normas. "Seria um erro reduzir a performatividade à manifestação do gênero". (Butler. 2002: 239. Tradução da autora.) Pois que ela consiste numa reiteração de normas que são anteriores ao ator, e que sendo permanentemente reiteradas, materializa aquilo que nomeia. Assim são as normas reguladoras do sexo. São performativas no sentido de que reiteram práticas já reguladas, normas ou um conjunto delas, materializadas nos corpos, marcadas no sexo, exigindo práticas mediante as quais se produz uma "generificação". Não se trata, portanto de uma escolha, mas de uma coibição, ainda que esta não se faça sentir como tal. Daí seu efeito naturalizado, a-histórico, que faz desse conjunto de imposições algo natural.

Como ensina Foucault, a categoria do sexo é sempre normativa, e atrela-se a uma prática reguladora produzindo os corpos que governa. Em outras palavras, acrescenta Butler,

> el "sexo" es una construcción ideal que se materializa obligatoriamente a través del tiempo. No es una realidad simple o una condición estática de un cuerpo, sino un proceso mediante el cual las normas reguladoras materializan el "sexo" y logran tal

---

Butler, como em ***Deshacer el Gênero*** (2004), a filósofa tem se "esforçado em restituir os 'corpos' que tinham ficado diluídos entre efeitos paródicos e a performatividade lingüística" (Preciado. 2004: 249). O que, no caso das/dos travestis, transexuais, *drags queen* e *king*, entre outros transgêneros, significou considerar que essas "transformações físicas, sexuais, sociais e políticas", "ocorrem não em um cenário, mas num espaço público. Dito de outro modo: se trata de tecnologias precisas de transincorporação" (Ibidem, p. 250).

> materialización en virtud de la reiteración forzada de esas normas. Que esta reiteración
> sea necesaria es una señal de que la materialización nunca es completa. (Butler. 2002: 19)

A performatividade travesti, portanto, não pode ser confundida com uma encenação de gênero, mas sim como reiteração e materialização de discursos patologizantes e criminalizantes que fazem com que o senso comum as veja como uma forma extremada de homossexualidade, e assim, como pessoas perturbadas. A partir dessa ótica, seu gênero "desordenado" só pode implicar uma sexualidade perigosamente marginal.

Convivendo com as travestis, me chamou atenção o que me pareceu, a princípio, um paradoxo. Ao mesmo tempo em que elas desestabilizam, com suas experiências, o binarismo de gênero, mantêm-se submersas em uma heterossexualidade normalizadora. O que leva muitas delas a se reconhecerem como homens, mas que desejam "passar por mulher". "É somente pelo paradoxo que elas podem expressar seu conflito com as normas de gênero vigentes. O paradoxo é a condição de sua ação (ou agência)" (Pelúcio e Miskolci. 2006: 09).

As travestis sabem que não são mulheres, nem desejam sê-lo. São "outra coisa", uma "coisa" difícil de explicar porque, tendo nascido "homens", desejam se parecer com mulheres, sem de fato ser uma, isto é, ter um útero e reproduzir. É assim que Junot, travesti *veterana*, me explica o que é ser mulher: "*não é ter uma vagina, não! É ter útero, é dar a vida. Tem uns viados doidos aí que dizem que são como mulheres. Eu pergunto logo: 'ah é?! Pariu quantos?!'. Pariu no máximo um furúnculo. Que mulher, o quê?!*". Dessa forma, para ser mulher mesmo é preciso ter "*buceta/útero*"[122], compondo um sistema que faz da genitália e do aparelho reprodutor os definidores do que seria o verdadeiro gênero. As incorporações protéticas não as farão "mulher", e sim "femininas".

Segundo Cecília McCallum, Kulick tenta demonstrar que o sistema de gênero brasileiro, como um todo, se basearia em um não-essencialismo, mas sim, como já se discutiu aqui, nas práticas eróticas e na adoção de comportamentos que podem ser materializados naquilo que Mauss chamou de "técnicas corporais". Assim, haveria uma dinâmica dos gêneros e não uma fixidez determinada por um sexo biológico. A minha experiência de campo aponta para uma experiência mais rígida do que a percebida por Kulick no que se refere ao sistema de gênero das travestis. Ainda que haja essa possibilidade de se "virar gay, *macho, mulheríssima*", há também uma percepção de um gênero naturalmente ligado ao sexo. Essa referência de que há um sexo biológico que subjaz é recorrente, o que as leva a se verem como uma espécie de infratoras, que burlam as normas tidas como naturais. O natural se associa, por sua vez, a forças que estão no plano do sagrado, e que são deterministas. Talvez seja por isso que algumas

---

122. As travestis costumam se referir àquelas que "*fizeram buceta*", isto é, se submeteram à operação de transgenitalização, como "*capadas*" e "*loucas*". Sendo a loucura uma conseqüência não só da extração do pênis, mas da impossibilidade de gozar, retendo no corpo um fluído que deveria ser expelido periodicamente. Esse aspecto do fluxo dos fluidos corporais será melhor explorado no **capítulo sete**.

chegam a dizer que são "coisa do diabo". Esse mesmo determinismo pode, por outro lado, ser acionado para justificar a sua condição como inescapável. Tornar-se travesti poderia ser uma escolha, mas sentir-se identificada com o feminino ou ter interesse sexual pelo masculino mesmo sabendo-se homem, seria algo com o qual "se nasce". Esse determinismo do "ser", mesmo que se queira apenas "parecer", é associado com as noções de "destino" e de "natureza", conjugando forças externas e internas, respectivamente, que seriam maiores que o indivíduo[123].

Na resenha que fez do livro de Kulick, McCallum tece críticas à forma generalizante pela qual o autor classificou o sistema de gênero no Brasil, propondo que "os travestis cristalizam as noções que sustentam a distinção entre homem e mulher, e sintetizam as principais mensagens sobre gênero no Brasil" (McCallum. 1999). Para ela "todo grupo social no país que participe dos mesmos discursos hegemônicos e da mesma história nacional de qualquer tipo pode fazê-lo também" (Ibidem). Se por um lado essa observação é pertinente e a crítica à generalização procedente, há no sistema de gênero das travestis uma estreita correspondência com a forma como as camadas populares[124] costumam pensar sobre masculinidade e feminilidade (representações de gênero)[125] e de como esses atributos se associam ao sexo genital. A partir dessa chave, proponho que a maioria das travestis compartilha uma visão de mundo mais próxima à perspectiva dumontiana de holismo, o que

---

123. Essa questão será aprofundada no **último capítulo**.
124. Heilborn menciona a "incômoda metáfora geológica", apontada por Abreu Filho quanto ao termo "camadas médias", mas vê nele vantagem em apontar uma dimensão plural dessas formações de classe. Essa mesma pluralidade atribui à formação das camadas populares que vivem em meio urbano. Daí seguir aqui o conceito de Velho (1994), que indica a heterogeneidade e complexidade do tipo de configuração social contemporânea, na qual existem vários níveis de compartilhamento cultural. Além de evidenciar que não há uma inteira subordinação das camadas populares à "ideologia dominante", mas que há, isso sim, uma "reinvenção criativa" do saber e da moralidade vigente, o que nos leva a considerar o pertencimento de classe sobre um prisma mais abrangente do que o da teoria marxista.
125. O gênero se constrói a partir de outras formas de diferença, como as de classe, raça e etnia, e não só do sexo. "A experiência de ser uma mulher, ou um negro ou um muçulmano não pode ser nunca uma experiência singular, sempre dependerá de uma multiplicidade de situações e posições que são construídas socialmente, ou seja, intersubjetivamente" (Moore, citado em Juliana Jayme. 2001: 30). Em relação às travestis, considero essa relação de suma importância. Pois me parece sintomático que a grande maioria das travestis seja proveniente das classes populares e média baixa, enquanto as transexuais, que se definem a partir de categorias próprias da Biomedicina e das Ciências Psi (Psiquiatria e Psicologia, principalmente), sejam mais comuns na classe média e média alta O transexualismo é classificado como patologia. Trata-se, segundo o Código Internacional de Doenças, de uma "disforia de gênero", que se caracteriza por uma incongruência entre o sexo genital e o gênero, levando o indivíduo transexual a buscar incessantemente a adequação dessas categorias por meio de operação da genitália. Berenice Bento encontrou em campo muitas e muitos transexuais pertencentes às camadas populares e, em comunicação pessoal, alertou-me sobre isso. Acredito que outras variáveis, além do pertencimento de classe, devam ser cruzadas para que possamos aprofundar esse debate. Tomo como exemplo a filiação religiosa. Cada vez mais têm aparecido travestis provenientes de famílias evangélicas. Conheci uma delas que se definia como sendo transexual e que só estaria como travesti temporariamente, enquanto não viabilizava a sua operação.

significa que "os valores ligados à preeminência do todo, e não do indivíduo, seriam os estruturadores de sua lógica social". (Heilborn. 1999: 41)
Com também observa Benedetti,

> Nesta configuração holista que valoriza as questões relacionais, a ênfase da identidade social parece recair sobre a questão da corporalidade, que por sua vez está impregnada pela ordem moral. O corpo é concebido nesta configuração holista de valores como uma dimensão físico-moral, onde a ordem sensível e a cognitiva se imbricam e sobrepõem, contrastando com as dicotomias excludentes do tipo biológico/psicológico características da configuração individualista moderna. (Benedetti. 1998: 07)[126]

"Assim, a sexualidade não se constituiria em domínio de significações isoladas, estando sexo e prazer englobados por uma modalidade mais abrangente" (Heilborn. 1999: 41). Ainda que entre as travestis a sexualidade se apresente como referência básica para uma definição identitária, esta é construída em estreito vínculo com todo um conjunto de valores morais que define o papel cabível a cada gênero, num sistema marcadamente binário, por meio do qual elas acionam elementos explicativos para entenderem a si mesmas.

> Essas noções do gênero enquanto uma combinação de algo essencial, intrínseco ao sujeito (o que nos reportaria para uma realidade mais relacional, holista, típica das classes populares no Brasil, conforme Duarte, 1986) com uma intenção consciente e racionalizada sobre os esforços e tentativas de transformar o próprio gênero, constituem traços diacríticos de como este grupo percebe e representa as diferenças de gênero. Estes critérios são de fato utilizados para classificar ou situar em um campo generificado não apenas a si mesma ou às outras travestis, mas antes é o quadro de referência a partir do qual elas qualificam e se relacionam com o mundo, onde feminino e masculino são estabelecidos a partir desta dinâmica entre o que é intrínseco e o que é criativo, entre o que é natural e o que é artificial. (Benedetti. 2005: 105)

As travestis esforçam-se na construção de toda uma engenharia erótica, como propõe Hugo Denizart (1997), capaz de dar visibilidade a atributos associados ao feminino. Um feminino glamorizado que convive muitas vezes com atributos típicos da masculinidade (autonomia, independência, força física, valorização da honra, exacerbação da sexualidade). Talvez seja a percepção desses elementos de incongruência, fascínio e empenho transformador que as faça repetir o bordão "*travesti é luxo, é glamour*".

---

126. Como será oportunamente discutido, as travestis, apesar dessa aproximação a uma configuração holista, não deixam de estar influenciadas por uma visão que podemos chamar de moderna. Como também constata Benedetti, para quem "a sexualidade e o gênero das travestis, sendo alvo de explicações e categorias dos saberes 'psi' e médicos, coloca-as em situação de contato direto e cotidiano com valores do individualismo que parecem influenciar sobremaneira a percepção do grupo no que diz respeito ao seu 'mundo interno' ou dimensão psicológica". (Benedetti, op. cit. p. 110)

Essa idéia parece vir também da oposição entre natural/artificial, sendo o primeiro elemento valorizado em relação a alguns atributos físicos (como ter cabelos "naturais"), e depreciado em relação a outros (como deixar os pêlos do corpo crescer sem intervir nesse processo), para ficarmos com dois exemplos ligados a cabelos/pêlos, elementos importantes na composição das travestilidades.

Ainda que alguns atributos corporais sejam prestigiados pela sua naturalidade, o artificial tende a ser mais valorizado, pois ele aponta para os investimentos no processo de construção da Pessoa travesti, o que implica uma adequação do plano físico ao moral. Thais e Wanessa, travestis que viviam em São Carlos, procuram explicar a atração que exercem sobre muitos homens a partir desse par de oposições:

> [Wanessa] A gente é um homem, entendeu? **Um homem transformado.**
> [Thais] A gente tem uma aparência mais exótica, **uma mulher exótica**.
> [Wanessa] A gente chama mais atenção. Mais produzida, se preocupa mais com a aparência... com maquiagem, com cabelo, com a roupa. A mulher não.
> [Thais] Elas são naturais, entende? **A gente é artificial** e ao mesmo tempo exótica. A gente é diferente...
> [Wanessa] ...chama atenção! (Em entrevista concedida à pesquisadora em 24/04/2004, na casa onde residiam em São Carlos. Grifos meus.)

A "naturalidade" das mulheres biológicas, segundo muitas travestis, as faz mais despreocupadas com a aparência, e isso vale também quando se trata de prostitutas mulheres, com as quais as travestis geralmente dividem os territórios do comércio sexual. As travestis que integraram esta pesquisa costumam atribuir a falta de cuidados das mulheres, em geral, ao fato de acreditarem que "para o sexo os homens querem mesmo é *buceta*", e isso lhes bastaria para gozar.

A fala de Márcia sintetiza diversas outras, colhidas durante o trabalho de campo. Diz ela:

> Filha, hoje em dia a coisa mais fácil é um homem sair com uma mulher e poder transar com ela. É normal. Pode ser a namorada, pode ser uma que ele conheceu no forró... Não é como antigamente que, se o homem queria transar, tinha que ser casado ou pagar na rua. Agora, pra transar com travesti... ah, só pagando! Então, o homem que vem pra noite, tá buscando mais é travesti. (diário de campo, 20/10/2006)

As mulheres seriam o trivial para a sexualidade masculina. E, em se tratando da concorrência entre travestis e mulheres que se prostituem, as primeiras não enfrentariam a concorrência das mulheres da casa, das namoradas, amigas, vizinhas, o que, segundo as travestis, não se aplicaria às prostitutas. Ter uma "mulher com pênis" para se deitar é "luxo", porque sai do trivial: mulher com vagina.

Ser um "homem transformado", quando se vem das classes populares, como a maioria das travestis, significa investir parte significativa de seus recursos no processo de feminilização, ainda que isso implique sacrificar aquilo que se oporia ao luxo, isto é, coisas essenciais como alimentação e moradia. O luxo também aparece na esmerada produção corpórea das travestis, o que inclui as vestimentas, acessórios, perfumes, fazendo-se acompanhar pelo "glamour", materializado numa hiperfeminilidade[127]. O glamour relaciona-se com a vida artística, o teatro, as dublagens em boates, os bailes de carnaval, enfim, a todo um conjunto de referências que localiza o sucesso de muitas travestis nos palcos (Green. 1999, Trevisan. 2004). Desta forma, o glamour se coloca também no contraste entre a aceitação *versus* o escárnio; o palco *versus* a prostituição; ser uma diva *versus* ser um "*viado* de peito". O seu oposto é, portanto, a abjeção.

Melina, que se comprazia em humilhar clientes, costumava dispensá-los com argumentos que reforçam a excepcionalidade do sexo com travestis: "*Vai atrás de mulher, mulher é mais fácil. Te dá filho. Com um prato de comida você compra mulher. Travesti é luxo. É pra quem tem dinheiro.*" (Em entrevista concedida à pesquisadora, em 21/01/2006, na **Casa de Apoio Brenda Lee**.)

Quando Thais se referiu ao fato de serem exóticas, estava propondo que este exotismo viria da junção de elementos que não deveriam estar juntos: peito e pênis, largas ancas e pés grandes, coxas lisas e pomo-de-adão. O exótico é o diferente que confunde e atrai.

Em **Purity and Danger** [**Pureza e Perigo**], Mary Douglas escreve que os próprios contornos do "corpo são estabelecidos por meio de marcações que colocam em vigor códigos específicos de coerência cultural" (Butler. 2003: 188). Butler propõe uma releitura pós-estruturalista[128] de Douglas, sugerindo que as fronteiras do corpo seriam os limites do socialmente hegemônico. Seguindo essa proposta de análise, a "artificialidade" valorizada pelas travestis seria justamente o que as lança nas zonas de perigo, posto que é tida como antinatural pelo sistema hegemônico que marca e delimita os corpos em cada sociedade.

Paradoxalmente, a essa artificialidade inscrita no corpo, e nele aparente, deve corresponder um sexo que se naturaliza a partir da genitália, marcando também um gênero materializado, mas tomado em muitos momentos como natural. A naturalização dos desejos estreitamente ligados ao gênero e a um sexo biológico parece impedir que a maioria das travestis veja suas práticas como oposição a regras sociais. Mantém-se, assim, atadas à matriz heteronormativa, o que as leva a reproduzir um discurso heterossexista e homofóbico, por mais contraditório que isso pareça a princípio.

Butler, ao comentar o documentário **Paris em Chamas**[129], afirma que as travestis se apropriam, também, de normas racistas e misóginas. O que eu mesma pude constatar

---

127. As travestis buscam as referências para a sua feminilidade em ícones consagrados desde Marilyn Monroe, passando por Madonna, chegando a Jennifer Lopez e Beyoncé, para citarmos apenas as internacionais.
128. Butler considera a proposta de Douglas limitada por uma perspectiva, que ela qualifica como estruturalista, que não permite que Douglas "possa apontar uma configuração cultural alternativa em que tais distinções se tornem mais maleáveis ou proliferem para além da perspectiva binária". Porém, Butler ressalta que a análise de Douglas "prové um possível ponto de partida para compreender a correlação pela qual os tabus sociais instituem e mantêm as fronteiras do corpo como tal" (Butler. 2002: 188).
129. Filme realizado em 1991 por Jennie Livingston sobre bailes travestis ocorridos no Harlem, Nova Iorque.

em campo[130]. No mencionado filme há uma personagem central e real que adota o nome Vênus Xtravaganza. Ela "se faz passar" por uma mulher de pele clara, mas, por alguns motivos não mencionados por Butler, não chega a ser completamente convincente, nem como mulher, nem como alguém branca. É esse "passar-se por" branca que me chama especial atenção. Pois o que as travestis desta pesquisa parecem buscar é o que Butler detectou em Vênus Xtravaganza:

> Una cierta transubstanciación de género para poder hallar un hombre imaginario que indicará un privilegio de clase y de raza que promete un refugio permanente contra el racismo, la homofobia y la pobreza (...) El género es el vehículo de la transformación fantasmatica de ese nexo de raza y clase, el sitio de su articulación. (Butler. 2002: 190-191)

Quando Liza Lawer, Sabrina Sheldon, Fernanda Galisteu escolhem[131] seus nomes e sobrenomes, não o fazem de maneira casuística, mas a partir de um referencial no qual raça, classe e gênero se encontram e se combinam. Mulheres glamorosas, sexualizadas, ricas, brancas e loiras orientam essa escolha sintetizada nos nomes. Como a personagem real de **Paris em Chamas**, Sabrina Sheldon busca "passar-se por" branca. Identifica-se como loira, de olhos verdes, mesmo que sua tez seja morena, seus cabelos muito ondulados estejam tingidos e que seus traços remetam a uma origem negra. Deseja "passar-se por mulher" também, com seus seios muito volumosos,

---

130. Cito um episódio que ilustra essa afirmação, ainda que em várias oportunidades tenha presenciado cenas semelhantes. Alguns rapazes mexem com as travestis que estão na esquina. São insistentes, querem que elas se aproximem e mostrem partes do corpo. Estão num carro de modelo dos anos 80, visivelmente desgastado pelo uso. Diante da resistência das travestis em ceder aos seus chamados, passam a dirigir a elas frases ofensivas, chamando-as de "João", "viado", entre outros. Ao que Jéssica, uma das travestis do grupo, comenta: "*Só podia, né, olha a cor!*", referindo-se ao fato dos rapazes serem quase todos negros. Hélio Silva registra "o ninho dos preconceitos" que encontrou entre as travestis da Lapa carioca, sublinhando os impropérios proferidos por uma de suas interlocutoras, que gritou a um negro que ele voltasse para a África, ou a repulsa de uma outra em relação ao beijo entre dois homens (Silva. 1993: 42). Em relação à misoginia, cabe uma reflexão mais alongada, uma vez que muitas falas nesse sentido são manifestações que algumas de minhas depoentes já declaram ser de "defesa", pela concorrência no restrito mercado afetivo/conjugal. Ou por se sentirem inferiorizadas como paródias, ainda que jamais tenham usado esse termo. Porém, o que o campo aponta é que há também um componente de recusa daquilo que é feminino fora delas, daí a referência à misoginia. As travestis operam também uma interessante inversão em relação ao feminino e ao masculino, cujos termos estruturadores são o "nelas"/incorporado e o "o fora delas"/exteriores: o feminino buscado e incorporado é positivo, quanto mais feminina, mais bonita e prestigiada será a travesti; o feminino fora delas, o que não se insere em seus corpos é sempre negativo, malvisto. As mulheres, as *amapôs*, na gíria do grupo, são "*as mais podres*" (é o que dizem que significa "amapô", o que não pude confirmar). Os homens que assumem trejeitos femininos são "*as gays*", quando assumidamente homossexuais, ou "*as mariconas*", quando se trata de clientes, ambas as categorias desprestigiadas. Por isso, aparecem gramaticalmente no feminino.
131. Algumas travestis são "batizadas" por amigas ou "mães", isto é, travestis mais velhas que as iniciam na vida de travesti. Quanto ao sobrenome, na maior parte das vezes elas mesmas os escolhem. Por vezes o fazem em reverência a uma travesti mais velha ou mais experiente reconhecida como "mãe" por ter, de alguma maneira, ajudado a neófita em sua "transformação".

suas ancas largas e nádegas de uma protuberância que toca a artificialidade. Ou seja, o efeito "natural" escapa e, assim, a autenticidade que faria a personagem crível[132]. Como muitas travestis, Sabrina conta que viveu na Europa, mais precisamente em Milão, Itália, cidade que até há pouco era a Meca das travestis. A passagem pela Europa significa uma ascensão social no meio travesti, não só porque possibilita ganhos financeiros, mas porque estes podem se reverter em capital corporal: uma prótese cirúrgica para os seios, plástica no nariz, roupas de grifes importadas, perfumes caros e outros bens simbólicos como ser *fina*, sofisticada, viajada, falar outros idiomas, ser cosmopolita.

Capitalizadas por esses bens, sentem-se capazes de desafiar os limites das margens, procurando assegurar um outro lugar para si mesmas, a partir de sua beleza, da independência financeira que alimenta e possibilita que o processo de transformação esteja cada vez mais ajustado às normas e permita, portanto, a autenticidade. Esta, por sua vez, possibilitará que um "homem de verdade", daqueles que vivem fora da noite e da margem, as tomem como suas mulheres.

Uma passagem de **Paris em Chamas**, segundo a leitura de Butler, traduz o que o travestismo pode significar para muitos rapazes afeminados, nascidos nas classes populares, que trazem esse pertencimento marcado na cor da pele e nos traços físicos. A rainha do baile travesti mostrado no filme é Vênus, uma "mulher" constituída pelos olhares hegemônicos, isto é, brancos e homofóbicos. Para ser mulher e branca, se vale do excesso, sobrepujando a feminilidade das próprias mulheres, confundindo e seduzindo o auditório. Mas é justamente essa representação hiperbólica que a arrasta para a abjeção que deseja superar. Assim,

> el exceso fantasmatico de esta producción constituye el sitio de las mujeres [como também de outros seres "abjetos"] no sólo como mercancías comercializables dentro de una economía erótica de intercambio, sino además como mercancías que también son, por así decirlo, consumidoras privilegiadas que tiene acceso a la riqueza, ele privilegio social y la protección. (Butler, 2003: 193)

Movidas por essa busca de "transubstanciarem-se" é que migram para a Europa, onde, acreditam, terão chances de juntar dinheiro para produzir esse "excesso fantasmático" que as aproximaria da autenticidade, quando é ele justamente que denuncia o não-autêntico[133].

---

132. Butler escreve que "las reglas que legitiman la autenticidad (...) constituyen el mecanismo mediante el cual se elevan insidiosamente como parámetros de autenticidad ciertas fantasías sancionadas, ciertos imaginarios sancionados" (Butler. 2003: 191). A naturalidade, portanto, seria um efeito da incorporação das normas raciais, de classe e gênero, numa representação perfeita desses ideais a ponto de o artifício da imitação das normas não conseguir ser lido como tal, surtindo seu efeito: a autenticidade, uma vez que o que está sendo representado a partir de um modelo não se distingue mais do próprio modelo.
133. Há uma mudança nesse padrão do "excesso". A nova geração tem procurado referências mais atuais de beleza feminina, como discuto a seguir.

É fato que algumas travestis fazem um patrimônio com os ganhos obtidos na Europa; se assim não fosse, o fluxo delas para o Velho Continente não se manteria. A maioria fica por 10/12 meses, outras se estabelecem. Às vezes se casam por lá, outras se mantêm na rota, indo e vindo, conforme a estação do ano ou a necessidade.

O sonho de partir é alimentado, sobretudo, pelas que voltam, pois são estas as que podem contar as histórias e aventuras vividas por lá; "dar close" passeando pelos pontos de prostituição em seus carros novos, trajando *Dolce & Gabbana* e deixando que todas saibam sobre seus imóveis adquiridos. Comprovam, assim, um duplo sucesso: o de terem competência para ganhar dinheiro e o de serem suficientemente belas para consegui-lo a partir de seus atributos físicos.

Na Europa, adquirem um outro traquejo: aprendem a falar um novo idioma e conhecem culturas diferentes, orgulhando-se de se aproximarem de um refinamento burguês, o que as leva a um conseqüente afastamento do "gueto". A partir dessa experiência, ampliam seu leque de práticas eróticas e de classificação de clientes. Valorizam-se depois dessa estada européia, que tem seu aspecto glamoroso, mas também, como muitos testemunham, guarda momentos de solidão e dúvidas, comuns às experiências no exterior. Para algumas, a Europa significará um ponto de viragem, promovendo-as no mercado sexual brasileiro, não só pela sua passagem por lá, mas por possibilitar transformações radicais no corpo. Outras poderão voltar empobrecidas e marcadas pelo fracasso financeiro, apontando para o insucesso como travesti, o que é extremamente doloroso. A Europa também pode abrir a possibilidade da saída da prostituição, ainda que as mantenha no comércio sexual, por exemplo, como "financiadoras", aquelas que emprestam dinheiro para a passagem e providenciam desde a documentação até a moradia e local de trabalho para aquelas que pretendem ir a Europa.

O fato de ir para a Europa não tira a maioria das ruas nem proporciona altos ganhos por tempo prolongado. Muitas investirão em si, mas também ajudarão suas famílias, uma vez que essa é a forma que têm de resgatar o carinho ou conseguir a aceitação dos seus.

As experiências diferem, guardando em comum o fato de alimentarem o sonho de ascensão que, para muitas, está associado à possibilidade de serem tratadas com menos preconceito. Essa possibilidade, por sua vez, está relacionada com a idéia de que no Brasil o dinheiro compra cidadania, isto é, respeito.

É a transformação acurada e cara, feita dentro do sistema oficial de saúde, que traz a possibilidade de "se passarem por mulher", acreditam. São poucas as que conseguem essa transformação tão sofisticada. Normalmente as que a alcançam são as *tops* e/ou *européias* (ver foto 1 em anexo).

As primeiras são travestis que fazem filmes de sexo explícito e ensaios fotográficos de igual teor. São tidas pelas demais como "belíssimas". Muitas delas têm acesso freqüente à internet, onde mantêm *blogs* e *fotoblogs*. O uso contumaz das plataformas disponibilizadas pela internet as faz mais conhecidas e prestigiadas, o que permite que cobrem até R$ 150,00 por uma hora/uma hora e meia de programa completo (sexo com penetração).

Gladys Adriane acredita que uma verdadeira *top* deve falar pelo menos dois idiomas. Ela fala inglês e espanhol, além do português, e espera voltar desta sua temporada na Itália versada no italiano também.

As *tops* têm que falar outros idiomas, mas não devem falar o *bajubá* ou *pajubá* (usa-se ambos os termos), gíria própria das travestis, que tem sua origem no *iorubá-nagô*. Lembro-me de Mariana Nogueira, uma *top*, comentando que na casa onde morava havia uma caixinha para se depositar a multa de R$ 1,00 por se falar *bajubá*. Essa recusa sugere mais um passo no processo de "embranquecimento" (e conseqüente ascensão social) que a ida para a Europa parece coroar. Assim, uma *top* deve evitar termos em *bajubá*, que além de ser uma linguagem da rua, dos espaços de exclusão, tem sua origem na cultura afro-brasileira.

Outro requisito citado por Gladys, bem como por Larissa Ribeiro, também reconhecida como *top*, diz respeito aos cuidados estéticos, o que inclui o uso de produtos de marcas caras: "*das pontas das unhas dos pés, até o último fio de cabelo, deve ser intacto e o mais perfeito possíveis... pele, então....*", declara Gladys em conversa via **MSN**. Isso demanda muitos gastos. Larissa, que usa produtos para cabelos da marca *Kérastase*, comprava xampus que custavam entre R$ 40,00 e R$ 60,00[134]. "*Praticamente 70% dos meus ganhos é em minha imagem....agora não, eu tracei outras metas, e quando você vai ficando com a imagem que desejou passa a gastar um pouco menos...*", explica Gladys.

Ser uma *top* ou *européia* pode significar por vezes a mesma coisa. Mas nem toda *européia* é *top*, assim como nem toda *top* é *européia*. Pois para ser *européia*, como o título indica, tem que se ter vivido uma temporada atuando como prostituta lá fora. Desde os anos 80 as travestis descobriram a prostituição na Europa e passaram a atuar por lá.

Quando Paris era o sonho de ascensão das travestis, imperava também o estilo "*travecão*": ancas fartas, muito seio, boca carnuda, coxas volumosas. O exagero é a marca desse "corpo Paris", e é justamente o excesso que remete à imagem masculina. Como explica Mylena Toledo, que no exato momento vive sua primeira temporada na Europa: "*um travecão nunca passará por mulher*".

Como todo conjunto de padrões estéticos das travestis, este também está ligado a códigos morais que orientam a conformação da Pessoa travesti. Por exemplo, pode-se ser "*gayzinho*", mas só é tolerado que se tenha um visual andrógino e indefinido na fase inicial da transformação. Depois disso a pessoa passa a ser vista como desleixada, ou mesmo covarde, por não ter coragem de ir a fundo na transformação.

O *travecão* está ligado ao exagero, ao masculino e, portanto, ao insucesso ou ao ultrapassado. O estilo valorizado atualmente é o da "*ninfetinha*", mais natural – curvas

---

134. Larissa Ribeiro ao ler uma versão preliminar deste trabalho comentou que essa citação a fez parecer "fútil", me pedindo que reparasse de alguma forma essa impressão que, segundo ela, poderia passar também a quem viesse ler este livro. Observo que Larissa (ainda que seu nome aqui esteja trocado, ela saberá que estou me referindo a ela) é uma das travestis mais inteligente com as quais fiz contato, além de falar inglês, tem amplos interesses culturais e tem se empenhado em buscar uma educação formal.

mais enxutas, seios menos exagerados, roupas mais ao gosto das adolescentes que aparecem em programas televisivos como ***Malhação***[135] – , *"fazendo a linha" "patricinha"*.[136] Como as adolescentes e jovens heterossexuais, as travestis também se deixam seduzir pelos apelos da moda, por padrões estéticos rigidamente estabelecidos pela mídia. Assim, muitas delas reproduzem esses valores, em busca de legitimidade.

Os *travecões* denunciam o insucesso no corpo e na idade, enquanto as *ninfetinhas* e/ou *"patricinhas"* são o reverso da moeda (ver fotos 2 e 3 em anexo). São jovens, valor cultuado entre elas, pois as coloca em melhor posição no mercado sexual, podem ter acesso a toda uma tecnologia estética que não estava disponível até muito recentemente, o que as torna "mais bonitas" e melhor sucedidas em seu processo de transformação. Porém, as mais velhas, *travecões* ou não, as consideram *"abusadas"*: querem dizer que são desrespeitosas e arrogantes.

O que aborrece as mais velhas é que as jovens não admitem sua inexperiência e esnobam aquelas que "abriram as portas" para elas.

Esses preceitos estético-morais se ligam também às questões de saúde, cuidados e, portanto, de prevenção às DST e aids. Obter sucesso na transformação se sobrepõe aos cuidados com as DST e aids que o discurso oficial preventivo tem como prioritários em termos de saúde. Além do que, o preservativo não é para elas apenas um insumo preventivo, mas também um elemento que marca o grau de intimidade e de afetividade com o/os parceiro/os.

Gladys, por exemplo, fez seu exame de HIV porque havia "transado" muitas vezes sem preservativos, tanto com namorados como com *"clientes gostosos"*. Ela avalia o uso de preservativos: *"porque é uma merda fazer com camisinha a vida toda e quando encontra alguém lindo e maravilhoso e vira romance, aí, pronto: a primeira prova de 'amor' é fazer sem camisinha. Mas com quantas antes ele também já não deu essa 'prova de amor'?"*, interroga-se. Esta maneira de relacionar o não uso de preservativo ao amor e à confiança no parceiro é também recorrente entre as mulheres, sobretudo as pertencentes às classes populares, como discutiu Carmem Dora Guimarães (1998) e Daniela Knauth (1995 e 1999).

A camisinha também está ligada a algumas práticas sexuais específicas, sendo raro o seu uso quando se trata de sexo oral.

Há outro elemento que deve ser considerado quando se pensa nas diferentes categorias de travestis e na relação com o sistema público de saúde. As *tops*, por exemplo, preferem comprar os preservativos, pois ganham o suficiente para isso e não gostam de ser confundidas com as travestis em geral, evitam freqüentar os "guetos" e os locais associados às travestis, como é o caso das unidades de saúde voltadas para prevenção e assistência em DST/aids.

---

135. Seriado voltado para o público adolescente, veiculado pela ***Rede Globo de Televisão***, no horário da tarde.
136. *"Fazer a linha"* significa "agir como se fosse". Pode significar também compartilhar bens com outras pessoas, numa generosidade regida mais pela educação e pelo desejo de ser vista como *"fina"* do que por altruísmo.

Pergunto a Mylena Toledo se, quando estava no Brasil, costumava pegar preservativos nas unidades de saúde. Ela diz que quando começou a se prostituir sim, mas que atualmente prefere comprar. Questiono o porquê de comprar, se pode obter de graça. Ela diz que *"é muito trabalhoso"*, pois os horários são fixos para que se pegue as camisinhas. *"A gente acorda tarde, né?"*, argumenta ela. Eu contra-argumento afirmando que os horários de distribuição nas unidades públicas de saúde são sempre após as 14 horas. Ela diz, então, que hoje em dia o preservativo é tão barato que *"não vale a pena"*. Para ela, submeter-se a entrevistas, cadastramentos, processos de convencimento em fazer exames e convites para acompanhar palestras compõem o "não vale a pena". Tomam seu tempo e não a seduzem para o uso dos benefícios oferecidos pelas unidades de saúde que atendem a esta clientela.

Além disso, Mylena não confia no sistema público de saúde. Conta-me que conhece *"pencas de travesti que fazem de tudo sem camisinha e foram fazer o exame e deu negativo"*. Por isso, quando fez os seus dois exames preferiu um laboratório particular.

Keyla Zanon e Victória Rusthy são *T-gatas* (tgs), pois freqüentam o **Dia T.** Ambas estão com o corpo bastante transformado; por fazerem filmes e estarem em evidência em sites especializados, são consideradas *tops*. Tanto Victória quanto Keyla pegam preservativos no **COAS** (Centro de Testagem e Aconselhamento Sorológico) **Henfil**, onde a cota máxima, segundo Victória, é de 100 preservativos. Mas Keyla assegura que pega mais. Comento sobre a cota negociada, ao que retruca: *"aí tem que se cadastrar, e eu não quero"*. Interrogo o motivo, ao que Victória responde sem paciência: *"Ah não, ficar lá respondendo um monte de coisas!"*. Quando pergunto se elas já ouviram falar do **Tudo de Bom!**, elas não têm certeza quanto a isso. Keyla pensa mais um pouco e me diz que conhece uma travesti agente de prevenção que se chama Adriana (não conheci nenhuma travesti agente de prevenção com este nome).

Mesmo sendo tratada pelo nome masculino no **COAS Henfil**, Victória Rusthy prefere ir lá do que ao **SAE** (Serviço Ambulatorial Especializado) **Campos Elíseos**. Alega que é distante, e Keyla emenda dizendo que *"o chato lá é que tem que ouvir palestra pra pegar camisinha"*. E reclama que as palestras só tratam de assuntos que elas sabem: DST, prevenção, drogas. *"Até eu podia dar palestra lá!"*, ri Keyla. Digo que, pelo que fiquei sabendo, atualmente não é mais preciso ouvir palestras. Mas elas parecem já ter uma opinião formada. Não querem ficar falando de si para *"amapôs"* que nada sabem da vida das travestis, mas se julgam com autoridade para ensinar-lhes técnicas de prevenção e de cuidados de saúde.

A favor do **SAE Campos Elíseos**, Victória aponta o atendimento: *"Lá eles me perguntaram: 'você quer ser chamada por qual nome?'"*. As informações seguem contraditórias, pois Keyla volta a afirmar que sempre foi chamada no **COAS Henfil** pelo seu nome de mulher. A divergência de opinião sobre os serviços aponta para um não-vinculamento delas a qualquer um deles, se servindo em cada um daquilo que necessitam, de maneira pontual. Ambas têm outras preocupações no que se refere ao sexo com clientes e parceiros amorosos. Mais importantes para elas na hora de fazer programas não é propriamente o uso do preservativo, que me asseguram usarem sempre, mas quem é o cliente, o que vai exigir das práticas sexuais e se pagará corretamente.

Em relação à saúde estão mais preocupadas em corrigir algumas imperfeições, como tornar coxas mais proporcionais às nádegas ou acertar no uso do hormônio.

Como se vê, a intervenção na carne é também uma alteração moral. Uma transformação que só pode ser empreendida dentro de uma rede social específica. Não se pode tornar travesti sem essa inserção. Pois é ali que se aprende a falar o *bajubá* e as gírias próprias do meio, a andar, a gesticular como mulher, mudar a voz, o nome, tomar hormônios, depilar-se, maquiar-se. Aprende-se os truques, os macetes da prostituição, a classificar os clientes, a se proteger dos perigos da noite e da rua.

A rua, como espaço de aprendizado[137], sociabilidade e prostituição, faz parte dessa conformação de gênero, da vivência da sexualidade e, assim, da construção da Pessoa. É também na rua que as travestis vivenciam as experiências ligadas à prevenção da aids e de outras DST, como também outras experiências associadas à saúde, como o aprendizado em relação à ingestão de hormônios femininos e cuidados relativos ao uso do silicone industrial.

A rua/*pista*/avenida, categorias nativas para se classificar o espaço de prostituição, é o espaço privilegiado para a abordagem das agentes de prevenção junto às travestis que se prostituem na capital paulista, numa tentativa do sistema oficial de saúde de acessar, por meio dessas, as margens, territórios onde o Estado normalmente só comparece por meio das ações repressivas da polícia.

---

137. Uma vez mais agradeço a Márcia Rocha por sua leitura e observações. Pertinentemente, ela alerta que atualmente a internet tem se mostrado como o espaço privilegiado de aprendizado e sociabilidade para muitas travestis. Concordo com esta ressalva, mas sublinho que os contatos face à face, ainda se mostram bastante relevantes para boa parte das travestis com as quais convivi.

3.
Prevenção e "SIDAdanização"[138]

SUSjeitos da aids

Numa rua perpendicular à avenida Afonso Sampaio de Souza, na movimentada região do Parque do Carmo, Juliana sai de um Fiat Uno. Antes mesmo que o carro dobre a esquina, ela levanta a minissaia rodada, baixa a calcinha e começa a "*aqüendar a neca*", técnica utilizada pelas travestis para esconder o pênis. A operação leva de dois a três minutos. Juliana abre as pernas, calcinha no joelho, curva-se sobre si mesma, "*fazendo a buceta*". Quando se ergue e vê Márcia, abre um largo sorriso.

Márcia é travesti agente de prevenção do **Projeto Tudo de Bom!**, da prefeitura de São Paulo, e pelo menos duas vezes por semana circula ali pela região entregando preservativos, conversando com as travestis e mulheres que trabalham nas casas de prostituição, *drive-ins* e nas calçadas da longa avenida. Ao encontrar Juliana, a agente de prevenção dá a ela uma tira com três preservativos, enquanto elogia a sua beleza. Márcia aproveita para convidá-la a comparecer ao "postinho". É assim que a maioria das pessoas dali reconhece e chama o **Serviço de Assistência Especializada (SAE)** situado na zona Leste. Juliana pega os preservativos, agradece, sorri e segue em busca de mais um programa.

Próximo à entrada principal do Parque, na esquina oposta, um grupo de travestis se alegra ao ver Márcia e Tereza, a assistente social que é a técnica responsável pelo **Tudo de Bom!**, naquela região. As travestis falam da noite, dão notícia sobre uma ou outra conhecida, fazem comentários sobre a forma física de Tereza. Márcia também troca informações e entrega as camisinhas. Tereza quer saber notícias sobre uma travesti que tem aids, pois ela não aparecera mais no "postinho".

[Travesti 1] *Aquela lá?! Tá só o pó da rabiola.* [com aparência pouco saudável] *E tá na rua fazendo programa!*

---

138. Valho-me das discussões de Luiz Fernando Duarte et. al (1993) sobre a "cidadanização" entre camadas populares para traçar um paralelo entre o que estes autores chamaram de processo racionalizador e disciplinador de conversão à cidadania e as ações de intervenção do modelo oficial preventivo entre determinadas populações, com relevo para as travestis.

[**Tereza**] *O quê?! Ela faz programa ainda?! Gente, quem faz programa com ela? Ela estava caída demais, muito derrubada.*
[**Travesti 2**] *Mas entra nos carros só pra roubar, dona Tereza.*
[**Tereza**] *Mas como ela consegue que o cliente pare?!*
[**Travesti 1**] *Só no truque, dona Tereza. Isso é só no truque.*

"*Dar o truque*" significa, entre as travestis, enganar, "fazer-se passar por", "se virar" com o que se tem, otimizando atributos físicos e habilidades em geral. Era exatamente o que estava fazendo uma outra travesti, naquela mesma noite em que Tereza e Márcia faziam seu trabalho preventivo. Bronzeada, vestida com um short branco muito curto e uma blusa igualmente curta, que lhe valorizava o colo e deixava o *piercing* do umbigo à mostra, a travesti justificava-se com Márcia por não ter comparecido a mais uma consulta previamente agendada. Márcia escuta atenta e, mais tarde, quando reencontra Tereza, que havia ficado conversando com a dona de uns dos *drive-ins* da avenida, comenta:

[**Márcia**] *Sabe quem eu vi hoje?* [diz o nome da travesti] *Tá lá na esquina: loira, no salto*[139]*, bronzeada! Quem diz que aquela bicha tem aids?*
[**Pesquisadora**] *Mas ela tá em tratamento?*
[**Márcia**] *Que tá, tá, né? Mas não acompanha, como é que vai saber como vai a carga viral?*

Técnica e agente se queixam do não comparecimento das travestis e "garotas"[140] às consultas. A mesma reclamação parte de Poliane, travesti agente de prevenção que atua nas imediações da avenida Indianópolis, zona Sul da cidade. "*Essas bichas, e as mulheres também, sei lá... são muito folgadas. A gente passa, fala, cadastra, chama... e elas vão? Vão nada.*"

Atrair as travestis para o posto de saúde é uma das metas do **Projeto Preventivo Tudo de Bom!**, que tem como objetivo geral reduzir a incidência de DST/aids entre a população de "profissionais do sexo", resgatando os "princípios de cidadania"[141]. Desta forma, agentes de prevenção devem atuar nas ruas orientados por três princípios: (1) informar, (2) orientar e (3) levar o discurso preventivo, tal como é formulado pela agência pública **DST/Aids Cidade de São Paulo**, aos chamados "profissionais do sexo". Esse grupo foi dividido, na perspectiva do **Tudo de Bom!**, em três segmentos: prostitutas mulheres, *michês* (garotos de programa) e travestis.

---

139. Essa expressão é bastante usada pelas travestis e significa estar elegante, não perder a altivez, mesmo em situações delicadas e embaraçosas.
140. É como são chamadas por elas as mulheres que se prostituem.
141. As expressões que aparecem entre aspas foram extraídas da fala do coordenador *de Prevenção da Diversidade Sexual*, órgão ligado à Secretaria Municipal de Saúde, durante o ***I Seminário Paulistano de Transexuais e Travestis***, realizado entre os dias 09 e 11 de dezembro, na cidade de São Paulo. A importância de colocá-las entre aspas está também em frisar que se tratam de termos próprios do discurso oficial preventivo, que serão discutidos e problematizados ao longo deste texto.

Para atingir essa população, o projeto se vale da "educação entre pares" como recurso metodológico de intervenção. Desta forma, profissionais de saúde ligados ao projeto "identificam, nas regiões dos seus serviços, pessoas que comercializam sexo, com perfil para o trabalho em campo. Estas pessoas, após formação específica, desenvolvem intervenções em áreas de prostituição da cidade'" (Abbate. 2003: 33).

As travestis que se prostituem são "capacitadas"[142] como agentes de prevenção, para atuarem junto a seus pares. Estas passam, então, a receber uma ajuda de custo de R$ 300,00 mensais, por uma dedicação semanal de 20 horas, divididas entre atuação em campo e atendimento em plantões, ocorridos, em geral, duas vezes na semana (porém, nem em todas as unidades onde o projeto funciona há plantões)[143]. Este expediente envolve a presença do/da agente de prevenção que deve procurar fidelizar a clientela visada e que foi acionada no trabalho de rua. Esse é o momento de fazer cadastros para dar acesso às cotas mensais de preservativos[144], seduzir para a realização de exames e, a partir do diálogo proporcionado pela identificação entre usuário e agente de prevenção, procurar "vincular" esse indivíduo ao serviço.

Os/as agentes de prevenção devem, ainda, comparecer a reuniões de grupo, nas quais todo o pessoal dos projetos preventivos se reúne, e a outras que porventura sejam agendadas. Assim, cada unidade de saúde que aloca o projeto tem técnicas responsáveis por ele (coloco no feminino pois, em todas as unidades visitadas, as pessoas responsáveis eram mulheres). Os/as técnicos/as são aqueles que formam a equipe de prevenção, que deve ser multiprofissional. Esta pode ser composta por assistentes sociais, psicólogos, educadores, nutricionistas, fisioterapeutas e terapeutas ocupacionais, entre outros ligados às áreas da saúde e da educação. Desta equipe fazem parte profissionais de nível superior e de nível médio, que têm como função supervisionar as ações que são realizadas em campo pelos agentes de prevenção.

Em suma, o papel do/da agente é atrair a clientela até o "posto", visto que o importante é que as pessoas visadas pelo discurso preventivo sejam motivadas a comparecer às unidades públicas de saúde. Pois lá se almeja, segundo as diretrizes da área de prevenção do **DST/Aids Cidade de São Paulo**, "ampliar o acesso da população à testagem do HIV, sífilis e hepatite; intensificar o controle da prevenção da transmissão vertical[145] para HIV e sífilis" (*Prevenção*. Consultar fontes eletrônicas na bibliografia),

---

142. Uso o termo entre aspas, não só por ele ser próprio da linguagem das agências públicas, em relação à formação de quadros de pessoal para atuar em diversas frentes (saúde, educação, meio ambiente), como também para deixar claro que a pesquisadora não adota o termo tal qual ele é proposto pelo modelo preventivo para DST/aids. "Capacitação", segundo o modelo oficial, pressupõe que a equipe de agentes obtenha informações corretas sobre DST/aids e formas preventivas, medidas essas consideradas adequadas de se fazer a abordagem e de se alcançar mudanças de comportamento das pessoas atingidas.
143. Dados referentes ao período em que realizei a pesquisa (entre julho de 2003 e maio de 2007).
144. Em algumas unidades, o acesso à cota negociada está vinculado ao acompanhamento de uma palestra sobre DST/aids e prevenção.
145. Trata-se da transmissão da mãe para o feto.

e viabilizar as testagens, entre outros procedimentos que exigem um contato mais prolongado com o público. O que se busca nesses momentos de interação entre clientela e profissionais de saúde é o que no jargão da área da Prevenção se chama "vincular" ou "atrelar", isto é, estabelecer um vínculo do usuário com o sistema, de maneira menos rarefeita, podendo-se, assim, administrar e controlar uma série de procedimentos relativos aos cuidados de saúde dessa população. No caso dos chamados profissionais do sexo, a distribuição gratuita de preservativos – através da disponibilização de uma cota mensal – tornou-se um atrativo que possibilita uma interação pautada no levantamento de informações, a partir do que o modelo oficial paulistano vem chamando de "prevenção dialogada". Através do sistema de "cotas negociadas"[146] os profissionais do sexo podem ter, após uma entrevista com um profissional de saúde, uma determinada quantidade de camisinhas gratuitas. Essa quantidade deve ser fruto do diálogo ocorrido entre ambos. Essa negociação se dá por meio de uma entrevista entre usuário/a e profissional de saúde, determinando, a partir do levantamento do número de programas feitos, a quantidade de preservativos que o/a profissional do sexo terá direito a pegar a cada mês. Uma das técnicas explica como procede em sua unidade:

> *Eu tenho um critério de inclusão. Então, dentro do meu critério de inclusão, eu faço uma pergunta assim: 'quantos programas você faz em 24 horas?' Eu falo 24 horas, porque alguns trabalham na avenida um certo tempo, trabalham também no cinema uma vez por semana, porque é concorrido o cinema, porque lá eles ficam protegidos, ficam num lugar que não chove, que não precisa correr de ninguém, e também eles trabalham por internet e telefone celular. Então eles têm várias opções assim, de clientes. Então eu pergunto: 'quantos programas você faz?' Por exemplo: 'dez'. Tendo feito dez programas eu já logo dobro a quantidade de preservativos por dia. Porque, se eles fazem sexo oral **eu entendo que é mútuo**, então usa-se dois preservativos. Se não é oral, também usa-se dois. Então, se fazem dez programas, eles usam 20 preservativos por dia. Se eles trabalham três ou quatro dias na semana, multiplico isso por quatro, porque não é todos os dias do mês que eles trabalham. E aí acho um número. De modo que não é bem assim, 'quantos vocês acha...?' , que **eles nunca sabem**. Se você perguntar assim pra um travesti: 'quantos preservativos você acha que gastaria num mês?', eles nunca sabem. Não sabem me dizer. **E quando eu coloco pra eles que eles tiveram com 'x' número de parceiros, eles mesmo se assustam: 'tudo isso?!'** E eles perdem essa noção. Então, é insólito perguntar, primeiro que eles vão falar um número que não corresponde com a realidade. Ou muito pra mais ou muito pra menos. E aí, fazendo essa conta, você chega mais ou menos a um número razoável, porque... E aí você vai perguntando: '200 (o número que você chegou lá) dá?' 'Ah, dá.' Então tá feito o acordo. "O acordo pra você é esse. Tem o direto de vir aqui uma vez por mês, o dia que você quiser durante o mês, apanhar o seu acordo. **E se você tiver algum problema de saúde pode ser orientada através daqui.** (Técnica de prevenção do **Tudo de Bom!**. Grifos meus.)* [147]

---

146. As cotas negociadas vêm sendo rediscutidas, pois geraram um esquema paralelo de venda, principalmente de preservativos masculinos, chamado pelas técnicas e agentes do **Tudo de Bom!** de "máfia da camisinha".

147. Este procedimento, assim como outros (plantões, reuniões de supervisão técnica, aconselhamentos), não é rigorosamente padronizado. Por exemplo: no **SAE** da Lapa fixou-se uma cota máxima de 200 preservativos por profissional do sexo, independente do número de programas realizados por cada profissional.

Nesse processo, que se pretende mais "horizontal", caberia ao profissional de saúde construir juntamente ao usuário do serviço o seu "fortalecimento", sintetizado no que Maria Cristina Abbate, então coordenadora da área de Prevenção do *DST/ Aids Cidade de São Paulo*, chama de "potencialização da auto-estima". Trabalha-se, desta forma, na "perspectiva (...) que estas pessoas, além do cuidado integral com sua saúde, desenvolvam um senso de organização de categoria, fomentando, desta forma, uma **consciência política para a defesa de seus direitos**".[148] (Abbate. 2003: 33. Grifo meu.) Este "novo paradigma" está alicerçado nos conceitos de **protagonismo político, direitos humanos e cidadania**.

O conceito de "prevenção dialogada" é definido como um esforço político, e não meramente metodológico, por meio do qual se busca "**levar os indivíduos a conhecer sua realidade**, pensar criticamente as dimensões que os colocam mais vulneráveis a doenças e diversos níveis de violência". (Abbate. 2003: 26. Grifo meu.) A esse indivíduo "desconhecedor de sua realidade" se oferece, a partir desse novo paradigma, o diálogo.

Segundo Abbate, a "prevenção dialogada" é resultado de reflexões e críticas suscitadas a partir dos resultados apresentados por outros modelos de intervenção. Os modelos alvos das críticas[149] têm se pautado em teorias cognitivo-comportamentais e, ao longo das décadas de disseminação do HIV/aids, passaram por revisões e adaptações, provocadas por sua ineficácia (relativa) ou mesmo pela dinâmica da própria aids. Incluem-se neste rol o *Modelo de Crenças em Saúde*, a *Teoria da Auto-eficácia*, o *Modelo dos Estágios de Mudança* e o *Modelo de Redução de Risco da Aids*. Como observa Simone Monteiro, "embora apresentem singularidades, essas abordagens e suas variações se identificam com uma concepção individualizada das práticas, nas quais contextos sociais e culturais são minimizados" (Monteiro: 2002:16).

Na crítica de Abbate, o modelo preventivo que não considere a trama social na qual o indivíduo está inserido acaba por aproximar-se do "modelo médico, centrado,

---

148. É bastante profícua a proposta de Agnes Heller, a partir das reflexões de Hannah Arendt, de que a Biopolítica é, em termos, uma contradição, pois é, antes de tudo, um discurso antipolítico. Constituir-se-ia, pois, um resíduo totalitário, uma vez que deslocaria o debate para termos essencialistas, cerceando-o na arena pública. Para ela, os grupos "biopolíticos" (aqueles formados a partir de questões como raça, sexo, saúde, performances físicas, longevidade), representam "depauperações do político, formas antipolíticas de agrupamento (...) [e não] exercícios de uma política genuína, pois critérios de agrupamentos corporais (...) substituem os critério políticos de agrupamento" (Heller apud Ortega. 2003-2004: 11-12), uma vez que o biopolítico homogeneíza diferenças e busca consolidar uma verdade calcada no "politicamente correto", impregnada por uma ideologia de moralidade da saúde e do corpo (Ibidem. 13-15).
149. Pelo menos desde o início da década de 1990, uma série de estudos tem feito uma avaliação crítica dos modelos de prevenção e intervenção adotados para o combate à aids pelas agências públicas brasileiras, bem como pautado a linha de trabalho de algumas ONG/aids (Guimarães. 1998; Parker. 2000; Terto Jr. 2002; Monteiro. 2002, Jeolás. 2003), levando a reflexões os formuladores de políticas públicas na área de saúde, sem, contudo, a meu ver, ter logrado modificar e incorporar de maneira efetiva as proposições nascidas desse processo.

prescritivo, definindo normatizações para a vida saudável dos indivíduos" (Abbate. 2003: 25), não alcançando, portanto, seus fins. Daí a necessidade, a seu ver, de buscar uma aproximação com o universo social da população visada. Esta viria a partir de um conjunto de ações: divulgação dos serviços de DST/aids para a população (usou-se rádios comerciais e comunitárias); aumento na distribuição e diversificação de insumos preventivos (preservativos masculinos, femininos e seringas descartáveis), além do treinamento de técnicos dos serviços de saúde, no sentido de sensibilizá-los para a necessidade de divulgação dos serviços prestados pelas unidades de saúde, proporcionando, assim, o acesso à prevenção. Todas essas medidas possibilitariam a implantação da "prevenção dialogada", cerne do novo paradigma preventivo.

Apesar de se buscar novas técnicas e metodologias de intervenção, não se transforma a essência dos modelos alvos de críticas. Permanecem, assim, as estratégias intervencionistas, pelas quais os grupos visados terão que alterar seus valores e, por conseguinte, suas práticas. Mesmo a noção de diálogo deve ser problematizada, como propõe Judith Butler, ainda que em outro contexto. Escreve ela:

> A própria noção de "diálogo" é culturalmente específica e historicamente delimitada, e mesmo que uma das partes esteja certa de que a conversação está ocorrendo, a outra pode estar certa de que não. Em primeiro lugar, devemos questionar as relações de poder que condicionam e limitam as possibilidades dialógicas. De outro modo, o modelo dialógico corre o risco de degenerar num liberalismo que pressupõe que os diversos agentes do discurso ocupam posições de poder iguais e falam apoiados nas mesmas pressuposições sobre o que constitui "acordo" e "unidade", que seriam certamente os objetivos a serem perseguidos. (Butler. 2003: 35-36)

Há, sem dúvida, no modelo de prevenção dialogada, um claro esforço de superação das limitações dos modelos cognitivo-comportamentais, uma vez que o atual modelo procura considerar as singularidades das visões de mundo e as experiências sociais compartilhadas dos variados segmentos para os quais se volta. Porém, a politização desses indivíduos, tomada como meta, pode ser vista como uma estratégia de controle bastante sutil, centrada na responsabilização dos sujeitos diante das questões de saúde. É a este movimento que chamo de "SIDAdanização". A partir da aids (ou "SIDA", acrônimo mais utilizado no restante da América Latina para a Síndrome da Imunodeficiência Adquirida), essas pessoas devem construir uma bioidentidade[150]. Ao estimular o "senso de organização de categoria", fomentar a "consciência política" trabalhando auto-estima e o fortalecimento, o *Tudo de Bom!* estaria bastante afinado

---

150. Francisco Ortega propõe que na contemporaneidade temos constituídos bioidentidades, fruto de relações apolíticas entre sujeitos individualizados que se agrupam em torno de questões relativas à saúde, performances corporais, doenças específicas (como a aids), longevidade, entre outros. Esses sujeitos se deixam orientar por conjuntos de ações pautadas em uma "ideologia da saúde", expressas em um vasto léxico médico-fisicalista. Todos esses elementos, conjuminados, compõem espaços de biossociabilidade, onde se formam as bioidentidades (Ortega, 2008:30-31).

com o novo modelo preventivo em saúde pública. Segundo David Armstrong (1993), neste modelo o foco não está somente centrado sobre o corpo dos indivíduos e noções preventivas e higiênicas de cuidados corporais, mas volta-se para o desenvolvimento de uma "nova" consciência política por parte desses indivíduos. Desloca-se, assim, a responsabilidade pelas doenças, para a forma de como os indivíduos se relacionam entre si e com seu entorno. O que parece estar implícito nesse discurso de responsabilização é que as pessoas se tornem SUSjeitos. Isto é, que se assujeitem ao **Sistema Único de Saúde** e passem, assim, a freqüentar com assiduidade as unidades de saúde e a fazer regularmente seus exames, que não faltem às consultas agendadas, usem sempre camisinha em suas relações, tornem-se responsáveis pela difusão de comportamentos que não acarretam risco, que sejam protagonistas na luta contra a aids e que, desejavelmente, se engajem politicamente. Enfim, que esse seja um sujeito que "se autocontrola, autovigia e autogoverna" (Ortega. 2003-2004:15).

Lisbeth Sachs, ao discutir prevenção a doenças cardíacas, afirma que as falas preventivas trazem mensagens implícitas que culpabilizam o paciente em potencial. Esse subtexto moralizante procura regular e normatizar relações sociais, conflitos cotidianos e estresses da vida desses sujeitos, que podem vir a desenvolver cardiopatias. E, para ela, é justamente aí – na forma de organizar a própria vida – , onde o trabalho preventivo pretende atuar, que ele não tem conselhos tangíveis a oferecer (Sachs. 1996: 647). Ou, nas palavras de David Castiel: "o conhecimento veiculado pelos especialistas não tem se mostrado relevante para as pessoas lidarem com as questões do mundo, da vida" (Castiel. 1996: 256).

Muitos profissionais de saúde que lidam diretamente com a aids demonstram ter clara percepção desse limite da prevenção. Daí a aids aparecer nessas falas como "um detalhe" da vida e na vida das pessoas que freqüentam os espaços de cuidados em saúde do sistema oficial.

> Tem paciente que fala: 'o HIV é um detalhe na minha vida. Porque eu tenho que resolver muitas coisas antes do que o HIV'. É isso que a gente tem que entender. Que a gente fica às vezes com aquela sensação de impotência. (Técnica responsável pelo **Tudo de Bom!**, em entrevista concedida à pesquisadora, em 24/01/05.)

Os relatos revelam, segundo estes e estas profissionais, vidas marcadas por pequenas e grandes tragédias, geralmente associadas à condição de pobreza e de gênero. A prisão de um filho, o assassinato do marido, a surra que a mulher levou. "*A gente trabalha com uma população muito sofrida*", comenta o médico.

> O ter HIV é uma das questões da vida dessa pessoa, e nem sempre é a mais séria. Sobretudo quando ela é bem acolhida no serviço, e ela resolve essa questão. Sente que ela está resolvendo, mesmo que ela tenha que continuar tomando remédio pelo resto da vida, ela deixou de ficar doente, isso está resolvido. Se está se dando bem com o medicamento... Mas tem várias outras questões. Tanto que a maior parte do tempo das consultas é ouvindo isso, sobre o filho que está na Febem, o marido que está preso, o outro que foi assassinado, a surra que ela levou, o incêndio na

favela. (Médico infectologista, em entrevista à pesquisadora, em 20/10/2006, nas dependências do *SAE Cidade Líder II*.)

Essas "situações terríveis" elencadas pelo médico Antônio Alfredo da Silva, que atende a cerca de 300 pacientes HIV positivo no *SAE Cidade Líder II*, é que fazem da aids "um detalhe". Além desse quadro, as pessoas que vivem hoje com HIV/aids têm tido um tempo de vida pós-diagnóstico bastante prolongado, se pensarmos no que significava ser soropositivo no início da epidemia[151]. Daí surgem outras questões que são trazidas pelos pacientes aos profissionais da saúde, como relata a doutora Suiko Kosaka, há 10 anos trabalhando com aids, também no *SAE Cidade Líder II*: como conciliar o tratamento, que muitos preferem manter em segredo, com uma vida marcada pela pobreza? Como lidar com o envelhecimento nesse contexto? Este último quesito, segundo a médica, preocupa sobretudo as travestis que começam a sentir as dificuldades de inserção no mercado sexual e de shows, devido à idade.

Um episódio de intervenção preventiva vivido por Poliane, agente do *Tudo de Bom!*, dá uma dimensão mais viva desse contexto em que a pobreza e a violência (muitas vezes derivadas do estigma) se somam, tornando a prevenção da aids, ou o uso "indevido" de silicone industrial, matéria irrelevante para a manutenção da vida.

Poliane foi fazer seu campo preventivo num casarão abandonado, ocupado por pessoas que haviam sido expulsas do viaduto onde residiam.

> *É muito triste morar naquele lugar. É pior do que uma favela. Porque eu conheço várias favelas, e eu nunca tinha entrado num lugar como aquele. Porque, primeiro, pra você entrá no casarão, você tem que falá com uma pessoa. Aí, depois, aquela pessoa tem que falá com outra. Depois outra pessoa tem que dar ordem pra poder entrar e conversar com os travestis. Uma sujeira, mais de dez cachorros. Um mau-cheiro insuportável! Aquela água ali escorrendo. (...) Então, aquilo ali é um lugar precário. Uma coisa horrorosa! Ali é o ponto do crack. (...) Aí subi para falar com duas travestis que moravam lá. Inclusive uma morreu (mataram), que era a Renata. (...)* ***Eu acho que o que eu disse ali não adiantou nada. Eu falei sobre silicone, falei, falei. Falei sobre hormônio... e acho que pra elas aquilo não adiantou de nada.*** (Em entrevista à pesquisadora, em 04/04/2005. Grifos meus.)

A partir das falas reproduzidas acima, percebe-se que a perspectiva higienista, normativa e racionalizadora da prevenção começa a ser problematizada dentro do próprio sistema de saúde. Essa constatação, ao que parece, ainda não alcançou todo seu potencial crítico, mas certamente já vem suscitando reflexões para esses/essas profissionais. A tensão que se coloca é entre a realidade experienciada no convívio

---

151. É importante frisar que, desde 1996, os anti-retrovirais são distribuídos gratuitamente no Brasil, o que tem permitido um acesso bastante ampliado ao tratamento da aids. Além disso, os serviços especializados em DST/aids têm se notabilizado pelo atendimento diferenciado à clientela, com consultas mais longas, pessoal que passa periodicamente por cursos e atualizações, entre outros diferenciais em relação às *Unidades Básicas de Saúde*.

mais estreito com a clientela[152] e a formação/capacitação desse pessoal, marcada pelo discurso da Biomedicina, que informa o modelo oficial preventivo.

A Prevenção do Desvio

Quando a aids ganha visibilidade e uma etiologia, esta vem fortemente associada aos homossexuais e suas práticas eróticas, somando-se a uma, então, longa história de patologização de determinadas sexualidades (Foucault. 2003).

A analogia fácil entre aids e peste negra, gerada pela letalidade de ambas, fez com que nos anos 80 os discursos médicos, midiáticos e populares se somassem num coro alarmista, segregacionista e perigosamente ideológico. Como registra João Silvério Trevisan, "ante o fantasma da morte, elegeu-se um bode expiatório, como sempre acontece nas grandes calamidades públicas e nas fobias daí resultantes" (Trevisan. 2004: 449). Os eleitos foram os homossexuais, em primeiro lugar; as prostitutas e os promíscuos em geral vinham em seguida. Estabeleceu-se com essa imputação de culpa pela aids uma "hierarquia de respeitabilidade", para usar uma expressão de Michel Warner (1999). Os discursos midiáticos, referendados no (parco) saber médico sobre a doença, instituíam no senso comum a idéia de que quanto mais "respeitável moralmente" fosse a pessoa – leia-se praticante do "bom sexo" – , menos risco ela correria. Assim, no seu início, a aids estava marcada por um tipo de sexualidade: a homossexual; por um viés de raça/etnia: a negra e a latina; e por um gênero: o masculino.

A associação entre (homo) sexualidade e doença foi reforçada quando cientistas cunharam a sigla GRID (*Gay Related Immune Deficiency*) para nomear a síndrome, que ainda estava sem uma nosologia precisa. O termo médico logo se popularizou, via imprensa, como "peste gay" ou "câncer gay".

Nas especulações sobre a origem do vírus da aids, os elementos da triangulação proposta por Simon Watney aparecem respaldados pelas disputas clínicas e laboratoriais. Quando o "Centro de Controle de Doenças dos Estados Unidos verificou um aumento inexplicável da incidência de sarcoma de Kaposi e de pneumonia provocada pelo protozoário *Pneumocystis Carinii* em homossexuais adultos, até então sadios", assim como em imigrantes haitianos (Perlongher. 1987a: 39), tratou de buscar o nexo dessa relação a partir da racialização e homossexualização do vírus.

> Segundo a primeira suspeita, as excursões de *gays* americanos para o Haiti teriam voltado aos Estados Unidos trazendo o vírus na bagagem.
> Se, em vez de se fantasiar sobre os circuitos espermáticos da AIDS, se levar em consideração a transmissão sanguínea do vírus, as hipóteses tornam-se menos festivas.

---

152. No caso das técnicas do **Tudo de Bom!** esse convívio vai além do espaço das unidades de saúde, pois elas têm atuado nas ruas, nas casas de prostituição, nos *drive-ins*, enfim, em outros espaços que não aqueles institucionalizados.

Poderia existir talvez, alguma possibilidade de o vírus ter entrado nos Estados Unidos desde o Haiti, pela via da transfusão. O Haiti era então um dos principais provedores de sangue humano para o mercado hospitalar norte-americano. (Ibidem. 39-40)

No Brasil, a relação entre turismo sexual gay e aids se manteve por algum tempo, até que, no final de 1982, o vírus chegou ao país[153]. A partir de então, qualquer um que tivesse práticas eróticas homossexuais se tornaria um "aidético" em potencial.

Em relação à realidade brasileira, vale lembrar, ainda, que a aids chegou com o caráter de "peste anunciada" (Carrara e Moraes. 1995)[154], desembarcando no Brasil "nos braços da moda" (Perlongher, op. cit. p. 50). Ainda que tivesse as nuances locais, reproduziu-se, internamente, o mesmo padrão de culpabilização e responsabilização propalado pela imprensa norte-americana[155] e, assim, os mesmos métodos de ação preventiva. Por exemplo: as autoridades sanitárias no Brasil tomaram medidas "profiláticas" baseadas naquelas que estavam sendo adotadas em São Francisco e Nova Iorque, como o fechamento de saunas gays. Enquanto a regulamentação da coleta de sangue só se tornou lei depois de acirrado debate, ainda que fosse sabido ser a transfusão uma das formas de contágio da doença[156].

O pânico gerado pela idéia de peste, de incurabilidade e de morte somou-se às informações médicas conflitantes e à falta de respostas efetivas vindas do poder público. Estavam dados os ingredientes para que se acionasse a perseguição aos "culpados". Era preciso moralizar e controlar essas sexualidades descontroladas.

Trevisan narra, em tom biográfico, o susto que levou diante da seguinte inscrição num banheiro público de São Paulo: "contribua para o progresso da humanidade, mate um gay por dia" (Trevisan. 2004: 450). Pichação que traduzia, em termos populares, aquilo que os jornais diziam, valendo-se muitas vezes de depoimentos de autoridades médicas como o do chefe do ***Departamento de Doenças Infecciosas da Faculdade de Medicina da USP***, Vicente Amato Neto, que

---

153. Oficialmente, o primeiro caso de aids registrado no Brasil foi diagnosticado em 1984 pela médica dermatologista Vera Petri, em São Paulo (Perlongher, op. cit., Silva. 1999, Galvão. 2000).
154. Antes de haver uma primeira notificação da doença em território nacional, já se havia instalado no imaginário social todo um quadro de referências em relação à mesma. "Por volta de 1983, esperava-se, apenas, a confirmação da presença da doença no Brasil. E a imprensa aguardava somente o nome da primeira vítima para produzir uma manchete já preparada de antemão". (Daniel & Parker. 1991: 32)
155. Mary Jane Spink et al. (2001) usa a expressão "aids-notícia" para evidenciar o caráter midiático da aids, apoiando-se em Herzlich e Pierret para desenvolver a tese do papel fundamental da impressa na construção da aids como fenômeno social, mais do que biomédico.
156. Durante os trabalhos da Assembléia Constituinte de 1987 e 1988, discutiu-se acaloradamente a questão da comercialização do sangue no Brasil. Esse debate, provocado pelo impacto da aids, gerou diferentes respostas nacionais devido às disparidades regionais no que se referia aos serviços públicos de saúde, fossem laboratoriais, na área de pesquisa, etc. Um dos temas centrais da discussão se relacionou à comercialização dos hemoderivados. O primeiro estado da União a proibir a "doação" remunerada foi o Rio de Janeiro, em 1985, seguido por São Paulo, no ano seguinte e, em nível federal, a medida foi adotada no final de 1987. Para uma discussão aprofundada sobre as políticas hemoterápicas no Brasil, ver Castro-Santos, Moraes & Coelho (1992).

conclamava os órgãos de saúde e higiene para agirem com 'a ênfase devida', ao invés de 'apoiar irregularidades, como os atos sexuais anormais e os vícios'. Afinal, 'aceitar que cada um tem o direito de fazer o que desejar com o próprio corpo é convicção plena de irresponsabilidade', dizia ele. E terminava sugerindo ironicamente que se deveria passar o cuidado dos doentes para os defensores desse direito, ou seja, 'as organizações de homossexuais, bissexuais e drogados'. (Trevisan. 2004: 450).

Os esforços de ativistas e acadêmicos para desassociar a aids dos chamados "grupos de risco", apontando para a "heterossexualização", "juvenilização" e "pauperização" da doença (Guimarães. 1998, Kalichman. 1994, Monteiro. 2002, Jeolás. 2003), ao longo dos anos de 1990, não lograram borrar de todo as fronteiras que circunscreviam a aids a determinadas condutas, sobretudo à homossexualidade (Gilman. 1991, Paiva. 1992, Bastos, Boschi-Pinto, Telles & Lima. 1993). A aids estaria, assim, em corpos previamente marcados por comportamentos tidos como desviantes. Desta forma, falar em aids é também falar de velhos (e novos) processos de estigmatização.

Erving Goffman já indicava que o estigma é, originalmente, uma marca corporal que identifica o seu portador como uma pessoa "ritualmente poluída, que devia ser evitada; especialmente em lugares públicos" (Goffman. 1988: 11). Os sinais estigmatizadores, assim entendido, revelam falhas morais e rupturas com a norma vigente. Desvios, portanto.

> De fato, o estigma e a estigmatização funcionam, literalmente, no ponto de intersecção entre *cultura, poder* e *diferença* – e é somente explorando as relações entre essas categorias diferentes que se torna possível entender o estigma e à estigmatização não simplesmente como fenômenos isolados, ou como expressões de atitudes individuais ou de valores culturais, e sim como centrais para a constituição da vida social. (Parker e Aggleton. 2001: 14)

E, acrescento, da vida política. Sexo é sempre político, afirma Gayle Rubin, sendo ficha importante no jogo de poder, sobretudo em tempos nos quais as tensões sociais se acirram[157]. A aids foi um elemento operador dessas tensões, levando diversos setores da sociedade a formularem discursos sobre o tema: os médicos, a mídia, a igreja católica, os ativistas de movimentos sexuais, setores dos governos, organismos internacionais ligados à saúde, são alguns exemplos. As "verdades" que circularam num primeiro momento vinham referendadas pela Biomedicina que, com seu discurso

---

157. O texto de Rubin "*Pensando sobre Sexo – notas para uma teoria radical da política da sexualidade*" foi escrito originalmente em 1983. Esse dado se torna relevante se pensarmos que estávamos, então, no princípio da epidemia da aids, e que algumas das reflexões da autora não tinham como dar conta dos desdobramentos desse fenômeno para sua proposta de uma teoria radical da sexualidade. Ainda assim, há trechos quase "premonitórios", no que se refere à tendência conservadora na qual a sociedade americana, e outras que têm aquela como referência cultural, parecia caminhar.

autoproclamado neutro, circunscreveu ao conceito epidemiológico de "grupo de risco" algumas identidades sexuais e comportamentos sociais. Essas verdades, por sua vez, calçaram pregações morais que dividiam os "aidéticos" em "vítimas" (crianças, hemofílicos, mulheres heterossexuais e monogâmicas infectadas por seus parceiros) e "pecadores" (homossexuais, prostitutas, travestis, *michês*, "drogados"). (Parker e Daniel.1991, Parker. 1994, Guimarães. 1998, Galvão. 2000, Valle. 2000)

No caso da aids, vigiar os corpos e seus prazeres e orientar o comportamento de maneira a evitar o "risco", permitiu que o olhar médico se voltasse uma vez mais sobre determinadas sexualidades, justamente aquelas que têm sido historicamente classificadas como desviantes, promíscuas e perigosas[158]. Coube à Epidemiologia agrupá-las na categoria de "grupo de risco". Nas palavras de Barreda e Isnardi, as travestis se converteram facilmente em alvo de discriminação e estigmatização, neste processo de culpabilização acionado pela chegada da aids. Isto porque elas marcam no corpo a descontinuidade entre sexo e gênero, desafiando instituições e padrões morais (2006: 169)[159]. Visíveis por sua diferença, sem "*armários*" possíveis que lhes sirvam de proteção ou escape, as travestis têm sido historicamente vistas como desviantes. E agora, com a aids, podiam ser apontadas como culpadas por serem vetores de uma doença letal.

No início da epidemia de aids, as pessoas atingidas pela doença passaram a formar uma "espécie", no sentido empregado por Foucault ao discutir a construção da homossexualidade enquanto fenômeno clínico. Essa "nova espécie" foi aglutinada na categoria clínica do "aidético" (Seffner. 1995: 386), sendo-lhe atribuída uma "trajetória moralmente condenável" (Valle. 2002: 185). Remontar a história do paciente e associá-la a desregramentos e falhas morais, como discutiu Foucault em *Os Anormais*, é um processo datado e intrinsecamente ligado ao surgimento da Medicina Social e sua associação com o Direito. O que há de novo, então? A novidade talvez esteja no deslocamento do controle (que visa disciplinar aqueles que não se enquadram às normas) para a noção de risco, prescindindo que a disciplinarização venha de fora. Vivendo expostos ao risco, os desviantes precisariam se prevenir, enquanto "a sociedade em geral" se preveniria do contato com os desviantes.

A prevenção pressupõe uma espécie de "domesticação dos eventos vindouros" (Spink. 2007), e traz subsumida a idéia de risco. A evitação e o autocontrole compõem a gramática da prevenção em saúde, que tem no risco o seu elemento conceitual

---

158. A associação entre homossexualidade, doença e crime remonta às teorias médicas do final do século XIX, como nos lembra Foucault em *História da Sexualidade*, volume I. Ao ser transformado numa "espécie", o homossexual tornou-se uma ameaça à ordem e aos valores canônicos da família burguesa, e passou a ser considerado aquele que se definiria, primordialmente, por sua sexualidade Estas informações já foram largamente difundidas em diversos estudos e, talvez, este seja um dos trechos mais citados da referida obra de Michel Foucault. Ressalto que a maioria das travestis que participaram desta pesquisa se identificou como "gay" e/ou "homossexual".

159. Em 1986 se podia ler, em alguns muros da maior cidade do país, o seguinte apelo: "Limpe São Paulo, mate um travesti por noite" (Albuquerque e Janelli. 1994: 92). Segundo a travesti Princesa, na mesma época, na cidade do Rio de Janeiro, cerca de quatro travestis eram assassinados por noite (Ibidem: 89).

estruturador (Almeida Filho. 2000). A idéia de que vivemos em risco ganhou forte impulso depois da Segunda Guerra Mundial (Douglas. 1996), associando-se, a partir de então, mais à noção de perigo[160] do que à probabilidade de ocorrência de um determinado evento. As discussões nas Ciências Sociais e *Psi* sobre a temática do risco já reúne uma ampla bibliografia[161] , que tem entre seus pontos convergentes a proposta de que o risco é hoje um mecanismo globalizado de controle, exigindo complexos dispositivos de gestão, mais sofisticados do que aqueles acionados pela sociedade disciplinar foucaultiana.

> Outra característica da sociedade de risco é o fato de que a informação prescinde, em grande parte, da educação institucionalizada e passa a ser um processo contínuo, capilar, que se difunde através das várias tecnologias de informação. Essa capilaridade também implica novas formas de vigilância, traduzidas no autocontrole do estilo de vida e no monitoramento constante do indivíduo. (Luiz e Cohn. 2006: 2340)

A prevenção centrou-se no uso que o indivíduo faz do corpo; particularmente, sobre o prisma das suas inter-relações e "estilos de vida" [162], o que implicaria uma substancial extensão do modelo higienista tradicional, para abarcar formas de comportamento em todas as esferas das relações sociais. O advento da epidemia da aids teria, desse ponto de vista, provocado o alargamento do modelo tradicional para a elaboração de uma completa estratégia de cuidados e responsabilidades individuais, exigindo o "protagonismo" político dos sujeitos, frente à doença. A vigilância epidemiológica, sob esse aspecto, não seria mais externa, nem proveniente do aparelho estatal de saúde, mas estaria instalada no interior mesmo dos grupos, principalmente daqueles considerados "vulneráveis". Isso se daria por meio da promoção de "programas educativos" e "de conscientização política", que dizem respeito não somente à divulgação de informações sobre a doença, mas almejam a mudança de comportamento dos grupos populacionais que estariam "em risco", ou teriam "comportamentos de risco".

---

160. Para Mary Douglas (1996), houve uma mudança semântica da palavra "perigo" para o termo "risco". Tal mudança acompanha as transformações históricas marcadas pelas grandes navegações e pela intensificação das trocas comerciais proporcionadas pela consolidação e expansão do capitalismo. O "risco" teria um cunho racionalizante, de cálculo e probabilidades que o "perigo" não incorporava, pois se associava ao poluidor, ao inaceitável e à sujeira. Na proposta da autora, o risco abarcaria as necessidades das sociedades industriais modernas de cunhar um discurso universalizante e racionalizador (dado seu aspecto jurídico) acerca dos perigos e medos contemporâneos.
161. Para uma discussão aprofundada, ver Beck. 1986, Douglas. 1996, Castiel. 1996, Spink. 2001 e 2007, Luiz e Cohn. 2006, entre outros que têm se debruçado sobre o "risco", enquanto fenômeno típico de "modernidade tardia".
162. O uso do conceito "estilo de vida" pressupõe que as pessoas, independente de seu pertencimento de classe e de suas condições materiais, têm possibilidades amplas de fazer escolhas de "estilos de vida", quando os dados evidenciam que entre populações pobres e/ou miseráveis a margem de escolhas é limitada ou mesmo inexistente. O que leva essas pessoas a buscarem antes estratégias de sobrevivência, que estilos de vida (Castiel. 1996: 258). Mais uma vez, a visão que parece permear a elaboração dessas políticas está centrada no que Dumont chamou de "individualismo moderno".

Viver na "sociedade do risco" (Beck. 1986) significava reinventar o controle **sobre** os corpos, introjetando-o **nos** corpos (Armstrong. 1993). O indivíduo passaria a ser um "gestor de risco" (Ortega. 2003-2004), ao mesmo tempo autônomo e dependente, pois gerir os riscos numa "sociedade de risco" exige, como já dito, instâncias gestoras que se sobreponham aos indivíduos, sobretudo àqueles tidos como "desconhecedores de sua realidade". O Estado coloca-se, ainda, como tal instância capaz de limitar essa autonomia, o que se materializa em políticas públicas de intervenção, mas que são propostas como processos de cidadanização, emancipação e autogestão.

> Vale ressaltar os discursos institucionais sobre o risco que, ao enfatizarem os riscos associados a certos estilos de vida, funcionam como agentes de vigilância e controle. Um controle que se exerce não pela coerção, mas por uma "mobilização voluntária" cujas estratégias se valem do mesmo instrumento que fundamenta a capacidade reflexiva, ou seja, a informação. A partir do acesso ao conhecimento especializado, os sujeitos têm autonomia para "abdicar" do prazer que certas condutas poderiam proporcionar, inserindo-as no cálculo racional dos riscos. (Chevitarese e Pedro. 2005: 15)

O conceito de risco vinculado à aids vem dos estudos epidemiológicos, e procura quantificar as "chances probabilísticas de suscetibilidade, atribuíveis a um indivíduo qualquer de grupos populacionais particularizados, delimitados em função da exposição agentes (agressores ou protetores) de interesse técnico ou científico" (Ayres. 1997: 294)[163]. Para além desta definição mais técnica, o termo "risco", por sua polissemia, encontrou no senso comum um espaço de sentido, fazendo da locução "grupo de risco" mais do que um delimitador biomédico, mas um cordão sanitário moral.

A idéia de risco somou-se a outros "pânicos morais"[164] que, na década de 80 do século passado, ocuparam os meios de comunicação de massa, pautando as ações diárias das pessoas de maneira normativa e prescritiva, internalizando em discurso – sempre referenciado pela "Ciência" – formas de comer, cuidar do corpo, fazer sexo, agir no trabalho, etc.; imputando, a cada um, a responsabilidade pela gestão desses

---

163. O conceito de risco tem uma longa história, como bem demonstra Ayres. Este autor a reconstitui a partir de um minucioso estudo histórico-epistemológico. A definição de risco apresentada acima refere-se àquela específica, construída na terceira fase da Epidemiologia, chamada de Epidemiologia do Risco. Dentro desse marco, o conceito de risco é tido por Ayres como o "mais particular e característico da epidemiologia moderna" (Ayres. 1997: 291).
164. Esta expressão foi cunhada fora da questão da aids, mas utilizada por autores que trabalharam com o tema (a exemplo de Watney, 1986, apud Galvão, 2000), associando-a, principalmente, à questão da aids e homossexualidade nos países do hemisfério Norte. Os pânicos morais tendem a derivarem-se em "pânicos sexuais", construindo discursos de tons cruzadistas contra alguns agentes identificados como desestabilizadores da ordem. "Formadores de opinião", a mídia, entre outros, propõem-se a revestir de cientificidade e, portanto, de veracidade, anseios populares vagos, mas plausíveis. Estes agentes passam a fornecer um sem-número de informações que não resistem, muitas vezes, a uma leitura mais crítica, mas que servem para apontar causas da "desordem", achar culpados e, assim, reordenar os valores morais que estariam, supostamente, em xeque.

riscos e impingindo culpa, caso houvesse negligência. O corpo "como nó de múltiplos investimentos e inquietações sociais" (Vaz. 1999: 01) tornou-se o *locus* privilegiado dessas ações disciplinadoras. A vida passou a ser cada vez mais medicalizada.

Néstor Perlongher, em seu *O Que é Aids*, inspira-se em Foucault para sublinhar o estreito vínculo entre os usos dos prazeres corporais, o discurso médico, aids e desvio:

> Uma campanha como a da AIDS exige como pré-requisito que tudo que diz a respeito à sexualidade possa ser dito, mostrado, exibido, assumido; a partir disso é que se pode diagnosticar e regulamentar. Antes os anormais estavam fora: fora da família e fora do consultório. Agora já podem entrar e receber conselhos. (Perlongher, 1987a: 74)

Não se trata mais de curar, mas de regrar esses comportamentos. O par "normal-desviante" parece ressurgir, assim, com uma nova roupagem. Mas, como já mencionado, a associação de determinados comportamentos a patologias não é propriamente uma novidade, basta que relembremos os processos de naturalização de problemas sociais levados a cabo ao final do século XIX (Foucault. 1972 e 2003, Miskolci. 2005a).

Assim,

> É preciso levantar perguntas sobre a pergunta: Por que queremos explicar ou teorizar a intersecção entre risco e sexo? Que pessoas nos chamaram a atenção para a intersecção entre risco e sexo, e quais são seus interesses ao fazê-lo? As respostas a essas perguntas pedem que reduzamos o nível de abstração e desviemos a atenção dos 'especialistas' e de sua teorização em aposentos silenciosos, perturbados apenas pelo zumbido das lâmpadas fluorescentes e das ventoinhas dos computadores, para o mundo do dia-a-dia em que o risco e o sexo parecem fundir-se. (Gagnon. 2006: 318-319)

Em outras palavras: "quem acusa quem do quê? Esta é a questão que se deve impor ao pesquisador diante de um comportamento ou identidade socialmente proscritos" (Miskolci. 2005a: 27).

John Gagnon registra que a associação entre sexo e risco procura se apresentar como neutra, baseada em dados que justificam e reafirmam a relação. Curiosamente, o sexo não aparece vinculado ao risco justamente onde ele tem se mostrado mais arriscado: nas relações de mulheres heterossexuais com seus parceiros, fixos ou não.

> As mulheres ficam intermitentemente em perigo por causa dos homens nas situações sexuais, desde a adolescência até a velhice. Quando crianças e meninas, correm risco com homens heterossexuais que as molestam; quando adolescentes são expostas ao perigo por rapazes e homens que as obrigam a praticar o sexo, ou que mantêm relação sexual com elas sem protegê-las da gravidez ou de doenças; e quando adolescente e adultas são postas em perigo por homens que as agridem por motivos sexuais e não-sexuais. (...) Todas essas afirmativas são fáceis de documentar, mas nenhuma delas é interpretada pelos cientistas como significando que a "heterossexualidade" seja uma forma de sexo de risco para as mulheres. (Gagnon. 2006: 323, nota 7)

Arriscado parece ser, aos olhos dos formuladores de políticas preventivas, o sexo não procriativo (sobretudo se feito por dois homens), o que envolve múltiplos parceiros, entre outros, que visam antes de tudo, o prazer, sensação que pode ser buscada na "perigosa" troca de fluidos corporais. O risco, mesmo que de maneira inconfessável, ainda guardaria uma associação com a idéia de sujeira e poluição, fazendo reviver velhos fantasmas travestidos de novidade, imputando culpa e acusação àqueles que escapam às normas.

Qual seria, então, de fato, o alvo das políticas preventivas: o HIV e sua disseminação ou o sexo público, aquele que não está restrito à privacidade do lar? Este sexo invisível e doméstico – supostamente "normal", "limpo" e "seguro" – só se torna alvo da prevenção quando esta trata de regular as práticas das classes populares, alvo histórico das campanhas sanitárias no Brasil. O que parece emergir do dispositivo da prevenção é a regulação/ordenação das sexualidades por vias sanitaristas, o que nos remete a exemplos históricos, seja das campanhas "abolicionistas" da prostituição ou da regulamentação da atividade das prostitutas via exames corporais sistemáticos (Carrara. 1994. Rago. 2005. Miskolci. 2005).

Até aqui vimos os esforços para se construir a figura do aidético, representado primordialmente como um homem jovem, urbano e que fazia sexo com outros homens (Gilman. 1991)[165]. Referindo-se à relação estigmatizante entre aids e homossexualidade, a psicóloga Vera Paiva observa que:

> a existência da AIDS veio transformar a velha contaminação psicológica ou espiritual na contaminação material (...). As pessoas que sempre cumpriram um Destino de Impureza Atribuída do ponto de vista de nossa tradição patriarcal, que tinham a Síndrome da inferioridade Definitiva Adquirida (a AIDS/SIDA simbólica que sempre existiu), agora têm um vírus para identificá-las que as torna "cientificamente" perigosas. (Paiva. 1992: 54-55)

Fomenta-se a idéia da aids como uma doença sexualmente transmissível, empalidecendo-se as outras formas de contágio, o que significa que a doença poderia ter sido categorizada de outras maneiras. Como assinala Sander Gilman, a aids não foi categorizada como uma doença viral, como a hepatite B, mas como uma doença sexualmente transmissível, como a sífilis (Gilman. 1991: 247). A relação entre o (mau) sexo e o risco estava dada. Ter vários parceiros, fazer sexo anal, embebedar-se e fazer sexo, ter relações com homens gays, prostitutas, travestis, michês, são algumas dessas ameaças do sexo, sobretudo do sexo sem preservativo. Ao sexo arriscado passou-se a oferecer o "sexo seguro", iniciativa que nasceu mais da criatividade dos grupos gays

---

165. Para Perlongher, o homossexual como "criatura médica emancipada" pelas mudanças comportamentais da década de 1960 seria, com a aids, o "díscolo" reintegrado ao rebanho. As políticas preventivas centradas nessa figura serviriam, ainda, para "desinfetá-la", de maneira que sua vida de experimentalismos, desengajada da vida familiar, de uma "promiscuidade socialmente indesejável", pudesse voltar ao controle do criador: o discurso médico (Perlongher. 1987a: 76-77).

organizados do que de formuladores de políticas públicas em saúde, mas que foi incorporada, adaptada e difundida por equipes multidisciplinares ligadas aos diversos programas de prevenção, em várias partes do mundo[166]. A questão passou a ser como fazer os "desviantes" adotarem condutas não arriscadas, não mais como nas propostas regulamentaristas do final do século XIX, relativas ao controle da sífilis a partir da higienização e vigilância sobre as prostitutas (Carrara. 1994), mas na elaboração de um discurso de responsabilização do sujeito visado, que pode se auto-regular, em prol de sua saúde.

> Assim, a nova moral que estrutura a biopolítica da saúde é a moral do bem-comer (sem colesterol), beber um pouco (vinho tinto para as artérias), ter práticas sexuais de parceiro único (perigo de AIDS), respeitar permanentemente sua própria segurança e a do vizinho (nada de fumo). Trata-se de restaurar a moralidade plugando-a de novo no corpo. O controle sobre o corpo não é um assunto técnico, mas político e moral. (Sfez apud Ortega. 2003-2004:14)

O "problema", então, não é mais o de ser prostituta, e sim o de não usar preservativos em todas as relações; pode-se ser gay, desde que se reduza o número de parceiros e se estabeleça práticas eróticas higienizadas; nenhum problema em ser usuário de drogas injetáveis, se o uso de seringas descartáveis for constante e o compartilhamento de seringas, vetado. Deve-se ter e exercer a autoconsciência de "querer ser" saudável, exibindo-a "de forma ostentosa, construindo um princípio fundamental de identidade subjetivada" (Ibidem: 14). Esse processo de subjetivação foi acionado via discurso preventivo.

Ao longo dessas quase três décadas desde a identificação do vírus e de um nome conferido à doença, os métodos preventivos têm sido sistematicamente revistos e polemizados. Essa discussão é internacional, mas reflete-se em contextos locais, uma vez que as diretrizes, princípios e ações se colocam como guias para os modelos nacionais.

Diversidade no Singular:
o Modelo Oficial Preventivo

O sistema oficial é tratado aqui a partir de um recorte metodológico que procura atender ao campo desta pesquisa. Por isso, restringe-se à cidade de São Paulo, e de maneira pontual às unidades de saúde e a algumas instituições governamentais e não-

---

166. Autores como Douglas Crip (1987 apud Berlant & Warner. 2002: 246) defendem que o "sexo seguro" foi uma estratégia criativa que nasceu da sexualidade gay justamente pela sua experimentação, pelos usos diversos do prazer sexual e da exploração do próprio corpo e do corpo do parceiro. Já Perlongher (1987a) e Pollak (1984) representam aqueles que vêem o "sexo seguro" como uma forma domesticada e higienizada dos gays responderem às acusações que pesaram sobre eles no início da epidemia.

governamentais que integram a rede de prevenção e assistência para HIV/aids. Na hierarquia desse sistema, o *Programa Nacional de DST/Aids* coloca-se como o órgão local de referência, portanto não se pode perder de vista o papel que tem na conformação das ações e políticas públicas. Essa rede precisa ser estendida até organismos internacionais, como a UNAIDS e seus co-parceiros[167], uma vez que as normas, diretrizes e princípios orientadores desse sistema têm sua matriz lá. Compõem o sistema profissionais de nível técnico e/ou universitário formados nas áreas da Saúde, Educação, Ciências *Psi*, pessoal do serviço de atendimento ao público, agentes de prevenção dos diversos projetos preventivos do *Programa Municipal de Aids – DST/Aids Cidade de São Paulo*. Esses/as agentes são recrutados em meio aos usuários dos serviços que têm identidade com a população visada: profissionais do sexo, usuários de drogas injetáveis, mulheres das camadas populares, gays e adolescentes. Esses agentes transitam entre os dois sistemas, guardando forte identidade com os padrões e valores de seu meio de origem, mas, em muitos momentos, aderindo aos modelos explicativos do sistema oficial.

No que se refere à prevenção da aids, os articuladores do modelo oficial reconhecem, em tese, as particularidades das vias de transmissão da doença, bem como as diferentes formas de responder a ela, o que inclui a prevenção, nas diversas regiões do mundo. E propõem-se a trabalhar o discurso preventivo a partir dessas singularidades registradas.

Enfim, o que chamo de "modelo oficial preventivo para HIV/aids" é o conjunto de procedimentos e da linha teórica e metodológica adotado pelo *Programa Nacional de Aids*, que se baseia, por sua vez, em discursos formulados no plano internacional e que, ao ser encampado em nível nacional, vem sofrendo adaptações regionais. Este "modelo" pretende responder às questões suscitadas pelo surgimento da aids e suas conseqüências. Atualmente, os seus mentores[168] acreditam que a prevenção é fundamental como estratégia de combate à aids pois, para a sustentabilidade dos programas de assistência, é preciso que haja uma contenção do aumento de casos[169]

---

167. O *Programa Conjunto de Aids das Nações Unidas* (UNAIDS) reúne seis órgãos da ONU: a *Organização Mundial de Saúde* (OMS), o *Programa das Nações Unidas para o Desenvolvimento* (PNUD), o *Fundo das Nações Unidas para a Infância* (UNICEF), o *Fundo de População das Nações Unidas* (FNUAP), a *Organização das Nações Unidas para a Educação, a Ciência e a Cultura* (UNESCO) e o *Banco Mundial* (Parker. 2000: 124)

168. Refiro-me aqui aos técnicos da UNAIDS e seus parceiros e colaboradores, conforme já citado em nota anterior. A UNAIDS foi criada em 1996 como organismo integrante da *Organização das Nações Unidas*. Segundo o site oficial da organização, a UNAIDS "trabalha em diversas frentes atuando no monitoramento e avaliação da epidemia, assim como na efetividade das respostas à mesma; na catalogação e publicação de informações estratégicas; e principalmente, na liderança e fortalecimento das respostas à epidemia: prevenindo a transmissão do vírus, providenciando assistência e suporte aos infectados e reduzindo e aliviando os impactos da epidemia para os indivíduos e comunidades" (http://www.monu.org.br/monu2005/web/comites/unaids/default.asp).

169. De acordo com Parker, o que houve de fato em relação à ênfase na prevenção – e não na assistência – deriva de uma acirrada disputa interna entre organismos internacionais responsáveis pela formulação de políticas globais para a aids (sobretudo entre alguns membros do PNUD e do *Banco Mundial*). O autor localiza essa mudança na década de 1990, contrastando-a com as respostas dadas ao problema

via prevenção, viabilizando financeiramente o fornecimento de medicamentos anti-retrovirais, bem como de outros remédios necessários ao combate das chamadas doenças oportunistas (UNAIDS. 2005).

O modelo preventivo não está circunscrito à prevenção da aids; trata-se, isto sim, de um conjunto de normas, parâmetros e diretrizes que permeiam hoje a visão médica, pautando condutas para os indivíduos evitarem agravos à saúde. Inserido nas políticas públicas de saúde, esse discurso está no marco da "estatização do biológico" e, assim, do "biopoder". Um processo que, segundo Foucault (1972, 2003), tem seu início no século XVIII com a consolidação da sociedade burguesa. A biopolítica dos corpos domesticados e docilizados, via instituições disciplinares, dá espaço hoje para uma ideologia de moralidade da saúde e do corpo (Ortega. 2003-2004).

Nas palavras de Sachs:

> The preventive orientation in modern society is indicative of ways in which our society is organized to sustain values like 'a healthy life', a 'healthy body', and a 'healthy society'. The possibilities now available of identifying 'scientifically objective' individual health risks are part of a new complex of ideas that have become an institutional feature of our society. (...) In the concept of prevention, as applied in medical practice, the individual is however not in position to foresee the built-in opinions about risk and dangers. (Sachs. 1996: 632-633)

Para Sachs, essa ênfase na prevenção dos males da saúde tem na responsabilização do indivíduo seu alicerce, o que leva à percepção dos fenômenos sociais como sendo individuais, cabendo, portanto, ao indivíduo, a administração dos mesmos. O que, por outro lado, desresponsabiliza o Estado de fazê-lo[170], ainda que este se mantenha como o principal gestor.

Na tensão entre Estado e sociedade civil surgiram, na década de 1980, as primeiras organizações não-governamentais de luta contra a aids, a discriminação e a estigmatização das pessoas atingidas pela doença, as chamadas ONG/aids (Parker. 1994, Terto Jr. 1996, Silva. 1999, Galvão. 2000, Pelúcio. 2002). Funcionaram como importantes grupos de pressão para que se discutisse a aids não apenas como fenômeno médico, mas também como uma questão político-social (Guimarães. 1998, Silva. 1999, Galvão. 2000). "Assim, devido à força e magnitude dessa pressão, foi criada uma brecha na programação oficial das sessões especiais agrupadas sob o tema "*A face da*

---

da aids nos anos de 1980. Dentre disputas burocráticas e conceituais firmou-se, ao longo da segunda década da epidemia, o conceito de que a aids não era só uma questão de saúde pública, mas também de desenvolvimento. Visão que lançou o *Banco Mundial* como "ator-chave" nessa nova configuração de políticas para a aids. Essa reformulação do conceito de aids como "um problema de desenvolvimento econômico" lança a prevenção como política viável financeiramente para a aids, em detrimento da assistência (Parker. 2000: 120-126).

170. Este modelo permeia outras áreas que se encontravam antes sobre a égide do Estado: educação, meio ambiente, saúde.

Aids", durante a *IV Conferência Internacional de Aids*, realizada em 1988, na cidade de Estocolmo" (Guimarães. 1998: 45). A autora constata que, a princípio, a perspectiva social estava sempre à margem dos grandes plenários onde os especialistas da área médica se apresentavam. A aids era mantida, assim, como monopólio dos saberes biomédicos (epidemiológicos, infectológicos, sanitários).

Com a chamada "pauperização" da aids[171], que começa a se evidenciar na década de 1980, outras ferramentas de análise e intervenção precisaram ser acionadas pelos formuladores internacionais de políticas em saúde. Reconhece-se, por exemplo, que o conceito de "grupo de risco", além de ter promovido visões estigmatizantes da aids e das pessoas portadoras do HIV, impediu que a população que não se identificava com aqueles grupos e práticas se percebesse como passível de contrair o vírus. Passa-se a considerar que o que existe de fato são "comportamentos de risco". Se "na idéia de grupo de risco, a grande estratégia é isolar, na idéia de comportamento de risco, a grande estratégia é o adestramento individual" (Seffner. 2005). Há uma responsabilização ainda maior do portador em relação à sua condição. Pois foram seus comportamentos e práticas "arriscadas" que o tornaram soropositivo.

As discussões se aprofundam com o crescimento dos casos de aids no mundo e a constatação de que as ferramentas analíticas utilizadas estavam deixando escapar aspectos sociais e culturais importantes. É nesse processo de reflexão que a *Coalizão Global de Políticas Contra a AIDS* propõe o conceito de "vulnerabilidade" como ferramenta analítica capaz de dar conta daquilo que escapava (Seffner. 2005). O conceito se difunde largamente a partir do livro *A Aids no Mundo*, de autoria de Mann, Torantola e Netter, membros da *Coalizão* e principais mentores desse novo referencial para a discussão da prevenção do HIV/aids.

Teoricamente, a inclusão do conceito de vulnerabilidade no debate desloca o foco do indivíduo para o seu entorno social, econômico e político (isto é, do conceito de risco para o de vulnerabilidade individual e coletiva, subdividida em programática e social)[172]. Pretende-se, dessa forma, considerar os valores culturais, compartilhados pelos diferentes grupos afetados pela aids. Para Guimarães,

---

171. Alguns estudos (Guimarães. 1998, Parker. 2001) discutem que a chamada "pauperização" seria, na verdade, fruto da "invisibilização" inicial de alguns grupos atingidos pelo HIV, uma vez que a grande imprensa deu destaque à forma como a aids estava se manifestando nos Estados Unidos e em países da Europa central, atingindo, sobretudo, homossexuais masculinos, o que conferia ao vírus uma carga moral que muito alimentou as páginas de jornais e revistas, bem como as telas de TVs.
172. Ayres et al. (1999) colocam a vulnerabilidade individual nos seguintes termos: ela é o inverso do *empowerment*, uma vez que evidencia as fragilidades daquele indivíduo diante da aids, seja por falta de acesso a serviços de saúde, seja por falta de informação sobre os processos de contaminação e tratamento, enfim, por falta de recursos para se proteger. Quanto à vulnerabilidade coletiva, esta avalia a vulnerabilidade/ *empowerment* de coletividades no que se refere aos subsídios que elas conseguem oferecer aos seus membros: "subsídios para sua própria avaliação, no componente social de cada fator de exposição", bem como possibilidades de "construir um diagnóstico capaz de instruir as agendas dos movimentos sociais" (p. 13 e 14). Por sua vez, a vulnerabilidade coletiva se subdivide em programática e social. A primeira diz respeito às estruturas socio-políticas e seu grau de "permeabilidade e sensibilidade" às necessidades "concretas postas para a saúde de indivíduos/

Este processo de deslocamento dos conceitos epidemiológico, desde "grupo de riso" e "comportamento de risco", ambos individualizantes, para o de "vulnerabilidade", modelo conceitual dirigido a vastos segmentos populacionais pobres e desassistidos, segue a própria representação da trajetória do vírus em todo o mundo. (Guimarães. 1998: 59)

A UNAIDS, ao constatar que a rota da aids era rumo aos países e populações mais pobres, procurou, a partir do conceito de vulnerabilidade, fortalecer essas populações "desconhecedoras de seus direitos" e sem recursos públicos adequados para o enfrentamento da epidemia. Essa estratégia, na visão de Guimarães, mantém a matriz liberal presente nos conceitos anteriores, pois visa

> dar ênfase aos diretos humanos e à "conversão à cidadania" ou "cidadanização (Duarte et al. 1993) como única solução para vencer sua vulnerabilidade. Esse modelo, que requer a "individualização", "racionalização" e "responsabilização", servirá como fonte de critérios objetivos para romper com situações de vulnerabilidade crônicas associadas ao "atraso", à ignorância" e à "falta de condições subjetivas" e no fim se instituem em entraves a auto-percepção de risco, à prevenção e ao controle da epidemia nesse meio (Guimarães. 1998: 60)[173].

Como se trata de uma matriz internacional e internacionalizante, esse conceito também é incorporado pelo *Programa Nacional de DST/Aids* do Ministério da Saúde. De acordo com os manuais de prevenção dessa agência pública brasileira, a "vulnerabilidade" é definida como:

> a **pouca ou nenhuma capacidade do indivíduo ou do grupo social** decidir sobre sua situação de risco, podendo variar segundo a posição e situação em relação à condição de gênero, raça, fatores e condições socioeconômicas, acesso aos serviços e insumos de saúde, fatores políticos e até mesmo biológicos. (www.aids.gov.br. Grifo meu.)

Como ocorre no discurso internacional, o "risco"[174] também se mostra estruturante da prevenção local. O documento *"Políticas Públicas de Saúde para a Promoção à Saúde, Prevenção das DST/Aids e Garantia dos Direitos Humanos das Pessoas Vivendo com HIV/Aids"* define o risco como sendo:

---

populações nestes tempos de aids" (p.14). No que se refere à vulnerabilidade social, parte-se de oito indicadores propostos pela ONU no *Programa de Desenvolvimento das Nações Unidas*. Deve-se trabalhar com um escore capaz de identificar a garantia ou não de diretos humanos, sexuais e de cidadania que cada comunidade específica tem acesso.

173. Trata-se, pois, de controlar e adestrar os pobres do "terceiro mundo". Agora a aids, que já tinha sexualidade, cor e gênero, ganha também uma classe social.

174. Não se trata de "grupo de risco" ou mesmo "comportamento de risco", mas da idéia de que estamos todos em risco, estando alguns indivíduos em situação de "risco acrescido".

> A exposição de indivíduos ou grupos a determinados contextos que envolvem comportamentos, modo de vida, opção sexual, aspectos culturais e sociais em relação à construção e representação da sexualidade e do uso de drogas em determinada sociedade, e que, portanto, tornam as pessoas ou grupos suscetíveis aos agravos à saúde. (www.aids.gov.br)

Em países como o Brasil, tal modelo preventivo para HIV/aids visa às classes populares, no sentido de "empoderá-las" para que, por essa via, possam se assumir como "sujeitos de sua saúde". Apesar do estudo de Guimarães se reportar a uma realidade de quase uma década, muito do que a autora discute ainda está presente, no que se refere aos conceitos, estratégias e guias para ações preventivas do HIV/aids. Como, por exemplo, a percepção dos formuladores de políticas preventivas de que é preciso agir sobre os "obstáculos culturais", uma vez que estes "impedem que cada indivíduo assuma a sua responsabilidade diante do risco de infecção". (Guimarães. 1998: 84)

O que se vê atualmente é que a busca por uma homogeneização de condutas permanece, ainda que os discursos sobre a "diversidade" estejam cada vez mais presentes nos documentos internacionais[175] que informam e orientam práticas preventivas locais, sejam das organizações governamentais, sejam das não-governamentais. O que embasa "novos" discursos preventivos é, justamente, a permanência da percepção de que há valores, crenças e práticas locais[176] (isto é, fora dos padrões das sociedades modernas ocidentais e/ou fora da heteronormatividade) que criam impedimentos para que o receituário preventivo atue da maneira pretendida por seus formuladores.

No texto *Intensificando a Prevenção ao HIV - Documentação Referencial: Políticas de Prevenção ao HIV/Aids*, de junho de 2005, publicado pela UNAIDS[177], um dos princípios que aparece como pilar de sustentação para as políticas preventivas refere-se à "promoção e ao respeito aos direitos humanos", incluindo neste conceito (nunca definido, mas subentendido como a lista de direitos constantes da *Declaração Universal dos Direitos Humanos*) o de "igualdade de gênero", também não

---

175. Cito como exemplo a seguinte fala: "os esforços de prevenção não podem funcionar em um clima de preconceito e discriminação, tampouco sem a participação de todos aqueles envolvidos: homens e mulheres, jovens e, sobretudo, das pessoas que vivem com o vírus. Conseqüentemente, o compromisso da UNESCO e dos programas de defesa dos direitos humanos, criados para estabelecer um ambiente eficaz de políticas personalizadas para educação e igualdade de gênero, constituirão elementos decisivos de nosso empenho". Mensagem do diretor geral da UNESCO, Sr. Koichiro Matsura, sobre o *Dia Mundial de Luta Contra a Aids*, de 01/12/2005. (http://www.unesco.org.br/noticias/opiniao/disc_mat/aidsdia/mostra_documento)
176. Uso aqui o termo em contraponto ao termo "global"; entendo este como um modelo estandardizado de costumes, práticas, crenças, enfim, visão de mundo, pautado pelos valores estruturantes dos indivíduos pertencentes às camadas médias dos países capitalistas, tanto dos centrais como dos chamados "em desenvolvimento".
177. Enfatizo esse documento, especificamente, por ser ele uma resposta recente da UNAIDS às demandas do *Conselho Coordenador do Programa*.

desenvolvido ao longo do documento, mas tomado como essencial para a efetivação e sucesso dos programas preventivos em andamento ou a serem implantados. Somam-se a esses princípios ações políticas tidas como imprescindíveis para a prevenção ao HIV, entre as quais destaco a abordagem das "normas culturais e das crenças, reconhecendo tanto o papel fundamental que elas podem desempenhar no apoio aos esforços para a prevenção, quanto o potencial que apresentam para **estimular a transmissão** ao HIV". (UNAIDS. 2005:15. Grifo meu.) Ao sublinhar esta ação específica, entre as doze outras listadas, pretendo refletir sobre a (in)compatibilidade entre o princípio norteador de respeito aos Direitos Humanos e a mensagem implícita de modificação de aspectos comportamentais e culturais (inclusive o de igualdade de gênero), que percorre todo o corpo do documento, aparecendo de maneira bastante clara no trecho reproduzido abaixo:

> **Normais culturais e crenças.** A transmissão ao HIV é estimulada por diversos fatores, incluindo, dentre os mais importantes, o contexto **criado pelas normas, mitos, práticas e crenças locais**, bem como realidades sociais, econômicas e de segurança pessoal. **Os esforços para a prevenção ao HIV devem ser elaborados em combinação com essas normas, práticas e crenças que dificultam a prevenção ao HIV. Simultaneamente, essas normas, práticas e crenças, que potencialmente podem apoiar a prevenção, precisam ser intensamente aproveitadas.** (UNAIDS. 2005: 17. Grifos meus.)

A primeira questão que me ocorre é: a que tipo de "humanos" tem se referido o documento quando fala em direitos? Quais são os direitos tidos como humanos, de fato? Parece-me que parte-se do pressuposto da universalidade desses direitos, sendo assim desejados e desejáveis para todos os povos, culturas, grupos, comunidades. Quando se fala em direitos humanos, ao longo do documento em questão, não estaríamos diante de uma concepção específica de "humano", ou melhor, de Pessoa, mais afeita às sociedades ocidentais modernas?

Tratar algumas práticas como sendo "de risco" e, assim, pretender aboli-las, não seria também ferir os "direitos humanos"? Difundir esses valores não ajudaria a estigmatizar, ou mesmo a aumentar um estigma já existente em relação a alguns grupos, quando o próprio documento frisa a necessidade de se combater estigmas?[178]

No documento, que é referencial para a formulação global e focada de ações preventivas, está clara a intenção de se intervir em "normas", "crenças" e "práticas" locais que pareçam se chocar com as medidas preventivas apregoadas e consideradas legítimas pela UNAIDS. O discurso preventivo, com sua atual roupagem de respeito às diversidades ou de tolerância cultural, tem suas nuances locais. No Brasil, a campanha

---

178. Conforme se lê na página 15 do documento em questão: "Ações políticas essenciais para a prevenção ao HIV - 1.Garantir que os direitos humanos sejam promovidos, protegidos e respeitados e que medidas sejam adotadas para eliminar a discriminação além do **combate ao estigma**". (UNAIDS. 2005: 15. Grifo meu.)

nacional *Travestis e Respeito* (2004)[179], do *PN-DST/Aids* do Ministério da Saúde, pode servir de exemplo dessa atual perspectiva de prevenção.

A mencionada campanha contou, em sua elaboração, com travestis ativistas do movimento social de luta contra a aids e/ou por direitos humanos, que não só serviram de modelos fotográficos[180] como também ajudaram a compor o texto do material a ser divulgado. Como resultado dessa oficina, saíram alguns materiais gráficos como 19 mil cartazes[181] "para o público em geral", segundo definição do próprio *PN-DST/ Aids*; 10 mil fôlderes intitulados *A Travesti e os Educadores*; 10 mil fôlderes voltados para os profissionais de saúde (*A Travesti e os Profissionais de Saúde*) e 50 mil exemplares da cartilha *Ser Travesti*.

A cartilha traz uma série de informações, intercaladas com "dicas", numa estrutura clara: a informação segue a visão dos formuladores de políticas públicas em saúde, e as "dicas" servem para criar familiaridade do público-alvo com o material gráfico. Nesse espaço se tem a foto das travestis que participaram da oficina para a formulação da campanha e, num box, a dica, sempre com termos próprios do universo travesti.

Entre as diversas dicas e informações, aparecem orientações sobre a aplicação se silicone industrial. Ali estão algumas recomendações que as travestis devem seguir antes de "*se bombar*", como ter atenção com as condições de higiene do local, conhecer o trabalho da *bombadeira* e ficar ciente que essa prática é ilegal. Numa fonte menor, aparece a seguinte informação relativa à prática da *bombadeira*: "Contravenção prevista no Código Penal, Exercício ilegal da medicina artigo 312, Exercício do curandeirismo artigo 313 e lesão corporal grave artigo 129".

Mostrei a cartilha a algumas travestis. Jéssica se admirou com a correção no uso das gírias. Ao se valer dos termos próprios do grupo e mostrar, através de uma suposta identidade semântica, conhecimento sobre seus modos de intervenção corporal, os profissionais de saúde e formuladores de políticas públicas criam uma "cumplicidade"

---

179. Mesmo com a perceptível culpabilização e identificação das travestis como vetores da aids, o *PN-DST/Aids* não tinha qualquer política preventiva específica para esse segmento até fevereiro de 2004, quando foi lançada a campanha *Travesti e Respeito*, que, na verdade, não pretendia ter um cunho marcadamente preventivo. Antes disso, visava promover uma inserção menos problemática das travestis na sociedade abrangente e, particularmente, junto aos serviços de saúde. A prevenção da aids entre travestis foi até então tratada pelas ONG, com projetos muitas vezes financiados pelo próprio *Programa Nacional de Aids*, mas sem a efetiva intervenção em campo desta agência pública. Porém, no senso comum, a relação já estava dada e informada, inclusive, por campanhas de esclarecimento de tom alarmista, que foram a marca da prevenção nos primeiros anos da epidemia (Daniel e Parker. 1991, Parker 1994, Galvão. 2000. Gilman. 1991).
180. Via de regra, as travestis engajadas em movimentos sociais estão com mais de 30 anos. Pertencem a uma geração que teve um acesso mais restrito à tecnologia estética. Por esse motivo não são tão "*belas*" (classificação nativa associada ao feminino), segundo as travestis mais novas. Ao mostrar a referida cartilha a diferentes travestis, quase sempre ouvi comentários sobre a falta de beleza das modelos. O que sugere que o *PN-DST/Aids*, acreditando fazer a escolha certa das modelos, não conseguiu sensibilizar o público visado, por este não querer parecer com as travestis que posaram para a campanha.
181. São dois modelos de cartazes (um vertical e outro horizontal), com a mesma mensagem.

com essa forma das travestis se cuidarem. O que permite transformá-las, na busca de promover uma adesão ao conjunto de valores, técnicas e terapias da Biomedicina. Um saber que, na fala de Jéssica, aparece como já conhecido, o que não significa que está incorporado. Diz ela ainda sobre a cartilha: *"Isso tudo aqui, a gente tá cansada de saber. Mas é bonitinha. É legal! Onde você conseguiu?"*.

Havia obtido a cartilha no **Centro de Especialidades de São Carlos**. O material estava guardado na sala da coordenadora do **Programa Municipal de Aids** e, parece-me, ali ficou: nas minhas visitas posteriores ao local jamais vi os cartazes, fôlderes ou cartilhas expostos. Assim como nenhuma das travestis que se prostituem, e com as quais convivo, em São Carlos e São Paulo, mostrou já conhecer o material.

Um dos canais acionados pelo **PN-DST/Aids**, na tentativa de minimizar essa relativa indiferença das travestis em relação às mensagens e serviços oferecidos pelas unidades públicas de saúde especializadas em DST/aids, é a formação de lideranças do movimento social. O que está de acordo com as orientações da UNAIDS e **do Banco Mundial**[82].

As travestis engajadas em ONG e associações são contatadas e "capacitadas" pelo **PN-DST/Aids** para divulgarem, através de palestras, as mensagens preventivas e medidas chamadas de "redutoras de danos". Luana Cotrofi, uma dessas líderes, fez a seguinte fala para uma platéia de travestis em Campinas, São Paulo:

> E temos o **PRD Silicone**, que é um projeto de redução de danos ao uso de silicone [Luana se refere à ONG Nostro Mundo, da qual ela era, à época, presidente], *onde a gente passa pras travestis. E é aquela coisa, né?* **A gente não quer que as travestis parem de se bombar.** *Que bom se a gente parasse de se bombar, mas tivesse outro meio mais eficaz pra gente criar bunda, quadril, peito e tudo mais: as reformas que a gente quer fazer no corpo da gente pra ficar mais bonita.* **Até pra nossa auto-estima melhorar**, *né? (...) Então, primeiro a gente passa pras bombadeiras, monta uma oficina pra elas e mostra como se bomba. Não como comprar o silicone porque a gente não entende nada de silicone, onde se compra, qual é o melhor, qual é o pior, isso eu não sei. Mas a maneira correta de tá usando o silicone, né?* **Ela com luvas, seringas, cada uma levando a sua seringa, sua agulha,** *né? A bombadeira não tá sob o efeito de droga em geral... Porque álcool é droga, cocaína é droga, maconha é droga. Nem a bombadeira, nem a travesti que vai se bombar: tem que tá totalmente lúcida, tanto a bombadeira como a gente. O* **quarto, um ambiente limpo, é muito importante isso. Cama limpa, a sua roupa limpa, com um bom banho tomado. É bom fazer antes um exame pra ver se tem sífilis ou se não tem. Se a saúde está perfeita.** *Não comer comida carregada uns dias antes. Carne de porco, aquela coisa toda. Aquelas que usam drogas, evitar (pelo menos uma semana antes) usar drogas, pra tá com o corpo mais sadio um pouco. Pra depois, quando o silicone entrar no corpo, não acontecer alguns problemas que a gente sabe que acontece com o silicone.* (Palestra proferida em Campinas, em 16/10/2004, no **Centro de Referência e Testagem**, promovida pelo **Grupo Identidade.** Grifos meus.)

---

182. Para mais informações sobre essa diretriz, consultar o documento *Intensificando a Prevenção ao HIV - Documentação Referencial: Políticas de Prevenção ao HIV/Aids*.

Luana, como líder de uma ONG, traz em sua fala a marca do discurso oficial preventivo, presente no próprio projeto que apresenta: o de redução de danos[183]. Procura frisar que respeita os saberes das *bombadeiras*, como reconhecer qual é o melhor silicone e onde comprá-lo, comportamento presente também nos discursos das técnicas do ***Tudo de Bom!*** (como pretendo mostrar oportunamente), que, por sua vez, soam bastante afinados às orientações consolidadas no documento da UNAIDS.[184]

Ainda que traga alertas próprios da percepção de cuidados das travestis (como a não ingestão de carne de porco antes de se *bombar*) Luana, conhecedora do cotidiano do grupo por ser ela mesma travesti, faz recomendações que se confrontam com a dinâmica e realidade do mesmo.

Uma sessão de aplicação de silicone não obedece à racionalidade de uma consulta médica, ainda que haja agendamento prévio, preparação do local e cuidados com o manuseio do material. A previsibilidade não faz parte da dinâmica de vida das travestis que se prostituem. Assim, manter-se sem uso de álcool (ou qualquer outra droga) e fazer exames prévios podem ser procedimentos inviáveis para quem trabalha na noite, e que não impedirão que tanto a travesti que "*se deita*"[185] quanto a *bombadeira* realizem o processo. Ademais, o ambiente asséptico, que remete à realidade de clínicas e hospitais do sistema oficial de cura/tratamento, não corresponde ao espaço doméstico onde as *bombadeiras* trabalham. Ao contrário do que acontece quando há uma internação hospitalar, ao *se bombar* a travesti não experimenta uma ruptura com seu cotidiano nem um "desfazer de suas certezas e identidades" para se transformar em paciente (Sant'Anna. 2001: 31) e, assim, num "corpo em pedaços", sobre o qual incidem práticas e manipulações descontínuas e fragmentadas[186]. Submetido à rotina hospitalar, o paciente tem pouco ou nenhum controle sobre os procedimentos médicos e sobre essa rotina. Sant'Anna usa o conta-gotas como metáfora para ilustrar o controle que a instituição tem sobre os pacientes: as visitas são ministradas em dosagens controladas;

---

183. De acordo com o ***Manual de Redução de Danos*** (2001) publicado pelo Ministério da Saúde, a metodologia de Redução de Danos "orienta a execução de ações para a prevenção das conseqüências danosas à saúde que decorrem do uso de drogas, sem necessariamente interferir na oferta ou no consumo"."As ações de redução de danos constituem um conjunto de medidas de saúde pública voltadas a minimizar as conseqüências adversas do uso de drogas. O princípio fundamental que as orienta é o respeito à liberdade de escolha. À medida que os estudos e a experiência demonstram que muitos usuários, por vezes não conseguem ou não querem deixar de usar drogas e, mesmo esses, precisam ter o risco de infecção pelo HIV e hepatites minimizado" (p: 11). A mesma lógica metodológica orienta o uso do silicone e dos hormônios femininos entre travestis.
184. Diz o texto: "Programas de prevenção ao HIV com maior abrangência se beneficiam de maneira ampla da informação atualizada no que diz respeito à transmissão e a medidas que podem ser adotadas para proteger contra a infecção. **Essas medidas de prevenção devem ser oferecidas aos indivíduos e comunidades de maneira franca, não discriminatória e aberta.**" (UNAIDS. 2005:13. Grifo meu.)
185. Termo nativo para designar o momento de receber a aplicação de silicone.
186. Denise Sant'Anna defende que o paciente hospitalar tem sua subjetividade transformada e reduzida "à identificação de elementos corporais – sangue, genes, óvulos, espermas, órgãos, ossos, etc. – passíveis de mensuração e avaliação científica" (2001: 32).

as informações sobre o estado do paciente idem; assim como o soro. "O que implica em viver sob a angústia da espera. Espera-se o próximo remédio, o próximo diagnóstico, a próxima visita, a próxima refeição, o próximo banho, o próximo dia e a próxima noite" (Ibidem: 31). Quadro que, segundo meus registros apontam, é muito distinto daquele vivido pelas travestis no momento em que *se bombam*.

Geralmente, o dia de *bombar* é um dia como outro qualquer na rotina da casa, o que pode levar a *bombadeira* a suspender a sessão programada por conta de questões referentes à administração de seu negócio. Para evitar cancelamentos, Monique, a quem pude acompanhar em ação, prefere fazer esse trabalho no final da tarde, quando "*as bichas*" da casa já estão de saída para a rua.

A excitação de quem vai *bombar* é visível, mesmo quando não é a sua primeira vez. Há grande apreensão, principalmente porque se fala muito, entre elas, da dor que se passa durante o processo. Teme-se também pelos resultados, mas não se fala muito sobre os possíveis problemas estéticos e de saúde que o silicone pode causar. Uma sessão de aplicação de silicone nas nádegas e quadris, a mais procurada, leva em média cinco horas. Na segunda vez em que fui acompanhar uma sessão, cheguei quando o trabalho já havia sido iniciado, conforme registrado em meu diário de campo:

> No dia seguinte, pela noite, enquanto Gisele se recupera deitada de bumbum para cima no quarto coletivo, Monique, em seu quarto, aplica silicone em Juliana Carão[187]. O processo me pareceu mais complicado, pois Juliana já tinha silicone. Nesta oportunidade quem auxilia Monique é Francine, que é a ajudante oficial. Francine já começa também a injetar. Quando entro no quarto, é ela quem bomba Juliana, sentada sobre suas pernas, injeção em punho. O som está muito alto, como é de hábito na casa. No quarto, além da bombadeira, auxiliar e "paciente", estamos eu, Jéssica e Fábio, namorado de Monique, que está deitado num canto, jogando no celular.
> Juliana fuma na cama e agüenta firme a dor. Peço permissão para fotografar, ao que ela consente. Pergunto se está doendo. "Tá, muito!", mas continua firme, sem gritos, só caretas e tragadas.
> (diário de campo, 16/12/2005)

O ambiente familiar em que Juliana se encontrava ajudava-lhe a sustentar a dor das seguidas inoculações feitas sem anestesia. A conversa, o cigarro, o entrar e sair das colegas que vinham dar palpites ou fazer comentários, a mão firme de Francine, as orientações de Monique, compunham o quadro que lhe permitia agüentar as longas horas da sessão. Tudo muito distante das orientações higienistas de Luana.

As recomendações para o não uso do silicone líquido não se fazem acompanhar de uma política de saúde que permita o acesso menos oneroso e constrangedor das travestis às próteses cirúrgicas. Assim, a Redução de Danos soa mais como uma medida

---

187. "*Carão*" é uma gíria usada entre as travestis para indicar que a "*bicha*" tem um rosto bonito, "*de mulher*". "*Fazer carão*" também pode significar fazer expressões forçadas de charme.

paliativa, e uma forma de controle e disciplinarização, do que de preocupada tolerância. Discurso que encontra seus limites na lógica biologizante que o estrutura e na estreiteza do debate acerca dos aspectos culturais, de gênero e, sobretudo, da sexualidade, sempre vinculada ao "risco".

As travestis não são um problema de saúde pública, mas, via aids, acabam sendo tratadas como tal. Até porque, tem sido nos espaços das unidades especializadas em DST/aids que elas têm encontrado possibilidades de serem ouvidas, vistas e, assim, experimentado uma cidadania possível, ainda que esta esteja associada a doenças sexualmente transmissíveis e à aids.

O que o discurso preventivo parece não considerar é que o problema das travestis é o estigma, e não a aids. Assim, as medidas de prevenção dirigidas a elas não se efetivam (pelo menos não na proporção desejada pelos/as profissionais de saúde) porque o entorno em que elas vivem permanece o mesmo. Os que as coloca em permanente "risco" não é uma doença que pode levar até dez anos para se manifestar, mas a dor do estigma que as expulsa de casa, fecha a porta da escola e, conseqüentemente, limita as possibilidades no mercado de trabalho. Essa constante abjeção restringe suas vidas ao competitivo mercado do sexo, à noite e às esquinas. Essa realidade leva muitas travestis a um processo depressivo associado, freqüentemente, ao envolvimento com drogas lícitas e ilícitas. A droga é vista por algumas de minhas informantes como o "maior problema de saúde das travestis", e não a aids.

No que se refere especificamente às demandas das travestis em relação à saúde, o que pude observar é que são distintas daquilo que o sistema público de saúde lhes oferece[188]. Ao não reconhecer o desejo das travestis como algo ponderável, o projeto de cidadanização do modelo preventivo se esvai: sai o "c" e entra o "s". "SIDAdanizadas", as travestis precisam abdicar de uma cultura própria, sem terem uma contrapartida que faça suas vidas mais habitáveis.

Já mencionei que ao longo da história da epidemia da aids a prevenção tem sido considerada uma questão delicada e polêmica, justamente por incidir sobre questões culturais, comportamentais, valores e crenças diversas. Os redatores do documento **Intensificando a Prevenção ao HIV** mostram ter consciência desse quadro. Daí o relevo que dão a esses aspectos, listando diretrizes e estratégias capazes de coadunar "direitos humanos" e sua raiz individualista moderna, com as realidades culturais

---

188. Enquanto fazia a revisão deste material para publicação, a secretária de Saúde do Estado de São Paulo inaugurou na capital o Ambulatório para Travestis e Transexuais, o qual deve oferecer assistência integral a travestis e transexuais. Para tanto disponibiliza atendimento especializado em urologia, proctologia e endocrinologia (terapia hormonal), avaliação e encaminhamento para implante de próteses de silicone e cirurgia para redesignação sexual. Segundo a assessoria de imprensa da Secretaria, "as demandas foram estabelecidas com base nas solicitações mais recorrentes observadas nos serviços de saúde e apontadas também pelos movimentos sociais que atuam no setor". O Ambulatório anunciado como o primeiro do Brasil voltado para esses segmentos tem, segundo amesma fontes, capacidade para atender até 100 pacientes por mês . (http://www.saude.sp.gov.br/content/woclugiceu.mmp)

específicas. Obscurecem, assim, as implicações ideológicas que permeiam essas ações, pois acreditam que "os direitos humanos" são de fato universalizáveis, ainda que partam de uma matriz específica, datada e historicamente constituída.

Os desafios de se lidar com o avanço da aids justificaria essas intervenções que também são calcadas em crenças, que, por serem hegemônicas, não são percebidas como tal. Recaem, então, sobre os valores tradicionais e estruturantes da visão de mundo dos grupos sulbartenizados à culpa pelo insucesso da prevenção. Lidar com demandas globais e procurar combiná-las a particularidades locais tem sido a intenção desses formuladores de estratégias de prevenção ao HIV. Porém, para tal fim, estes formuladores têm se valido de ferramentas conceituais que se pretendem universalizantes e que, de fato, não fazem sentido para muitas dessas populações visadas. Falam em "diversidade", quando, de fato, seria analiticamente mais produtivo trabalhar na perspectiva da diferença.

Homi Bhabha propõe que "se a diversidade é uma categoria ética, estética ou uma etnologia comparativa, a diferença cultural é um processo de significação através do qual afirmações **da** cultura ou **sobre** a cultura diferenciam, discriminam e autorizam a produção de campos de força, referência, aplicabilidade e capacidade" (Bhabha. 2005: 63). E prossegue: "O conceito de diferença cultural concentra-se no problema da ambivalência da autoridade cultural: a tentativa de dominar em nome da supremacia cultural que é ela mesma produzida apenas no momento da diferenciação" (Ibidem: 64). Considera-se, nessa perspectiva, que a diferença se constrói a partir de valores que estabelecem hierarquias, e que as pessoas orientam seus comportamentos por essas referências, bem como subjetivam por meio das experiências que essa realidade impõe. A diversidade seria, por essa vertente do pensamento, uma categoria focada na segmentação cultural, na qual cada segmento teria seus direitos garantidos a partir de uma lógica liberal, e não libertária. Enquanto a diferença provocaria o enfrentamento, o embate, os acordos, o convívio e, assim, mudanças nos indivíduos e, assim, nas relações sociais.

No caso específico da prevenção à aids, essa opção pela "diversidade" como um referencial apenas descritivo, e não teórico/epistemológico, apaga "os marcadores efetivamente significativos, úteis para a compreensão das continuidades e descontinuidades nas representações sobre corpo, emoção, pessoa, dor, doença e saúde" (Duarte. 1998: 18)[189]. Acredito que pensar os projetos preventivos a partir da chave da "diferença" poderia trazer mais luzes ao debate. Nesta perspectiva, volto a discutir o modelo preventivo paulistano, cujo projeto *Tudo de Bom!* me serve de base empírica.

---

189. O citado autor faz essa menção como crítica ao uso do conceito de "cultura" como um referencial apenas descritivo, e não teórico/epistemológico. O problema teórico do conceito de "diversidade" me parece semelhante, por isso a reprodução desse trecho, ainda que o mesmo apareça originalmente em outro contexto.

4.
Tudo de Bom Para as Travestis

Do Posto Para a Pista

Até o início desta década não havia projetos de organizações governamentais (OG), como os ***Programas Estaduais ou Municipais de DST/aids***, que realizassem trabalho preventivo de campo, isto é, com funcionários públicos abordando a clientela visada no ambiente no qual esta vive. Este tipo de abordagem era "terceirizada", cabendo às ONG e/ou outras organizações da sociedade civil realizarem as intervenções junto às populações-alvo. As OG avaliavam as propostas e as financiavam, ou não[190]. Os projetos aprovados eram monitorados, avaliados periodicamente e podiam ter seu financiamento renovado ou vetado. Segundo Jane Galvão (2000), este expediente gerou a "ditadura dos projetos" no âmbito das ONG que, em busca de financiamento, procuravam adequar suas propostas mais às exigências das OG do que às demandas de seu entorno.

No caso paulistano, a mudança dessa perspectiva e a inserção dos próprios funcionários públicos na atuação em campo iniciou-se partir da gestão de Marta Suplicy, em 2001. Fernanda, uma das técnicas do ***Tudo de Bom!*** junto ao ***SAE Campos Elíseos***, acompanhou as primeiras ações nesse sentido. Ela lembra que a proximidade daquela unidade de saúde do ambiente em que viviam muitas travestis prostitutas chamou a atenção dela e de outras profissionais para a necessidade de abordá-las e trazê-las ao serviço para falar sobre prevenção às DST e aids. Assim, no final de 1998, início de 1999, esse movimento começou a se consolidar. A idéia era oferecer atrativos como oficinas para gerar renda, lanches com bate-papo, enfim, atividades que, segundo a educadora de saúde, pudessem suscitar nas travestis o interesse em efetuar esse contato. Fernanda comenta que o grupo de profissionais da saúde estava "tateando" em busca de mecanismos de aproximação.

> *Eles* [refere-se às travestis] *não tinham o costume de freqüentar unidades de saúde. Eles tinham, assim, receio de como iriam ser tratados. E, na verdade, não foi muito fácil, não. (...) E, então,*

---

190. Essa ainda é a dinâmica da maior parte dos projetos preventivos atualmente em vigor.

aí vieram esses pouquíssimos travestis mediante um convite, né? E veio junto esse cafetão, disfarçado. Ele gostaria realmente de saber o que se fazia (...) E elas vinham, aprendiam a colocar a camisinha direitinho, algumas orientações sobre o HIV, aids, essas coisas assim. (Fernanda, em entrevista concedida à pesquisadora, em 19/04/2005.)

Essas primeiras reuniões entre profissionais da saúde e travestis ocorriam num momento em que a saúde pública na cidade de São Paulo funcionava no sistema de cooperativa privada, chamado **PAS** (*Plano de Atendimento à Saúde*), implantado em 1995 na gestão de Paulo Maluf. Em 1999, o **PAS** trocou o nome para **SIMS** (*Sistema Integrado Municipal de Saúde*), sistema que só foi substituído em 2001, pelo **SUS**, na gestão de Marta Suplicy (2000-2004). Marta assumia com grande expectativa das organizações não-governamentais de luta contra a aids e dos movimentos sociais de minorias sexuais. Essas mudanças no plano político-administrativo possibilitaram a implantação de projetos como o **Tudo de Bom!** que, a partir de 2001, se institucionalizam.

Para a reorganização da política de saúde e dos serviços de DST/aids na capital, a integração ao **SUS** e a ênfase na prevenção e "humanização" dos serviços de DST/aids começam a ser estabelecidas como prioridades. Como princípios balizadores foram listados: defesa dos direitos civis e humanos, respeito à diversidade, construção da cidadania, defesa dos princípios do **SUS**[191] e parcerias com ONG, organizações da sociedade civil (**OCS**), universidades e empresas (Mesquita e Turienzo. 2003: 17).

Ainda sob o ponto de vista desses profissionais,

> na ausência total de uma política municipal para a área, o que aconteceu de bom em DST/Aids nesse período - e na assistência aos doentes foi onde isto mais se evidenciou - devem se à iniciativa única e exclusiva das equipes que trabalharam nestas unidades específicas, da maneira que era possível. (...) Haviam iniciativas pontuais diferenciadas, das quais se destacavam o projeto prevenção de DST/Aids realizado nos cinemas pornôs ("*de pegação*") do centro da cidade, desenvolvido pelo **CTA Henfil** e a iniciativa dos funcionários do **CR Herbert de Souza**, de organização da **Associação de Funcionários do CR Betinho** e de desenvolvimento de várias atividades com os usuários e a comunidade como o curso de alfabetização de adultos e de informática, teatro e na criação de um site que, embora priorizassem a adesão ao tratamento, estimulavam, em certa medida, a prevenção. (Ibidem: 14 e 16)

O depoimento de Fernanda mostra uma dessas iniciativas isoladas mencionadas na citação acima:

---

191. Os princípios constitucionais do SUS são universalidade no acesso, integralidade nos cuidados, equidade no tratamento, descentralização administrativa e controle social a partir da participação efetiva dos usuários.

> Não era tão bacana como foi na gestão da Marta [Suplicy], porque teve preservativo em boa quantidade. Nunca faltou. Naquela época, sim, faltava preservativos [refere-se à gestão anterior, de Celso Pitta]. Então, muita gente falava 'eles vêm por causa do preservativo'. É verdade! Mas vinham também por causa da orientação. Eles [refere-se às travestis] queriam saber o que podiam fazer, como se prevenir pra não adoecer. E aí começou todo um trabalho de prevenção com relação ao HIV/aids, depois hepatite, TB [tuberculose]... (...) E aí começou a crescer o número, começou a crescer a procura e a gente passou a formatar um trabalho mais assim... pra poder saber quem realmente vem, quem só vem pegar [camisinhas]... Começamos a adotar um critério de inclusão. Começou a vir preservativos em quantidade maior, sempre com as palestrinhas. Assim foi o trabalho. Hoje tem 600 e alguma coisa inscritos, muita gente já fez a vacina de hepatite. A maioria deles já fez o teste [de HIV]. Aí veio a Cristina Abbate[192] com esse negócio do **Tudo de Bom!**. Aí ela reuniu alguns técnicos em algumas unidades e fez um treinamento pra levantar alguns agentes de saúde. E levantou, treinou e esse projeto tá aí até hoje. (Técnica responsável pelo **Tudo de Bom!**, em entrevista concedida à pesquisadora, em 19/04/2005.)

Na atual configuração do ***DST/Aids Cidade de São Paulo***, a ***Área Temática*** responde pelos projetos preventivos, e encontra-se sob a coordenação da ***Unidade Técnica de Prevenção***[193], que por sua vez subordina-se ao ***Programa Nacional de DST/Aids***. Os projetos preventivos, como o enfocado aqui, devem estar, portanto, em sintonia com as instâncias nacionais, ainda que adotem nuances próprias, como o paradigma da "prevenção dialogada".

No município de São Paulo, os serviços para HIV/aids são divididos por complexidade. Ao todo são 24 serviços (distribuídos por diversas regiões da cidade, que estão orientados pelos princípios do ***SUS***: integralidade, universalidade e eqüidade. Os serviços respondem às determinações dos interlocutores de prevenção que atuam em cada subprefeitura, a partir de uma coordenação de saúde que, por sua vez, tem acesso direto à Secretaria Municipal de Saúde.

---

192. À época, Cristina Abbate era responsável pela área de prevenção do ***Programa Municipal de Aids***; até o momento de revisão deste livro (junho de 2009) Abbate era coordenadora geral do programa, conhecido hoje como ***DST/Aids Cidade de São Paulo***.
193. É a unidade "responsável pela formulação e implantação de uma política nacional de prevenção de DST/HIV/AIDS. Desenvolve e propõe estratégias de intervenção comportamental junto à população em geral e grupos de maior vulnerabilidade. Além de promover o fomento à implantação de modalidades de serviços de saúde que atuam na prevenção primária e secundária do HIV e das DST. As estratégias adotadas visam aumentar os níveis de informação e consciência da população em relação ao risco de infecção das DST e da aids, buscando sempre ampliar a cobertura e o impacto das intervenções adotadas. Além disso, a Unidade de Prevenção atua na: promoção do fortalecimento das redes sociais; apoio às iniciativas comunitárias; apoio a projetos de intervenção comportamental; elaboração de material educativo e informativo; promoção da articulação entre a rede de serviços de saúde, fabricantes de preservativos e sociedade civil organizada para a implantação de marketing social do preservativo; produção de campanhas de massa por intermédio da mídia impressa e eletrônica e intervenções educativas; desenvolvimento de parcerias com ONG, associações de classe, comunitárias e setor privado; e criação de mecanismos institucionais para ampliar a participação do setor privado e de outros agentes sociais na luta contra a aids". (www.aids.gov.br)

Os critérios para que uma unidade de saúde passe a alocar o *Tudo de Bom!* são dados pela observação feita pelos coordenadores de saúde ligados às subprefeituras. Estes atentam para as demandas vindas dos serviços, realidade sócio-espacial, se há comércio sexual na região, entre outros elementos que justifiquem a inclusão da região no âmbito do projeto[194].

Atualmente, os projetos da *Área Temática* têm seus recursos advindos do *Planejamento de Ações e Metas* (*PAM*), isto é, o dinheiro provém de recursos públicos, o que significa que não estão à mercê da renovação (ou não) de financiamentos de agências de fomentos nacionais e/ou internacionais, o que, teoricamente, garantiria a continuidade dos mesmos. Apesar da perenidade alcançada pelos projetos, especificamente pelo *Tudo de Bom!*, alguns desafios ainda se colocam no cotidiano das técnicas e agentes.

Um desses desafios, segundo várias técnicas entrevistadas, é o de se formar uma equipe interna mais afeita à "diversidade sexual" e às identidades estigmatizadas, tais como as prostitutas e travestis. O que não é tarefa fácil, pois, como lembra a técnica Tereza, dentro de uma unidade de saúde, assim como na sociedade mais abrangente, há pessoas resistentes e que não se sentem confortáveis em lidar com essa população. Os limites para o remanejamento de pessoal é dado pelas questões burocráticas que cercam o funcionalismo público, mas vêm sendo contornados na medida do possível dentro do sistema de saúde voltado às DST/aids. Uma estratégia utilizada nesse sentido tem sido efetivada por meio de palestras, oficinas e publicações distribuídas entre estes profissionais. Estas iniciativas todas partem do *PN-DST/Aids*, o que indica que esse não é apenas um desafio paulistano. Mesmo com essa preocupação, o que se constata pela fala das técnicas é que, também no quesito "formação profissional". O discurso que "vem de Brasília" não leva em conta a realidade que rege o cotidiano dessa equipe nas unidades de saúde, nem considera as limitações materiais para que se possa, de fato, desenvolver esse treinamento.

Como apontou Tereza, nas unidades de saúde trabalham pessoas com origens sociais e formações distintas, e aqui, o discurso impresso em manuais, e verbalizado em palestras, depara-se com os mesmos limites já apontados na seção anterior, onde discuti o modelo preventivo. Desconsideram-se os aspectos culturais que estruturam

---

194. Os meus critérios de seleção das unidades a serem trabalhadas foram ditados, a princípio, pela adesão das responsáveis das unidades a esta pesquisa, isto é, pela disposição delas em me receber. A partir daí utilizei um critério regional, a fim de cobrir pelo menos cinco pontos da cidade: área central, zonas Sul, Leste, Oeste e Norte. Esta pesquisa envolveu as seguintes unidades: *SAE Campos Elíseos* (região central), *AE Kalil Yasbeck*, *CR Santo Amaro* (zona Sul), *SAE Butantã* e *CPA Lapa* (zona Oeste, hoje *SAE Lapa*), *SAE Cidade Líder II* e *CTA São Miguel* (zona Leste). A ausência de uma unidade na zona Norte se deveu a uma questão circunstancial: durante a pesquisa de campo, o projeto estava sem agentes na região. Nas regiões em que há duas unidades de saúde envolvidas os critérios de inclusão se deram por: 1. a extensão da região e a abrangência que cada unidade consegue ter (são os casos da zona Sul e Oeste); 2. pela diferenciação em relação às agentes travestis (no caso do *CTA São Miguel*, uma das agentes é *bombadeira*, importante figura no Sistema de Cuidados/Tratamento das travestis).

os valores que essas pessoas acionam, inclusive, para orientar a vida profissional. Dessa forma, cartazes associando travesti e respeito, cartilhas que ensinam a tratá-las pelo nome feminino, ou manuais que buscam tirar a carga moral que envolve o uso de drogas, podem não fazer sentido para esses/essas funcionários/as, pois são apresentados de forma prescritiva, tendo como pressuposto que o simples contato com aquelas informações poderá mudar seus valores e assim suas práticas.

Márcia relata, entre incrédula e indignada, uma cena que presenciou na unidade de saúde à qual está vinculada. O descompasso entre discurso e ação, entre o "mundo de lá" e o "mundo de cá", evidenciam-se nesse caso emblemático.

Uma das prostitutas com as quais Márcia fez contato na rua apareceu no posto de saúde, a fim marcar consultar com o ginecologista. Dirigiu-se à recepção e apresentou a filipeta dada pela agente. Este papel agiria como uma senha, que indicaria ser aquela pessoa "profissional do sexo" e ter sido contatada nas ruas por uma agente do ***Tudo de Bom!***. Teoricamente, a prostituta teria facilidades no agendamento da consulta e não passaria por constrangimentos morais (por trabalhar no mercado do sexo), uma vez que o pessoal do atendimento teria sido treinado para isso e sendo, a agente, a ponte de ligação entre a "*pista*" e o "*posto*", facilitando esse trânsito e garantindo em ambos os espaços que o entendimento se desse, efetivando-se em consultas e exames e atrelando o/a usuário/a ao serviço.

Porém, o que se passou, e que deixou Márcia irritada, foi o fato da funcionária que atendeu a prostituta exigir que ela apresentasse o RG. O que a moça fez. Porém, o nome que constava do documento não era o mesmo que estava na filipeta, levando a funcionária a não agendar a consulta, pois, segundo ela, aquela mulher não era a mesma que havia sido contatada pela agente. "*Eu fico louca com essas coisas! Todo mundo sabe que quem é da noite tem mais de um nome, é normal. Porque lá eu sou uma coisa e no meu dia-a-dia, outra. A gente se esforça tanto pra convencer de irem lá, de fazerem um exame, de se cuidarem... e chega lá o que acontece? A gente depois fica com a cara no chão!*", lamenta-se Márcia, em entrevista concedida à pesquisadora, em 26/03/2007.

Legitimar o "posto" como espaço das travestis e para as travestis (ou para outras identidades estigmatizadas), passa por relações de poder, no sentido foucaultiano, como avalia Marcus Veltri, coordenador de **Prevenção da Diversidade Sexual**, ligado ao **Programa Municipal de DST/Aids**.

> *Existe uma barreira institucional que ela dificulta o acesso ao serviço. Então na verdade você tem na lei o direto à cidadania. Está lá preconizado, o direto ao acesso. Mas nós sabemos que, na prática, esse acesso... ele pode ser dificultado. Por quê? Porque existe uma relação de poder que o profissional da saúde detém. Então, muitas vezes ela pode impedir, facilitar ou dificultar a entrada no serviço. E se eu for pensar ainda na porta de entrada, às vezes, a postura do segurança na porta de entrada, ela pode ser uma postura ou um olhar impeditivo ao acesso. Então, quando a gente pensa essa parceria dos agentes de prevenção, que estão no campo, e o serviço de saúde se abrindo para os profissionais... E minha fala ainda é muito voltada para os profissionais dos segmentos, seja michê, travesti ou a profissional do sexo feminino... É pensar a equipe profissional como um todo, porque as barreiras profissionais podem estar, como eu falei, na postura do*

segurança no portão. (Fala de Marcus Veltri, durante o *I Seminário Paulistano de Transexuais e Travestis*, realizado em 09 e 10 de dezembro de 2005, na capital paulista.)

Há, portanto, por parte dos articuladores das políticas de saúde, a percepção dos limites da "capacitação" dada aos funcionários. Aposta-se nas/nos agentes e na interação destas/destes com o pessoal interno, mas parece que já se tem a percepção de que essa interação encontra limites que têm de ser vencidos institucionalmente, desresponsabilizando as/os agentes que, sequer, têm vínculos trabalhistas com o sistema de saúde.

Além do contato com os funcionários do "posto" – ainda tenso, como visto – , outro elemento dificultador na relação entre travestis e o sistema oficial de saúde é o problema com documentos. Mesmo quando essas pessoas têm documentação, como no caso da prostituta contatada por Márcia, esse é um elemento dificultador e mesmo impeditivo do acesso aos serviços de saúde. Pois o que está em questão não são os direitos abstratos, e sim os valores que orientam e hierarquizam as pessoas de maneira bastante sensível.

Valho-me da experiência do ativista e antropólogo Henrique Passador para dar a dimensão desse problema, que de fato pouco tem a ver com documentos.

> *Perto da rua Paim tem um serviço de saúde que é específico, é famosíssimo, não é municipal, que é um centro específico de atendimento ao HIV/aids.* **E pra fazer o teste** [de HIV/aids], **eles exigem RG e CPF de sujeitos que são expulsos de casa muitas vezes sem a certidão de nascimento!**[refere-se à experiência comum a muitas travestis] *Ou seja, pra você fazer um teste você precisa de RG e CPF, quanto mais fazer um tratamento! Daí a gente caminha pro* **COAS** [**Centro de Testagem e Aconselhamento Sorológico**]. *Aí, pra ser inserida num serviço como paciente, pra seguir o tratamento, ela vai precisar de RG e CPF e de atestado de residência. (...) Eu acho que isso é um problema generalizado,* **não são todos os serviços que estão preparados, alguns se preparam, mas a maioria não.** *Ou seja, a assistência social do serviço que deveria assumir o papel de conseguir uma certidão de nascimento... O máximo que elas têm às vezes é a referência da cidade onde elas nasceram e o nome que elas guardam na memória. E como é que você pode às vezes pedir a certidão de nascimento de alguém que nasceu em Manaus, tornou-se menino de rua – eu tô contando um caso verdadeiro – tornou-se menino de rua, foi violentado desde a infância... Né? Dentro de casa, começou a viver na rua e era violentado constantemente, acabou indo pra Belém num sistema de tráfico de prostitutas e de jovens travestis... E de Belém ela veio pra Brasília, Brasília - Mato Grosso, Mato Grosso - São Paulo... Ela era usuária de crack, não tinha...* **era HIV positiva, não tinha documento nenhum.** *Sofreu um acidente durante a injeção de silicone líquido, foi parar num hospital. Foi tratada durante dois dias.* **Rasparam a cabeça dela. Por quê? Não precisava.** *Saiu deformada porque tiraram um pouco de silicone, e ela ficou na casa das colegas porque não tinha nenhum instrumento para fazer o encaminhamento. Tá, a gente fez todo o encaminhamento. Morreu aonde o caso? Morreu quando, finalmente, depois de muita batalha a gente conseguiu que o serviço de assistência dentro de um serviço de saúde, corresse atrás da certidão de nascimento dela lá em Manaus.* **Quando o documento dela chegou, esse documento foi entregue pra alguém que não era ela.** *Ou seja, ela já tinha todos os benefícios encaminhados, ela só precisava do documento. Esses documentos não voltaram pras mãos dela, ela voltou pra rua,*

cometeu um assalto, fugiu de São Paulo, eu não sei onde ela tá. E nem as colegas. Se tiver viva, não deve tá muito bem, né? (Fala de Henrique Passador, durante o **I Seminário Paulistano de Transexuais e Travestis**, realizado em 09 e 10 de dezembro de 2005, na capital paulista. Grifos meus.)

A antropóloga Marcia Ochoa fala em "cidadania perversa" para se referir ao processo de exclusão que envolve determinados segmentos. Uma vez que estes não experimentam o sentimento de pertença, cabe-lhes apenas as exigências dos deveres e a disciplinarização que o processo de cidadania pode significar. "Para termos cidadania precisa mais do que um passaporte ou uma cédula de identidade, necessitamos de um senso de pertença" (Ochoa. 2004: 243). Certos processos de inclusão e exclusão não são regulados pelos documentos que se tem (no caso das travestis, dos que **não** se tem, absolutamente, ou não se tem do jeito que se pretende). Para que a cidadania seja útil às travestis (escreve Ochoa, referindo-se à realidade da Venezuela), tem que se transformar a noção de política e ao mesmo tempo a noção de cidadão.

> La ciudadanía tiene tanto su dimensión afectiva como su dimensión estructural. Ambas dimensiones necesariamente marginan a las transformistas [categoría venezuelana para travestis][195]. Lo importante de la ciudadanía para mi trabajo es que facilita lógicas, estéticas, prácticas y estructuras de participación. Para que la ciudadanía sea útil a las transformistas hay que transformar la noción de política y al mismo tiempo la noción de ciudadano. Es decir, para que una persona se imagine "sujeto de derechos" y partícipe en el cumplimiento de sus derechos debe existir un proceso de producción de subjetividad al mismo tiempo que se lucha por un reconocimiento estructural. Entonces, si definimos como ciudadano al sujeto de derechos que los ejerce, y si los derechos y el reconocimiento verdaderamente enfrentan a la situación de marginación social, tenemos planteada la idea de cultivar ciudadanía entre las transformistas como una intervención en su problemática (Ochoa. 2004: 244).

O que incluiria não só estratégias legais e efetivas para enfrentar a violência policial, por exemplo, como para que a questão da documentação não fosse um impeditivo de acesso aos seus direitos. Mais ainda, que os documentos não se tornassem motivo de constrangimentos.

Em busca de uma cidadania menos perversa, encontro uma travesti, durante um plantão do **Tudo de Bom!**, realizado numa das unidades de saúde do centro da

---

195. Ochoa propõe que o termo transformista, assim como travesti, tem um caráter local, pois é produzido por uma cultura específica. Assim, as transformistas, no caso da Venezuela e as travestis, no caso do Brasil, "utilizam discursos locais de identificação, dado a que a transformista como categoria de gênero venezuelana não se encontra fora do país apesar de ser possível identificar populações parecidas em outros contextos. Ao contrário, a categoria transgênero utiliza um discurso de identificação transnacional (de ativistas) e os/as transexuais um discurso de identificação "universal" da psicologia" (2009: 02. Tradução da autora).

cidade. A mencionada travesti havia feito fotocópia do documento de identidade e colocara sobre a foto original uma outra, colorida, onde ela aparecia como gostaria de ser vista socialmente: maquiada, com longos cabelos, boca pintada, enfim, com aparência de mulher[196]. Apresentou o tal documento a fim de se cadastrar para receber sua cota mensal de preservativos. Alertada pelo *michê* agente de prevenção sobre a ilegitimidade daquele documento, ela se justificou, dizendo que seus documentos originais ficaram com uma moça com quem ela "*fez laser*" (tratamento estético para eliminação de pêlos). O agente de prevenção explica que ela não deve andar com aquele documento, que aquilo é ilegal e pode render-lhe um B.O. (Boletim de Ocorrência) por falsificação ou por falsidade ideológica. Ela se ofende, mas mantém-se calma. Procura se explicar mais uma vez. Ele, então, senta-se ao lado da travesti e expõe calmamente a questão, explicando porque ela precisa ter cautela com aquele documento. O agente frisa que ali, para se cadastrar, não haverá problemas. Ela faz cara de quem entende, mas emenda: "*eu vou continuar usando esse*". Rafael, o agente de prevenção, resigna-se.

No mesmo plantão, há outra questão envolvendo documentos. Desta vez trata-se das carteirinhas de cadastramento das travestis naquela unidade de saúde. Na carteirinha ficam registrados os exames e consultas realizados, além da anotação das camisinhas retiradas durante o mês, com o limite fixado em 400 unidades/mês (quantidade garantida naquele serviço). A discussão é acerca da duplicidade de carteirinhas de uma das 15 travestis que estavam presentes naquele plantão. A travesti das várias carteirinhas justifica-se: "*foi uma bicha que fez!*". "*Que bicha?*", pergunta Luma, a travesti agente de prevenção. "*A bicha, a outra, lá...*", responde. Luma olha bem a carteirinha e acaba por constatar que a letra nas anotações do documento é de Karol, travesti agente de prevenção que também atua naquela unidade. Conformada com a perda de uma de suas carteirinhas, a travesti é levada por Rafael para tomar vacina. Faz uma expressão de quem não gostou muito de ter perdido a segunda carteirinha, mas não faz "escândalo" nenhum. Muitas vezes, a estratégia de resistência é justamente a de se agir ao contrário das expectativas sociais; as travestis sabem disso.

> Pero la estrategia no funciona dentro de un entorno criminalizado y estigmatizado como es el del trabajo sexual en la vía pública. Ahí encontramos una estética chocante y a veces abyecta, y comportamientos escandalosos como el trabajo sexual, la agresión, la desnudez pública, el robo, el consumo de drogas, etc.. Pero en las palabras de un trabajador sexual de la avenida Solano hablando del trato de la policía, "Yo sé que esto es ilegal y todo pero el hecho de ser un ser humano —no te deben maltratar" (Carrasco y Ochoa, 2003). Ser un sujeto de derechos se condiciona por el cumplimiento de una estética y comportamientos del buen ciudadano. El trabajador sexual se refiere a un sujeto de derechos *por su condición de ser humano*, no ciudadano (Ochoa. 2004: 245).

---

196. Não pude ver o documento em mãos, mas pelo tom da conversa que acompanhei havia outras alterações além da troca da foto.

Em São Paulo, e talvez em todo o Brasil, as travestis sabem que, apesar de serem "seres humanos", não são cidadãs. Na tentativa de o serem, por vezes, fazem como a inconformada, mas polida, travesti: cumprem "a estética do comportamento do bom cidadão" (Ochoa. 2004). Mesmo sendo "indocumentadas", "*loucas*", "*viados*", podem ser outras coisas, assemelhando-se ao que os "bons cidadãos" são, fazendo, assim, flagrante a discriminação.

Para as duas travestis envolvidas com questões de documentos, parecia não haver qualquer implicação, nem num RG adulterado, nem na duplicidade de carteiras cadastrais. Distantes da lógica burocrática que rege os serviços de saúde, ou buscando driblar os obstáculos sociais que impedem que elas adotem um nome e uma aparência que não aqueles determinados pelos poderes instituídos, no campo jurídico e médico, muitas travestis enfrentam constrangimentos constantes. E os enfrentam como podem.

Talvez por tudo isso a maioria das travestis, segundo relata Márcia, não goste de médicos.

> *A gente marca e elas não vão. A gente marca a consulta e elas não vão. (...) Marca médico, elas perde médico, não vão no médico. Eu falo pra elas: 'vem, vocês tão firme, pode ir com a própria perna. É ruim a gente depender dos outros amanhã. Vai se tratar. Você pode viver a sua vida normal. Usar sua droga, normal. Desde que você esteja saudável, isso, aquilo...'. Mas elas não vêm. É cômodo pra elas...*

O que Márcia classifica como comodidade tem relação com o fato das agentes irem até às ruas e, de certa forma, atenderem a algumas demandas das prostitutas. Seja o acesso a camisinhas, dúvidas sobre um ou outro problema de saúde, ou mesmo a segurança de que podem contar com o serviço caso necessitem de verdade.

Mesmo com as constantes queixas da falta de compromisso das travestis com o sistema de saúde, Roberta, Márcia e Poliane já vêem mudanças na receptividade e credibilidade das travestis frente ao sistema público de saúde. Ainda que esta adesão lhes pareça aquém do esforço que fazem. Por vezes culpam as travestis: "*as bichas são assim... a gente oferece tudo... E elas aproveitam? Aproveitam nada!*", comenta uma delas. Por outras, reconhecem que o cotidiano das travestis que se prostituem dificulta o compromisso com os cuidados de saúde conforme prescritos pelo discurso oficial preventivo.

> *É o ritmo da noite!! Pô, você fica até às 4 horas... Vamos supor, eu moro na sua casa, eu tenho que prestar conta com você. Todo dia eu tenho que te pagar 20 real pra você. Todo dia eu pago 20 reais!! Eu vou pra noite com aquela preocupação: 'poxa, primeiro eu tenho que fazer o da diária, senão, onde eu vou dormir?'. Então, eu tenho que tá com aqueles 20. Aí, eu tô com aqueles 20. Aí, daqui a uma hora... porque agora tá assim, né? De uma em uma hora. Você fica em pé, ó. O homem roda, roda, roda, roda, roda, entrevista, depois você entra. Por isso que elas tão assaltando. Aí, você fica... Se você está estressada... Porque às vezes você vai pra rua com um intuito, acha que tá bonita, o máximo que você traz é 50 real, quando você traz, né? O único dinheiro que você ganhou você dá pra cafetina, entendeu? (...)*

> *Aí você ficou a noite inteira na rua. Você não tem descanso, né? Porque você tem que aturar concorrência de outra, loucura de uma. É uma que chega drogada e começa a querer quebrar as coisas* [refere-se à casa da cafetina]. *A cafetina já vem e desce o pau nela. Aquela brigaiada. Como é que você vai ter tempo? Não tem! Como você vai sair? Não dá! Entendeu?* (Márcia, em entrevista concedida à pesquisadora, em 14/11/2005, na residência de Márcia.)

Poliane diz que, tanto travestis quanto mulheres, têm sempre uma desculpa pra não irem às consultas, plantões ou palestras ofertadas pelos serviços de saúde voltados para essa clientela. Quero saber se o fato das travestis arrumarem "desculpas" pode ter relação com a confiança que depositam no trabalho realizado no "posto".

> [Pesquisadora] E você acha que elas têm confiança no serviço aqui?
> [Poliane] *Ah, sim! Tem sim, porque elas pergunta os médicos que tem no posto, se elas podem vir, se elas podem fazer carteirinha. Eu sempre falo que pode. (...) Elas sempre perguntam do posto. Além de eu já indicar o posto, que eu sempre indico: 'olha você vai lá no posto, você pega uma cota de tanto. Você vai falar com a Celina, você vai falar com a Luiza* [ambas técnicas do projeto]. *Vai pegar o tanto que você quiser'. A maioria sempre tem uma desculpa, né? 'Ah porque eu não posso, porque eu durmo até tarde'. E não sei o quê. Sempre uma desculpa pra não vir. Mas tem muitas que vêm. Porque eu já tenho visto muitas, que de tanto eu buzinar no ouvido, eu tenho visto algumas vindo aqui pegar.* (Poliane, em entrevista concedida à pesquisadora, em 04/04/2005.)

Nas falas anteriores percebe-se que, ainda que na rua haja um interesse manifesto pelos serviços ofertados pelas unidades de saúde, este não se concretiza em consultas, exames, cadastramentos, isto é, em vínculo. Pois há imperativos associados às travestilidades e à dinâmica da prostituição que se colocam como obstáculos, e não são tomados, em toda sua dimensão, pelos formuladores de políticas públicas em saúde. Além disso, há outra questão que aparece como dificultadora dessa aproximação entre travestis e sistema de saúde. Na prática, o sistema não tem como responder às demandas específicas de saúde das travestis, como reconhece uma das técnicas do projeto.

> *Pra gente, assim, esse serviço (embora a gente seja um serviço para tratamento de DST/aids), a gente não tem médico, não tem equipamento, não tem recurso clínico, assistencial, para o atendimento das DST masculinas. É uma lacuna que a gente cobra do Programa, a gente cobra da coordenadoria de saúde, que até hoje não deram resposta pra isso. Por exemplo, HPV, que é uma coisa muito comum, a gente já não tem como tratar aqui, a gente encaminha. (...) Eu conhecia nesse posto um urologista que trabalha num outro serviço, a gente falou do projeto, falou do perfil delas* [travestis], *falou da coisa. Porque não pode ser demorado.... Então, ele atende, mas é uma coisa informal. Porque no dia que ele falar "não quero mais", não tem uma coisa que é do Programa. (...) É tudo uma relação informal, não é o serviço que se estruturou pra isso. Porque no dia que esse médico sair... Que nem agora, dezembro, janeiro, a gente não teve atendimento porque eles saíram de férias. Então, não é o serviço que atende, são as pessoas. Eu acho que isso não funciona. A falha do atendimento das travestis, que a gente também não deu*

> *resposta, é com relação com as complicações do silicone, que é uma das coisas muito comum e a gente não tem referência pra tá cuidando. Esse urologista até atendeu uma travesti que foi todo o silicone pra bolsa escrotal, tá imenso, ela não agüenta andar. Ele fez o ultra-som, aí eu tirei férias, não sei nem como é que tá. Ele [o urologista] falou: 'olha, eu vou ver como é que tá isso, pra mim pensar também. Olha, eu quero te ajudar, mas não tenho a mínima idéia pra onde eu te mando'. Então, a gente não tem... É um assunto que ninguém mexeu, que é uma bomba... (...) Agora: é uma realidade de 100% das travestis. O hormônio, que elas querem orientação... Por exemplo, essa travesti que é do projeto, ela fala: 'Pô, qual que é a implicação de ser HIV, os antiretrovirais e o silicone? O silicone a médio e longo prazo pode me dar problemas?'. Eu falo: 'Não temos respostas'. Em hormônio e muito menos no silicone, piorou!* (Tereza, em entrevista concedida à pesquisadora, em 24/01/2005.)

Em suma, o que o projeto quer oferecer parece não ser o que as travestis demandam, no que se refere à saúde. Ainda que no texto original do **Tudo de Bom!** haja o propósito de proporcionar assistência integral aos "profissionais do sexo", na prática essa proposta parece ainda não ter se efetivado.

Uma das estratégias acionadas pelas técnicas para driblar os citados desafios tem sido a de buscar aproximação com o ambiente da rua. Não só acompanham os/as agentes em campo, como também buscam interação com as pessoas que compõem o circuito. Assim, muitas técnicas têm procurado estabelecer parcerias com os administradores e administradoras das casas de prostituição. A finalidade dessa proposta é expor para eles os benefícios de estimularem as "profissionais do sexo" que com eles trabalham a fazerem consultas e exames periódicos. Além de garantir a saúde das "garotas" e, assim, a qualidade do estabelecimento, asseguram também a cota mensal de preservativos para cada uma delas. Na avaliação de algumas técnicas do **Tudo de Bom!**, essa estratégia tem alcançado relativo sucesso. Mesmo quando as parcerias são tidas como bem sucedidas, as técnicas encontram barreiras impostas pelo jogo das relações de poder típicas do comércio sexual, como aparece na fala de Tereza:

> [Tereza] *Lá, a gente tem alguns amigos do projeto, algumas casas...(...) Lá na região do Parque do Carmo. Os mutirões de vacina que a gente fez, a gente usou uma boate, um drive-in. (...) Tem os boxes, aí tem os quartinhos, né? É uma mistura de tudo junto. Então eles topam. 'Olha, a gente vai vacinar o pessoal. Pode usar o espaço?'. 'Pode'. Quando a gente chega pra entregar material a gente tem acesso legal. Hoje eles não têm mais essa história de, por exemplo, eles queriam muito pegar o preservativo pra eles. A gente tem quebrado essa história.*
> [Pesquisadora] Eles, o pessoal das casas?
> [Tereza] *É, dos drive-ins. Agora não. 'Olha, é pra meninas'. Quando os agentes passam, eles nem pedem mais porque sabem que são pras garotas, entendeu?*
> [Pesquisadora] Então nas casas vocês não deixam?
> [Tereza] *Não, a gente não deixa. A gente deixa pras garotas, porque a casa acaba vendendo. Na prática, ela vende. Aqui tem relação, por exemplo, a Clarisse, que é uma amiga do projeto [dona de vários drive-ins, sendo um deles naquela região], as garotas pegam a caixa, a quantidade da cota delas e dão pra Clarisse, porque elas sabem que no dia que elas não têm nenhum... os meninos que trabalham na rua... a Clarisse, por exemplo, quando eu vou para as campanhas, eu*

> deixo umas caixas com ela. Porque o pessoal tá na rua, acaba o preservativo, sabe que vai lá e ela dá, ela dá mesmo, ela não cobra. E ela... assim, ela acolhe, ela tem uma relação com as meninas. (Em entrevista concedida à pesquisadora, em 22/01/2005.)

As casas e *drive-ins* não atraem as travestis. Elas cultivam uma certa autonomia em relação ao trabalho no comércio sexual, sendo mais comum se associarem a cafetinas travestis e mais raramente a cafetões. Mas é muitas vezes nesses estabelecimentos que elas encontram segurança. Pois são esses e essas administradoras que pactuam com a polícia, controlam o tráfico, os roubos e outras questões de segurança da região. Além de garantirem, com suas iluminadas fachadas, calçadas menos perigosas para os que ali trabalham.

As agentes travestis circulam nas regiões bastante cientes desses códigos. Nas diversas vezes em que pude acompanhá-las a campo, ia sendo informada por elas dessa dinâmica própria da noite e das peculiaridades regionais. Interadas, elas demonstram saber sempre quem é nova na área, sabem quantas são as mulheres e travestis em cada trecho percorrido e têm sempre uma história para contar sobre as pessoas abordadas. A abordagem uma a uma ou de grupo em grupo quase sempre rende conversas que, mesmo rápidas, mantêm as agentes informadas sobre as novidades: movimento das ruas, repressão policial, trânsito das travestis entre os pontos, quem morreu, quem está na Europa, as que estão bem de saúde ou caíram doentes.

Muito do que se conversa nessas interações é reportado nas reuniões de supervisão técnica que ocorrem semanalmente em cada unidade de saúde que aloca o projeto. Foi justamente durante uma dessas reuniões que conheci Sarah. Ela desenvolve seu trabalho preventivo junto ao **SAE Butantã**.

Assim que a reunião se inicia, Sarah dá seu primeiro informe, com pesar:

> Olha, o falecimento da Rafaela... Foi vítima de um silicone. Ela já tinha um silicone, um pouco. Ela resolveu colocar um pouco mais. E a causa da morte dela, menina, pelo que eu tô sabendo, foi uma carne de porco que ela comeu. (Relato colhido durante reunião de supervisão técnica, em 18/04/2005.)

Depois do informe, Sarah tira da bolsa um caderno onde traz anotados alguns registros da semana de trabalho nas ruas: os números de profissionais do sexo abordadas, separando-as em travestis e mulheres; as principais ocorrências; se falou com alguma prostituta nova na área; se, como gosta de dizer, "encaminhou", isto é, conseguiu convencer a ir até o *SAE*. Os relatos de Sarah, em relação ao atrelamento, não diferem dos demais. A menção à resistência ao comparecimento é comum.

Passados anos desde pesquisas como a de Albuquerque (1979, apud Montero. 1985: 77-78), o que parece ainda presente é que os grupos de baixa renda (como é o caso da maioria dos/das trabalhadores/trabalhadoras do sexo) ainda vêem os atendimentos oferecidos – assim como os profissionais e agentes de saúde envolvidos em projetos de caráter mais social e abrangente – como "agentes disciplinadores que em troca de alguns benefícios (remédio, alimentação etc.) exigem a aceitação das normas burocráticas institucionais e a lógica 'científica' explicativa das doenças" (Montero. 1985: 78)[197].

A metodologia da "educação entre pares", teoricamente, driblaria esses constrangimentos, pois a identificação entre agente e clientela proporcionaria uma interação mais horizontal e afinada. Os códigos culturais comuns, partilhados pelas partes, garantiriam a adesão ao sistema das pessoas abordadas. Uma vez que os agentes saberiam como e onde fazê-lo, e orientariam o próprio programa quanto às demandas da clientela (como, por exemplo, adotar os horários adequados para o seu atendimento, entre outros facilitadores).

De fato, os horários oferecidos pelo *Tudo de Bom!* procuram ser compatíveis aos de quem trabalha "na noite". Além de haver expedientes que, teoricamente, facilitam o acesso dos "profissionais do sexo" a exames e consultas, como a apresentação de uma filipeta dada pelo/a agente, quando em campo, conforme se vê abaixo.

Encaminho _____ do **ProjetoTudo de Bom** para atendimento no SAE - LIDER II - Rua Médio Iguaçu, 86 (Tv. da Av. Líder/ próx. à Praça Sete) Tel: 6748-0255

( ) Teste HIV   ( ) Vacina Hepatite B/Tétano   ( ) Cadastro de preservativo

Agente de Prevenção _____

Ao apresentar este papel, ou simplesmente ao mencionar a abordagem feita pelo/a agente, a pessoa teria prerrogativas no atendimento. Como já se viu, não há de fato garantias que isso aconteça sem constrangimentos.

Entre os tantos desafios listados pelas técnicas está a constatação de que o *Tudo de Bom!* gerou um efeito perverso no sistema de saúde, pois acabou por criar "guetos" para a população de "profissionais do sexo", reservando algumas unidades (aquelas voltadas à prevenção e assistência de HIV/aids) para atender a esse segmento. Mais que isso, ao serem atendidas/os com mais cortesia, presteza e eficiência do que nas *Unidades Básicas de Saúde* (*UBS*), muitas/os "profissionais do sexo" têm indicado os "postinhos" voltados especificamente para a atenção às DST/aids aos seus colegas e familiares, que deveriam ser atendidos pelas *UBS* da região em que vivem, uma vez que não têm problemas relativos às DST ou à aids. É isso que Sarah procura explicar a Rita, sua supervisora:

---

197. Considero que a pesquisa de Albuquerque mencionada por Montero está localizada em outro momento e contexto, é pré-SUS e foca uma população (mulheres em fase procriativa) que não carrega o estigma que atinge o grupo para o qual me volto. Mas chamou-me a atenção justamente a permanência de determinadas posturas da clientela visada em relação aos serviços de saúde pública.

> *Da mesma forma, chega uma pessoa aqui querendo pegar camisinha, fala que é profissional do sexo, e não é profissional do sexo. Eles têm a maior facilidade de pegar aquele preservativo. Aí, o que acontece? Tem umas* [prostitutas e travestis] *que mandam vir parente, que não é profissional do sexo, e manda falar que é profissional do sexo, pra poder ter esse direito de fazer.* [exames como Papanicolau] (Sarah, durante reunião de supervisão técnica, em 19/04/05.)

Nas **Unidades Básicas de Saúde**, mais do que naquelas voltadas para as DST/aids, ainda se verificam as dificuldades de relação entre profissionais de saúde e prostitutas e travestis (sobretudo com este último segmento), como relata Tereza.

> *O perfil dos nossos pacientes... A gente tem presidiários, estuprador, a gente tem de tudo. (...) Mas nos outros serviços.... E na última reunião do* **Tudo de Bom!** *eu falei que a gente precisava... A gente tem que abrir as portas para essas pessoas nos outros serviços. Por exemplo, o pessoal falou, aqui: 'Pô, a gente não vai se desdobrar mais aqui pra atender o que não é HIV, porque o nosso serviço mal dá conta do HIV!'. Aí, essa demanda, tem que ser atendida numa Unidade Básica de Saúde. Então, acho que o próximo passo, este ano, é a gente ampliar o atendimento. A gente tem que dar visibilidade para esse segmento nos outros* [serviços]. (Tereza, em entrevista concedida à pesquisadora, em 26/01/05.)

Mesmo que muitas técnicas e agentes reconheçam que a "adesão" aumentou e que haja, hoje em dia, uma maior presença de travestis nas unidades, um sentimento de frustração ainda se faz notar nas diversas falas. Márcia tem a expectativa de que as travestis por ela abordadas compareçam ao **SAE**. Mesma esperança alimentada por Sarah, agente que tem sua estratégia para motivar o comparecimento: distribui um reduzido número de camisinhas, geralmente três por pessoa. Anota em seu caderno o número de "profissionais do sexo" abordadas, para poder depois contabilizar quantas conseguiu "encaminhar" e, quem sabe, "atrelar" ao serviço de saúde, possibilitando que essas pessoas sejam cadastradas, convencidas a realizar exames (principalmente de HIV e sífilis), marcar consultas e comparecer a palestras, reuniões e outros eventos considerados educativos e essenciais para a "cidadanização" dessa clientela. Este é também o procedimento de Márcia, Poliane, Karol, Joyce, Viviane e Roberta, agentes as quais tive a oportunidade de acompanhar em campo. Ainda que por vezes elas passem por cima da determinação e distribuam até 12 camisinhas por pessoa abordada, sabem que não é esse o procedimento recomendado. Mas, como se verá, as agentes – pessoas que têm sua história de vida ligada à noite e à prostituição – nem sempre operam e concordam com a lógica que rege o projeto. Como é o caso dos significados da prostituição e da relação com a noite.

Ao refletir sobre os dados de que disponho, ocorreu-me que o **Tudo de Bom!** tende a dicotomizar os espaços por onde transitam as travestis, dividindo-os em *"pista"* e "posto", ao invés de considerarem o fluxo que há entre eles. Um fluxo por vezes tenso e interrompido, mas existente. Desta forma, o projeto reforça a idéia de universos estanques e desconsidera que, entre um e outro, existe o espaço da casa, o tempo cotidiano dos afazeres domésticos, dos cuidados estéticos, do aprendizado de "ser travesti", as negociações da cafetinagem, os enlaces amorosos e suas implicações (inclusive, para a questão preventiva), entre outros aspectos do dia-a-dia das travestis.

O trabalho das técnicas e agentes, que muitas vezes tentam romper com esquemas perversos e excludentes, aparece como pontual, e as barreiras que encontra são estruturais. Mesmo diante dos avanços inegáveis, fruto das reflexões críticas sobre a prevenção, os projetos como o *Tudo de Bom!* ainda estão atrelados a

> uma epidemiologia na qual etiologias são vistas como causas mecânicas e indivíduos como conglomerados de fatores de risco estatisticamente correlacionados (...) Ela própria [leva] à frustração dos profissionais envolvidos na promoção de saúde e à tentação de culpar as vítimas por recusarem a escolher estilos de vida 'corretos'. É somente encarando o comportamento tanto de pacientes em potencial e possíveis curadores em seus contextos culturais compartilhados, mas, sempre fluidos, que as relações entre desejos, identidades e as implicações das mudanças para cada um podem ser vistas de forma a tornarem possíveis as escolhas reais. (Frankenberg, 1994 apud Castiel, 1996a)

É sobre esses contextos culturais compartilhados que versa o próximo tópico. Nele, procuro dar visibilidade às diferentes lógicas que permeiam as relações aqui consideradas: técnicas, travestis agentes de prevenção e travestis "da *pista*". Penso nessas lógicas não como linhas paralelas que, por definição, não se cruzam. Mas como elementos em relação, numa triangulação em que as técnicas estão, por vezes, na tensa confluência entre a lógica do discurso oficial e a de suas vivências entre as travestis; enquanto as agentes de saúde, num outro vértice, transitam entre a "*pista*" e o "posto", experienciando as vivências formativas daquele primeiro espaço e as descobertas ordenadoras e transformadoras do segundo. As travestis "da *pista*" também fazem esse trânsito, não do modo que as técnicas desejam e o discurso preventivo almeja, mas como um espaço possível de cuidados e tratamento, considerando com menos reticências o sistema público de saúde, sobretudo os especializados em DTS/aids.

O Dialógico e as Diferentes Lógicas

Uma das primeiras hipóteses aventadas na construção do problema de pesquisa referiu-se à possível incompatibilidade entre o discurso propagado pelo modelo oficial preventivo e aquele que orienta as travestis. Por trás dessa hipótese há outra: a de que existem, pelo menos, duas matrizes explicativas no que se refere à prevenção, cuidados e significação da aids. E mais: que estas dialogam, se confrontam ou se completam. Se é assim, que matrizes/modelos são esses e como se estruturam?

Os modelos materializam, pelo discurso e pelas ações, um sistema específico de cuidados/tratamento em saúde. Este, por sua vez, não pode ser entendido fora do contexto social onde essas práticas são elaboradas e realizadas. Assim, quando Roberta, Poliane, Joyce e Márcia "descem para a avenida" a fim de realizarem seu trabalho preventivo, estão colocando em confronto visões diferentes do ambiente da rua. Elas mostram ter ciência dessa tensão entre as distintas lógicas, pois experimentam em si mesmas esse conflito. Mas, acima de tudo, elas são profundas conhecedoras dos contextos em que o modelo que orienta as travestis "da *pista*" é engendrado, e nem por isso são complacentes em relação às formas como muitas delas lidam com a saúde, com o corpo e com a própria vida.

> [as novinhas] ... são mais resistentes. Porque as antigas se tratam, né? Porque, filha, o que adianta você ganhar tanto dinheiro e você envelhecer dura? Você ter que ficar ali de pé de novo, ouvindo desaforo? Que bicha... ganha enquanto é nova. E depois de véia? Você ganha resto. Dez de um, cinco de outro. Que cê vai fazer, bater o pé no chão? Porque por mais que você tenha um visual bonito, eles vê o cansaço na sua cara. As maricona te conhece, filha. Para e olha, vê que você tá cansada. Percebe que você tá marcada pela idade. E as novinhas... Sabe que é novinha, tá ali disponível, tá ali de biquíni... Porque não sente frio, né? Pode tá o frio que tá elas tão ali, de calcinha. (Márcia, em entrevista concedida à pesquisadora, em 14/11/2005.)

Márcia já está próxima dos 40 anos e, como gosta de contar, viveu intensamente. Agora que é agente de prevenção e já não se dispõe a enfrentar noites frias em cima de um salto e com pouca roupa, avalia de maneira quase maternal o comportamento das despreocupadas "*novinhas*". Como alguém que cresceu na noite, Márcia sabe que o deslumbramento com os primeiros tempos da prostituição e com os sucessos iniciais no processo de feminilização são realidades imperativas para as travestis. Soma-se, aqui, mais um fator que incide nos cuidados preventivos: a faixa etária.

> Agora que eu percebi que eu tô assim, que eu me amo mais ainda. Que eu passei a me autovalorizar, entendeu? Mas eu precisei cair. E eu gostaria que elas não caísse, que elas se visse agora, entendeu? Tem travesti com 17 anos, 20 anos, que não viveu nada ainda, que tá começando a viver agora. Elas têm um pensamento agora: 'ah, que não sei o quê, que isso, aquilo'. Mas e se chegar nos 30? E se ela chegar nos 40? Igual muitas já chegaram, entendeu? Eu tinha o mesmo pensamento: 'ah, que não sei quê...'. Com 17 anos, filha?! Você não se imagina com 30, com 40, com 50. Você acha que você não vai chegar na velhice. É onde você se engana, entendeu? Então, você não faz uma barreira. Por isso que eu falo, a pessoa, ela tem que pensar no amanhã sim, porque o amanhã pertence à gente. (Márcia, na entrevista já citada.)

No discurso de Márcia, a individualização, racionalização e responsabilização são perceptíveis. Duarte et al. frisam que a individualização é o processo primordial da cidadanização, pois "pressupõe uma série de mudanças ideológicas e societárias entre as quais avulta a desenfatização crescente dos laços de parentesco e de vizinhança e um regular afrouxamento da superposição e/ou intensidade de suas redes" (Duarte et al. 1993: 15). Na fala de Márcia percebe-se, seguindo a sua narrativa, um processo de "conscientização" crescente, que lhe permitiu "amar-se mais", tomar o seu destino em suas mãos ("o amanhã pertence à gente") e mudar suas atitudes, numa relação moral entre si, seus modos e seu meio, e num processo de "conversão" à cidadanização, pelo qual "houve uma tentativa de produção intencional e direta da 'responsabilidade'" (Ibidem), via racionalidade e disciplinarização. Ainda que essa conversão seja relativa e relativizável.

O que quero discutir aqui é justamente esse distanciamento que as agentes fazem do seu meio de convivência sem, contudo, deixarem de pertencer a ele. Reinterpretam os discursos vindos do processo de formação/capacitação, valendo-se deles para reorganizar suas experiências de adoecimento, "envelhecimento"[198] e conseqüente empobrecimento. Desta tensão entre um discurso externo e racionalizador/disciplinador, e a lógica local de se levar a vida, é que nasce a reinvenção criativa daqueles preceitos, o que provoca diálogos e interações conflitantes entre agentes e técnicas. O conflito vem justamente da não-percepção de que, ainda que estejam falando sobre as mesmas questões, as percepções não são convergentes.

As travestis agentes de prevenção, ao se destacarem da vida noturna e assimilarem o discurso preventivo oficial, pelo menos em parte, passam a olhar para seus "pares" com menos complacência. Essa mirada a partir de uma nova ótica (ou seja, daquela que é veiculada ao longo do treinamento dos/das agentes, nas reuniões e palestras) incide sobre a mudança de comportamento, não só no que se refere às práticas de saúde e cuidados preventivos, mas do próprio "ser travesti". Isso inclui a forma de se vestir, falar, mover-se e interagir com o pessoal das unidades de saúde. Segundo Poliane, aí está também o trabalho das agentes de prevenção: mostrar que é preciso mudar algumas condutas se se quer respeito. Por isso ela avalia que, hoje, a relação das travestis com a unidade onde ela trabalha é de outra ordem.

> *Foi melhorando porque elas viram que daquele jeito elas não iam conseguir. Assim... eu... às vezes conversando com amiga minha que eu falo: 'olha, numa boa a gente consegue tudo. Mas na base do grito é meio difícil.'* (Poliane, em entrevista concedida à pesquisadora, em 04/04/2005, nas dependências do ***AE Kalil Yasbeck.***)

O "grito" faz parte, segundo Kulick e Klein, de uma estratégia de defesa sintetizada na categoria "escândalo". Estes autores analisam o "escândalo" como uma espécie de micropolítica, propondo que as travestis o utilizam como um meio de estender o espaço de sua própria abjeção àqueles que comumente as recusam, humilham e oprimem (Kulick e Klein. 2003: 02). Essa "reterritorialização" da vergonha tem um sentido transgressivo, uma vez que a travesti usa o seu poder de "contaminação" para implicar o "bom cidadão" supostamente "de bem", "limpo", "másculo".

Sobre a idéia de uma cidadania perversa e suas armadilhas da igualdade, Ochoa defende que:

> *hay dos tipos de igualdad: una en la que yo soy igual a ti, la otra en la que tu eres igual a mí. Desde una posición de abyección, o de absoluto rechazo social, esta diferencia implica estrategias diferentes – si yo soy igual a ti, yo me conformo a tu estética para*

---

198. Coloco o termo entre aspas, pois o envelhecer, para as travestis, tem relação com o capital etário, importante moeda de troca no mercado do sexo e, nem sempre esta orientadas pelas categorizações etárias propostas, por exemplo, pelo IBGE. Assim, uma pessoa com 30 anos pode ser considerada velha.

hacerme sujeto de derechos; si tú eres igual a mí, y yo soy una persona rechazada en la sociedad, entonces tú también, en el momento que me equivalgo contigo te ensucias. (Ochoa. 2004: 246)

O escândalo não é uma estratégia pensada de forma organizada, mas um jeito de levar a vida enfrentando situações de conflito. Assim, muitas travestis não se valem dele (como aquela travesti do RG adulterado), pois tentam se adequar à estética do "bom cidadão" para se fazerem sujeitos de direitos. Muitas acreditam que para obterem esses direitos devam ser e agir como se já fossem possuidoras deles. Demarcar a distância entre "*eu, a fina*" e "*a outra, barraqueira*", não é só um jogo de forças, mas uma tentativa de dar relevo às diferenças existentes entre elas. Nesse esforço, são implacáveis na avaliação que fazem umas das outras. "*Muitas querem chocar mesmo! Não sabem se comportar. Vir aqui* [na unidade de saúde], *só de topzinho, como se fosse uma saia, mona?!! Ahhh...!*", repreende uma travesti, durante reunião realizada nas dependências do **Centro de Referência de Santo Amaro**, zona Sul da cidade. Não há complacência no olhar.

Leila, técnica do **Tudo de Bom!** presente na mesma reunião, contra-argumenta: "*Pelo que eu tenho observado aqui, essas posturas são muitas vezes de defesa. Como se fosse uma coisa assim 'ah, antes que me agridam, que eu seja discriminada, já vou chegar mostrando que sou forte'*". Diante da fala da técnica, a travesti reavalia sua posição quanto ao desejo que algumas têm de "chocar". Em seguida, observa que as discretas e sossegadas são as que mais ouvem desaforos no seu cotidiano. Ao que Aline, travesti agente de prevenção, propõe: as "escandalosas" colocam medo, enquanto as "discretas" não.

Divididas entre a respeitabilidade que conquistaram como agentes de prevenção e as afinidades que mantêm com o universo da noite, essas travestis se confrontam constantemente com as diferentes lógicas que regem estes ambientes. Não quererem abdicar dos ganhos simbólicos obtidos pela adesão ao sistema oficial de saúde, tampouco lhes parece fácil abrir mão de todo um conjunto de valores e saberes que lhes foram constituintes.

Frente a esse dilema, a questão que gostaria de colocar, neste ponto, refere-se justamente à idéia de que as agentes são "pares" das travestis "da *pista*" e, por isso, pessoas ligadas por interesses comuns, que compartilham do mesmo universo simbólico e material. Será que depois de tantas oficinas, reuniões e palestras, as agentes de saúde ainda podem ser vistas como pares daquelas que têm na prostituição sua principal fonte de renda e, mais que isso, será que ainda mantêm seu universo de referências circunscrito a esse meio?

A partir de um depoimento[199] de Márcia sobre a sua atuação junto ao **Tudo de Bom!**, retiro alguns elementos para iniciar essa reflexão.

---

199. Através dos trechos sublinhados procuro dar destaque às práticas de intervenção de que se valem as agentes em seu trabalho junto à clientela. Em negrito estão as passagens que apontam para a identidade entre agentes e prostitutas, que favoreceria a pretendida simetria que o projeto propõe como metodologia de abordagem. Quando o trecho aparece em negrito e sublinhado, considero que a estratégia de trabalho e a identidade com quem está na rua se somam.

> Eu trabalho desde o lado feminino a o masculino: as travestis e as meninas que trabalham no drive-in. E minha relação com elas é muito boa. No começo elas ficam meio esquiva, você não conhece. Mas aí passa a te ver. Todo dia você passa ali com aquela mochilinha conversando, com a mesma história. Você tem um ganho, porque elas começam a confiar em você. Aí vem uma e fala assim: 'como eu faço pra marcar um médico? Como eu faço pra marcar um exame? Pra fazer exame eu preciso do papelzinho?'. Eu falo 'Não, é só com RG. Papelzinho é só quando for se cadastrar'. Então, tudo isso, é um ganho pra você, e um aprendizado. (...) **Porque, antigamente, eu só visava o quê? Rua, glamour, dinheiro. Mas não é nada disso.** A gente começa a ver o outro lado da moeda. A gente vai parando um pouco pra analisar e pensa assim **'Nossa, que bom que eu tô podendo fazer um bem. Que bom que eu tô podendo ajudar tal pessoa, né?'**. Não é meu trabalho eu sair... Meu trabalho é ir no parque do Carmo, entende? Daí, então, eu gastar meu dinheiro pra levar **uma colega** num hospital, ficar esperando lá, tudo... Aquela demora, que você sabe que tem, por mais que tenha hora marcada... Então... Isso aí já é uma coisa minha. Eu gosto. A gente ter consideração pelo próximo. Isso é um ganho pra mim. Coisa que eu não fazia antes. Então, o projeto serviu pra mim melhorar bastante, em todos os aspectos. (Conversa gravada durante reunião de supervisão técnica, em 26 de janeiro de 2005.)

Márcia expressa, em vários pontos de sua fala, o sentimento de solidariedade. Valor este que vem permeando o discurso das organizações não-governamentais que lutam contra a aids (ONG/aids) desde meados dos anos 80 e que foi, paulatinamente, incorporado pelo discurso oficial preventivo (Parker. 1994 e Silva. 1999, Galvão. 2000). Distancia-se, assim, de valores estruturadores do universo da prostituição travesti, como a competição, a rivalidade assentada em questões estéticas e a idéia de glamour e luxo, muito difundida entre elas.

Soma-se à solidariedade como categoria estruturante, a idéia de "informação correta" (associada aos saberes do sistema de saúde oficial). As consultas médicas, exames, informações e insumos preventivos conseguidos e distribuídos por Márcia a colocam, nessa interação "entre pares", mais próxima do sistema de saúde oficial do que daquele acionado pelas travestis: a própria rede, as *bombadeiras*, farmacêuticos e as benzendeiras.

O capital simbólico angariado por Márcia, Joyce, Viviane e Roberta, depois do ingresso no *Tudo de Bom!*, as diferencia de seus pares. Diferença que Márcia lista ao longo de sua fala: a Márcia "de antes" era aquela que ia para a prostituição todos os dias, acreditava no glamour da rua e que "nada sabia"; a de hoje é, segundo ela, a agente de prevenção informada, "que gosta mais de si mesma" e que rareou o número de programas, transformando-se numa referência para as travestis da região onde atua. Márcia é "*a do postinho*", aquela que consegue consultas, "*a bicha das camisinhas*", identificações que são prestigiosas.

Ainda que haja esse processo de distanciamento provocado pela entrada da travesti no *Tudo de Bom!*, como acabo de discutir, é inegável que elementos de identificação entre as travestis "*da pista*" e aquelas que se engajaram ao projeto permaneçam. Pude observar, na intervenção das agentes, que o fato de serem travestis, de conhecerem o vocabulário próprio do meio e de serem "do pedaço" favorece a aproximação e facilita o diálogo.

Mesmo com essa postura mais receptiva, Márcia lembra da desconfiança das travestis abordadas nas primeiras incursões. Sentimento que, segundo narra, vai se dissipando com a presença freqüente da agente de prevenção, "por ali, com aquela mochilinha, conversando, com a mesma história". Para Márcia, foi aí que começaram os "ganhos" para si.

Ao repassar informações preventivas a partir do prisma do sistema oficial de saúde e ao facilitar o acesso das travestis que se prostituem à rede pública de saúde, as agentes de prevenção se diferenciam do mundo da prostituição (ainda que de alguma forma estejam ligadas a ele). Declarar esse pertencimento lhes serve de estratégia de aproximação e construção de laços de confiabilidade.

O que já pude observar é que a lógica que orienta as travestis, incluindo as agentes de prevenção, não é a mesma que permeia os programas preventivos. Estes, como já dito, são pautados em valores próprios da ideologia moderna, tais como igualdade de direitos, liberdade de escolhas e protagonismo do sujeito, alcançado a partir do conhecimento de seus direitos. Nessa perspectiva, ser "profissional do sexo" não é o mesmo que ser "prostituta", uma vez que o primeiro termo se desvencilha da carga moral deste último, sugerindo que, como no exercício de qualquer profissão, se tenha direitos e deveres estabelecidos no plano jurídico. Porém, o que percebo (e os dados parecem corroborar essa impressão) é que para as travestis – na sua esmagadora maioria, pertencentes às classes populares, e comungando de uma lógica centrada em valores distintos daqueles do ideário moderno – ser "profissional do sexo" não as faz diferentes do que sempre foram como "prostitutas", isto é, pessoas à mercê da violência física e simbólica, estigmatizadas, porque associadas ao sexo pago. Essa lógica diferenciada envolve aspectos morais e valorativos em relação aos cuidados de si, percepção do processo saúde/doença, sexualidade e corporalidade, entre outros formadores da Pessoa travesti, numa construção na qual a idéia de cidadania nada ou pouco tem a ver com aquilo que as técnicas do projeto tomam como tal.

Para as técnicas do *Tudo de Bom!*, a cidadania passa pela adesão das travestis aos serviços especializados de saúde, onde, por meio do diálogo, elas podem se reconhecer como portadoras de direitos civis. E, pela auto-identificação como um grupo, se fortalecerem, desenvolvendo a "auto-estima", o que possibilitaria a mudança de comportamento, sobretudo no que se refere aos cuidados de si. Porém, as técnicas começam a dimensionar as tensões provocadas por essas sócio-lógicas distintas. Essa percepção nasceu do convívio direto com o cotidiano das travestilidades e, sobretudo, da prostituição, e tem gerado reflexões, muitas vezes solitárias, que apontam para o alcance limitado do trabalho que realizam. A sensação de frustração aparece nas muitas falas colhidas. Segundo algumas técnicas, ainda não foi possível tornar essas constatações temas de reuniões e assim, quem sabe, transformar essas angústias pessoais em ações coletivas.

A aproximação patente que as técnicas têm feito do "universo da *pista*", acompanhando as agentes travestis em seu trabalho, travando contato com os donos de casas de prostituição e interagindo com a dinâmica da rua, aponta para um movimento novo, pois até há pouco apenas as ONG tinham ações em campo junto às populações visadas pelo discurso preventivo. Esse esforço de aproximação ainda não é suficiente para romper com a idéia de dois mundos. Esse distanciamento se evidencia em episódios corriqueiros, como o da travesti Deborah, que prefere comprar preservativos de sua amiga (que os pega gratuitamente) a se cadastrar num posto de saúde, para obter o mesmo insumo. Ou o do dono de uma casa de prostituição, que tem preservativos em quantidade, mesmo não comparecendo ao *SAE* de sua região para buscá-los, garantindo à técnica que foi visitá-lo que não os tem comprado da "máfia da camisinha"[200]. O mesmo senhor conta a Tereza que chegaram a lhe oferecer, por R$ 10,00, um saco de mais ou menos um metro de altura, cheio de camisinhas, mas que ele não aceitou. Tereza quer acreditar nele, mas sabe que a oferta era tentadora.

Transparece nesses episódios o desconforto que ainda há em se transitar de um espaço para outro, pois o mundo "do postinho" é diurno, burocrático e regido por uma moralidade que coloca Deborah e o dono da casa de prostituição sempre sob suspeita. Ainda que exista hoje um programa para atendê-los, que se esteja treinando pessoal para fazê-lo sem julgamentos morais estampados no rosto ou implícito nas falas, tudo isso ainda é incipiente e inicial. Nada como o conforto de se estar em "casa" e receber, ali, no seu horário de trabalho, alguém que quer lhe vender um enorme saco de camisinhas pela bagatela de R$ 10,00!

Se as agentes parecem se distanciar das travestis, e as técnicas, num movimento contrário, delas se aproximarem, o fato é que, independente da direção que estejam seguindo, ambas estão informadas por valores estruturantes próprios do seu universo de origem. O que se evidencia nas suas interações.

Aleika, agente de prevenção que atuava na região de Indianópolis[201], relatou à sua coordenadora que havia deixado uma sacola de preservativos com "*os peões de uma obra*", porque havia sobrado muito do trabalho de intervenção preventiva daquela noite. A ação não foi bem vista pela técnica, que a aconselhou a "não fazer assistencialismo com preservativo". Aleika justificou-se, afirmando que ali os preservativos seriam bem aproveitados. A discordância, no que se refere à distribuição do preservativo, está, em parte, na forma de cada uma encarar aquele insumo. Para a técnica, atenta às recomendações metodológicas preventivas[202], a camisinha é um

---

200. Este é um esquema de pessoas que pagam quantias irrisórias para quem se dispuser a se apresentar como "profissional do sexo", nas diversas unidades de saúde da capital e, assim, obter gratuitamente até 400 camisinhas.
201. Aleika faleceu em janeiro de 2005, aos 22 anos, vítima de um problema cardíaco, segundo sua família. Ela era soropositiva e, conforme informa sua supervisora técnica, seguia rigorosamente o tratamento.
202. Conforme o *Guia de Prevenção das DST/Aids e Cidadania para Homossexuais*, "a distribuição gratuita de preservativos masculinos deve sempre estar acompanhada de material informativo-educativo específico sobre seu uso correto, sobre infecção das DST/HIV/Aids e sobre direitos humanos. Orientações sobre atendimento nas unidades especializadas em DST/Aids é outro elemento fundamental na intervenção comportamental" (Ministério da Saúde, Secretaria de Políticas de Saúde, *Coordenação de DST/Aids*. 2000: 62).

atrativo que deve levar a clientela até unidade de saúde, para assim ser cadastrada, realizar exames e passar a ser monitorada. Para a maioria das agentes, o preservativo é um insumo de prevenção ao qual se tem acesso gratuito e em grande quantidade. Deve ser, portanto, distribuído para quem quer fazer uso dele. Roberta, por exemplo, ao se ausentar por semanas do campo, distribuiu preservativos em grande quantidade, e justificou-se: *"não tô podendo vir direto... quando venho, tenho que deixar o suficiente"*.

As lógicas se confrontam, também, na percepção que têm as travestis agentes de prevenção das unidades às quais estão ligadas, e na visão das técnicas sobre os mesmos serviços. Quando, durante a reunião de supervisão, Sarah relata à sua supervisora um caso que julga digno de nota, o que se vê é que elementos relevantes (para se "acolher" ou "atrelar"), segundo a agente, não são tomados como significativos pela educadora de saúde.

> **[Sarah]** *Teve três mulheres novas e eu já dei o endereço pra elas vir aqui. Elas me disseram que iam vir hoje, não sei se vieram, não sei. E tem uma que também é soropositivo. Dessas mulheres que eu conversei, ela é soropositivo.*
> **[Rita]** *Ela tá em tratamento? Conversou com ela? Ela se trata em algum lugar?*
> **[Sarah]** *Ela me disse... Não, eu falei pra ela assim, quando eu fui dar as camisinhas pra ela, ela falou assim: 'ai, meu amor, obrigada, eu tava sem nenhuma mesmo'. Eu dei as três camisinhas pra ela, conversei, falei pra ela vir aqui. 'Vai lá fazer um examezinho de... vai fazer um teste. Não é só de HIV'. E ela falou: 'não; e outra, que nem precisa, porque eu já sou soropositivo'.*
> *Já tem uns seis anos que ela tem. O filho dela de quatro anos tem. E, agora, ela não sabe de quem ela pegou. O marido separou dela, ela falou pra mim. Engraçado que ela falou pra mim... 'logo, logo, você vai saber quem ela é porque ela vai tá aqui'. E ela falou pra mim que o marido dela não tem. E ela falou assim, sério. Eu perguntei pra ela assim, como foi que ela descobriu. Ela falou que descobriu porque tava nascendo uns furunco muito assim, né? Assim, na cabeça... aqui de baixo do braço... Aí ela pegou e foi fazer um exame no Hospital das Clínicas, e acusou que ela tinha.*
> **[Rita]** *Então, na verdade, ela já está encaminhada, né?*
> **[Sarah]** *Ela já está encaminhada. E, muito logo, logo, ela vai está aqui.*

Rita, na verdade, queria saber se a prostituta já fazia tratamento em alguma unidade de saúde, enquanto Sarah parecia entender que a preocupação de Rita era em torno do encaminhamento daquela mulher ali para o **SAE**. Para a agente de prevenção, a prostituta já se tornara alguém cheio de histórias, não uma cliente soropositiva, mas a mulher largada pelo marido, com um filho também portador, e que estava nas ruas querendo trabalhar e precisava de camisinha. Sarah estava certa de ter feito bem seu papel. Rita cuidava de fazer o dela, com a mesma eficiência.

Para as travestis, o "estar saudável ou doente" tem a ver com todo um conjunto de fatores sociais, psíquicos e morais que incidem sobre o corpo. Essa visão englobante sobre saúde é traduzida em falas como a de Sarah, reportando-se à mulher soropositiva que encontrou durante seu trabalho. Ou quando, ao chegarem para uma reunião de supervisão técnica, trazem relatos do seu cotidiano. Essas falas ainda incomodam algumas técnicas.

> *Não tem como fugir ainda **dessa orientação pessoal, que não tem a ver com saúde**. E orientação delas é assim, 'Ah, me aconteceu isso e tal...', **não tem nada a ver com saúde nem com trabalho**. E a gente sempre tem que se posicionar, não faz parte, mas a gente sempre tem que dar uma palavra, alguma coisa nesse sentido.* (Em entrevista concedida à pesquisadora, em 19/04/05. Grifos meus.)

A técnica diz que luta muito para que isso mude, mas que o comportamento persiste. Essa persistência parece vir justamente da não-separação entre "saúde" (na concepção da técnica, formada em Ciências Biomédicas) e o contexto mais abrangente da vida das travestis. O que me remete para as discussões feitas por autores como Duarte (1986) e Cardoso (1999), sobre a categoria do nervoso e toda uma fiso-lógica que relaciona problemas físicos e morais. Tampouco a divisão, guiada por uma racionalidade técnica, entre vida profissional e vida pessoal, parece fazer sentido para as travestis agentes de prevenção. Mas as técnicas educadoras em saúde lamentam-se, pois esse expediente toma boa parte das reuniões com aspectos que, para elas, nada têm a ver com os objetivos que orientam esses encontros.

Diferentemente do que acontece nas reuniões de supervisão técnica, onde não há espaço para questões que "nada têm a ver com saúde", havia uma reunião especial promovida mensalmente pelo **CR Santo Amaro**, onde se procurava criar uma oportunidade para que temas que cercam o cotidiano das travestis prostitutas (incluindo as agentes) viessem à tona. Mas são tratados, ali, como motes para que as técnicas atuem sobre a "promoção do fortalecimento das redes sociais", conforme objetivos do **DST/Aids Cidade de São Paulo**. Ou, como propõe Parker, a crítica que gestores de saúde vêm fazendo aos modelos preventivos passaria pela necessária politização da doença, estimulando o "ativismo cultural" que, acredito, requer todo um conjunto de mudanças e alterações de valores próprios do grupo visado. Talvez, por isso, reuniões com esse caráter não tenham se firmado na maioria das unidades de saúde que abrigam o **Tudo de Bom!** e, naquelas que ainda existem, a freqüência fica aquém da expectativa das técnicas.

Se há divergências patentes nas lógicas de percepção dos problemas de saúde, na prevenção e na atuação de agentes e técnicas, há também convergências e esforço de ambas as partes em/de compreender essas diferenças. Como expressa Tereza ao se referir às prioridades da clientela visada, estimulando as agentes a não desistirem do trabalho de persuasão. Esta é uma interessante inversão, pois é a técnica de saúde quem procura sensibilizar a agente para uma realidade que, teoricamente, aquela conhece muito melhor.

> *Acho que a dureza da vida delas seja pessoal, seja namorado... É tão grande, que essas coisas... O que pra gente tem uma significação imensa...* [questões preventivas]. *O primordial pra elas* [agentes de prevenção] *é a prevenção, ponto. Pra elas* [prostitutas mulheres e travestis] *é outra coisa: 'é o dinheiro da minha conta que tá estourando; é o marido que bate; é essa gravidez que veio de novo'. (...) Os agentes vêm às vezes muito bravos: 'Aquela folgada, eu não vou mais...'. Eu falo: Não, quantas vezes forem necessárias. Você já não consegue isso?' (...) Porque é um trabalho difícil!* (Tereza, em entrevista concedida à pesquisadora, em 24/01/05.)

Apesar das queixas em relação ao comportamento de suas colegas, as agentes travestis entendem que haja resistência por parte da clientela em relação ao comparecimento às unidades de saúde nas quais funciona o projeto. Elas, que já vivenciaram a experiência de serem as usuárias que buscam o serviço público de saúde, procuram convencer as travestis "da *pista*" que a intenção do **Tudo de Bom!** é oferecer um serviço diferente do que elas estão acostumadas. Como explicava Karol a algumas travestis que trabalhavam na região central da cidade:

> *O pessoal lá não tem preconceito com a gente, porque lá o projeto é justamente pra atender a nós, profissionais do sexo, travestis. Esse projeto é pra gente, que batalha na noite. Lá o médico te chama pelo nome que tu disser pra ele. Ninguém fica te olhando torto. Se vocês preferirem, podem ir no dia do meu plantão.* (diário de campo, 15/07/2004)

O que parece ser um atrativo na fala de Karol, é recebido com um olhar cético pelas travestis que a ouvem, acostumadas a uma outra realidade. Realidade, essa, muito mais próxima da descrição que faz Márcia, ao justificar o porquê adiou, por tanto tempo, o seu comparecimento a uma unidade de saúde para verificar um problema (mais tarde diagnosticado como sífilis):

> *Você tem que mostrar um RG, o tratamento não é o mesmo... Por mais que hoje tenha informação, o pessoal te olha diferente. Quando você não tem um certo poder financeiro, o pessoal te olha diferente, entendeu? Você não tem paciência de esperar tanto tempo pra ser atendida. Porque quando você depende do* **SUS**, *você tem uma consulta marcada às oito, você sai do posto meio-dia, uma hora. Você tem que esperar, porque é de graça, não é uma coisa que eu vou ali, pago, o médico já tá me esperando, eu entro na sala e venho. Entendeu? Então, tudo isso dificulta pra você procurar um tratamento. Tudo isso dificulta de você ir lá. Porque uma pessoa que trabalha na noite, que chega em casa 5 horas da manhã, que tem até às 2 horas pra dormir, que tem que acordar, que tem seu dia-a-dia, tem que cuidar das suas coisas, tem que ir a um banco, tem que acertar certas coisas... Você não tem tempo, entendeu?* (Em entrevista concedida à pesquisadora, em 14/11/05, na residência de Márcia.)

O campo tem mostrado que a abordagem feita – seguindo-se o modelo da "prevenção dialogada" e da metodologia da "educação entre pares" – encontra uma certa receptividade entre as travestis que se prostituem, ainda que esse discurso seja reelaborado e adequado ao seu sistema de cuidados e noções de saúde e doença centrado nas categorias "sangue" e "nervos", típicas das classes populares, como esquematizado no quadro abaixo.

Concepções sobre saúde/doença				
	Silicone	Hormônio	Preservativo	Sistema de Saúde
Travestis	♦ Beleza ♦ Suja o sangue. ♦ Pode deformar.	♦ Feminiliza. ♦ Afina o sangue. ♦ Deixa nervosa.	♦ Proteção contra aids e outras DST (cuidados de si).	♦ Outras travestis. ♦ *Bombadeiras*. ♦ Modelo popular.
ONG/Aids, Organizações da Sociedade Civil, Agências Públicas de Saúde	♦ Contravenção ♦ Perigo/risco ♦ Pode trazer infecções, deformações e morte.	♦ Pode provocar mal-estar. ♦ Menos lesivo que o silicone.	♦ Elemento de atração para as unidades de saúde (controle).	♦ Medicina Ocidental. ♦ Modelo Higienista ♦ Preventivo.

Apesar disso, é perceptível que, mesmo com as barreiras impostas pela lógica simbólica própria de cada grupo, há um estreitamento da relação entre travestis e os profissionais de saúde que lidam com prevenção da aids. O número de travestis que hoje procura os serviços de saúde, segundo registros feitos pelas unidades que alocam o *Tudo de Bom!*, vem aumentando. A maioria comparece para pegar preservativos, outras buscam assistência, há aquelas que acompanham amigas, já em tratamento da aids. Em todos os casos, o discurso preventivo/educativo permeia os encontros, procurando-se, além de fornecer insumos e assistência, mudar comportamentos e percepções sobre o processo saúde/doença. O que, como vimos, acaba afastando algumas travestis, que preferem buscar camisinhas e cuidados na sua própria rede social.

Ainda assim, pode-se dizer que algumas mudanças vêm sendo operadas. O diálogo que abre o **capítulo de apresentação** deste livro pode ser tomado como um reconhecimento, ainda que pontual, desses esforços, expresso na fala da travesti abordada por Márcia: "*eles [as mariconas] têm médico, querida, a gente não tem, não. Eles têm os médicos finos deles. A gente só tem a prefeitura...*" (diário de campo, 23/09/2005). O reconhecimento do papel da "*prefeitura*" (isto é, do Projeto) como promotor de cuidados, assistência e prevenção em saúde é o que buscam as técnicas do *Tudo de Bom!*. Desejo este que aparece sintetizado na fala de Rita, uma das técnicas responsáveis pelo projeto, e que soa como um desabafo: "*Que estratégias vamos tomar? Entendeu? Fazer com que as pessoas nos olhem, nos observem, nos reconheçam e freqüentem, de fato, aqui, a unidade.*" (Em entrevista concedida à pesquisadora, em 19/04/2005).

Talvez, parte dessa resistência venha da declarada dificuldade de se formar uma equipe interna mais afeita à "diversidade sexual" e às identidades estigmatizadas, tais como as prostitutas e travestis. Mesmo diante dessa realidade, é inegável que há/haja um esforço de acolhimento das travestis por parte das técnicas e de alguns outros profissionais de saúde sensibilizados para essa clientela. Porém, esse novo espaço de diálogo tem apontado para um efeito perverso do projeto: o confinamento de travestis, prostitutas, gays e usuários de drogas a unidades especializadas em DST/aids. Assim, o acesso à saúde preventiva e ao tratamento de algumas especialidades e doenças crônicas ainda enfrenta obstáculos de toda a ordem, quando se trata das *Unidades Básicas de Saúde*. O que parece circunscrever os problemas de saúde das populações citadas à questão das doenças sexualmente transmissíveis. Como ressalta uma travesti, ligada aos movimentos de luta pelos direitos das travestis: *"Se eu tiver uma dor de estômago, faço o quê? Tomo duas camisinhas?".*

Outra questão sensível no almejado trânsito das travestis "da *pista*" rumo "ao posto" é que, de fato, para serem cidadãs, elas precisariam mudar: não serem escandalosas, se vestir de outra forma, se disciplinar em relação aos compromissos, fazer sexo seguro, submeterem-se a exames periódicos. Ainda que seu entorno não mude, e que a cidadania apareça circunscrita às unidades de saúde, elas devem mudar. Como foi mencionado, alguns setores localizados e específicos dos serviços estaduais de saúde vêm sensibilizando seu olhar para a realidade e os saberes das travestis, o que projetos como o *Tudo de Bom!* parecem comprovar.

O que parece ficar implícito é que as populações consideradas "de maior vulnerabilidade" pelo sistema oficial de saúde são aqueles que, em outros tempos, foram chamados de degenerados, invertidos, desviantes, entre outros termos que patologizaram comportamentos, hoje encapsulados sob o conceito de "diversidade". Uma diversidade que, por vezes, parece trabalhar não com a pluralidade, mas com a tentativa de homogeneizá-la. Ou, ainda, de manter cada "tribo" devidamente isolada, monitorada, individualizada, o que permite um sofisticado controle dos corpos e dos comportamentos.

O que se pode inferir, até o momento, é que há uma ampla discussão entre os técnicos e a coordenação geral do projeto, bem como com a *Área Temática*, em relação aos rumos do *Tudo de bom!*. Conforme relatou a coordenadora geral do projeto à época, passados mais de quatros anos de implementação chegara o momento de revisão. Entre as discussões em pauta, encontrava-se a proposta de integração dos vários projetos preventivos. Na opinião do diretor do *SAE Lapa*, "*o Tudo de Bom! é o projeto que mais incorpora os outros*", porque dentro da população de "profissionais do sexo" estão travestis (população-alvo do *Projeto Forma*, já incorporado pelo *Tudo de Bom!*), usuários de drogas (população do *Programa de Redução de Danos*), homossexuais (grupo visado pelo *Projeto Cidadania Arco-Íris*) e mulheres (população visada pelo *Projeto Elas por Elas*).

Esta é, também, uma outra discussão que permeia a fala das técnicas do projeto: o entrelaçamento de práticas, comportamentos e situações cotidianas, que não segmentam, mas agregam, os grupos trabalhados separadamente pelos programas para aids. O que estas profissionais apontam é a dificuldade de um só projeto abranger toda a realidade do sujeito visado. Por exemplo: que projeto deveria se voltar para a mulher heterossexual, casada, que usa drogas? O *PRD-Sampa* ou o *Elas por Elas*? Onde se alocaria melhor um adolescente de baixa renda, que é homossexual, e que inicia sua vida sexual? No *Plantão Jovem* ou no *Cidadania Arco-Íris*?

Outra proposta que vem sendo aventada é a de se repensar a "educação entre pares", considerada pela equipe ligada ao *Tudo de Bom!* como limitada e segmentada. O que se propõe, em substituição, é a realização de um trabalho mais centrado na territorialidade, reconstituindo as redes a partir da circulação dos diversos segmentos que por ela transitam e do mapeamento da região a ser percorrida.

Trabalhar a partir da noção de territorialidade pode ser um passo importante para conferir visibilidade aos clientes das travestis, considerando-os parte integrante dessa relação em que desejos, afetos, corpos e comércio se entrelaçam, de forma tensa e dinâmica.

É justamente sobre a clientela e sua perspectiva preventiva que versa o **próximo capítulo**.

5.
A Invisibilidade dos Normalizados

T-lovers: a Masculinidade sob o Peso do "Armário" [203]

O **Nice bar** é um botecão de esquina, bem paulistano, estilo **sujinho**, onde travestis, *michês* e clientes fazem refeições, bebem e petiscam. Seguindo-se o corredor que ladeia o grande balcão em "U", tem-se acesso ao segundo andar, onde ocorriam os encontros do *T-lovers*. Para os fins deste livro, são *T-lovers* apenas os grupos restritos de homens que gostam de fazer sexo com travestis e que vêm se organizando em várias grandes cidades do país e do exterior, em torno de encontros *off-line* e fóruns de debate via internet[204], motivados pela atração que sentem pelas *T-gatas* (é como eles chamam as travestis).

Naquele ano de 2004, o segundo andar do **Nice bar** era ocupado por várias mesas compridas dispostas ao longo do salão, no qual amplas janelas cobriam uma

---

203. De acordo com Miskolci, "o armário é uma forma de regulação da vida social de pessoas que se relacionam com outras do mesmo sexo, mas temem as conseqüências nas esferas familiar e pública. Ele se baseia no segredo, na "mentira" e na vida dupla. Esta tríade constitui mecanismos de proteção que também aprisionam e legam conseqüências psíquicas e sociais àqueles que nele se escondem. Dividir-se em dois, manter uma fachada ilusória entre si mesmo e aqueles com quem convive, exige muito esforço e capacidade para suportar o medo de ser descoberto. O temor cria a necessidade de estar sempre alerta para sinais que denunciem sua intimidade e desejos, evitar lugares e pessoas que o associem a uma identidade temida, força para agir contra seus próprios sentimentos e manter o compromisso com a ordem social que o rejeita, controla e poda das mais variadas formas." (Miskolci. 2007a: 58).

204. Existem *blogs*, *sites* e *fóruns* onde os *T-lovers* se encontram e trocam informações diversas sobre travestis: práticas sexuais, relatos de experiências, fotos de travestis, dicas sobre programas, entre outros assuntos correlatos. Nesses espaços são também postados textos escritos por algumas travestis mais próximas aos grupos, e *links* para páginas que versam sobre o tema e para os *blogs* das travestis de maior prestígio no universo "T". Vale registrar que encontros *off-line* estavam desativados por dispersão das lideranças. Muito do esgotamento destes encontros tem relação, justamente, com o que chamo aqui da "pressão do armário", visto que os líderes ao se verem muito requisitados e envolvidos com as demandas dos encontros manifestaram cansaço, medo de serem descobertos (e alguns efetivamente o foram), tensionamentos derivados de amores frustrados e de competitividade entre eles, entre outros aspectos referentes aos confrontos entre o mundo normatizado em que pretendem levar a via e o competitivo mundo da prostituição travesti. Porém, no mês de julho de 2009, os *T-lovers* do Rio de Janeiro voltaram a editar o Dia T. Os desdobramentos desse processo não puderam ser acompanhados pela pesquisadora.

das paredes, proporcionando uma vista privilegiada para o movimento externo, ponto nefrálgico do mercado sexual da *Boca-do-Lixo*. Na parede oposta, uma inútil lareira fazia companhia a um freezer: ambos se prestavam como cenários para as fotos que WildCat fazia das *T-gatas*, quando ele ainda era uma das lideranças do encontro. Ao fundo, mais uma fileira de janelas, enquanto na ponta oposta, à direita de quem adentra no salão, ficava o banheiro, palco para muitas piadas e constrangimentos, uma vez que não tinha tranca e era utilizado por várias travestis que atuavam nas imediações[205].

Algumas travestis eram freqüentadoras assíduas do *Dia T*. Outras iam ali só para um rápido "olá", aproveitando para tirar fotos e passar o número do celular que, juntamente com as fotografias, era postado no *Blog T*[206]. Outras subiam e desciam as escadas do bar várias vezes, sondavam o ambiente enquanto esperavam a vez para usar o banheiro, cumprimentavam alguns dos presentes e se iam, para logo retornarem, seja para fazer uma refeição ou simplesmente conversar um pouco.

Os olhares dos *T-lovers* seguiam as mais bonitas e menos vestidas. Por vezes, se entreolhavam como quem confabula, riam e buscavam a aprovação entre si sobre as formas sedutoras de uma ou outra travesti. Não raro, alguns esqueciam as *T-gatas* presentes e se reuniam para jogar truco; formavam pequenas rodas onde a conversa podia versar sobre futebol, enlaces amorosos, fofocas relativas ao grupo, assuntos íntimos ou política.

Beijos e clima de namoro não eram incomuns nos encontros, mas, segundo o código implícito de conduta do encontro de *T-lovers* paulistas, não se podia fazer sexo, nem causar constrangimentos às travestis, com assédios insistentes ou atitudes invasivas, como passar as mãos no corpo delas. Atitudes desse tipo já geraram expulsão de alguns membros. Foram motivos de banimento, também, o não acerto do consumo e o famigerado "*fazer 0800*" com elas, isto é, fazer sexo sem pagar, quando o que estava acordado (ainda que não muito claramente) era um programa.

As brincadeiras também eram comuns e, geralmente, giravam em torno da masculinidade deles. Menções à "passividade" ou à "atividade" no ato sexual e questionamentos sobre a virilidade e desempenho sexual foram sempre temas que alimentam chacotas e ironias. Na minha frente, evitam mencionar detalhes de suas aventuras amorosas com as travestis, porém, em particular, muitos se sentiam mais seguros para "desabafar" comigo. Nesses momentos, o tom já não era o de façanha,

---

205. É possível que até hoje este sobe e desce de travestis se mantenha, pois o *Nice Bar*, mesmo sem os T-lovers, ainda é um ponto de referência no mercado sexual da região central de São Paulo.
206. O *Blog T* recebe cerca de 16 mil acessos por dia, provenientes de diferentes computadores. É um ambiente interativo que permite comentários dos visitantes ao material ali divulgado, sejam fotos consideradas sensuais ou crônicas de colaboradores e colaboradoras. Serve também de "ponto de encontro" de "admiradores" das travestis, que podem não só trocar experiências, como manterem-se informados sobre as novidades do que eles chamam "mundo T"; oferece links para outros blogs afinados com a temática, além de endereços de *MSN* de freqüentadores do espaço, sejam travestis ou os chamados T-lovers.

mas de uma narrativa na qual buscavam, mais do que contar, entender o que se passava com a sua própria sexualidade.

Ao longo do trabalho de pesquisa fui triando as fontes que me colocavam em contato, *on-line* ou *off-line*[207], com os homens que gostam de travestis. Iniciei esse processo via ***Orkut***[208], onde formei a comunidade **Homens que Gostam de Travestis**. A partir dessa ferramenta, mantive uma rotina de e-mails com os 600 primeiros membros, anexando alguns ao ***Messenger MSN***, sistema de interação em tempo real. Foi por essas vias que cheguei ao espaço *off-line*, onde passei a interagir com os *T-lovers*. Alguns contatos se mantiveram nos espaços *on-line*, por meio de diálogos via ***MSN*** e pelo acompanhamento de discussões nos diversos *blogs* e fóruns freqüentados por esses homens.

Ainda que as travestis que colaboraram com esta pesquisa tenham clientes com perfis diversos, creio que analisar a clientela a partir dos *T-lovers* não traz vieses comprometedores, pois é justamente a presumida "normalidade" deles que os invisibiliza frente aos programas preventivos. Suas práticas eróticas clandestinas se inscrevem num roteiro tido como "natural" e até mesmo desejável aos "homens de verdade", identificando-os com um número expressivo de homens que têm, na masculinidade hegemônica, a matriz que orienta comportamentos[209].

Os *T-lovers* se apresentam com *nicks*[210]: WildCat, Supercarioca, T-Ninja, Encantador, Sr. Pinto, são alguns deles. Grande parte deles pertence à classe média[211]: são profissionais liberais, estudantes, vendedores, representantes comerciais, micro-empresários. As idades variam entre 20 e 60 anos, com maior presença dos que estão entre 25 e 40 anos. A maioria é casada ou mantém relacionamentos fixos com mulheres, que eles chamam de GGs, isto é, *genetic girls*.

"Os *t-lovers* não querem ter suas práticas associadas nem à homossexualidade nem à esfera gay", discute Richard Miskolci. Para ele, esses homens criaram uma

---

207. Adoto o par *on-line/off-line* para me referir ao que acontece nas interações via internet ou fora dela (Guimarães Jr. 1999 e 2004, Thomsen et al. 1998 e Dornelles. 2004), considerando ainda que ambos os espaços convivem, influenciam-se e pautam a sociabilidade que se desenvolve em cada um deles. Não são, portanto, compartimentados, mas imbricados.
208. Trata-se de uma rede internacional de sociabilidade *on-line*, na qual o usuário pode criar uma página pessoal e a partir dela interagir com todos aqueles que participam do sistema. Isto pode ser feito via recados deixados em campo específico; e-mails, enviados para o endereço eletrônico do usuário ou, ainda, pela participação nas comunidades de interesse que estão ali disponíveis.
209. Ainda que os encontros *off-line* não aconteçam como no período em que estive em campo, as interações *on-line* mantêm-se bastante ativas. As características de perfis, de acordo com minhas recentes observações, se mantém nesses espaços virtuais.
210. "*Nick*" quer dizer apelido, em inglês, mas se tornou um termo usual em português devido ao seu largo uso na internet, como elemento de identificação do usuário.
211. Uso o termo "classe média" de acordo com Bonelli (1989) que, ao defini-lo refere-se "à enorme massa heterogênea de pessoas que se encontram nos escalões intermediários da pirâmide social" (p. 13). A autora subdivide a classe em média e alta, procurando distinguir, assim, diferentes níveis de educação, visões de mundo e tipo de trabalho exercido, marcados por uma "*expertise*".

identidade virtual calcada nos valores da heterossexualidade e, assim, da "normalidade", e procuram, por essa via, exorcizar a identidade de "gay" socialmente disponível[212].

Como homens casados e de classe média, os T-lovers julgam que têm muito a perder se tornarem pública sua sexualidade. Assim, vivem vidas duplas. Alguns chegam a usar a expressão "*viver no armário*", recorrente no meio gay, para definirem suas vidas de saídas furtivas pela noite e passeios clandestinos pela internet. Assombrados pela possibilidade de afeminação, eles têm desenvolvido uma série de estratégias de proteção: mantêm uma intensa vivência em espaços virtuais (o que não deve ser visto como uma vida menos real); alimentam a cumplicidade gerada por seus desejos, que lhes permite compartilhar angústias em relação à sexualidade e dicas sobre a prostituição travesti; reafirmam a masculinidade pela exibição de aventuras sexuais; procuravam reforçar essas linhas de defesa da masculinidade nos encontros *off-line* e, ainda que só pela internet, tentam estabelecer diferença entre eles e a clientela em geral, divulgando isso para as travestis. Além de "homens hétero", eles seriam cavalheiros, por valorizarem as travestis e, teoricamente, respeitá-las "como seres humanos, não mera carne"[213], ainda que a maior parte deles não as assuma fora das áreas noturnas da prostituição. Questionados pelas travestis por esse comportamento "*enrustido*" e, portanto, feminilizante, alguns preferem identificar-se como *T-fucker*[214]. Ao mesmo tempo em que este é um termo depreciativo, mesmo entre eles, serve para destensionar as cobranças quanto ao descompromisso, que pode ser lido como "molecagem". Ou, ainda, para valorizar uma performance altamente masculina, pois esses homens saberiam discernir sexo de afeto, diferentemente das mulheres.

Mesmo procurando demarcar quem é ou não um "verdadeiro *T-lover*", o que a maioria desses homens busca nas travestis é o sexo com uma "mulher" "com algo mais", "com um brinquedinho", "uma *vírgula*", "um clitóris avantajado", "*greluda*". Esses predicados vêm seguidos de um elenco de outras exigências físicas e, sobretudo, morais, como ser "bem feminina". A feminilidade se materializa em corpos bronzeados e acinturados, nos quais seios volumosos e nádegas carnudas devem se somar a um gestual discreto e à retidão de caráter no que se refere ao trato com o cliente. É comum, nos fóruns e *blogs*, que aqueles que elogiam ou demonstram interesse pelas travestis "*menos femininas*"[215] tenham sua masculinidade posta em xeque. Muitas vezes

---

212. O trecho acima foi extraído de conversa via **MSN** entre o professor doutor Richard Miskolci e a autora. O mesmo era, naquele momento, orientador responsável pela pesquisa, função que exerceu até o término do pós-doutorado da orientadora titular, a professora doutora Marina Cardoso.
213. Definição dada por WildCat, à época uma liderança entre os T-lovers.
214. O "T", abreviação para travesti, antecede o termo inglês que significa "fodedor", estabelecendo a mesma estrutura da palavra que seria seu antônimo: *T-lover*. Com o passar do tempo, o termo *T-fucker* foi perdendo seu caráter pejorativo e se tornando uma categoria masculinizante, isto é, identificava o homem que não se envolvia emocionalmente com a travesti, mas apenas a buscava para satisfazer seus desejos sexuais. O que para muitos era um sinal de serem "homens de verdade" em pleno exercício legítimo da sexualidade.
215. É assim que muitos se referem àquelas que ainda não têm seios muito desenvolvidos, por vezes usam peruca e/ou têm traços angulosos, vistos como próprios dos homens.

a classificação "*ninfetinha*" funciona como elemento feminilizante para as pouco transformadas, insinuando uma outra forma de transgressão prazerosa, aquela que cruza a barreia etária.

As travestis que roubam, cobram "*multa*"[216] ou que descumprem o que foi acordado na entrevista são classificadas pelos *T-lovers* como "*lista negra*", ou LN, em contraste com as LB, "*listas brancas*". Os atributos morais se estendem às práticas eróticas. Assim, ainda que "ativas", as travestis devem atender às exigências do cliente e serem discretas quanto às preferências do mesmo, evitando chamá-lo, por exemplo, de *maricona*. Independente do tipo de sexo que procuram, esses homens querem ser vistos como "machos"; isto significa não serem *viados*.

Para Richard Parker, na cultura popular brasileira o "ser homem" não se dá exclusivamente em sua relação/oposição com o "ser mulher", mas na relação de proximidade/afastamento com outras masculinidades tais como "o machão", "o corno", "a bicha" ou *viado*. Assim, o homem que se relaciona com uma travesti teria de guardar larga distância destas últimas figuras. Afirmar essa masculinidade torna-se uma grande preocupação e fator de desestabilização identitária para os *T-lovers*. Seus desejos e práticas sexuais os colocam sob o risco de se distanciarem do pólo de maior masculinidade no *continuum* proposto por Parker. Por isso, marcar no corpo, nas falas e nos atos esse valor moral maior, torna-se uma estratégia que assegura o capital simbólico da masculinidade. No espaço de seus encontros *on-line* ou *off-line*, os homens que fazem sexo com travestis buscam evidenciar justamente os ideais do "ser homem", reforçando as fronteiras entre eles e os homens homossexuais a partir de chacotas, brincadeiras e todo um conjunto de temas de conversação e de atitudes corporais sancionadas como próprias da masculinidade hegemônica. Acionam, assim, dois elementos básicos de construção social de masculinidades: a homofobia e o (hetero)sexismo[217], ambos reforçados pela "desvalorização de outras formas de masculinidade", que posicionam o hegemônico em relação ao subalterno" (Kimmel. 1998: 113), e reforçando a homofobia e o (hetero)sexismo.

Um dos *T-lovers*, que preferiu não se identificar, concedeu o seguinte depoimento:

> *Dá uma puta dúvida no começo. É difícil entender. Conhecer o pessoal do **Nice bar** me fez um bem danado.*

---

216. A "*multa*" é um expediente comum entre travestis, seja entre a cafetina e suas "filhas", entre as mais velhas e as que vão chegando na avenida (exigência do "*pedágio*", pagamento para que as novatas possam trabalhar no local), ou entre clientes que descumprem o que foi acordado na "*entrevista*". Falarei mais dessa prática no capítulo sobre as relações entre travestis e a cafetinagem.
217. Welzer-Lang define o heterossexismo como sendo "a promoção incessante, pelas instituições e/ ou indivíduos, da superioridade da heterossexualidade e da subordinação simulada da homossexualidade. O heterossexismo toma como dado que todo mundo é heterossexual, salvo opinião em contrário". Quanto à homofobia, o autor a apresenta como uma categoria do heterossexismo que desqualifica, inferioriza e violenta àqueles e àquelas que "não adotam, ou são suspeitos/as de não adotar, configurações sexuais naturais". Isto é: homem = macho = ativo = superior/ mulher = fêmea = passiva = inferior. (Welzer-Lang. 2001: 467-468)

[Pesquisadora] Por quê?
Porque vi que eram pessoas normais. Não eram gay.

Outro deles, um rapaz na casa dos 20 anos, mas com uma prática de convivência com travestis iniciada aos 15, me diz que não teve "dramas" em relação à própria sexualidade, mas justifica com o seguinte argumento a sua aproximação do grupo do *Nice bar*:

> *Freqüentando a rede vi no blog do Alex [**Blog T**] sobre esse encontro. Fiquei curioso e compareci pra ver como seriam os outros homens que gostam de travesti, como eu, pra ter uma comparação. (...)*
> ***[Pesquisadora]** O que exatamente você queria comparar? (...)*
> *Ver como eram os outros, se eram homens como eu (...). Bem, eu fiquei surpreso, encontrei pessoas super normais.*

A "normalidade" é estar distante da homossexualidade, sobretudo dos seus estereótipos. Ser "normal" é ser heterossexual[218]. Ser gay é, assim, antes uma categoria depreciativa que/do que uma identidade. Categoria que atribui um valor negativo ao sujeito assim taxado, uma vez que o feminiliza. Por sua vez, essa feminilização vem vinculada a uma série de performances corporais, mas, sobretudo, à idéia de passividade.

Tanto *T-lovers* quanto travestis consideram o "ser gay" ou "ser *viado*" como elemento de desvalorização que opera no sentido de deslocá-los dos pólos de gênero ao qual se julgam pertencentes. Ainda que na maioria das manifestações "o gay" e "o *viado*" apareçam como chacota ou brincadeira, é justamente nas manifestações menos conscientes que o desprezo se evidencia.

Duas histórias ajudam a ilustrar essa idéia. A primeira envolve um *T-lover* e uma prestigiada travesti que começaram um relacionamento. Perguntei a ele se estavam namorando. O *T-lover* não estava certo disso, pois tudo havia começado, segundo ele, de maneira intempestiva. O *T-lover* me contou que a aproximação entre eles se deu numa boate, e que a famosa travesti praticamente "se jogou" sobre ele. Num segundo encontro, já na casa dela, ela o teria atendido só de toalha.

> *Pombas...! Ainda que segurei bastante...* **até a hora que ela começou a achar que eu era viado**... *aí tive que mostrar que não... Pô, mal cheguei e ela já ficou quase nua esfregando seus*

---

217. "Do mesmo modo que a homossexualidade foi definida como uma condição sexual peculiar a algumas pessoas, também o conceito de heterossexualidade foi inventado para descrever a normalidade (Weeks. 1987: 35). Um dos principais papéis dos sexólogos [sobretudo nos primórdios desse ramo da Psicologia, na segunda metade do século XIX] foi o de traduzir em termos teóricos aquilo que entendiam como problemas sociais emergentes e concretos: como lidar com a infância? Como definir a sexualidade feminina? Como lidar com a mudança de relações entre os gêneros? Como perseguir legalmente a anormalidade? Mas a Sexologia só foi possível graças aos triunfos da Medicina como a exploração meticulosa do corpo; tal como a Medicina não se limitara a descrever, também a Sexologia vai prescrever" (Vale de Almeida. 2000: 88-89).

> *peitos em mim e toda hora pedindo para eu tirar a roupa e puxando minha blusa. Que conversa eu poderia ter...?????* (Em conversa com a pesquisadora pelo **MSN**, em 07/01/2005. Grifo meu).

Para provar a ela (e aos outros também) "que não era *viado*", o *T-lover* teve relações sexuais com a travesti. Como relatou num fórum de e-mails, foi "ativo", isto é, "homem", "fodedor", "o que come". Como frisa Michel Pollack, citado por Welzer-Lang, "em algumas culturas, só é considerado um 'verdadeiro veado' aquele que se deixa penetrar e não aquele que 'penetra'".

O outro episódio envolve uma travesti de São Carlos que namorava uma outra travesti, também da cidade. Na noite da Natal, fazíamos uma festa na casa da então namorada da referida travesti. A uma certa altura, enraivecida de ciúmes, ela disse a algumas pessoas presentes que acabaria com aquela festa. Do alto do seu salto 15, metida num short jeans muito curto, ela balançava seus longos cabelos, numa atitude ameaçadora, repetindo incessantemente "*Eu entro lá e acabo com tudo! Porque eu não sou gayzinho, não!*".

Antes de ser identidade política, o "ser gay ou *viado*" é, para *T-lovers* e travestis, um termo de deslocamento, rebaixando-os na hierarquia dos gêneros. Para os primeiros, aparece como uma categoria associada à patologia e/ou à ruptura com valores estruturantes do "homem de verdade", enquanto que, para as travestis, associa-se à covardia e/ou à falta de honra, ambos atributos considerados femininos e feminilizantes.

A anormalidade que a categoria "gay" suscita é borrada pelos *T-lovers* pela certeza de sua heterossexualidade, isto é, de sua normalidade assegurada pelo seu comportamento, mais do que por seus desejos e práticas. Pois "os homens podem (devem) satisfazer seus desejos, não sendo esperado de um homem comedimento, seja sexual, seja na alimentação, no uso de substâncias, na exposição ao risco, nas expressões de agressividade" (Villela. 2005: 30).

Em seu estudo sobre a masculinidade, Pedro Paulo de Oliveira trata o conceito como "um lugar simbólico de sentido estruturante" que, imbricado com outros determinantes sociais e históricos, conforma o homem moderno. Esse conceito pode ser alargado se pensarmos, como Michel Kimmel, em "masculinidades", no plural, uma vez que há múltiplas possibilidades e determinantes culturais, históricos e diacrônicos, variando dentro de uma mesma cultura ao longo do tempo, assim como na vida de um mesmo indivíduo. E mais, que as masculinidades se constroem "simultaneamente em dois campos de poder inter-relacionados de relações de poder – nas relações de homens com mulheres (desigualdade de gênero) e nas relações dos homens com outros homens (desigualdades baseadas em raça, etnicidade, sexualidade, idade, etc.)". (Kimmel. 1998: 105). É dizer que "há uma variedade particular de masculinidades que subordina outras variedades" (Vale de Almeida. 2000: 149-150).

Para Pedro Paulo de Oliveira,

> A masculinidade enquanto símbolo hegemonicamente valorizado provê satisfação existencial àqueles que crêem dela participar, através de condutas e práticas identificadas

socialmente como masculinas, mesmo que para isso tenham que suportar duras provas e perigosas experiências, que constituem aquilo que chamo de **vivências interacionais da masculinidade**. (Oliveira. 2004: 248)

Nos encontros *off-line*, estes homens experimentaram vivências desafiadoras, "perigosas" mesmo, como alguns chegaram a avaliar. Mas que, na prática, reforçam a percepção que eles têm do que é ser um "verdadeiro homem". Aliás, a meu ver, foi esse o principal motivo dos encontros chamados *Dia T*. Estariam assim construindo um espaço de homossociabilidade, uma verdadeira "casa-dos-homens", onde se aprende a "ser homem". Mais especificamente, um tipo especial de homem que, mesmo procurando sexo com alguém de pênis, é "macho", dominador e heterossexual, por isso, "normal". O *Nice bar* funcionaria como uma das peças da "casa-dos-homens", completada em sua complexidade pelos espaços *on-line* de interações.

Welzer-Lang define a casa-dos-homens como "um lugar onde a homossociabilidade pode ser vivida e experimentada em grupos de pares". Segue ele:

> A solidariedade masculina intervém para evitar a dor de ser uma vítima; essa casa-dos-homens é o lugar de transmissão de valores positivos (...) Mesmo adulto, casado, o homem, ao mesmo tempo em que "assume" o lugar de provedor, de pai que dirige a família, de marido que sabe o que é bom e correto para a mulher e as crianças, continua a freqüentar peças da casa-dos-homens: os cafés, os clubes, até mesmo às vezes a prisão, onde é necessário sempre se distinguir dos fracos, das femeazinhas, dos "veados", ou seja, daqueles que podem ser considerados como não-homens. (Welzer-Lang. 2001)

Distanciando-se dos "não-homens", os *T-lovers* costumam postar comentários que valorizam a virilidade: apetite sexual, possibilidade permanente de obter ereção, valorização da própria performance sexual. "*Se fizer um TD com ela, conta pra gente*", pede um dos *T-lovers* em fórum de e-mails, solicitando ao interlocutor que narre a experiência do "*test-drive*" (TD), isto é, de sair pela primeira vez com determinada travesti. A escolha do termo *test-drive* não é absolutamente aleatória, como se pode concluir afinal carros, masculinidade e sexo estão desde sempre relacionados.

O *test-drive* é também uma estratégia de defesa, por isso deve ser compartilhado, pois irá ajudar na classificação dessa travesti, para a proteção dos *T-lovers*. Segundo eles a travesti pode ser, além de "LB" ou "LN", "*bandida*", "*barraqueira*" ou "gente fina", classificações que se circunscrevem ao plano moral. Ou "*ninfeta*", "*deusa*", "mulher perfeita", "mulher com algo mais", "*potranca*", no plano da fisicalidade.

Estas qualidades são promovidas a partir de um referencial esteticamente pautado em valores como: juventude; tamanho do pênis, o que remete a questões étnicas; traços delicados, o que não só remete a essas questões étnicas, como também à feminilidade.

As loiras, ou aquelas de pele mais clara, tendem a ser as "*deusas*", as "mulheres perfeitas", enquanto as negras e mulatas são as "*potrancas*", aquelas que têm "um lindo clitóris", valorizadas pela sexualização ancestral que se faz dos negros, numa sociedade de passado escravocrata como a nossa. Ser "*dotada*" é atributo que valoriza a travesti neste mercado, assim como ser "ativa" e "passiva". Afinal, o pênis é o elemento central do desejo, ainda que apareça encoberto por eufemismos. A tensão entre fazer sexo com alguém que tem pênis *versus* não ser penetrado é diluída a partir da valorização da bunda e do ânus. A bunda está sempre ligada ao feminino, seja ela de um rapaz ou de uma travesti, assim como a penetração é sempre ação, ato masculino, feminilizando quem se deixa penetrar. No caso do sexo com a travesti (essa "mulher de pênis", e não um "homem de peito"), os clientes, mesmo se penetrados, ainda estão numa posição social masculina: são eles que estão pagando, que estipulam as práticas. São, geralmente, mais velhos e têm mais capital cultural, social e financeiro que elas. Como declarou um *T-lover* certa feita: "*Não importa quem dá, quem come, se os dois dão. Importa que eu tenho ali aquele mulherão e é minha!*". Exercendo esse controle sobre outros, esses homens se mantêm ativos e, assim, viris.

Circula entre os *T-lovers* que toda vez que aparece no **Blog T** a foto de uma travesti "*bem dotada*", de pênis grande, há um *frisson*. Falar sobre a "*vírgula*" parece não feminilizá-los, não só pelo uso do eufemismo, mas porque fazem isso "como homens". O que significa alocar essas falas em contextos masculinos, pois a sexualização, feminilização e objetificação das travestis compõem uma mesma gramática de subalternização.

Um *T-lover* relata um programa recente, num depoimento do qual se pode derivar uma série de códigos morais e valorativos que sustenta a rede de relações nesses espaços:

> *Eu a via ali naquela esquina quase todos os dias, mas nunca havia saído com ela. No sábado acabei fazendo um programa bem gostoso num hotel da região. Ela tem um pau médio, peludinho, mas bem grosso, que fica duro com uma rapidez fantástica e é delicioso de chupar. Um detalhe importante: ela gosta de beijar na boca e beija gostoso, com voracidade, com força. Não beijinho fingido. Ela é ativa e passiva e fode bem gostoso, sem pressa. Cobra 50,00 e atende também por telefone. Neste último caso, cobra entre 100 e 150,00 dependendo do tempo de permanência. Vou levantar o fone dela e depois passo. Ela me disse que tem fotos num site, acho que o Travesti Brasil. Se alguém puder ver e colocar fotos dela seria legal. Onde estou não tenho como acessar.*
> (Postado no **Blog T** em 16/11/2006.)

A clandestinidade[219] da prática é sempre um ponto de tensão e união entre os *T-lovers*. Usar certos computadores para acessar *sites* especializados em travestis deixa

---

219. A idéia de formarem uma espécie de "sociedade secreta" lhes é bastante cara, o que remete aos antigos grupos essencialmente masculinos como a Maçonaria, no qual se compartilha segredos, saberes e promove-se a iniciação dos novatos que porventura venham a ser aceitos. A idéia de irmandade reforça também a de solidariedade masculina, sugerindo uma separação radical entre o "mundo dos homens" e o "das mulheres". Welzer-Lang, ao se referir a rituais de iniciação da masculinidade, presentes também em nossa sociedade, afirma que "ter prazer juntos, descobrir o interesse do coletivo sobre o individual, são valores que fundam a solidariedade humana. É verdade que na socialização masculina, para ser um homem, é necessário não ser associado a uma mulher. O feminino se torna o pólo de rejeição central, o inimigo interior que deve ser combatido sob pena de ser também assimilado a uma mulher e ser (mal) tratado como tal." (Welzer-Lang. 2001: 465)

"rastros", como dizem, podendo denunciá-los. O que não os impede de compartilhar suas experiências num fórum de e-mails. Ao contrário, pois assim ajudam os companheiros, disponibilizando informações sobre os serviços prestados. Reconhecer os locais onde as LB ficam, evitar as zonas das LN, conhecer os hotéis que recebem esse tipo de parelha de forma discreta, são saberes compartilhados que colocam os mais informados em posição de destaque dentro da rede.

A partir do mesmo depoimento pode-se perceber, ainda, que há uma geografia moral do corpo, que delimita, de forma tensa, as fronteiras entre interdições e permissões na relação entre clientes e travestis. A tensão se dá porque esses códigos apesar de serem compartilhados, têm valores diferenciados para cada parte da relação. Beijo na boca, por exemplo, deve ser prática interdita aos clientes, enquanto para eles, como se viu, é desejável. Para as travestis, homens não devem querer contato com o pênis delas, mas é justamente isso que buscam os clientes quando as procuram, ainda que inconfessadamente.

Nos encontros e debates dos *T-lovers*, questões relativas às doenças se associam mais à percepção da homossexualidade, isto é, o desejo por um outro que tem pênis, do que a questões preventivas relativas à aids ou outras DST. Isto não significa que estas questões não apareçam. Mas o que os dados indicam é que há, entre os clientes, a ciência sobre as doenças sexualmente transmissíveis, sobretudo a aids, mas no momento do intercurso sexual outros valores se impõem, de modo que o chamado "sexo seguro" (estreitamente ligado a uma calculabilidade) não é o que orienta a relação.

O Medo é de Ser Viado, Não da aids

É preciso que se considere, no comportamento dos clientes, que os momentos que antecedem (assim como os posteriores) o ato sexual de fato podem ser tensos e angustiantes[220]. Há o medo de ser visto por conhecidos, os conflitos internos em relação à sua sexualidade, ao mesmo tempo em que há a excitação de se estar fazendo

---

220. Reproduzo o depoimento postado por um *T-lover* no **Blog T**, relatando sua angústia após ter feito sexo pela primeira vez com uma travesti: "Após alguns minutos, uma desesperada sensação de nojo, arrependimento e medo tudo misturado toma conta de mim, tenho de sair correndo, ajeito a roupa de qualquer jeito e num pulo me levanto e saio correndo, apenas ouvindo os xingamentos de minha recente parceira. Corri muito, como um fundista do 100 metros rasos, sem direção, sem pensar, apenas tomado pelo remorso e pelo arrependimento, dou de encontro a uma pracinha deserta, tenho de me esconder, não posso ver meus amigos, ninguém pode saber, fico lá deitado horas, me envergonho, choro baixinho prometendo que nunca mais faço uma destas, **se sair vivo ou se não pegar nada**, digo para mim mesmo que sou homem não outra coisa, que aquilo foi um momento de loucura, nunca mais vai acontecer, porém mal sabia eu, isso era apenas o começo..." (grifo meu). O post data de 09/07/2006. Acompanhei 16 comentários feitos ao relato, muitos se identificando com o sentimento do depoente. Um deles escreveu que "essa sensação de arrependimento foi tamanha para mim que eu cheguei a passar lisoform no meu pau... ardeu para burro... ficou vermelho por uma semana... mas eu nunca as larguei".

algo transgressor, de se realizar uma fantasia, e de estar diante de uma sexualidade que os atrai e repugna, ao mesmo tempo. Com tudo isso, a camisinha torna-se um elemento que, muitas vezes, só é lembrado no fim do ato sexual ou quando (e se) a travesti propõe. Pegar aids ou qualquer outra doença sexualmente transmissível é um medo que está subsumido ao da perda da masculinidade, este sim, o temor corriqueiro.

> Como se sabe, a Aids sempre esteve associada a comportamentos desviantes e marginais que, de forma alguma, abrangiam o comportamento do homem adulto heterossexual (especialmente os casados) e, mesmo tendo chegado de maneira alarmante entre as mulheres, não foi capaz de ser entendida também como problema extensivo aos parceiros destas. (Villela. 1997)

"*Eu sou casado, só saio com você, vamos fazer bem gostoso?*", é uma fala muito presente nas narrativas das travestis sobre o argumento usado pelos clientes para manter relações sem preservativo. O fato de ser casado denotaria a excepcionalidade do sexo fora de casa e anunciaria a heterossexualidade dele. Esse homem pretende-se imaculado, pelo seu vínculo afetivo e estável com uma mulher.

O pressuposto de que a "profissional do sexo" tem como obrigação "se cuidar", isto é, usar preservativos em todas as relações, desincumbiria o cliente de ter ele de usar a camisinha.[221] Talvez seja esse raciocínio que sustente os recorrentes pedidos dos clientes para fazer sexo sem caminha. Relato corriqueiro das travestis. É como se ela abrisse uma exceção para aquele cliente específico, o que, de alguma forma, atesta o poder que ele acredita ter (de sedução, de impor um tipo de prática que lhe é mais prazerosa) em detrimento à posição hierarquicamente inferior da travesti (*viado*, feminilizada, puta, com menos recursos financeiros/materiais e, muitas vezes, mais nova). O que os clientes parecem não considerar é que as travestis têm relações não-comerciais (e mesmo comerciais) com outros homens, que envolvem afeto e, assim, o não-uso do condom.

> Os homens heterossexuais não se consideram "minorias" nem se sentem discriminados. Assim, não existe motivação política para se organizarem para lutar pela conquista ou garantia de seus direitos, especialmente os sexuais. Ao mesmo tempo, também não se percebem como "grupo de risco" – muito embora muitos tenham relações sexuais com numerosas pessoas diferentes –, não se sentem ameaçados pela epidemia e, conseqüentemente, não reivindicam sua inclusão nas estratégias de prevenção da Aids. Devemos considerar, ainda, que categorizações como "grupo de risco" e "minorias" sexuais são construídas a partir do pressuposto da existência de uma categoria "sem risco", majoritária, freqüentemente associada ao casal heterossexual, em que o homem

---

221. "*Acho que as travestis têm obrigação de usarem e fazerem seus clientes usarem camisinha, assim como os homens têm a obrigação de usar camisinha ainda mais quando é uma relação com profissionais do sexo. Acredito que homem que se recusa a usar esta sendo ignorante. Eu não gosto de usar camisinha, mas eu uso pois é necessário*" (Anjo.Oriental22, em depoimento colhido via e-mail, a partir da comunidade **Homens que Gostam de Travestis - Orkut**).

tem ampla liberdade para exercer sua sexualidade. Assim, a própria lógica subjacente à categorização a tornaria, em princípio, impermeável à absorção de grupos tidos como "normais", como a população masculina heterossexual. (Villela. 1998: 130)

A população masculina heterossexual se vê, e é tratada pelos programas preventivos, como pertencente a uma sexualidade e a um gênero englobante, hegemônico e dominante, portanto. O qual, como discutem Dagmar Meyer et al. (2004), seria pouco variado e, mesmo, imutável, pois estaria determinado por imperativos biológicos que levam esse homem (com H maiúsculo) a buscar relações sexuais múltiplas, extraconjugais (comerciais ou não), permeadas por um impulso sexual incontrolável que faz dessa sexualidade voraz um estilo de vida capaz de atestar sua masculinidade.

Esses homens, invisíveis para os programas preventivos[222] (e sua invisibilidade se dá justamente por serem tomados como o padrão da norma), estariam operando dentro da lógica de uma masculinidade hegemônica que prescreve a "aventura sexual" como uma conduta aceitável e desejável para o "homem de verdade".

Ainda motivada pela leitura de Meyer et al., proponho que está implícito na forma como os programas preventivos são elaborados e, sobretudo, para quem são dirigidos, que os "homens de verdade" não precisam mudar. Vejamos como exemplo o diálogo entre uma agente de prevenção do *Tudo de Bom!* e a sua supervisora técnica:

> [Poliane] *Mas o cliente sempre quer o peito. Não sei se com mulher é assim, mas com travesti ele sempre quer peito. Porque não sei o que eles acham de mamar em peito de travesti. Não sei se é tesão, não sei. (...) Continua tomando hormônio, aí vem leite.*
> [Celina] *Aí eu me lembro, de que quando eu comecei a fazer esse trabalho, eu peguei uma pessoa, uma travesti que tava infectada e tava com leite. Aí você também tem que tomar cuidado, porque se eles têm essa vontade de mamar, como você disse, e a secreção tem muito HIV, também tem que ter um cuidado.* **Lembro que ela, muito dolorosamente, deixou de tomar hormônio pra ver se evitava um pouco a produção de leite**. *Esse aí foi um outro problema, porque aí ela ia mudar o corpo dela rapidamente, por causa do HIV*[223]. (Durante reunião de supervisão técnica, ocorrida em 04/04/2005. Grifos meus.)

As ações preventivas se voltam para a travesti, e não para o cliente, tendo ela de mudar comportamentos (e o próprio corpo), enquanto ele não terá que alterar suas práticas eróticas. À conduta "imutável" dos clientes das travestis caberia uma "pequena"

---

222. Existem campanhas veiculadas pelo *PN-DST/AIDS* que visam os homens heterossexuais. Não se trata de negar isso, mas estas, como propõem Meyer et al., "são indicativ[a]s de que os mesmos discursos que permitem que as mulheres sejam narradas e posicionadas, na maioria dos programas de prevenção de DSTs e HIV/aids, como a *mulher submissa* cuja auto-estima precisa ser ativada e fortalecida, também possibilitam que homens heterossexuais sejam apresentados e descritos como sendo, *por natureza*, dotados de um impulso sexual que não conseguem controlar" (Meyer. et al. 2004: 68).
223. A mudança do corpo se daria não por causa do HIV, mas porque a travesti não poderia mais tomar hormônios femininos.

adequação comportamental: o uso do preservativo nessas relações comerciais, esporádicas, rueiras, não-heterossexuais. A resistência ao uso da camisinha mostra que não se deve subestimar o tamanho dessa mudança.

Quando interrogados, os clientes são taxativos: sexo "na rua" sempre com camisinha. Mas nas conversas informais, em encontros do *Dia T* ou via *MSN*, as declarações são de outro teor. Como a de um *T-lover* que se envolveu afetivamente com uma travesti freqüentadora do *Dia T*:

> Larissa diz:
> me fala com a honestidade que te é própria, com a [nome da travesti] o sexo é com camisinha?
> Nononono diz:
> Foi a primeira e a segunda
> Larissa diz:
> desculpa, não entendi
> Nononono diz:
> Nós transamos 3 vezes e na última foi sem camisinha. Loucura não é?
> Voltar pra Sampa tenho que fazer os exames. Sou muito cabeçudo.
> *Melhor transa que já tive...(...) As 3 vezes.*

Ou no *Dia T*:

> [T-lover] *Na boa? Se eu vou comer... se ela não pedir... Vai sem mesmo!* (risos) *Você sabia que quem come tem baixíssimas chances de se contaminar, né?*
> [pesquisadora] Ah, é?!
> [T-lover] *É, porque quem recebe ali toda... posso falar?*
> [pesquisadora] Pode. (risos)
> [T-lover] *...porra, é quem corre mais risco. Por isso também que eu acho que sexo oral, se é a travesti que tá fazendo, os riscos pra quem tá ali, sabe... não é isso que falam, que de qualquer jeito vai pegar aids.* (diário de campo, 03/03/2005)

O primeiro diálogo aponta para um comportamento tido como comum, em diversos estudos. Para as mulheres, o envolvimento afetivo, o aprofundamento dos laços, o "conhecer" o parceiro liberaria o casal do uso do preservativo. Na fala do primeiro *T-lover* é justamente essa confiança que o fez transar sem preservativo. Mas, em sua fala, esse elemento vem acompanhado por outro, comumente relacionado à postura masculina, o tesão como desestabilizador da razão, da responsabilidade sobre seus atos. Enquanto no segundo relato, o homem se desresponsabiliza pelas consequências do ato, atitude socialmente vista como tipicamente masculina.

Em ambas as conversas estão presente o que Simone Monteiro (2002) chama de "hierarquização do risco". Esta hierarquia relaciona-se com a classificação do parceiro ou parceira como alguém conhecido/familiar e desconhecido/estranho, e as associações que daí advêm: confiança, segurança *versus* perigo e risco, respectivamente. No cômputo da elaboração dessa escala hierárquica entram, ainda, as práticas eróticas e que posição se assume nelas. Como na segunda conversa, o "ativo"/penetrador/ emissor, tanto na penetração anal ou oral, vê os seus riscos diminuídos. Enquanto o/ a parceiro/a "passivo"/penetrado/receptor se arisca consideravelmente. E aí entra todo o simbolismo, não só dos significados da cadeia passivo/penetrador/receptor, associado ao desvio, ao perigo e ao impuro, como também as representações acerca dos fluidos corporais.

> O fato da doença se transmitida pela troca de fluidos corporais sugere, os gráficos sensacionalistas dos sistemas significantes homofóbicos, os perigos que as fronteiras corporais permeáveis representam para a ordem social como tal. (...) Douglas sugere que todos os sistemas sociais são vulneráveis em suas margens e que todas as margens, em função disso, são consideradas perigosas. Se o corpo é uma sinédoque para o sistema social *per se* ou um lugar em que convergem sistemas abertos, então todo tipo de permeabilidade não regulada constitui um lugar de poluição e perigo. (Butler. 2003:189)

"A ordem ideal da sociedade é guardada por perigos que ameaçam os transgressores", reflete Douglas, na introdução de ***Pureza e Perigo*** (1976: 13). Como a autora comenta mais à frente, nesse mesmo trecho da obra, leis da natureza são acionadas, quando necessário, para referendar o código social. No caso em questão, o código heteronormativo. A partir dessa chave, os homens que buscam sexo com travestis, tanto quanto as próprias travestis, correriam o risco de serem punidos por esse desvio. E aqui entra a aids, ainda vista como castigo.

Transgressão, poluição e castigo aparecem num episódio trágico ocorrido em agosto de 2005, que abalou o universo de *T-lovers* e *T-gatas*. Uma conhecida travesti da noite paulistana suicidou-se, atirando-se nua do sétimo andar do prédio onde morava. Era tida como *"diva"*, *"belíssima"*, mas também como uma pessoa de gênio difícil, temperamental, depressiva, ainda que reconhecidamente inteligente e culta. O ***Blog T*** rendeu-lhe uma homenagem, e esta suscitou mais de 200 comentários, o recorde do *blog*, segundo seu gerenciador. Entre consternações e pêsames, apareceram textos que acionam os elementos mencionados no início deste parágrafo.

Camilla de Castro, a travesti morta, estaria com aids há sete anos, e isso começou a se propagar pelos canais da internet usados pelos apreciadores de travestis. Outros diziam que ela fazia sexo sem preservativos com o claro intuito de contaminar clientes. Atribuia-se à travesti toda a responsabilidade pela forma como a relação sexual se dava, numa maldosa intencionalidade, que a tornou poluidora e má.

A morte, assunto tabu, motivou um rol de acusações. "*Uma aidética a menos no mundo pra contaminar os outros*", escreveu um. "*Ouvi a conversa que ela tinha HIV a mais de 5 anos... Galera vamos tomar mais cuidado nada de levar pela emoção e transar sem camisinha!!!*", alertou outro. Enquanto um terceiro ainda fez a associação entre sujeira, transgressão, desordem e castigo: "*menos um viado no mundo, se liga seus babacas, é o fim de todas que se metem nessa vida de orgias, sexo e drogas !!!!*".

Entre consternados e temerosos, a maioria dos freqüentadores do ***Blog T*** deu vazão aos seus sentimentos. Diante da morte, que contamina e instaura a desordem, só os mais próximos, imunizados pela idéia de amizade, falavam de Camilla com a admiração que ela teve de vários homens quando viva. Na quebra da rotina trazida pelo suicídio de uma travesti nova e bonita, o medo do "castigo" e da "contaminação" pela aids se sobrepôs ao prazer do sexo e do contato com fluidos corporais.

Entre a tensão "do *armário*" e o tesão, tido como instintivo e incontrolável, os *T-lovers* recorrem aos canais que construíram na internet para expressar suas angústias e tirar dúvidas. O depoimento abaixo, postado no ***Blog T*** é um exemplo disso:

> *Ela fica na Avenida Cruzeiro do Sul, na primeira ou segunda esquina para quem vai no sentido do centro, após a marginal Tietê. (...) Estava mostrando seu sexo (bem grande até) e muito excitada. O cabelo é cacheado, castanho claro. Olhos castanhos. ADORA sacanagem, gosta de beijar muito, gosta de ser desejada, de ser ativa. Não fui passivo com ela, mas chupei muito todo o corpo dela, inclusive seus pés. Ela fica muito excitada mesmo! Fomos num drive-in ali perto (...) e em meio a pura sacanagem ela me levou na direção do seu sexo e pronto...enfiou tudo na minha boca e gozou muito e muito rapidamente, encheu minha boca e me prendeu firme. Sei que foi um ato insano o que fiz, mas confiei muito nela, ela me disse que é uma pessoa saudável. Randhal, para mim isso é foda... adoro ver essas gatas gozando na minha boca... gosto um pouco de SM [sadomasoquismo], mas isso traz riscos e me deixa bastante nervoso depois...* (***Blog T***. Postado em 11/08/04. http://blogtravestis.blogspot.com/)

Randhal, colaborador do ***Blog T*** para quem o e-mail foi enviado, alertou seus leitores sobre esse ímpeto que os domina na hora do sexo com travestis. Seu discurso foi todo construído a partir de elementos próprios das campanhas iniciais de prevenção, nas quais imperava os modelos cognitivos de mudança de comportamento. Atribui-se à informação correta à mudança de práticas, fazendo com que os sujeitos informados mudem suas ações em situações reconhecidas como de risco. Esse tipo de recomendação não considera que "a perspectiva médica não costuma levar em conta esses labirintos do desejo; baseia-se, ao contrário, num esquema mais linear" (Perlongher. 1987a: 89).

Quase um ano depois, o tema da prevenção à aids voltou às páginas do ***Blog T***, dessa vez num *post* escrito pelo seu *webmaster* (gerenciador) Alex Jungle. O texto é longo, por isso recorto alguns trechos que julgo mais expressivos para a discussão que se faz aqui:

> *Apesar da mídia ter deixado de dar a importância necessária para o tema, a grande verdade é:* **AIDS AINDA MATA, E COMO MATA!** *(...)*
> *Mas o que gostaria de comentar não é o papel da imprensa. Gostaria de colocar a situação da AIDS analisada por nós, tlovers e travestis.* **Temos a obrigação de nos precaver** *como qualquer ser vivo, mas especialmente* **em nosso meio a atenção deve ser redobrada**. *Isso porque o índice de soropositivos é altíssimo. Muitos tapam o sol com a peneira. (...)*
> *Muitas vezes passamos batido, esquecemos ou forçamos esquecer o que se passa. Mas* **os números não mentem**.
> *Os tlovers, as travestis, todos são incapazes de afirmar aqui ou nas ruas uns para os outros: Tenho Aids.*

Mas procuram os grupos de apoio, ou fazem testes, se tratam. Aí os números aparecem. Existem pesquisas, entrevistas, tudo isso junto aos aidéticos. Seu perfil, com quem transa, com quem deixa de transar.

E segundo a Secretaria de Saúde Pública a coisa anda lá pelos 50/60% das travestis. **Não mencionam tlovers até porque nem conhecem o termo direito** (ainda), mas sabem quem são os outros positivos, no nosso caso, os parceiros.

Se elas estão positivas em larga escala, tlovers em igual situação não faltam, evidentemente. Este texto tem como objetivo não somente colocar em sua cuca a obrigatoriedade de usar a camisinha. Vamos mais além.

Daqui pra frente vc pode se garantir, mas e o que passou? **E aquela noitada chapado quando faltou a bendita Jontex, ou aquela brincadeira que achava não havia ocorrido penetração, mas houve contato de mucosas, de sangue, sêmen. (...).**

Pensei antes e só resolvi postar este alerta por dois motivos. Um deles porque vivem me pedindo que escreva um pouco (...) A segunda e mais importante, **é que tenho notado que hoje o tlover vive um clima de oba-oba danado.** No começo me lembro que sempre havia essa **preocupação com a saúde, com o social, com o político** de ser tlover.

Mas muito por culpa minha e de outros também, fomos deixando de lado a visão mais apurada da realidade, para comemorarmos os Dias T, falarmos dos silicones novos da fulana, do telefone da ciclana que mudou. (...).

É de conhecimento quase geral que algumas travestis sabedoras de sua condição positiva, não sei se sadicamente, ou por insanidade proveniente pela própria situação, **não fazem o menor esforço para preservarem os parceiros.** Existem casos até de premeditação. (...).

Tá certo também que muitos infectados espalham quanto podem o vírus. (...)

Sinto, por isso tudo, a necessidade de colocar novamente os pés no chão no coletivo. Quero o bem de todos vocês, tlover e travestis. Mas não estamos acima de nada. Somos falíveis, **somos vulneráveis**. (...)

Me diz então, quando foi que fez seu último exame HIV, se é que fez um?

CUIDEM-SE !

Desde o primeiro parágrafo, onde aparece o alerta "aids mata", próprio do discurso alarmista que caracterizou as primeiras campanhas, até o imperativo final "cuidem-se", o *T-lover* mostra que décadas de disseminação de informações sobre a aids, via meios de comunicação de massa, estão incorporadas. É como comentou um dos *T-lovers*, em resposta ao texto: "Somos, é preciso admitir, uma geração marcada pelo trauma do HIV". Marcada também pelo modelo preventivo baseado em mensagens imperativas e na crença da informação correta como ferramenta capaz de acionar práticas preventivas eficazes.

A maciça divulgação de informações alarmistas sobre a doença, até início dos anos 90, parece ter surtido efeito nas representações que vigoram até hoje sobre a aids, ainda que entre os formuladores de políticas públicas em saúde, e mesmo entre os grupos de pressão tais como as ONG/aids, esse seja um discurso tido como superado.

Dos 23 comentários postados (dois, na verdade, desviaram-se do tema central) em resposta ao texto, três sugeriram que fosse inserido um *banner* (espécie de anúncio que figura nas páginas da internet) com um ícone permanente no *Blog T*, trazendo os dizeres "use camisinha sempre" ou "não transe sem camisinha". O que foi feito.

Esse tipo de recomendação imperativa parece ainda fazer sentido para muitas pessoas, mesmo entre aquelas que buscam práticas sexuais não normalizadas, e que vivenciam as dificuldades de se assumir comportamentos preventivos em determinadas situações, até mesmo porque estas pessoas tendem a ser disciplinadoras e higienistas. Isto porque

> la disciplina de los placeres está inscrita en el cambio del comportamiento sexual y, a tal fin, existen una serie de sofisticadas técnicas – talleres, cursos, etc. – y de recursos – manuales, libretos, etc – que sirven para adiestrar a las personas para hacer sexo "sin riesgo", modelando los comportamientos y robotizando los placeres. (Medeiros. 2002: 221)

Por isso mesmo essas recomendações têm seu alcance limitado por sua própria lógica normativa, prescritiva e, acima de tudo, restritiva. Porém, é esse o discurso que parece imperar publicamente entre os *T-lovers*, ainda que na intimidade de seus prazeres eles não consigam seguir as recomendações.

O silogismo de Jungle (*"Se elas estão positivas em larga escala, t-lovers em igual situação não faltam, evidentemente"*) expressa a ciência de que não são poucos os *T-lovers* que transam sem preservativos. Some-se essa observação à de Letícia, freqüentadora do *Dia T* (*"com a gente, eles* [clientes] *não querem nada do convencional"*), para se inferir aquilo que as travestis não cansam de repetir: os clientes não querem preservativo.

Fez parte desse discurso inicial sobre a doença a visão de que haveria "os culpados" e "os inocentes", entre as pessoas contaminadas pelo HIV (Vallè. 2000 e 2002. Castiel. 1996a). Aquelas com práticas sexuais e comportamentos tidos como desviantes seriam os "culpados", pois ameaçariam a ordem vigente. O "desvio" dos *T-lovers*, escondidos atrás de *nicks* e identidades iconográficas na internet, não os livra da acusação de serem o tipo de homem que "leva a aids pra casa"[224]. Desta forma, acabam por se verem, também, como culpados. Essa visão, de certa forma, está no *post* de Jungle, quando ele alerta que *"especialmente em nosso meio a atenção deve ser redobrada"*, baseando o seu argumento em números que *"não mentem"*. Ainda que não haja, nos Boletins Epidemiológicos oficiais, dados sobre a prevalência de HIV/aids entre travestis[225] e, como o próprio Jungle reconhece, muito menos sobre seus clientes.

Num dos comentários postados, um *T-lover* menciona que "só sai com as *tops*", questionando se estaria, assim, mais resguardado de doenças como a aids. Para em seguida acionar um antigo *slogan*:

---

224. Como desabafa um deles: "Os t-lovers são visto como aqueles que contaminam a mulher !! A coisa mais baixa no meio!!" (Em conversa pelo *MSN*, em 23/02/2007.)
225. O trabalho de João Luís Grandi foi um dos únicos a trazer dados mais sólidos sobre travestis e aids. Em sua pesquisa de mestrado (1996) Grandi trabalhou com 233 travestis, e no doutorado com 643, das quais 40% eram portadoras do HIV. Segundo dados desse estudo, das 192 travestis que não eram soropositivas no início da pesquisa (1992), 30% acabaram se infectando ao longo dos oitos anos de trabalho, ou seja, 7% a cada ano.

> Ou como **se diz aí que aids não tem cara**. Eu tenho saído com as que são sempre bem comentadas aqui no blog uso camisinha, mas tem certas tgatas tão gostosas que como não beijar na sua boca e o que fazer quando é irresistível dar-lhe um boquete... [fazer sexo oral] *é sempre uma sensação de pular de bungee jump!!! Alguém concorda?!!!*

Sobrepõe-se, ao medo que ele sente, duas outras realidades: a associação entre beleza e saúde e a sedução que determinadas práticas, órgãos e fluidos corporais exercem. Além da transgressão, como elemento de excitação (é como pular de *bungee jump*, um salto em queda livre no qual se está preso por uma corda elástica, que deve evitar o toque do corpo com o solo). O risco é acionado, neste contexto, de forma positiva, sugerindo aventura e adrenalina – como nos esportes radicais, reverenciados como ícones de um estilo de vida saudável, jovem e masculino.

O que a análise das falas deixa transparecer é que o feminino, nas travestis, é o que as "purifica"[226] ao olhar deles. Isso aparece no relato transcrito: como resistir a elas, se são tão atraentes? Mas é o masculino, nelas, que os excita. Num dos tantos comentários postados na comunidade **Homens que Gostam de Travestis**, pode-se ler que "*o encanto é a aparência feminina de corpo e rosto, o jeito de andar e falar e ao mesmo tempo a virilidade de um garanhão quando está excitada. Nossa! Ninguém resiste, pelo menos eu não!*". E é esse elemento que traz para esses homens um mundo de questionamentos sobre sua sexualidade. Estas questões, como já dito, tornam a aids um elemento residual na relação.

As noções de perversão, impureza e desordem aparecem também na percepção do desejo por travestis como anomalia (vinculada à idéia de homossexualidade). Vários clientes se referem a esse desejo como "*um vício*", algo nocivo, mas prazeroso, de que não conseguem se livrar. Foi essa sensação de anomalia que motivou os encontros dos *T-lovers*. Pois ali, no **Nice bar**, se sentiam e se afirmavam como "normais".

Um dos fundadores do encontro comentou, em conversa informal, como se sentia em relação a esse desejo antes de freqüentar o **Dia T**: "*Eu era infeliz. Eu tava ali na pista, olhava pro lado e pensava: nossa, outro doente que nem eu!*" (diário de campo, 05/03/05), referindo-se às suas investidas aos pontos tradicionais de prostituição travesti.

No conjunto de valores que estrutura a sexualidade desses homens, visões psicologizantes os informam na avaliação que fazem de seus desejos, práticas e orientação sexuais. Estariam eles, assim, supostamente mais afeitos ao discurso oficial preventivo, que traz em suas diretrizes conceitos mais familiares, tais como "cidadania", "protagonismo do sujeito", entre outros, próprios de uma matriz individualista.

---

226. Em outro conjunto de comentários a um *post* sobre "beijo grego", que é lamber o ânus do/da parceiro/a, um *T-lover* escreve: "Está questão é ótima e me toquei que chupar um cu é perigoso. Até hoje chupei o cu de uma trava famosa em 2004 e nestes últimos meses, chupei o cu de outras quatro travas. Nunca mais farei isso e pergunto: **chupar uma buceta não tem perigo, ou tem?** Porque chupar pênis isso eu não faço. Como o melhor do sexo é chupar **eu ficarei nas bucetinhas limpinhas que estão me parecendo mais seguras**. Por favor, tirem esta dúvida". (**Blog T**, 17/11/2006. Grifos meus.) O feminino, sintetizado aqui pela "*buceta*", se insere na categoria do limpo/seguro/mulher, enquanto o "*cu*", orifício ambíguo, está na ordem do sujo/perigoso/travesti. As travestis mais femininas minimizariam essa percepção.

Há, entre os homens que procuram as travestis para sexo, uma assimilação das informações e recomendações veiculadas pelo discurso preventivo, sobretudo aquele que marcou as campanhas iniciais. Ainda assim, a incorporação destas normas disciplinadoras do sexo esbarra em determinantes outros: as angústias da vida dupla, o medo da feminilização ou a excitação proveniente do contato com os fluidos corporais, sobretudo o esperma, numa relação que mescla prazer e perigo. A aids é, assim, encapsulada pelos medos internos, e apagada publicamente pela masculinidade marcada nos corpos.

Já para as travestis, a aids tem sido termo de acusação, e como tal, é atribuída para sujar, comprometer, desvalorizar a/o acusada/o. Pode ser, também, experimentada como culpa ou conseqüência de uma vida desregrada, marcada por uma sexualidade exacerbada e pelo rompimento das normas. Ainda que haja uma visão que tende a endemizar a aids como própria das travestilidades, não há passividade frente à acusação, sobretudo quando esta vem de fora do universo que elas instituíram como sendo delas. É o que discuto a seguir.

6.
Culpa, Acusação e Pressão: os Significados da aids e da Doença

Mona, Eu me Cuido

Larissa diz: E aí? Tá melhor? E aqueles lances todos? (...)

Vivian diz: *Sim, graças a deus, nem quero mais saber daquilo* [refere-se a uma decepção amorosa recente], *to com minha consciência tranqüila. Só acho que se ele fosse homem ia vi conversá comigo. Agora, fico mais brava com esta gay da* [nome da travesti], *que tá falando que tenho aids.(...) A troco de me queimar pra ela poder ficar com o* [nick do T-lover] *e o* [nick do outro T-lover] *(...). Eu sofro preconceito em tudo, tenho que agüentá preconceito de pessoas hétero por eu ser travesti, e tenho que agüentá preconceito de travestis por eu não ser bela. Então, às vezes, não sei o que é pior.*

Larissa diz: Como assim, não ser bela? (...)

Vivian diz: *As trans e os t lover às vezes falam que sou super legal mas sou feia.* (Diálogo via MSN, em 21/05/2005.)

No desabafo da travesti, rivalidade amorosa, alegada falta de beleza e aids compõem a rede semântica da dor gerada pela perda e pelo isolamento. Aqui a aids aparece como termo de acusação, que pode ser acionado em contextos de disputa, desvalorizando a acusada tanto no mercado sexual quanto no conjugal. O sofrimento relatado acima pouco tem a ver com a aids, e sim com o preconceito, tanto o interno à rede de sociabilidade da travesti, quanto o que ela identifica como externo ("pessoas hétero").

Ainda que seja "super legal", Vivian não é considerada "bela". A beleza, entre as travestis, está estreitamente vinculada ao sucesso do processo de feminilização ao qual se submetem, vinculando-se também à idéia de saúde, como será oportunamente discutido. A acusação feita à travesti em questão se diluiria, caso ela tivesse capital corporal suficiente para afirmar-se como alguém "*bela*" e, portanto, saudável. Isto porque ficaria patente que ela "se cuida".

Entre as travestis, ser/estar "bela" associa-se ao "cuidar-se", categoria largamente usada e que remete não só a cuidados estéticos, mas também àqueles relativos à manutenção de um corpo considerado bonito porque, mesmo feminino, é forte. Corpo forte, "cabeça forte", ou "ter cabeça". A "cabeça forte" também auxilia nesse "cuidar-se", pois uma travesti "sem cabeça" faz uso abusivo de drogas, faz programas sem preservativo e se deixa envolver por homens que vão explorá-la. A "cabeça", associada claramente à razão e ao controle de si, é assim, também, relacionada à resistência moral. Uma força que se externa na fisicalidade do corpo.

É no corpo – enquanto território de significados sociais – , que se materializa o gênero que a travesti deseja para si. Da escolha de um estilo de roupa e dos acessórios, passando pela sistemática eliminação dos pêlos, até as sessões de aplicação de silicone líquido, tudo isso vai dando forma não só ao corpo, mas promove toda uma mudança moral que conforma a Pessoa travesti. O corpo é o *locus* de convergência e atualização da construção do gênero, da sexualidade, da doença e da saúde, entre as travestis.

A mudança que as travestis buscam operar em seus corpos recai sobre partes que estão impregnadas de significados, pois que são alvos de inúmeros discursos religiosos, morais, médicos, midiáticos. O que as torna subversivas, por um lado, e capturadas pela norma, por outro. Pois, nessa construção, subvertem o gênero e, paradoxalmente, também enfatizam o caráter de assujeitamento, por trás do culto contemporâneo a padrões de normalidade, saúde e beleza.

Rob Crawford (1994) chama a atenção para a valorização que uma certa noção de saúde, associada ao corpo jovem e transformado por meio tecnológicos, veio adquirindo desde a década de 1970. Para essa autora, as pessoas vistas como não-saudáveis sofreriam um desprestígio social, pelas implicações que essa falta de saúde teria com outros valores modernos, como a responsabilidade sobre si e a competência para administrar a própria vida e, assim, o corpo. Desta forma, o "eu sadio" se contraporia ao "outro doente". Um "outro" associado ao distante, ao desviante, às margens. Para Crawford:

> Devido aos medos e preocupações trazidas por doenças graves, a angústia é simbolicamente mobilizada e utilizada para sustentar o "eu sadio" como uma identidade metaforicamente articulada à classe social, raça, gênero e identidades sexuais (...). Desta forma, quando, em uma doença como a Aids, pessoas, que já carregam estigmas de marginalização, tornam-se atingidas e, portanto, "contagiosas", as duas formas de alteridade são perigosamente combinadas. O marginalizado "outro", agora duplamente discriminado, é visto como um perigo físico para o indivíduo e um perigo simbólico para a sociedade em geral. (Crawford apud Silveira & Jeolás, 2005: 179)[227]

Como já mencionado, acusar a travesti do diálogo inicial de "aidética" tem um sentido interno e outro externo. Esta divisão que proponho aqui é analítica, ainda que não seja raro encontrarmos textos em que "a sociedade em geral" aparece como

---

227. Foi assim que Kika Medina, travesti ativista, percebeu a sua soropositividade. "*Pra mim foi mais um... Duas vezes discriminação, duas vezes exclusão, tudo em dobro*". (Em entrevista à pesquisadora, em 10/12/05, durante o *I Seminário Paulistano de Transexuais e Travestis*.)

uma referência aos "heterossexuais/normais". Nesse contexto externo, a sexualidade das travestis é recorrentemente vista como "ambígua, promíscua e desviante", associando-as, historicamente, a patologias. Interessa-me, neste ponto, adentrar no que tenho chamado de "rede interna", isto é, aquela constituída a partir dos espaços noturnos de comercialização de sexo e de vivência de lazer, associada à rua, à clandestinidade e ao imprevisto.

Cláudia Wonder, travesti que fez parte da cena artística paulistana dos anos de 1980, comenta que as acusações que circulam pela intrincada rede de sociabilidade da noite têm relação com o ambiente competitivo da prostituição, somado à trajetória de vida das travestis, quase sempre associada à exclusão e à marginalização.

> [Claúdia Wonder] *A pessoa se torna cruel. O ambiente é cruel, né? As meninas que trabalham na rua, na prostituição – mesmo aquelas que trabalham sozinhas, pela internet, por telefone –, elas não têm outro ambiente de convivência, de relacionamento. A não ser com as amigas que também fazem aquele mesmo trabalho e com aquele ambiente que são os boys, os gigolôs, as cafetinas. E esse ambiente, deixa a pessoa muito na defensiva. E é uma coisa cruel! Então essa coisa aí que você falou da aids, assim, "todas têm", é uma coisa, assim, que elas acreditam, né?*
> [Pesquisadora] *Você acha então que não é fato? Que é mais, assim, um tipo de acusação?*
> [Claúdia Wonder] *Claro! Eu acho que até a falta de auto-estima faça com que elas digam um negócio desse. Porque a falta de auto-estima... desde a infância, da adolescência, dizem que você não presta. Você diante da sociedade não tem perspectiva nenhuma! Você vê que você é a margem da margem. Que você tá lá longe. Então, aquilo vai destruindo a tua auto-estima de uma tal maneira que realmente se acha um lixo, você se acha aidético, você se acha...* (Em entrevista à pesquisadora, em 03/11/2006, na casa de Cláudia, em São Paulo.)

Segundo Cláudia, há ainda a percepção de culpa derivada de um passado marcado pelas acusações que vêm da "sociedade em geral", associando a travesti ao desvio, ao erro e, mesmo, ao mal[228]. A subjetividade travesti se constrói também a partir desses discursos. Talvez por isso, muitas de minhas informantes não hesitem em apontar falhas morais tidas como próprias de um certo tipo de travestilidade: a competitividade acirrada, a falta de solidariedade e a irresponsabilidade consigo e com os outros, o que sustenta a idéia de aids como constituinte.

Se a noção de aids como "doença do outro" estruturou as representações sociais sobre a doença, entre as travestis não foi diferente. Ainda que, no discurso, a doença apareça como inerente à realidade que a maior parte delas enfrenta, as fronteiras entre "as saudáveis" e "as aidéticas" está traçada. Wanessa, travesti que vivia em São Carlos, me disse certa vez que

---

228. Certa feita, um informante português mencionou que tinha ouvido de um companheiro de aventuras que as travestis eram "coisas do demônio, da tentação". Em seguida interrogou-me: "das pessoas com quem falaste, nunca ninguém te relacionou as t-gatas [travestis] com um lado mais negro, como por exemplo elas serem conectadas com o mal?" (Em conversa pelo *MNS*, em 02/01/2005.)

> *a maioria das travestis tem aids, e elas não ligam. Se o cara quer transar com você sem camisinha, elas transam.* Elas transam mesmo. Elas pensam assim: 'Ah, já peguei mesmo. Ele que quis...' (Em entrevista concedida à pesquisadora em 22/05/04. Grifos meus.)

É sobre esse "elas", sem rosto e distante, que pesa a falha moral. São essas as que "não têm cabeça". "Elas" não se importam consigo nem com os outros, comprometendo a imagem das "saudáveis". Ainda que a maioria demonstre saber que esse tipo de atitude não deriva de um ato propositado, mas circunstancial, regido pelas necessidades cotidianas. A mesma necessidade que leva, algumas, a aceitarem sexo sem preservativo, seja para ganhar mais ou simplesmente para conseguir o programa. É o que relata Melina, travesti que vive com aids.

> *Agora o outro ponto é você precisar do dinheiro pra pagar a diária, pra comer. Porque se eu tivesse que fazer isso, como eu tive que fazer antes, aí eu não podia me dar a esse luxo. Ia sem preservativo então, fazer o quê? Tem tanto essas coisas! Eu acho que, como uma forma de satisfação pra si mesmo, muitos travestis dizem 'ah, estou com aids mesmo! Um bichinho a mais, um bichinho a menos...'. Num é bem por aí, porque às vezes você pode ter um determinado vírus, que eu não tenho. Mas aí você passa aquele vírus pra mim, quer dizer, a minha carga viral aumenta, entende? E infelizmente não tem, os travestis que ficam na rua não têm essa opção de dizer 'não, eu só vou com o preservativo'. Porque ele tem que arcar com outras coisas.* (Em entrevista concedida à pesquisadora, em 21/01/2006, nas dependências da **Casa de Apoio Brenda Lee**).[229]

Mesmo que muitas travestis considerem esse quadro de violência e necessidades financeiras prementes, este parece não servir para amenizar ou justificar a soropositividade. Por isso, são poucas as que se declaram portadoras do vírus, o que contrasta com o bordão "todas têm". Esta afirmação não encontra respaldo nos Boletins Epidemiológicos ou nas declarações espontâneas das travestis, mas nas observações cotidianas e nas perdas sentidas ao longo desses 25 anos[230] (desde que a aids foi identificada no Brasil).

As travestis têm construído sua subjetividade a partir de uma forte referência na sexualidade e na corporalidade. Ter um "corpo de mulher" desejável, e poder verificar seu poder de sedução a partir dessa construção corporal são aspectos importantes na trajetória de meninos quase sempre pobres, violentados de diversas formas desde

---

229. Hélio Silva, em seu livro **Travesti – a invenção do feminino** (1993), refere-se a Poliane, travesti que morreu de aids enquanto ele realizava a pesquisa. Escreve Silva que pouco antes de sua morte a encontrara *"fazendo pista"*, tiritando de frio, já doente, alegando uma gripe forte. Pergunta-se em seguida o pesquisador: "E naquele momento, naquela noite, nas noites em que fez *trottoir*, a quantos contaminou?" (Silva. 1993: 61), como se houvesse uma clara intencionalidade de Poliane em contaminar clientes, operando, assim, na lógica hegemônica, que desconsidera os imperativos sociais que cercam o dia-a-dia das travestis que se prostituem.
230. Cláudia Wonder lembra-se que "ia só marcando cruzinhas" na agenda, assinalando, assim, a morte de amigos e amigas. (Em entrevista concedida à pesquisadora, em 03/11/2006, na casa de Cláudia.)

muito pequenos. Aponto para esse quadro de violência sem, contudo, pretender construir uma imagem vitimizada das travestis, pois o que a experiência etnográfica mostra é a capacidade de agência, presente nesse processo de mobilidade/transformação, marcado por diferentes estratégias de resistência. Das fugas de casa, a fim de protegerem-se, às escapadelas furtivas pela noite, em busca de referências; das alianças domésticas à filiação a uma travesti mais velha; dos "truques" estéticos aos jogos eróticos, nos quais a camisinha é colocada no cliente com destreza, as travestis mostram sua "capacidade de fazer" (Piscitelli. 2006: 285). Essa agência confere, à maioria das travestis, poder sobre seus corpos, ainda que estes sejam alvos constantes de violência e controle.

Talvez tenha sido esta percepção de agência que levou uma de minhas informantes a afirmar que a aids, ou simplesmente "a *tia*", "*é coisa de bicha burra*". Falha moral que se agrava, quando associada ao uso sistemático de drogas, seja o álcool, a cocaína ou o *crack*. Essa percepção da aids, como algo embaraçoso e desabonador da conduta da travesti, mais do que um fato médico, já havia sido apontada por Kulick (1992) quando de sua etnografia em Salvador (BA). Passados mais de uma década da publicação da mencionada pesquisa, e alguns projetos preventivos voltados para essa população, permanece entre as travestis a imagem da aids como doença moral. Isto é, as que "*pegam o babadinho*" são as que se desviam de condutas valorizadas e tidas como corretas dentro do *ethos* travesti.

Os valores culturais e as relações sociais moldam a experiência do corpo e da enfermidade, e colocam o sofrimento nos termos do universo moral que se investiga, defende Good (1994), em consonância com os estudos de Arthur Kleiman. Valendo-me desse referencial para a análise das experiências frente à soropositividade, à aids e aos discursos médicos sobre o adoecer (abordado quase sempre como "viver com aids", pela área de Prevenção do programa municipal paulistano), busquei captar a rede semântica da doença, a partir da percepção das travestis, das agentes de prevenção travestis e das técnicas do **Tudo de Bom!** que, teoricamente, representam os valores estruturais do discurso preventivo oficial.

O método etnográfico proporcionou-me uma vivência rica entre as travestis, por meio da qual foi possível apreender as narrativas sobre a aids, as formas de evitá-la e o modo como o discurso preventivo oficial é captado e resignificado por elas. Esses relatos foram muitas vezes espontâneos, ainda que, em algumas oportunidades, o tenha feito de maneira induzida, por meio de entrevistas semi-estruturadas ou de conversas informais que tiveram essas questões como temas centrais. De qualquer forma, estas foram oportunidades de ascender às redes de significados que os sujeitos tecem em seu convívio, e que dão coerência às experiências por eles vividas. E o que essas experiências sugerem é que não há como desassociar as trajetórias de vida das travestis que compõe o universo deste livro, de histórias de sofrimento que, em algum ponto, acabam se relacionando com a aids e/ou com uma morte prematura.

A vida de minhas entrevistadas parece marcada por um destino inescapável, pois que estreitamente ligado ao "tornar-se/ser travesti". Perdas, exclusões e situações de violência compõem um enredo comum nas narrativas dessas travestis. Histórias que, muitas vezes, começam com o sentimento de ser "diferente"[231]. Essa sensação é descrita como uma inadequação de comportamento, isto é, de não cumprirem o roteiro esperado para um menino. As travestis costumam identificar, ainda na infância, entre os quatro e os sete anos de idade, essa "sensação", que vem marcada pelo interesse pelo mundo feminino, o gosto pelas roupas e jogos das meninas[232] e por uma atração sexual pelos meninos. Don Kulick (1998) chama a atenção para esse traço na constituição da travesti brasileira. Ele registra que entre transexuais[233] norte-americanas e/ou européias, a questão da atração sexual não aparece nas memórias de infância daquelas pessoas, que identificam sua "inadequação" pelo gosto por brincadeiras e indumentárias femininas e muito raramente pelo desejo sexual dirigido aos meninos e homens. Essa sexualização da condição do "ser travesti" relaciona-se, como proponho, a todo um processo de construção das travestilidades marcado por uma "engenharia erótica" (Denizart. 1997) orientadora da construção do corpo, que, por sua vez, se associa à idéia de "aids como destino".

O conceito de engenharia erótica remete à construção de um corpo altamente sexualizado, isto é, de uma estetização desse corpo a fim de consagrá-lo como primordialmente sexual. Assim, ter vários parceiros e fazer muito sexo se colocaria como uma conseqüência desse processo. Ou, dialeticamente, esse processo pode ser buscado exatamente para proporcionar uma vida sexual desejavelmente ativa, pois esses corpos estariam aptos a despertar desejo nos homens. Seja qual for a ordem dos fatores, seria essa dinâmica sexual que as coloca frente ao risco de contrair o HIV. Porque seria próprio do "ser travesti" esse desejo incontido pelo sexo com homens, sobretudo quando associado à aventura e à conquista, como fica bem exemplificado na história que Márcia, travesti agente de prevenção, contou certa vez. Uma conhecida tinha sido irredutível às investidas de um rapaz mais jovem que, segundo Márcia, era "lindinho". Com riqueza de detalhes ela conta a indignação da tal conhecida diante das atitudes do moço, as quais considerou desrespeitosas. Pergunto, então, se a conhecida era travesti ou mulher. Ao que Márcia responde: "*Mulher! Travesti tinha ido,*

---

231. Caroso et al. (2004: 168) propõem uma tipologia para se pensar como as pessoas organizam discursos sobre o adoecer e o sofrimento a partir, dentre outros fatores, da causa da doença. Uma dessas causas explicativas seria a transgressão de crenças e normas sociais. No caso das travestis, a aids relaciona-se a um tipo de vida que leva a diversas condutas condenadas pela moral imperante, e todo esse processo está relacionado com a quebra primordial: a suposta incoerência entre sexo genital e o gênero que desejam para si.
232. Leo Aquilla, visto por muitas travestis como transformista, mas que vem se reconhecendo como travesti em alguns shows que protagoniza, conta sobre suas brincadeiras de infância, num experimentação do que ele considerava feminino: vestir as roupas de sua mãe, se maquiar, desfilar como se fosse uma modelo. Neste relato, desafia o público inquirindo quem ali nunca havia feito algo semelhante. Esta performance está disponível no youtube: http://www.youtube.com/watch?v=3S47zVoeymA. Nesta mesma fala, fica patente a noção de que se sabe que se está fazendo algo visto pelos adultos, mesmo familiares, como errado.
233. Kulick defende que "travesti" tem estreita relação com o sistema de gênero brasileiro, como já discutido. Ao comparar as memórias de infância das travestis com as das transexuais, pretende nos fornecer elementos que corroboram sua tese de não equiparar as duas categorias.

boba. E travesti perde? Travesti não perde, querida. Travesti não perde! Travesti quer ganhar!" (diário de campo, 23/09/2005). Esse ganho não é financeiro ou material, mas simbólico. Um atestado do seu poder de sedução e, assim, da sua "feminilidade", que por sua vez se associa à idéia de sucesso e saúde.

De acordo com Good (1994), a "narrativação" da experiência do sofrimento salienta o modo como, por meio da sua construção estruturada, seria dado apreender as categorias discursivas trazidas das vivências do universo cultural no qual elas se constroem, se transformam, e se tornam elementos de significação. Ouvir, registrar e analisar as falas daqueles e daquelas que participaram desta pesquisa tem apontado para uma "endemização"[234] da aids entre as travestis, pois a síndrome parece ser percebida como própria deste segmento, um destino de todas, estreitamente ligado ao estilo de vida que se lhes impõe.

Talvez por isso Danuza, que vive com aids desde de 1997, não tenha se surpreendido quando obteve o resultado de seu teste, respondendo em tom quase resignado à minha pergunta sobre a sua reação diante do exame positivo: "*A gente sempre espera, né? Com aquela vida que a gente leva, a gente espera tudo, né?*". O fatalismo que soa dessa declaração permeia muitas falas das travestis que participaram desta pesquisa[235].

Entre as travestis a aids pode ser silenciada e, até mesmo, negada, sendo quase um tema tabu, sobre o qual se calam, tornando-o impronunciável. Talvez por isso, entre elas, a aids tenha recebido nomes carinhosos: "*tia Lili*", ou simplesmente "*tia*" (denotando parentesco, afinidade, alguém mais velho que cuida); "*babadinho*", "*bichinho*", palavras que abrandam, minimizando o peso pelo uso do diminutivo.

Por outro lado, o "viver com aids" torna-se discurso, algo dizível, para as agentes de prevenção e para as travestis ativistas dos movimentos sociais por direitos humanos e civis e/ou de combate à aids. Proponho que é a aproximação com o discurso médico preventivo e com a linguagem do movimento social que as faz ordenar a experiência desestabilizadora de se descobrirem soropositivas. Assim, o engajamento, seja no projeto preventivo ou no movimento social, tem efeito terapêutico. Uma terapia que inclui o "falar sobre". É nessas falas que o sistema de cuidados próprios das travestis dialoga e se confronta com o sistema oficial preventivo, fortemente informado pelas categorias da medicina Ocidental.

Os depoimentos sobre o "viver com aids", sintomaticamente, só foram conseguidos junto a travestis ligadas ao movimento social de luta contra a aids, as agentes de prevenção do **Tudo de Bom!** e aquelas que vivem na **Casa de Apoio Brenda Lee**. Nas duas primeiras redes, a aproximação com o discurso preventivo

---

234. O termo "endemia" já aparecia em texto de Galeano, sendo um dos mais antigos do discurso médico. Segundo o *Dicionário Etimológico e Circunstanciado de Biologia*, de J. L. Soares, trata-se de "doença habitualmente comum entre pessoas de uma região, cuja incidência se prende à ocorrência de determinados fatores locais" (citado por Rezende. 2006).
235. O ativista e antropólogo Henrique Passador e as pesquisadoras argentinas Barreda e Isnardi também apontam para essa percepção de "destino", em relação à aids entre as travestis com as quais trabalharam.

oficial e com o sistema oficial de cuidados/tratamento as leva a organizar a desordem instalada pela doença nos termos dessa matriz, tomando o ativismo como uma forma de enfrentamento. Quanto às travestis da **Casa de Apoio**, proponho que o fato de estarem numa instituição desse tipo as afasta do cotidiano das travestis que se prostituem e da dinâmica da rua, além de evidenciar a condição de soropositivas. Sendo assim, já não teriam o que, nem porque, esconderem seu status sorológico. Pois é possível se esconder que se tem aids, pode-se viver como portadora do HIV muito anos, sem ter qualquer indício aparente de que se é alguém "marcado pela aids".

A "aids como destino" associa-se a todo um roteiro biográfico, que começa na infância, no ambiente da casa paterna, e chega às ruas e à prostituição. Ao contar suas histórias, muitas travestis adotam balizas temporais comuns: o tempo em que ainda viviam com a família e que tinham a forte sensação de inadequação; o período em que eram "*gayzinho*", isto é, já se viam como homossexuais, mas ainda não haviam iniciado o processo de transformação; o momento de entrada no mundo travesti, marcado pela amizade com uma travesti (geralmente mais velha) com quem aprendem a tomar hormônios femininos, são apresentadas ao circuito estético e conhecem técnicas corporais e sexuais tidas como próprias de uma travesti[236]. Nessas narrativas, a "rua" aparece como *locus* privilegiado desse aprendizado. Sedutora e perigosa, a rua/esquina/avenida/*pista* é também destino, irmanando-se à prostituição como atividade não só comercial, mas também de perspectiva amorosa.

A rua/avenida/esquina/*pista*, como indicação simbólico-espacial da prostituição e vida noturna, é vista por muitas travestis como uma espécie de escola. Ali se aprende que a esquina pode ser um "palco", mas que também é espaço de tensões que marcam profundamente a trajetória dessas pessoas. As normas que regem a vida noturna são tácitas, mas bastante conhecidas pelas *veteranas*, e elas sabem que, apesar da noite guardar muitas surpresas, uma coisa é certa: ali não há impunidade. A cafetina pode até vingar a morte de uma de suas "*filhas*", ou "*mandar um doce*" para alguém que está perturbando a ordem do "seu pedaço", mas não evitará que a travesti leve um tiro, tome uma facada ou sofra uma "*curra*"[237]. Essa rotina é muitas vezes descrita a partir da categoria "pressão", como narra Márcia:

> *Você tá ali na rua, já tá numa pressão danada, você pode levar um tiro, fica na pressão de correr da polícia, você tá na pressão de levar uma ovada, você tá ali na pressão de um cara vir e jogar um extintor na sua cara, você tá na pressão de você entrar dentro de um carro e o cara colocar uma faca e te furar.* (Entrevista concedida à pesquisadora, em 14/11/2005, na residência de Márcia.)

---

236. Ainda que soe bastante etapista, esta forma de narrativa foi muito presente nas falas colhidas por mim. Creio que essa etapas (que podem não ser assim tão seqüenciadas) aparecem como formas de organizar a experiência, mas também como uma reprodução de outras narrativas já ouvidas, que são reproduzidas, não com a intenção de falsear sua própria biografia valendo-se de outras histórias de vida, mas como modelos que serve bem para estruturar a história individual daquela que narra.

237. Trata-se de agressão física, geralmente empreendida por um grupo de homens. Nem sempre a "*curra*", no sentido empregado pelas travestis, implica violência sexual.

Uma pressão que as acompanha também nos espaços diurnos, provocada pela suposta incongruência de sua imagem corporal com o sexo genital. O "dia" é uma categoria temporal que encarna um tipo de sociabilidade com a qual as travestis não parecem à vontade em lidar. A suposta racionalidade diurna se coloca de maneira dramática nas narrativas colhidas ao longo deste trabalho. Muitas vezes, é mais difícil se proteger dos olhares e falas diurnas do que da violência e surpresas da noite.

Esse cotidiano de "pressão", no qual a violência não assume um caráter de excepcionalidade, mas de rotina, leva algumas travestis a diagnosticarem, em si, traços de "depressão". Esta aparece em algumas falas identificada como doença, um sofrimento resultante do acúmulo de "pressão". Melina, travesti soropositiva, que no momento da entrevista estava com 53 anos, conta que já viu muitas amigas morrerem de depressão, sendo, ela mesma, alguém que sofre desse mal.

> *Porque veja uma coisa, a depressão... tem pessoas que ela mata rapidinho, mas tem pessoas que vai criando ódio, ódio, ódio dentro, até se transformar em depressão. Porque o ódio é a pior coisa. Porque aí você perde o controle. Né verdade? Você não consegue mais enxergar nada. Nem você e nem ninguém. E ela tinha isso daí. Então, morreu de depressão.* (Em entrevista concedida à autora, em 21/01/2006, nas dependências da **Casa de Apoio Brenda Lee**.)

Assim, a pressão que leva à depressão é vista por Melina como mais significativa, em termos de sofrimento, do que a própria aids: "*Eu tenho o HIV dentro de mim, mas alguma manifestação, assim, esse tipo de coisa, eu ainda não tive. O meu problema é depressão. Eu tenho depressão.*" (Idem). Isto, porque o "HIV dentro" pode ser escondido, quando não se está adoentada. Desta forma, muitas travestis vivem, com a "aids dentro", uma vida que consideram normal: fazem programas com clientes, namoram, saem à noite para lazer. Mas a depressão, segundo Melina, não dá para esconder, pois ela se exterioriza e, pior, mata.

Na visão de Márcia, a "aids dentro" permite uma vida "normal", porque a maioria das pessoas ainda associa a soropositividade à decrepitude. Mas a sua própria experiência como portadora do HIV, somada às suas observações como agente de prevenção, mostra que a imagem mudou. Pode-se ser soropositiva e trabalhar, continuar tendo uma aparência saudável e, assim, uma vida sexual comercial ativa. Mas isso só ocorrerá se a pessoa se mantiver "forte", o que, nas palavras de Márcia, significa "*ter cabeça*", caso contrário, "*ela cai, cai mesmo*". Para ela, hoje em dia é possível "*encarar o HIV com a cara normal*", uma vez que os medicamentos disponíveis permitem manter uma aparência considerada saudável. É justamente a associação que ainda permanece entre HIV e decrepitude, aids e morte, doença e feiúra, que leva, na opinião da agente de prevenção, muitas pessoas a não se prevenirem, na rua e nos programas.

> *Porque quando você imagina um soropositivo, você imagina uma pessoa caquética. Você imagina uma pessoa sem vida, sem cor, sem nada. E aí no posto* [refere-se à unidade de saúde à qual está vinculada] *você vê a pessoa bronzeada, bonita, bem. Você imagina, vê aquela mulher que qualquer homem imagina que aquela ali é saudável... Então, se você... o HIV não tá no rosto*

da pessoa, entendeu? Eu vi um homem, que o homem era um deus grego, filha. Aquele homem com uma moto na noite, você acha que eu não subia na garupa? Subia, fina! Vou imaginar? Porque a aids não tá na cara de ninguém. (Entrevista concedida à pesquisadora, em 14/11/2005, na residência de Márcia).

Mesmo sem estar aparente, essa "aids dentro" parece trazer sofrimento às travestis soropositivas que estão na prostituição. É ainda Márcia que comenta sobre algumas conhecidas que estão com aids. Diz que *"Tão firme, forte, entende? Firme e forte, mas tá lá. Fazendo o quê? Bebendo, usando droga e achando que a vida acabou também. Então não compensa. Não faz nada de criativo. Não faz nada assim, vamos supor, não procura se melhorar."* Uma "fortaleza" que se fragiliza quando Márcia aponta o uso sistemático de drogas por parte dessas travestis que são soropositivas.

Essa informação é convergente com a que a *T-gata* Gabriela Guimarães me forneceu, quando eu estava à procura de travestis soropositivas que quisessem colaborar com esta pesquisa. Gabriela mencionou uma travesti que trabalha perto dela, na avenida Indianópolis, para, em seguida, desaconselhar-me a procurá-la. Mesmo que a tal travesti falasse abertamente de sua condição, Gabriela diz que faria isso com agressividade e que conversar com ela não seria fácil, pois "vive *colocada*" (sob efeito de drogas ou bebidas). *"Acho que por causa da aids mesmo, né?"*, concluiu, numa associação que se mostra cada vez mais comum na fala de minhas entrevistadas: a soropositividade e o uso abusivo de drogas.

Jéssica, travesti de São Carlos, comenta que a travesti que a iniciou na prostituição está com aids.

> [Pesquisadora] Mas é confirmado?
> [Jéssica] *Confirmadíssimo! Todo mundo sabe! Ela já ficou só o pó da rabiola, e foi pra casa da avó. Pele e osso. O rosto chupado, a gente via as costelas. Um mês de tratamento e inchou, ficou forte. Mas dizem que os remédios são horríveis. Que dá vontade de vomitar. Cada comprimido desse tamanho!*
> [Pesquisadora] Mas parece que ela agora tá bem, né? Achei ela bonita, forte...
> [Jéssica] *Mas você já viu ela sem roupa? O corpo dela está horrível, horrível, horrível! Silicone fica que nem borracha no corpo, não pode forçar e por mais senão quebra, fica uns buracos. A bunda dela tá toda esquisita! Agora, com esse negócio de aids, sei lá, do corpo... Tá fumando crack. Ela diz que vai morrer mesmo! Acho que quando sabem que têm aids ficam assim.*
> [Pesquisadora] Assim como?
> [Jéssica] *Colocada, revoltada... Olha a* [nome de outra travesti que segundo Jéssica também tem aids], *só bebe e cheira. Tá acabada e era bonita. Isso, no meu ver, é por causa que tem aids.*

A falta de beleza associada à doença enreda uma dialética perversa. Pois o "estar bela" associa-se estreitamente ao "ser saudável" e, assim, desejável. O que otimiza a vida na prostituição, os ganhos daí advindos e, assim, os investimentos no projeto de feminilização. Da mesma forma, a aparência masculinizada relaciona-se com a feiúra, e esta com a doença, o que dificulta a realização de programas e compromete, portanto, a vida financeira.

Quando aids e problemas com a feminilização se somam, o que os dados indicam é que se tem nas drogas lícitas e ilícitas, um canal que possibilita o enfretamento desse quadro de sofrimento. "*As mulheres piram. As travestis caem nas drogas*", constata uma das técnicas do ***Tudo de Bom!***, referindo-se não só às reações de enfrentamento a um diagnóstico de HIV positivo, mas, sobretudo, ao cotidiano de violência que marca as vidas marginais.

Estar/ser *bela* implica maiores ganhos financeiros, mas esta não é uma relação necessária. Pois quem tem "*axé*" obtém sucesso, mesmo sem tantos investimentos corporais[238]. "*Ter axé*" significa que a travesti tem "uma estrela só sua". A expressão "*axé*" tem sua origem no Candomblé e significa força vital, energia divina. Quem tem *axé*, portanto, tem proteção e força, ambos afinados ao plano mágico/espiritual, englobando o plano físico/corporal. Estes atributos mágicos (proteção, *axé*, força) se fazem necessários na dinâmica das relações que elas estabelecem nas ruas, como relata Márcia.

> *Nesse meio você não tem com quem contar. Porque se você fala certas coisas com ela [uma colega de rua, hipotética], ela começa a contar pra rua toda. Por exemplo, se eu sou uma bicha de estrela e entro muito* [faz muitos programas], *se ela fica sabendo de algum problema meu, ela vai querer queimar meu filme. Tanto que aquela bicha, lá, foi queimada na internet, né? Aquela que se jogou... Camila! Se jogou, né? De tanta pressão*[239]. (Márcia, na já citada entrevista.)

A fala de Márcia sintetiza elementos que aparecem em outros depoimentos colhidos ao longo do trabalho de campo: a solidão das travestis, a competitividade no meio, a aids como acusação e a pressão social, que leva a uma depressão fatal.

Estar marcada por essa acusação compromete os ganhos da travesti que se prostitui, dificultando o processo dispendioso de construção do corpo. Além disso, ter que se tratar exige um envolvimento com o sistema público de saúde que elas evitam, pois não se identificam com ele. Soma-se a isso a rotina de ingestão de remédios antiretrovirais (ARV), com horários rigidamente estabelecidos[240], que dificilmente se

---

238. Uma informante conta que quando trabalhou como prostituta na Itália conheceu uma travesti que mesmo sem grandes investimentos na sua construção corporal fazia muito sucesso no mercado do sexo, pois, segundo minha interlocutora, "*ela tinha axé*". "*A bicha era preta, mas preta assim, que nem essa minha blusa. Sem peito, sem quadril, sem nada. Colocava uma peruca branca por aqui* [altura dos ombros], *mas branca mesmo, branca, branca; uma bota até aqui* [nos joelhos] *branca, pintava a boca de batom branco, colocava por cima um casaco de pele, sem nada por baixo, nadinha, nua. Sentava ali, abria as pernas e, 'ó...'* [faz o gesto de alguém se masturbando]*... Ela descia de um carro, já tinha outro esperando. Agora, me fala?! É axé, é estrela, é saber trabalhar.*" (diário de campo, 25/01/2005)

239. Refere-se a Camila de Castro, travesti considerada muito bonita e polêmica. Camila suicidou-se, pulando do sétimo andar do prédio que morava. Quando isso aconteceu, ela tinha um quadro no programa ***Superpop***, apresentado por Luciana Gimenez, na ***RedeTV***. Quanto à afirmação de Márcia, refere-se a comentários surgidos nos canais da internet, nos quais *T-lovers* e homens que saem com travestis costumam trocar informações. Este caso foi abordado no capítulo 5.

240. Até recentemente havia medicamentos que exigiam um jejum de duas horas para serem ingeridos, devendo-se guardar mais duas horas sem alimentação após o consumo do mesmo. Ainda hoje, dependendo do tratamento, isto é, da combinação dos medicamentos que compõem o chamado

coadunam com a rotina ligada à vida noturna e à prostituição. Esse cotidiano, como já foi discutido, está estreitamente ligado ao uso de drogas lícitas e ilícitas, que interferem no rigor que o tratamento exige. Além disso, seus horários são fluidos: dependendo do movimento da noite ficam até o amanhecer na rua, acordando no meio da tarde. Ou, ainda que estejam com uma agenda fixada para o dia seguinte, certos acontecimentos da noite podem mudar tudo, seja algo positivo, como um convite, dormir numa amiga, prolongar um bom programa, ou algo ruim: ser presa, apanhar na rua, ser assaltada, etc.

Como se vê, saber-se soropositiva e, principalmente, aderir ao tratamento medicamentoso, exige mudança de comportamento, nem sempre compatível com a realidade que, de certa forma, se impõe às travestis. Diante desse quadro, não é difícil entender porque algumas delas abandonam o tratamento ou sequer procuram fazer o exame para saber se têm ou não o vírus do HIV.

Ainda que muitas travestis entrevistadas tendam a desmistificar a aids, afirmando que há medicamentos, que "*a medicina hoje tá muito evoluída*", o fato é que, para aquelas que fazem o tratamento, a realidade se configura diferente. A percepção da aids como doença crônica[241] parece não se sustentar para além das falas de alguns profissionais de saúde e de umas poucas travestis com as quais conversei ao longo deste trabalho. As implicações morais associadas à aids têm relação ainda com o fato dela ser incurável, mesmo que tratável. Como é "incurável" o desejo que muitas de minhas entrevistadas identificam em si, e que as empurra para a feminilização.

Danuza, travesti de 49 anos, hoje vivendo na **Casa de Apoio Brenda Lee**, diz que o "*remédio ataca tudo*", referindo-se aos anti-retrovirais. "*Ataca o fígado, ataca a cabeça*", o que a leva a ter pesadelos e a perder o sono. Por isso, ela também tem de tomar psicotrópicos. "*A gente entra em depressão, perde sono. O próprio médico fala que é do próprio medicamento. Nove anos, né, tomando direto, né?*" (Em entrevista concedida à pesquisadora, em 10/01/2006.)

Kika Medina, travesti militante do movimento de luta contra a aids de São José dos Campos (SP), alerta que o tratamento "*não é nenhum mar-de-rosas*", pois exige muitas mudanças no comportamento. Ou na declaração de Márcia:

> A pessoa fala hoje, 'ah, o medicamento é ótimo, isso e aquilo'. Pra algumas pessoas. Pra outras, minha filha, o efeito colateral é hor-rí-vel! Até você entrar com um que combinou com você, querida, você já tá toda desmiolada. (Márcia, na já citada entrevista.)

---

coquetel, pode-se ter que tomar até oito comprimidos por dia. Porém, o número de remédios varia, pois existem os chamados medicamentos de suporte, que são para as doenças oportunistas ou para minimizar efeitos colaterais trazidos pelo coquetel. Assim, há quem tome até 20 comprimidos por dia. Atualmente, a posologia e a forma de ministrar os comprimidos mudaram. Para quem esta iniciando o tratamento, há casos em que a/o paciente tomará apenas dois comprimidos no dia. Porém, as pessoas que iniciaram o tratamento há mais tempo mantém uma rotina mais intensa de ingestão de remédios.

241. Desde os primeiros resultados positivos do coquetel anti-aids, profissionais de saúde vêm atribuindo à aids um caráter de "doença crônica". Esta atribuição procura amenizar a carga fatalista e de sentença de morte que marcou os primeiros anos, desde que a síndrome ganhou uma etiologia.

As travestis, em geral, mostram que têm uma série de informações sobre aids: sabem como se pega, o que se deve fazer para evitar, onde obter insumos preventivos, buscar medicamentos e fazer exames. Aliás, a maioria das travestis que conheço garante já ter feito o exame de HIV pelo menos uma vez. O que, para o sistema oficial de saúde, não é suficiente para atestar o status sorológico de qualquer pessoa.

O modelo preventivo estabelece uma rotina de três exames, que devem ser feitos com o espaçamento de três meses. Só depois da realização do terceiro exame o/a usuário/a poderia ter alguma confiança nos resultados destes. Desde que, neste período, não tenham tido qualquer "comportamento de risco" (leia-se: sexo sem camisinha e/ou compartilhamento de seringas), o que, como se viu, nem sempre é possível de se controlar quando se trabalha com sexo. Além disso, seguir à risca esse agendamento envolve um comprometimento com o sistema de saúde de, pelo menos, seis meses, durante os quais a travesti deve manter o vínculo com cidade onde realizou o primeiro exame, pois os estes precisam ser feitos na mesma unidade de saúde. O que não se coaduna com a realidade de muitas delas, uma vez que é comum mudarem-se com freqüência[242]. Não é factível também com a dinâmica do trabalho sexual, que não tem a rigidez de horários e a previsibilidade de outras atividades profissionais. Ser "sorointerrogativa" pode ser mais tranqüilizador do que saber-se portadora do vírus. Até porque muitas travestis não acreditam que viverão muitos anos. Esse sentimento vem referendado pela rotina de violência que as cerca, somado ao uso sistemático que muitas fazem de drogas lícitas e ilícitas.

Márcia comenta sobre a rotina que as leva a evitar, a princípio, o exame[243].

> *É muita chapação, bem. Eu não sei. Também é como minha colega falou: 'Ah, menina, eu não faço exame'. Eu sempre pensava comigo, porque você vai vendo suas colegas morrendo, né? Aí você fala assim: 'nossa, vou sair da frente dela' [risos]. Aí você fica apavorada, porque você não quer ter. Porque pra você fazer um exame, você tem que ter uma estrutura[244]. Imagine eu, trabalhando na prevenção, isso e aquilo, estico o braço, saio com a maior imponência, quando abre o exame, o mundo cai. Porque você tem estrutura, mas todo mundo cai, na hora, você se*

---

242. Como assinala Cecília Patrício, mover-se faz parte do "ser travesti", não só porque implica deslocamento territorial, mas, sobretudo, pela transformação permanente de seus corpos e pela fluidez dos gêneros, presente nas suas falas (2002). Mobilidade e transformação fazem parte de uma mesma chave, a da construção das travestilidades.

243. Resistência que não impede que muitas o façam, pois, ao procurarem os serviços de saúde, são sempre alvo de falas de convencimento para que o façam. A rotina de uma unidade de saúde voltada para DST/aids inclui os procedimentos de "acolhimento" e "aconselhamento", nos quais há escuta por parte dos profissionais de saúde, mas, sobretudo, um rol de perguntas que conduz o "diálogo", visando que o/a usuário/a saia dali convencido/a a realizar exames e vacinações.

243. Benedetti chama a atenção para o uso do termo como uma categoria própria da fala de muitas travestis, indicando a "dimensão interna, subjetividade ou âmbito psicológico. Esse termo é especialmente usado em referência à saúde mental das pessoas. *Estrutura* poderia ser identificada como o elemento de sustentação e substanciação da saúde mental de cada indivíduo; é uma dimensão irredutível ao coletivo e que situa por excelência as características mais individuais, privadas e particulares de cada um." (Benedetti. 2005: 107)

imagina dentro de um caixão. Porque você não conhece com quem você tá brigando, porque é um inimigo oculto. Você abre, a pessoa vem e pergunta se você quer um abraço. Aí você fica pensando: 'Pô, como é que eu vou falar pro meu companheiro? Como é que eu vou levar isso pra dentro de casa?'. Depois você fica balanceada. (Márcia, em entrevista concedida à pesquisadora, em 14/11/05, na residência dela.)

Como discute Lisbeth Sachs, o exame e seu resultado podem ser um instrumento poderoso capaz de mudar a percepção que a pessoa tinha de si antes de realizá-lo, pois ele produz evidências de que aquela é uma pessoa especial com um problema igualmente especial (Sachs. 1996: 638). O teste opera como um transformador justamente porque é crível. E o é, porque faz sentido dentro do espectro explicativo para a saúde e a doença acionado por grande parte das pessoas, mesmo por aquelas que também buscam, no plano da magia e da espiritualidade, os termos explicativos para o adoecer.

Esse impacto inicial, causado pelo resultado do exame e o receio de levá-lo "para dentro de casa", vai sendo minimizado com a adesão progressiva ao sistema oficial de saúde. Mas o preconceito, não. Um preconceito que se soma ao estigma que pesa sobre as travestis, levando-as a esconder o diagnóstico, e mesmo a ignorá-lo.

Mesmo de posse de informações provenientes do sistema oficial de saúde, muitas travestis não afastam a carga moral que cerca a percepção que têm sobre a doença. A aids "suja" moralmente aquelas que são portadoras do vírus, pois denuncia comportamentos condenados na rede social pela qual circulam, como também na sociedade mais abrangente. A aids exige um esforço de reordenamento de vida daquelas travestis que se descobrem soropositivas, ou já doentes. Dessa forma, a soropositividade aparece como mais um elemento de "pressão", que se soma ao quadro de violência e exclusão que vivenciam. Ser vista como soropositiva é, muitas vezes, agregar mais um preconceito à sua "identidade deteriorada"(Goffaman), como já mencionado.

A aids, com toda a carga moral que ainda encerra, provoca a discussão sobre a doença enquanto significado. A doença não é apenas uma manifestação corpórea, mas uma construção social, associada, portanto, a todo um sistema simbólico no qual o corpo, a dor, o mal-estar e a cura são alguns dos elementos constituintes. A doença, como fato social, abarca todas as dimensões do humano e só pode ser entendida dentro de um determinado contexto sociocultural. O esforço, nesta seção, tem sido de dar conta desse contexto.

Kulick e Klein (2003: 04) apontam que, na cultura brasileira (se é que se pode referir-se ao Brasil de forma tão generalizante), há uma dificuldade em se alocar as travestis numa definição segura de gênero e orientação sexual. Essa indefinição as torna fascinantes e perigosas, sedutoras e poluidoras, com sensível predominância dos segundos termos dessas díades. Essa indeterminação tem sido prejudicial para elas, ainda que as travestis saibam se valer disso como forma de defesa, afirmam os autores citados há pouco. De fato, a indeterminação é sempre entendida como perigo[245].

---

245. Barreda e Isnardi observam que esta indefinição nos leva a interrogações para as quais não temos muitas respostas, por isso, acabamos por nos valer de categorias que nos parecem mais familiares, seguras, estáveis e menos perturbadoras e/ou questionadoras (2007: 06), a fim de, como pesquisadores e pesquisadoras, buscarmos uma realocação para as travestis para além dessa indefinição danosa.

A imputação de culpa aos homossexuais e às travestis (muitas vezes vistas como uma forma máxima e patologizada de homossexualidade) encontra, nas discussões sobre pureza e perigo feitas por Mary Douglas, um referencial interessante para se pensar nos mecanismos dessa acusação. Escreve ela que "Forças poluidoras inerentes à própria estrutura das idéias e que punem a ruptura simbólica daquilo que deveria estar junto ou a junção daquilo que deveria estar separado". No caso das travestis, seios e pênis, por exemplo. Prosseguindo com Douglas: "Decorre daí que essa poluição é um tipo de perigo que só tende a ocorrer onde as fronteiras da estrutura, cósmicas ou sociais, são claramente definidas". Como a derivação naturalizada de um sexo em um gênero. Assim, diz a autora, "uma pessoa poluidora está sempre errada. Ela desenvolveu uma condição errada ou simplesmente ultrapassou alguma fronteira que não deveria ter sido ultrapassada" (Douglas, citada por Butler. 2003: 189).

No caso das travestis, essas fronteiras transgredidas aparecem nos corpos, dando a elas uma visibilidade paradoxal, visto que, para a maior parte da sociedade, elas são corpos que não chegam a se "materializar" de fato. Não importam, portanto. Por isso, são postas à margem[246]. O aspecto paradoxal da visibilidade desses corpos "que não importam" (porque não são tidos como apropriadamente generificados[247]), está também na visibilidade que as travestis passaram a ter a partir da aids. A imputação da culpa pela disseminação da doença levou vários grupos, tidos como minoritários, a se mobilizarem na defesa de seus direitos e na luta contra a disseminação da doença, o que, de certa forma, reforçou a visão da epidemia como sendo própria dos marginalizados e de pessoas com comportamentos desviantes.

Em 1993 o Ministério da Saúde passou a financiar o *Encontro Nacional de Travestis e Liberados que Trabalham com Aids*, o ENTLAIDS, sinalizando para o diálogo, pois havia uma demanda que o pressionava nesse sentido. Porém, mesmo neste espaço, as travestis eram as vozes menos audíveis, uma vez que os "liberados" – geralmente gays e lésbicas com um traquejo político maior – eram, ademais, numericamente superiores (Baby. 2000, Galvão. 2000, Kulick e Klein. 2003).

Kulick e Klein registram que, ainda assim, as travestis que participavam desses encontros começaram a exigir que se falasse menos em camisinhas e sexo seguro, e mais de outras questões cruciais para elas, como violência policial, hormonoterapia, articulação e manutenção de organizações políticas representativas, entre outros temas. Essa demanda aparece claramente articulada na fala de Luciana, informante de Hugo Denizart que participou de um ENTLAIDS em 1985.

---

246. Uma margem acessível e acessada por homens insuspeitos, "normais", que buscam sexo com travestis. Como analisa Carmem Dora Guimarães, ao se referir à aids entre mulheres de camadas populares: o sexo com prostitutas, travestis, drogados, não é uma relação com desconhecidos, mas com conhecidos periféricos ao núcleo familiar (Guimarães. 1996: 177). Por isso, pensável e realizável.

247. A travesti e ativista política Jovana Baby relata que, em 1996, uma travesti conhecida sua, ao procurar um médico, ouviu dele que ela deveria ir a um zoológico, pois ele "não era médico de *viado*" (Baby. 2000: 179).

> A gente tem que chamar a atenção para os travestis nestes encontros [trata-se de do congresso realizado pela *Associação dos Travestis e Liberados*, em 1995] sempre se debate AIDS, mas não os travestis... Olha, se não existisse AIDS, a gente não estava aqui... Com certeza não (...) **E aqui só se fala em AIDS 24 horas. Você não viu ninguém levantar aqui no plenário e falar que amanhã vai mandar um papel pro Governo dizendo que travesti é obrigado a trabalhar por lei...** Não!... O pessoal vai discutir soropositivos... (...) Nunca é o travesti que precisa disso, disso, disso! (Denizart. 1997: 57)

Essa materialidade, alcançada pelas travestis na esfera pública com falas reivindicatórias, tem na sua gênese a marca da aids. Criou-se, assim, um "vício de origem", no que se refere ao reconhecimento dessa população por parte do setor de políticas públicas em saúde. Pois, para muitas travestis, foi só depois da aids que passaram a conhecer algum tipo de atenção e cuidados dentro desse sistema. E essa atenção, quando se efetivou, ficou circunscrita aos cuidados em saúde centrados nas doenças sexualmente transmissíveis. Isto é, a associação entre travestis e doença permaneceu, ainda que em outras bases.

Enfim, quando o sistema de saúde enxergou as travestis, priorizou a testagem para HIV/aids (e posteriormente para as hepatites), assim como as doenças venéreas, como um dos aspectos mais importantes (senão o único) para a saúde desse segmento[248]. Ainda que não houvesse dados estatísticos consistentes, a aids foi tomada como o problema mais relevante entre as travestis. Porém, os dados que levantei parecem apontar que este o era, de fato, segundo a perspectiva da área de saúde, mais do que para a clientela visada. Não que a aids não seja vista como algo que suscite preocupação e medo, mas porque o cotidiano delas é atravessado por outras urgências em relação à saúde, tais como tratar de uma pneumonia sem enfrentar a discriminação nas *Unidades Básicas de Saúde*; ser socorrida de uma facada ou tiro, sem que isso acarrete problemas com a polícia; saber que medidas tomar, se o silicone escorrer ou formar "dongos" [deformações], ou quando se engorda muito devido à ingestão de hormônios; fazer um exame de próstata, contornando todos os constrangimentos de se apresentar ao médico com aparência de mulher; saber como tomar os hormônios femininos, enfim, o rol é amplo e inclui ainda as preocupações com o uso abusivo de drogas. Mesmo para o enfrentamento da aids, as travestis têm desenvolvido uma série de estratégias que nem sempre estão referidas pelo discurso oficial preventivo, como veremos a seguir.

---

248. No segundo semestre de 2007, o *PN-DST/AIDS* divulgou o *Plano Nacional de Enfrentamento da Epidemia de Aids e Outras DST Entre Gays, HSH e Travestis,* com oito objetivos visando ao "empoderamento" e à "cidadanização" para gays e "outros homens que fazem sexo com homens"; e seis metas para as travestis, entre estas, a de se levantar dados epidemiológicos mais precisos sobre o segmento. O plano visa, ainda, combater a homofobia e promover uma visibilidade positiva das travestis, entre outros objetivos que almejam integrá-las à sociedade de maneira menos preconceituosa, sem, contudo, desassociar esse processo de conquista de cidadania das questões de saúde e, mais especificamente, da aids.

Politização e Axé – ou de Como Enfrentar a aids

Jovana Baby é travesti, ativista e considera-se uma pessoa *"instruída socialmente"*. De *"profissional do sexo não instruída"* a *"multiplicadora de informação com a comunidade de prostitutas e travestis profissionais do sexo no Rio de Janeiro"* (Jovana Baby. 2000: 177), operou-se uma transformação: ela deixou o mundo marginal da travestilidade para se inserir legitimamente na esfera política. Ganhou, assim, a visibilidade que não tinha antes da aids e, principalmente, antes do ativismo. *"Os travestis eram completamente esquecidos, tratados como... quer dizer, não eram nem tratados, a gente não pode dizer que tinha tratamento nenhum"*[249], relata Jovana, durante o **Primeiro Simpósio Subjetividade e Aids**, realizado em abril de 2000, no Rio de Janeiro.

Kika Medina, também ativista e soropositiva, viu no engajamento político um caminho para reorganizar a desordem instalada pela doença. Ela se descobriu com aids, antes de se saber soropositiva. Sentia-se fraca, debilitada, com o sistema respiratório comprometido. Perdia peso a olhos vistos e, quando foi internada para tratamento, pesava menos de 40 quilos, metade do seu peso habitual. Com o tratamento medicamentoso, recuperou-se rapidamente. Em 15 dias já havia engordado 10 quilos. *"Da hora que eu comecei a me recuperar, então eu pensei: 'agora eu tenho que saber mais sobre isso. Eu preciso de informação'"*. Kika passou a fazer da "informação" uma espécie de terapia. A categoria "informação" aparece também nas falas de outras travestis vivendo com HIV/aids, e associa-se aos saberes médicos veiculados pelo discurso de assistência e prevenção, como discutido no **capítulo três**.

Márcia se descobriu soropositiva quando já era agente de prevenção. Ela conta que as leituras de manuais sobre DST a levaram a perceber que estava com sífilis e que, ao fazer o exame de sangue, saiu também o diagnóstico de HIV positivo. O fato de estar engajada no **Tudo de Bom!** a fez perceber a soropositividade por uma outra ótica, a do sistema oficial de saúde, fazendo da "informação" o instrumento organizador dessa nova experiência.

> *Então eu fui me entretendo e o que eu gostei desse projeto é que ele dá muita informação, e foi através dessa informação que eu fui me descobrindo também, fui vendo. A gente vai se percebendo também, porque a gente vai se notando. Porque, até então, você acha que você tá vivendo num mundo bom ali, tá na noite, tá brilhando, isso e aquilo. Acha que aquilo ali tá bom pra você, mas depois você vai vendo que não é nada disso.* (Entrevista concedida à pesquisadora em 14/11/05.)

---

249. Esse processo de "SIDAdanização", isto é, de uma cidadania alcançada a partir da aids, ou SIDA (acrônimo mais utilizado no restante da América Latina para a Síndrome da Imunodeficiência Adquirida), é verificável entre militantes do movimento social de minorias sexuais, assim como entre as travestis agentes de prevenção, que passaram a ser valorizadas, ouvidas e respeitadas em seu saber justamente pelo seu status sorológico, capaz de promover seu engajamento político.

A informação torna-se uma panacéia capaz de proporcionar uma revisão da trajetória de vida, revelando a verdade sobre si mesmo; pode, ainda, deter o avanço do vírus, diminuir o preconceito e a exclusão. É a informação médica, com seus princípios racionalizadores e aparentemente neutros, o instrumento capaz de minimizar a acusação, de resignificar a imputação de culpa pela doença e pela disseminação da mesma.

Se a informação científica correta é hoje, na visão dessas travestis, o que salva, foi a informação errada que acarretou inúmeros agravos à condição das travestis e à saúde da população em geral. Melina, Márcia, Kika e Danuza atribuem o reforço do preconceito e a disseminação do vírus à mídia e ao Ministério da Saúde, que, nos primeiros anos da epidemia, trataram a aids como "peste gay". *"Como um vírus pode saber detectar quem é gay, quem é hétero? Então você veja até onde foi o preconceito, o erro!"*, avalia Kika Medina. (Em entrevista concedida à pesquisadora, em 10/12/2006, durante o *I Encontro de Transexuais e Travestis de São Paulo*.) A avaliação de Márcia vai no mesmo sentido:

> O Ministério da Saúde comeu bola porque falou que era a peste gay, entendeu?! Eles vieram cair na real quando eles viram mulher casada tendo problema com HIV. Eles começaram a cair na real porque eles começaram a ver que de cada 10 mulheres infectadas, um homem. Então, eles viram que não era uma peste gay, entendeu? Porque a mulher, a mulher é o meio mais rápido de contaminação. Aí melhorou, começou a amenizar. Porque você sabe que no início da aids, ninguém queria colocar a mão... Até área médica, tinha medo! Porque era uma coisa que não se tinha conhecimento. Agora eles conhece, têm a tecnologia. Eles tão se aprofundando. Viram que é uma coisa transmissível pelo sexo, pelo sangue. Mas quando eles não tinha, eles ficavam comendo a maior bola, entendeu? Então tinha repressão contra travesti, lógico! (Márcia, na já citada entrevista.)

Assim como argumenta Paul Farmer (1993), ao falar das formas de acusação e culpabilização pela disseminação da aids envolvendo haitianos e norte-americanos, as travestis (os haitianos dessa história) sabem que são o lado fraco, pois são pobres, "*viados*", e se prostituem. Acabam assimilando, muitas vezes, a culpa, ainda que revertam a acusação quando se vêem acuadas e apontadas como disseminadoras da doença. Elas estão sempre às voltas com tratamentos de pele, terapias hormonais, cuidados estéticos com cabelos, unhas, pêlos. Sempre assediadas por campanhas, agentes de saúde e ativistas de ONG, que falam sobre preservativos, DST, aids. As travestis, sobretudo aquelas ligadas ao movimento social, já não aceitam serem apontadas como vetores da doença. Como não cansam de repetir: "*Eu me cuido!*". Um cuidado que está fortemente assentado na dedicação ao corpo, pois dele dependem para trabalhar e, acima de tudo, para serem travestis. Esses tratos começam com medidas epidérmicas, cotidianamente reiteradas; envolvem ingestão de hormônios e de vitaminas como a B12, tomadas antes de "se hormonizar"; aplicações de bezetacil a fim de "deixar o corpo mais forte", devido a ingestão de hormônios femininos; abrigar-se nas noites frias sem perder o apelo de sedução (o que exige que se construa um estilo próprio, pela escolha das roupas e acessórios); autovigiar-se, a fim de modelar a voz e suavizar os gestos; manter-se bronzeada; aprender a tomar bebidas alcoólicas "só para se soltar", e não se embebedar; dominar técnicas sexuais para lidar com a clientela e garantir mais conforto corporal para si; observar como estão pênis e ânus; fazer a *"chuca"* (lavagem anal); cuidar da dieta para não engordar ou ter desarranjos que atrapalhem o sexo anal; garantir a *diária* e, portanto, o teto e a proteção. Este "cuidar-se" abrange, ainda, as relações que se deve manter na casa e na rua: não roubar sem ter *"costa quente"*; não *"mandar doce"* para os/as fortes e/ou protegidos/as; não se insinuar para o *marido* da cafetina. Pois, de todas essas observâncias, depende a própria vida da travesti. "Cuidar-se", "na noite", requer jogo de cintura para lidar com a rivalidade de uma outra travesti, com o cliente que não quer pagar, com os *"bandidos"*, que vêm fazer um acerto ou roubá-las; para se esquivar da abordagem policial, muitas vezes humilhante e violenta. Como se vê, esse "cuidar-se" pouca relação tem com aquele apregoado pelo sistema oficial de cuidados/tratamento.

Em campo, quis remontar o itinerário terapêutico das travestis no enfrentamento das doenças e de quadros de sofrimento como depressão, tão mencionada por elas. Nesse esforço, aventei a possibilidade do Candomblé[250] se constituir como um caminho possível de cura. Hipótese que não estava de todo equivocada. Porém, mais do que um espaço de cura ou de tratamento para a aids, conforme minha hipótese inicial, o terreiro foi se mostrando como lugar de relação com o sagrado e de exercício legítimo da feminilidade. Não de qualquer feminino, mas aquele que se coaduna com a imagem das entidades femininas do Candomblé, bem como das *divas* e *musas* que servem de modelo e inspiração para as travestis.

Patrícia Birman (1995) aponta que, no Candomblé, a possessão ("receber o santo", "virar no santo") é um operador de gênero que exclui o elemento masculino dessa possibilidade, porém não a define como coisa de mulher, mas como aquilo que se opõe ao masculino, que por sua vez aparece corporificado na figura máscula dos ogãs (Birman. 1995: 87 e 95). É assim que o *"adé"* (homem afeminado) ou *"a bicha"*, pode "virar no santo", porque o feminino o engloba. Mais que isso, o *adé* é crucial na construção dos rituais dentro dessa religião. Esse parêntese explicativo se fez necessário para a reflexão sobre cura e religiosidade, centrada na fala de minhas informantes acerca do Candomblé. Estas se aproximam da análise que Birman faz do depoimento de um de seus informantes:

> É interessante que nesse relato da "conversão" toma-se como modelo algo padronizado nessas histórias, ou seja, o seu relato enfatiza um "antes" e um "depois" – o "antes" é a total ignorância da macumba, como costuma ocorrer, e o "depois" **é o entusiasmo**

---

[250]. Os dados sobre a filiação das travestis ao Candomblé são inconsistentes, extraídos de falas, comentários e observações recolhidas em campo. Não tive a oportunidade de me debruçar de maneira mais criteriosa sobre essa relação. Porém, estudos como os de Fry (1982), relacionando homossexualidade a religiões afro-brasileiras, bem como (mais especificamente) o trabalho de Kulick (1992) sobre travestis que viviam em Salvador, e de Birman (1995), em sua investigação sobre a construção de gêneros no Candomblé carioca, parecem corroborar minhas impressões de campo.

com o acesso ao feminino e não com a cura, ou a obediência contrita – seu entusiasmo, aliás, exagera ao máximo o caráter "fútil" dos seus motivos. (Birman.1995: 115. Grifo meu.)

O aparentemente "fútil" está relacionado com o deslumbramento diante da beleza dos adornos do seu santo, das características de personalidade do mesmo, como exclamou o informante de Birman: "Porra, já pensou, eu virar com Iansã, a rainha dos adés, uma santa guerreira?" (Ibidem: 114). A possessão dá a possibilidade de acesso ao feminino, de ser/sentir-se legitimamente tomado/a, posto que a possibilidade de "virar no santo" só é dada ao feminino.

Victória Rusthy, travesti considerada "*fina*" no mercado sexual paulistano[251], mencionou que as travestis procuram no Candomblé e na Umbanda soluções mágicas e imediatistas para os seus problemas. Principalmente os amorosos e de sucesso com a transformação, ficando em segundo plano, a seu ver, o conforto espiritual e a devoção.

Em outro momento quero saber de Márcia se é verdade mesmo que a maior parte das travestis tem ligação com o Candomblé e a Umbanda, e se a relação passa por processos de cura.

> [Márcia] *São espíritas. Mas eu sou espírita kardecista, não do Candomblé. Elas vai e volta da Europa só pra se fazer no santo, pra raspar a cabeça.*
> [Pesquisadora] *Pra quê? É pra curar alguma coisa?*
> [Márcia] *Não, filha, é pra continuar tendo axé na rua, ganhando... essas coisas... Porque o Candomblé, você sabe muito bem, tem aquele glamour. Elas gosta disso. E esses pai-de-santo cobram, cobram muito, porque é travesti que quer o trabalho. Você acha, 600 reais pra me dar um banho de canjica? Pra eu colocar um pouco de feijão na cachoeira, pra alguém que eu nem sei quem é que vai comer... Mas elas faz, elas paga.*
> [Pesquisadora] *E pra curar de doença, você já ouviu falar?*
> [Márcia] *Isso acho que não. Não sei se elas pedem para curar. Porque as bichas esperam tá no fio do pavio pra se tratar. Elas não vêm, 'ah deixa pra lá, eu tô bem, tô saudável'.* (diário de campo, 11/10/2006)

E precisam estar saudáveis (ou sentirem-se como se estivessem), pois parecer saudável é um atributo necessário para quem vive da prostituição. Quando isso não é possível, é preciso apelar para as forças mágicas.

Uma das técnicas de prevenção contou que, numa certa noite, passando pela avenida Indianópolis, tradicional ponto de prostituição travesti em São Paulo, viu uma travesti seminua, "*gorda de tanto silicone injetado no corpo*", desfilando seu corpanzil e balançando um lenço, enquanto cantava e mexia com os poucos carros que passavam

---

251. É importante registrar que Victória é vista como "*fina*" (isto é, sofisticada) pela distância que procura construir e manter entre ela e as travestis de menor prestígio, as que são menos transformadas e que cultivam valores mais afeitos às classes populares.

por ali naquela hora. Só, ela esperava um cliente que talvez não tenha vindo. Nesse contexto, em que o insucesso com a transformação se soma à solidão e à falta de programas, comprometendo a própria manutenção, a aids torna-se "um detalhe" na vida da travesti, como expressou outra técnica do ***Tudo de Bom!***. Talvez por isso, mais do que cura ou remédios para a "*tia*", elas busquem, nos terreiros, "*axé*".

"Cuidar-se" é também buscar essa conexão com o sagrado. É manter-se "*bela*", feminina e ganhando o pão de cada dia. Muitas vezes esses cuidados não passam pelos consultórios médicos ou pelas salas onde os/as profissionais de saúde fazem seu trabalho. Quase sempre, esse espaço de cuidados circunscreve-se aos ambientes de intensa sociabilidade, como a rua e o terreiro. Se o "cuidar-se", como já mencionado, mantém estreita relação com a feminilização, é a casa/pensão da cafetina o espaço do aprendizado, e dessa reiteração do cuidar-se, pois é ali que "*gayzinhos*" podem se transformar em travestis.

A casa/pensão administrada por cafetinas se coloca em oposição à casa paterna, muito mais do que em contraste com a rua. Aquele é um espaço diurno/vespertino no qual a transitoriedade de gênero se faz sentir. É ali, que entre o despertar e o período da noite, as travestis se empenham, persistentes, na produção do feminino. Paradoxalmente, é também ali, que se pode experimentar o destensionamento do feminino: estar de "*neca desaquendada*", com o "*chuchu*" por fazer, "*jogada*" vendo televisão, entre um afazer e outro, enquanto à noite não vem.

Ainda assim, a casa/pensão é um lugar de disciplinamento, com todos os rigores que regulam a observação das regras, da noção de respeito, da atenção às hierarquias e dos intensos cuidados de si.

7.
Casa, Corpo e Pessoa

Corpos *Estranhos* em Espaços Invisíveis

> Às 14h30 chego à casa de Sabrina Sheldon, 30 anos "com orgulho", no bairro Jockey Club, na periferia de São Carlos. O portão que dá entrada à casa é estreito, feito de lâminas metálicas. A casa, modestamente decorada, estava muito limpa e arrumada (...) Quando bati palmas, uma voz lá de dentro me perguntou: "Quem ousa querer penetrar no reino de Avalon?". Era Sabrina. (diário de campo, 20/07/2003)

Avalon faz parte das lendas Celtas e, hoje em dia, também do repertório fílmico de muitas pessoas que conheceram a estória do rei Arthur, sua loira e pia esposa, seu fiel amigo Lancelot e de Morgana, a meia-irmã do rei, que foi criada na fantástica ilha liderada por mulheres e apartada do mundo cristão e androcêntrico da antiga Grã-Bretanha. Como se sabe, Avalon foi se perdendo nas brumas, tornando-se um reino quase imaterial e às margens. À imaterialidade de Avalon correspondia a realidade cada vez mais tangível de um mundo dominado pelo poder masculino, beligerante, racional e católico.

Quando naquela tarde Sabrina me autorizou a entrar no "reino de Avalon", só me veio à mente o pitoresco da expressão, mas ao retomar o diário de campo, a possibilidade de uma analogia *queer* tornou-se tentadora.

O termo *queer*, em português, pode equivaler a esquisito, bizarro, estranho; como também a *viado*, *bicha*[252]. Mas sua conotação em inglês é mais ofensiva, tratando-se de uma injúria que identifica o injuriado como "desviante", guardando ainda o sentido de anormal, defeituoso, impuro. O *queer* tem sido usado como insulto que procura denunciar no insultado sua "esquisitice", estreitamente ligada à sexualidade, assim como a sua detectável "inadequação" de gênero. O *queer* foi assim, por anos, um

---

[252]. É bom ter em mente o alerta que faz Marcia Ochoa: "hay que tener mucho cuidado: la palabra *queer* es una categoría local estadounidense (es como te llamaban en la escuela cuando se burlaban de ti), que mediante la hegemonía teórica que permite la publicación y circulación de textos estadounidenses por todo el mundo, ha viajado mucho, pero no tiene la misma resonancia en otros lugares". (Ochoa. 2004: 254)

termo denunciador por excelência. E quem denuncia e o que denuncia quando diz "*queer*"? Que forças de poder engendram categorias como "*queer*", "gay", "lésbica", a ponto de fazê-las não identidades reivindicadas, mas termos de discursos que imputam, aos assim designados, um lugar marginal? Nos primeiros anos da década de 1990, questões como estas passaram a ser formuladas dentro do próprio movimento social das ditas minorias sexuais, sobretudo nos Estados Unidos[253]. Uma de suas vertentes assume o termo *queer* a fim de marcar "sua perspectiva de oposição e de contestação. Para esse grupo, *queer* significa colocar-se contra a normalização – venha ela de onde vier. Seu alvo mais imediato de oposição é, certamente, a heteronormatividade compulsória da sociedade" (Louro. 2001: 546). A ***Teoria Queer*** propõe-se a uma genealogia radical dos discursos que instituem a heterossexualidade como norma compulsória. Judith Butler, que está hoje entre as teóricas mais influentes dessa corrente, propõe que o binarismo de gênero é instituído no quadro de um sistema heterossexual de produção e reprodução. Nesta perspectiva, o gênero é norma que se materializa discursivamente, e que revela os dispositivos de poder e saber que são acionados nessa construção e manutenção. Desvelar esses mecanismos, que naturalizam e essencializam os termos e as relações por eles significadas, requer uma profunda genealogia dos termos.

As normas de inteligibilidade reiteram, de forma compulsória, a heterossexualidade. A mesma norma que relega às margens os sujeitos que a ela não correspondem. Esses corpos que "não importam", porque inadequadamente engendrados, são, por outro lado, imprescindíveis socialmente, pois as fronteiras da normalidade só podem ser claramente demarcadas a partir da instituição desses corpos abjetos. Isto é, aqueles que são alocados pelo discurso hegemônico nas "zonas invisíveis e inabitáveis" onde, segundo Butler (2002), estão os seres que não se "materializam" de fato, por isso, não importam. Aqueles que, vivendo fora do imperativo heterossexual, servem para balizar as fronteiras da normalidade, sendo fruto, portanto, desse discurso normatizador que institui a heterossexualidade como natural. A normalidade se circunscreve a partir da fixação desses territórios de abjeção, estreitamente vinculada ao não-humano (Butler. 2002: 20).

Quanto à analogia *queer* à qual me referia há pouco, esta pode ser pensada a partir de algumas propostas teóricas feitas por Butler, como a "imaterialidade" associada à "não-humanidade" que pesa sobre aqueles tidos como estranhos e/ou anormais. Assim como pensar o espaço da casa/pensão, e a sua importância na conformação da Pessoa travesti, a partir do conceito de performatividade. É esta a proposta que faço ao leitor e à leitora: adentrar naquele ambiente tendo essa perspectiva como chave.

---

253. Alguns nomes que marcam a construção deste campo são os de Eve Kosofsky Sedgwick, Teresa de Lauretis, David Halperin, Judith Butler, Steve Seidman, Michael Warner, Beatriz Preciado, Judith Halberstan. Halperin enfatiza a contribuição da obra de Michel Foucault para a formação da ***Teoria Queer***; neste marco também vale ressaltar os trabalhos de Joan Scott e Gayle Rubin.

Sabrina foi a primeira travesti que me concedeu entrevista, que abriu as portas para as incursões iniciais pelo espaço doméstico das travestis. Um reino invisibilizado, suspenso entre a materialidade comercial da "*pista*" e a racionalidade disciplinadora do "posto" de saúde. Espaços aqueles, onde elas conseguem uma certa ordem de existência social, mesmo que diante da reafirmação de seus "desvios" e "inadequações". Ambientes em que elas são transferidas "de uma região exterior de seres indiferentes, questionáveis ou impossíveis, ao terreno discursivo do sujeito". (Butler. 2002: 180. Tradução da autora.)

É na casa, esse espaço moral e significativo, que elas podem experimentar o conforto de estarem entre iguais e, mesmo, de abandonarem-se a um relaxamento doméstico: roupas largas, "*neca desaqüendada*" (pênis solto), pêlos aflorando, frases jocosas trocadas com as colegas, numa "normalidade" banal e cotidiana, ao mesmo tempo particular, porque vivida a partir de uma marcação de tempo nada burguesa (vida diurna, horários rígidos, almoço em família), permeada por valores e códigos pouco conhecidos fora dali.

Ainda assim, é também na casa que as travestis reiteram cotidianamente a sua condição. O que implica um exercício performativo de se tornar invisível de dia, ao mesmo tempo em que é no espaço doméstico que cumprem o ritual cotidiano de materializarem o feminino em seus corpos. Numa reiteração das normas que as levam a manterem o interminável projeto de construção de seus corpos. Um corpo que parece confundir os códigos de coerência cultural, desordenando-os, mas que de fato está limitado pelos imperativos heteronormativos, ainda que, como já discutido, essa reiteração corpórea seja feita a partir de uma apropriação "subversiva" da tecnologia protética disponível.

A casa pode ser essa zona de invisibilidade e performatividade, como também é ambiente de aprendizado e construção da Pessoa. Por isso mesmo, aqui, a casa está longe de ser antagônica à rua, pois ela pode ser tão racional e regrada como se pretende esta última; enquanto a rua será, muitas vezes, o ambiente referencial e de acolhimento.

As "casas", como são chamadas as pensões administradas por cafetinas, são as moradias mais comuns entre as travestis. Conheci poucas que vivem com a família ou com um *marido*. Há também as que dividem apartamentos com amigas, mas, pelo menos entre as mais novas, viver na casa de uma cafetina parece ser um dos marcos iniciais da vida como travesti. Esse tipo de moradia também é procurado por aquelas que estão de passagem por uma cidade, ou pelas mais velhas, empobrecidas, que já não conseguem tantos clientes, e por isso buscam lugares mais baratos.

Ao reler o trecho do meu diário de campo que abre este capítulo, observei que está lá mencionado que a casa onde vivia Sabrina era muito limpa e arrumada, registro que, hoje percebo, não era meramente descritivo, mas uma surpresa etnocêntrica, talvez. Na casa surpreendentemente organizada onde fui recebida, Sabrina era uma das inquilinas. A casa era de Letícia, à época, cafetina na cidade, que mantinha essa pensão ou república[254] onde moravam mais três travestis e uma prostituta mulher.

---

254. O termo é usado em São Carlos. Acredito que isso se dê por ser esta uma cidade com duas universidades (uma federal e uma estadual) e com marcada presença de estudantes. O setor imobiliário há muito se vale dessa clientela, e assim o termo "república" se popularizou na cidade.

Iniciamos a entrevista do lado de fora, pois Sabrina desejava fumar, o que não era permitido fazer lá dentro. Não há casa sem regras. Letícia, como cafetina, determinava não só o que se podia ou não fazer na sua pensão, como também distribuía as tarefas de arrumação e manutenção do ambiente.

Como administradora, a cafetina pode ganhar também um status de *mãe*, no sentido de cuidadora e protetora. É ela quem impõe as regras que, se não cumpridas, podem custar muito caro à infratora. A ela se paga a "*diária*", que corresponde não só à moradia (e em algumas casas à alimentação), mas também à proteção na rua e ao direito de fazer ponto na região de domínio da cafetina.

Muitas travestis orgulham-se de serem "*mães*" ou "*madrinhas*", o que por vezes tem o mesmo sentido. "*Amadrinhar*" geralmente se refere a proteger e ensinar a viver como travesti, cabendo à categoria de *mãe* a iniciação propriamente dita. A noção de "*mãe*" entre as travestis está ligada, portanto, ao processo de transformação. Muitas travestis saem de casa ainda "*gayzinhos*", classificação êmica que indica que ela já assumiu a orientação sexual para familiares e para "a sociedade" (como dizem, ou seja, para um conjunto mais abrangente de pessoas), mas ainda não se veste com roupas femininas ou ingere hormônios. Às vezes, na casa dos pais, as travestis já se "*montam*".

A transformação de fato só ocorre, na maioria das vezes, fora do ambiente familiar. E aí entra o papel da travesti mais velha ou mais experiente, que vê "naquela *bichinha*" o potencial para se tornar travesti. Como no caso de Larissa e Natasha, travestis paulistanas que atuam na avenida São Miguel, zona Leste da cidade. Larissa conta que foi ela quem iniciou Natasha, quando esta tinha 16 anos. Portanto é sua *mãe*.

> Ela era viadinho, e ficava só no vício[255] ali na avenida. Eu disse pra ela, que ela sempre teve essa cara de racha[256]: 'Bicha, tu tem que ser travesti! Vai ganhar muito aqüé!' [dinheiro]. E ela começou. (diário de campo, 01/04/2005)

À *mãe* ou *madrinha* cabe ensinar à sua filha as técnicas corporais e a potencializar atributos físicos, a fim de se tornar mais feminina. Ela ensina a tomar hormônios, sugere que partes do corpo a novata deve *bombar* e quantos litros colocar. A *mãe* indica a *bombadeira*, instrui quanto aos clientes e sobre as regras do "pedaço". Assim, muitas *bombadeiras* também são tidas como mães, pois "*fazem o corpo*", orientam quanto aos cuidados com ele, dominam técnicas que as colocam em posição de prestígio na rede em que circulam. A cafetina ocupa um papel organizador e ramificado na rede das travestilidades. Atua na rua, na casa e nos corpos. É tanto aquela que explora e até maltrata, quanto a que cuida. Por interesses materiais ou afetivos, não vem ao caso, é a ela que as travestis da casa reportam suas dores e problemas de saúde. Quando não,

---

255. "*Fazer vício*" significa sair com homens desconhecidos sem cobrar. Essa expressão tem um sentido moral, como já discutido no **capítulo dois**.
256. Expressão comum no universo homossexual masculino para designar "mulher", numa alusão ao órgão sexual feminino.

é a cafetina, acostumada a lidar com a rotina das travestis da casa, quem percebe alguma alteração no estado de saúde de uma de suas *filhas*.

> [**Monique**] *Quero levar essa bicha nova, a Keyla, no postinho aqui de cima. Tá com uma tosse que não para, grossa, teve febre. Pode ser só gripe, mas é bicha nova, não sei se isso já é antigo.*
> [**Pesquisadora**] E o pessoal do postinho aqui trata vocês bem? [refiro-me a uma UBS no bairro São José, em São Carlos]
> [**Monique**] *Trata! Trata sim, umas meninas legal, simpática! Eu levo sempre as bichas aqui de casa lá.* (diário de campo, 20/02/2007)

A mesma rotina de cuidados que cumpre Camila, cafetina e *bombadeira* que tem sua casa na periferia da zona Leste paulista. Fiquei sabendo dela numa conversa com uma das técnicas do **Tudo de Bom!**, na qual ela ressaltava a parceria que tinha conseguido estabelecer com Camila. Esta sempre leva "suas meninas" àquele **SAE**, e tem um papel importante no convencimento para que as mesmas realizem exames e consultas ali. Por diversas vezes procurei entrevistá-la, mas como ela mesma disse, sua vida é atarefada demais, pois são 24 travestis em sua pensão e todos os cuidados que isso implica. Num dos telefonemas a fim de agendar uma possível visita, ela se desculpou por não poder me atender, pois estava justamente envolvida com a doença de uma das travestis da casa, e teria de sair para resolver esse problema. "*Vai lá no Líder?*", quis saber, me referindo ao **SAE** onde sabia que ela costumava ir. "*Não, menina, vou numa farmácia aqui que tem uma pessoa lá que sabe bem dessas coisas*", respondeu-me Camila.

A farmácia está no itinerário de cuidados das travestis desde que estas começam a se hormonizar. Normalmente, chegam até um estabelecimento "de confiança" indicadas por uma travesti mais velha. A relação com o/a famacêutico/a exige cumplicidade, pois além de comprarem para si remédios considerados "de mulher", estes, por motivos patentes, não têm prescrição médica. Muitas vezes as travestis preferem os anticoncepcionais injetáveis, exigindo que esse/essa profissional faça a aplicação, que pode chegar a ser semanal. Dessa relação nascem conversas sobre problemas de saúde, mal-estares, "nervoso", "sangue sujo", furúnculos, que são muitas vezes medicados ali mesmo.

Em São Carlos, Monique freqüenta a farmácia onde Lucas é o técnico em enfermagem, que faz curativos e aplica injeções. Mesmo sendo um estabelecimento muito freqüentado, por ser central e tradicional, é o preferido da cafetina justamente porque lá ela pode contar com a presteza e cumplicidade do amigo Lucas, que nas noites circula pela avenida Getúlio Vargas "*montado*", e atende pelo nome de Lianna.

Num domingo frio, encontro Monique saindo da referida farmácia cheia de pequenos pacotes. Pergunto se ela está bem. "*Eu tô ótima! Só acabada, né?! Essa gripe que tá dando pegou todo mundo lá em casa. Tô com cinco [travestis] super gripadas!*". Os remédios tinham sido escolhidos por ela com a ajuda de Lucas, mas, numa outra oportunidade, ela me disse que já sabia qual remédio servia para o quê. Para Lisiane, Monique é mais que cafetina, é sua *mãe*, pois foi ela quem a acolheu quando Lis chegou a São Carlos. Além disso,

> *foi a única bicha que teve coragem de me bombar, que eu tenho um problema no coração, sabe... as bicha têm medo por isso. Mas a Monique não, ela falou: 'quer? Então vamos'. E foi tudo bem, graças a Deus.* (diário de campo, 23/02/205)

É por isso que Lisiane, mesmo sendo casada há mais de dois anos com Tiago, adota o sobrenome "Rios", o mesmo de sua mãe, Monique.

A "maternidade" entre as travestis tem relação com o cuidar e com a gestação de uma nova Pessoa. Não mais do garoto afeminado que chega à casa da cafetina, ou que procura pelas esquinas referências do que ele poderia ser, mas da travesti.

Melissa passava por um momento assim, quando a conheci. Não morava mais com os pais, acabara de deixar seu nome de rapaz, passara a tomar hormônios femininos e a se vestir, diuturnamente, de mulher. Então, Melissa Week tinha 17 anos, e estava aprendendo a ser travesti com Giovanna, a quem via como uma *mãe*.

> [Pesquisadora] Como é ser mãe da Melissa?
> [Giovanna] *É ensinar para ela e para as outras que tem que guardar seu dinheirinho. Falar das drogas. Ensinar as coisas. Não quero que ela passe pelo que eu passei.*

Melissa já havia aplicado silicone nos quadris e tomava hormônios femininos, mas não todos os dias. "*Não faz efeito tomar todo dia*", lhe ensinara Giovanna. Quando tomava, já aplicava quatro ampolas de uma vez. Ela conta que para colocar silicone é preciso esperar o hormônio agir. Todas as técnicas corporais aprendidas com Giovanna. Num processo que é corporal, mas também moral: fabricar um corpo é também fabricar a Pessoa, o que implica, entre outras coisas, a apreensão de valores próprios das travestilidades. É ilustrativo o exemplo que Melissa dá sobre seu aprendizado, pois, valendo-se de uma metáfora corporal para se referir àquilo que é do plano moral, é do corpo mesmo que fala: "*É assim: dou um passo errado. Ela me fala que não é assim que se pisa. Que desse jeito vou me dar mal. Faz eu voltar e dar de novo o passo, agora certo.*" (diário de campo, 01/05/2004)

O "passo errado" pode ser o que Melissa mesmo fez, ao começar a usar *crack* e deixar de pagar sua *diária*, descumprir regras da casa e colocar o local de prostituição sob a mira da polícia.

Giovanna, quando era cafetina, tinha o dever de proteger aquelas travestis que se uniram a ela ou viviam em sua casa. Ela era mais vivida e, supostamente, tinha muito a ensinar, por isso não titubeou: ligou para a família de Melissa e disse que não poderia mais ficar com ela em sua casa, que eles deveriam interná-la numa clínica para se "limpar" do *crack*. Aliás, para a atual cafetina da cidade, Monique, o uso de drogas é o principal problema de saúde das travestis, e é sempre motivo de tensão, sermão e até expulsão de alguma delas de sua casa.

Wanessa, que também morava com Giovanna, foi quem me explicou que se deve respeito à cafetina. Isso significa obedecer às regras da casa, não invadir o ponto dela, não roubar, não "*mandar doce*". Foi ela também quem diferenciou, para mim, o "cafetão" da "cafetina". "*A cafetina é igual a você, sabe o que você passa. Ela te cobra não pra se manter, pra te defender. Ela te cobra pela moradia, não é aquela coisa... Ela cobra o preço que você pode pagar. Cafetão já é diferente."* (Entrevista concedida à pesquisadora, em 22/05/2004). Ou nem tanto, como explica Gladys Adriane, quando lhe pergunto se há uma relação de afetividade entre travestis e cafetinas, uma vez que estas podem ser mães. Ao que ela me responde, com sua fina ironia: *"Só se a filha não ficar devendo. Aí, querida, a mãe vira madrasta rapidinho. É babado!"* (Em depoimento via *MSN*, em 08/06/2005.)

Verônica, que vivia em São Carlos na casa de Monique, a atual cafetina, ressalta que Monique é muito boa, e que em sua casa não há regras muito rígidas. Muito diferente da casa em que morou em São Paulo, onde a comida era racionada, os horários extremamente rígidos e a *diária* pelo aluguel, comida e proteção era cobrada com rigor. Verônica lembra que a temida cafetina era muito boa com algumas, promovendo-as, levando-as para *"fazer o corpo"*, deixando-as *"belíssimas"*. "Ai *daquela que traísse ela, roubasse, se colocasse* [usar drogas exageradamente], *ficasse devendo... era babado. Ela não tinha dó. A bicha tava marcada. Não tinha essa moleza que é na casa, aqui."* (diário de campo, 14/04/2005)

Monique reconhece que em sua casa não há muitas regras, mas nem por isso deixa de cobrar *"multa"*, expediente comum entre travestis, seja entre cafetina e suas *filhas*, seja entre as mais velhas e as que vão chegando na avenida. A *"multa"* é uma espécie de castigo pago em dinheiro, ou mesmo em espécie (perfumes, roupas, acessórios, são os mais comuns). Castigo aplicado por infração de regras, má conduta, invasão de ponto.

A "moleza" da casa de Monique também tem seus limites dados pelos tácitos códigos internos: roubar a cafetina, sobretudo se a travesti veio de outra cidade, é desrespeitar a ordem hierárquica que organiza as relações dentro da rede. Em São Carlos, por exemplo, cidade relativamente pequena se comparada à capital, as travestis locais têm uma série de prerrogativas: não pagam *diária* pelo ponto de prostituição, têm prioridade na escolha dos mesmos, entre outros privilégios. Por exemplo, no dia em que donos de um site de acompanhantes especializado em travestis estiveram em São Carlos para fazer fotos, só *"as bichas da cidade"* foram autorizadas a se deixarem fotografar, uma vez que estar num site as promove dentro no mercado sexual[257].

Um episódio recente, ocorrido quando Verônica já não morava mais em São Carlos, mostrou que mesmo nas casas onde as regras são mais fluidas existem faltas que não têm perdão, como a que mencionei no parágrafo anterior. Uma travesti de outra cidade veio trabalhar em São Carlos. Teria, portanto, de ficar na casa de Monique, se quisesse trabalhar na cidade. Logo nos primeiros dias de sua estada na casa, a cafetina deu falta de uma quantia de dinheiro, que estava em sua carteira. Ela me conta então a história, enquanto descasca as batatas para o almoço:

---

257. Estar em *sites*, ter um *blog*, enfim, participar da rede internacional de computadores confere às travestis um status diferenciado. Há uma hierarquia ditada por valores estético-morais que rege essa ordem, como já apresentado.

Eu pensei aqui comigo: 'Hum, deixa essa bicha, só quero ver se ela vai aparecer com alguma coisa nova aqui hoje'. E quando ela voltou da rua veio só na escova, linda, e dizendo que já tinha deixado pago no salão uma hidratação e uma outra escova. E eu, 'Ah, tá, sei...'. Falei pras outras: 'Quem sair com ela fica de olho, pra ver se ela tem aqüé.' [dinheiro]. Aí a bicha veio com um presente pra mim [risos]. E eu só vendo.

Outro dia, tava aqui, uma das meninas veio me falar que ela tava no meu quarto. Falei pra Rayslan: 'Corre lá'. Bom, ela saiu. Foi pra rua. Nesse dia sumiu dinheiro também da carteira dela [aponta para Rayslan, uma das moradoras da casa]. Deixa! Ela tem que voltar, a mala dela tá aí.

Fiquei esperando ela. Revólver, faca, pau, tudo aqui em cima da mesa. Quando ela apontou no portão, à noite, já, veio logo falando: 'Monique, preciso falar uma coisa com você'. E eu: 'Eu também, com você'. A Greyce tava do lado e eu já disse: 'Bate!'. Ela foi correr, eu pus o revólver na cara dela.'Corre, corre que eu te mato aqui mesmo. Eu não tenho nada a perder'. E aí começou. E eu falei: 'Quem não bater vai se ver depois comigo'. E essa bicha apanhou...! Depois ela confessou, né. Mas eu tive que queimar ela. Esquentava o ferro e tcshii... na mão dela. Numa, depois na outra. Preparei uma água com bem sal, e colocava a mão dela dentro. Olha, uma coisa eu te digo, ela virou uma outra pessoa, porque eu deformei ela todinha. Queimei na perna, na bunda e dizia pra ela: 'Nunca mais você vai confundir as coisas. Chegar na cidade dos outros azuelando [roubando], sem saber qual é o seu lugar...'. Que abuso, roubar de mim, na minha casa, na minha cidade?! Uma coisa eu te digo, Larissa... Cada vez que ela olhar as marcas ela vai se lembrar disso. Ela confundiu as coisas. As três que confundiram se deram mal. Pensam que porque eu fervo com as bicha, não sou muito dura nas regras, pode chegar aqui e fazer o que quiser? Ah, não pode, não pode mesmo! (diário de campo, 27/02/2006)

O código moral das travestis, mesmo que pareça difuso, não deixa muitas brechas para escapatórias. Assim, a travesti infratora tem agora no corpo as marcas da lei estabelecida na dinâmica das relações que se organizam nos espaços onde as travestilidades se constituem. O que as minhas observações e análises sugerem é que códigos morais próprios são formulados por aqueles e aquelas que são sistematicamente perseguidos pela moralidade dos comportamentos e que, por isso, não podem contar com as leis escritas, regidas pelo Estado, que mesmo nomeando-os como "cidadãos", não os trata, de fato, como tal. Ademais, como já se discutiu aqui, essas categorias políticas que compõem o léxico jurídico pouco sentido fazem para boa parte das pessoas que são nomeadas como cidadãs, não só por estas não comungarem dos valores individualistas englobantes, mas também por essas leis pouco ou nada terem a ver com a realidade na qual estão imersas. Monique exigiu que todas as moradoras da casa participassem daquele momento. Essa foi a maneira que encontrou de garantir que as demais aprendessem aquela regra. Pois bem sabe ela que, dificilmente, poderá contar com as leis escritas para garantir o bom funcionamento de sua casa. Como analisa Benedetti, a violência parece ser um código legítimo entre as travestis. "Algumas situações violentas são, inclusive, entendidas pelas próprias travestis como a única solução para um impasse" (Benedetti. 2005: 47).

Se a casa pode ser tão cheia de regras, e mesmo de perigos, não significa que aquele também não seja um espaço de segurança, repouso e hospitalidade. É assim que Márcia descreve o ambiente do seu lar, traçando claros limites entre este e a rua. Diz ela:

> Eu sempre achei que o meu ambiente, o meu habitar, é de descanso. Então, eu sempre me coloquei [fazer uso de drogas] *da porta pra fora. Nunca trouxe droga pra minha casa. A minha casa sempre foi meu paraíso, onde eu fechava a minha porta e sabia que lá eu tava segura. Podia ligar minha televisão, podia deitar no meu sofá, podia subir pro meu quarto e dormir. Tava num ambiente só meu. Ali eu tava protegida. Pelo menos eu me sentia assim, entendeu? Eu podia ficar até 5, 6, 7 horas da manhã na rua, mas quando eu pegava meu táxi... tanto é que eu não vinha nem de carona. Porque eu gostava de ter minha paz, minha tranquilidade. Para quando ele [o cliente] me encontrar lá na rua, ele não vim encher meu saco, entendeu? Porque eu só era ali, o que eu era ali.* (Entrevista concedida à pesquisadora, em 14/11/2005, na residência de Márcia.)

Na rua: a droga, os perigos, a "encheção de saco" dos clientes, a prostituição. O "inferno" e o "paraíso". Apesar do desabafo de Márcia, casa e rua não são territórios tão dicotomizados, como se pode ver. Mesmo porque, é a partir da rua que se tem a possibilidade de chegar à casa, efetivando a transformação. Um processo que tem na ingestão de hormônios femininos um dos seus marcos mais significativos, seguido muitas vezes pelo momento de "*se deitar*" para a primeira aplicação de silicone industrial, materializando, nas camadas de silicone, a Pessoa travesti.

"Transformação" é o termo nativo para se referir ao processo de feminilização, que geralmente se inicia com a extração de pêlos da barba, pernas e braços. Afina-se a sobrancelha, deixa-se o cabelo crescer e passa-se a usar maquiagem e roupas consideradas femininas, nas atividades fora do mundo da casa. A seguir, começa a ingestão de hormônios femininos (pílulas e injeções anticoncepcionais), passando às aplicações de silicone líquido nos quadris e, posteriormente, nos seios, até se chegar (e nem todas podem fazê-lo, por absoluta falta de dinheiro) às intervenções cirúrgicas mais radicais, como operação plástica do nariz, eliminação do pomo-de-adão, redução da testa, preenchimento das maçãs do rosto e colocação de prótese de silicone nos seios[258].

"Quando eu me transformei", frase comum nas biografias recolhidas para este trabalho, é um marco de um processo que tem um início um tanto difuso, é verdade, mas associado a intervenções cada vez mais definitivas rumo à feminilização. Dentre estas destaco a ingestão dos hormônios, pois é nesse momento que se passa a ter o feminino "no sangue".

A transformação é vista por muitas de minhas colaboradoras como um "processo sem fim", pois o não investimento nas técnicas corporais e nas tecnologias protéticas

---

258. Mais uma vez o tom etapista aparece nas falas. Porém, é preciso se ter em conta que essa ordem de acontecimentos nem sempre se dá da mesma maneira e que pode, mesmo, ser interrompida ou desconstruída, de acordo com outros determinantes que venham a atravessar a vida da travesti em questão.

que visam a transformação pode comprometer boa parte do processo, evidenciando no corpo falhas morais como indisciplina, desleixo, preguiça e, no caso de algumas travestis, o uso sistemático de drogas.

A meta da maioria das travestis é a "perfeição", categoria associada a outro valor caro a elas, e que coroa a Pessoa: "passar por mulher". A "perfeição" dificilmente é atingida, conseguindo-se apenas dela se aproximar. Percebe-se que esta "transformação sem fim" enreda a travesti em uma férrea disciplina corporal e subjetiva, à qual se submete, em busca de alcançar seu objetivo de feminilização absoluta. Não seria exagero afirmar que tal objetivo, tido por muitas como inatingível, marca definitivamente suas vidas e as assujeita a valores que, a olhos menos atentos, parecem aderir por um voluntarismo que se opõe aos condicionantes sociais.

É no corpo, enquanto território de significados sociais, que se materializa o gênero que a travesti deseja para si. A escolha de um estilo de roupa, dos acessórios, passando pela sistemática eliminação dos pêlos até as sessões de aplicação de silicone líquido, vão dando forma não só ao corpo, mas promovem toda uma mudança moral como já frisei em diversos trechos deste trabalho.

Da Vida Nervosa das Travestis

[Jéssica] Ah, mas quando eu tiver minha prótese, querida...
[Pesquisadora] Você vai pôr mesmo?
[Jéssica] Vô, tô juntando pra isso. Quero ver se coloco com o Paulino. A Gabriela falou que consegue pra mim um preço bom. E eu vou pôr mesmo. E quando eu pôr eu vou ser outra pessoa... vô mudar.
[Pesquisadora] Mudar como?
[Jéssica] Não sei, Lá, mas eu vou ficar diferente, closeira[259], num sei. Diferente de como eu sou agora. (diário de campo, 24/08/2005)

Mesmo sem as suas sonhadas próteses, que deve colocar com um cirurgião plástico famoso entre as travestis paulistas, Jéssica sente-se alterada quando aumenta a ingestão de hormônios femininos. Isso porque os hormônios femininos que ingere "a deixam nervosa". Essa perturbação se manifesta pela irritabilidade, pela propensão maior a "estourar", a não ter controle sobre seus sentimentos e reações.

Como a literatura antropológica sobre "o nervoso" indica (Duarte. 1988, Cardoso. 1999, Levigard. 2001), este é "percebido como uma categoria culturalmente interpretável" (Levigard. 2001: 16), integrando aspectos físicos, morais, sociais e mesmo espirituais.

Assim, para as travestis, ser ou estar "nervosa" tem relação com uma situação físico-moral específica, que as associa a elementos socialmente sancionados como

---

259. O termo deriva da expressão *"dar close"*.

femininos. É por meio da ingestão sistemática de remédios contraceptivos ou para reposição hormonal de mulheres na menopausa, que as travestis iniciam seu processo de transformação. Como relata Gabrielle, travesti ouvida por Benedetti:

> Eu acho que o hormônio na vida de uma travesti é a feminilidade toda, tudo tá ligado ao hormônio. Inclusive, tem amigas minhas que quando vão à farmácia comprar hormônios elas costumam colocar assim, ó: ' – Eu vou comprar beleza.'; porque o hormônio é realmente a beleza na vida de uma travesti. Ele ajuda na pele, que fica mais macia (...), inibiu o crescimento de pêlos, desenvolveu a glândula mamária, entendeu, arredondou formas, e até a expressão do olhar de quem tomou hormônio é diferente (...). A gente fica mais feminina prá falar, prá sentar, e tudo isso é efeito do hormônio no teu organismo. (Benedetti. 2000: 66)

"*O hormônio é como o alimento do corpo*", explica Juliana Nogueira, travesti de 20 e poucos anos, já bastante transformada pelas plásticas, bem como pelo uso de hormônios.

Analisando os dois depoimentos vê-se que o hormônio confunde-se com qualidades atribuídas simbólica e fisiologicamente ao sangue. Ele dá vida, mas não qualquer vida, mas a de travesti, como também propõe Benedetti (2000). Entra no sangue e, assim, circula pelo corpo, conferindo à travesti os atributos desejados da feminilidade, assim como os indesejados. Hormônios engordam, declaram muitas. Abrem o apetite e reduzem o desejo sexual.

Monique, *bombadeira*, se surpreende quando digo a ela que já ouvi falar que o hormônio "suja" o sangue. "Ao contrário", afirma, "*ele limpa. Pelo menos pra mim, que tomo hormônio, limpa. Me ajuda a limpar o rosto, as espinhas começam a sair. Acho que pra todas.*" (Em entrevista concedida à pesquisadora, em 03/09/2005). O hormônio circulando pelo sangue "limpa" a travesti daquilo que é masculino: pêlos, pele grossa, traços angulosos. Atribui a elas, também, qualidades morais vistas como próprias da mulher: sensibilidade, delicadeza e até mesmo dedicação ao lar.

Brenda Fontenelle, travesti de 24 anos, é quem fala sobre os efeitos do **Gestadinona** combinado ao **Perlutam**. Seu cheiro muda, sua relação com a casa também. Fica muito exigente com a organização doméstica, não suporta ver nada fora do lugar. Pega gosto por lavar louças e roupas, de tal forma que suas roupas brancas ficam numa alvura sem igual. Adora passar, também, função na qual se esmera, pois não suporta, quando está sob efeito dessa combinação de hormônios, nenhum "amarrotadinho". Tanto que dedica longos minutos à arrumação da cama, pois precisa ver os lençóis bem esticados, até que nenhuma "dobrinha" apareça. Essa obsessão a deixa nervosa, avalia ela. O desinteresse por sexo a leva a não ter orgasmo e, portanto, ejaculação, o que agrava o estado de nervos.

Já Larissa Ribeiro declara o contrário: para ela a ereção se torna difícil se não está tomando hormônios, pois sem seus trejeitos femininos afirma não conseguir se sentir bem, isso inclui ter prazer com seu corpo, que incide na sua sexualidade. "*Eu sou viciada em hormônios*", confessa. Quando está bem "hormonizada" fica com "cabeça de mulher", o que significa não querer saber de coisas masculinas como "*competitividade, agressividade e promiscuidade*", o que a leva a procurar menos sexo, fazendo só o que a sua profissão exige.

Muitas travestis já me relataram a relação entre ter pênis e a necessidade de ejacular com freqüência. Mais do que isso, elas precisam "gozar" para não ficarem "nervosas". O fluido masculino não pode ficar retido no corpo: não seria "natural". Porém, se gozam muito deixam o hormônio feminino sair. É o que me diz Licy, travesti muito bem cotada no mercado sexual paulistano, ao me mostrar algumas fotos do seu último ensaio fotográfico:

> [**Licy**] *Mulher, olha como os meus peitos tavam grandes!* [Nesse momento Licy ainda não tinha próteses de silicone nos seios.]
> [**Pesquisadora**] E por que não tão mais, você parou de tomar hormônios?
> [**Licy**] *Não, mulher, tenho gozado demais, aí já viu, né? Vai tudo embora!* (diário de campo, 05/03/2005)

Outras dizem que "isso é bobagem", "crendices", "o que não se pode fazer mesmo é misturar hormônios com bebida alcoólica, só cerveja, um pouco". Mas, segundo me explica Victória, que também é atriz de filmes pornôs e modelo de ensaios fotográficos, para mulheres não há problema, podem tomar os hormônios, isto é, pílulas anticoncepcionais, e ingerir álcool, que nada acontecerá, mas com as travestis o efeito é sensível: perdem os resultados do tratamento.

As divergências de opinião sobre os usos e efeitos dos hormônios femininos encontram uma convergência na idéia de "nervoso". A travesti "hormonizada" fica nervosa, sem gosto para o sexo, que como se viu, aumenta o nervoso, pois não se goza. Essa percepção está relacionada à idéia de "obstrução", conforme discutido por Luiz Fernando Duarte em **Da Vida Nervosa nas Classes Trabalhadoras Urbanas**.

A obstrução é um dos nódulos que compõem a "construção interpessoal pelo nervoso" e aponta para uma interrupção num fluxo de substâncias que deveria se dar de forma regular. Seguindo a lógica dos movimentos das substâncias proposta por Duarte, de subir/descer e entrar/sair, no caso específico do sêmen, este ficaria retido pela impossibilidade de gozar presente nas travestis muito "hormonizadas". Essa obstrução geraria o nervoso ao mesmo tempo em que faria com que os elementos feminilizantes do hormônio circulassem para fora, saindo do corpo por meio do esperma. Duarte aponta para a homologia subjacente entre sangue e esperma, a mesma que aparece nas representações do Candomblé, religião à qual muitas travestis estão filiadas.

Segundo Wiik (1998), no Candomblé o sangue é a fonte mais forte do "axé", que é, por sua vez, a força vital, a energia divina. Entre as travestis, o termo *axé* tem várias acepções, todas positivas e associadas com elementos mágicos e sagrados. Pode indicar ter "uma luz própria", ter sorte, "ter uma estrela só sua", como explica Márcia, remetendo a uma força que mesmo sendo própria e vinda de dentro, foi de alguma forma concedida, por isso é "dom". Daí seu caráter mágico/sagrado.

Retornando ao sangue e seus significados no Candomblé, tem-se categorias de sangue segundo atribuições de cores: sangue vermelho, branco e preto. O esperma estaria na categoria do sangue branco, enquanto a menstruação seria vermelha, sugerindo uma homologia, já proposta por Duarte (1986), entre homem e mulher.

Quando há ejaculação reafirma-se o masculino, pela produção do sangue branco/masculino/frio. A sua eliminação também está no plano da afirmação, pois a ejaculação elimina hormônios femininos, possibilitando que o sangue vermelho/feminino/quente volte a engrossar. O sangue grosso associa-se à força e esta, por sua vez, ao masculino. Quando "hormonizadas", as travestis passam a ter "no sangue" o feminino.

Os hormônios são quase sempre ingeridos em coquetéis: **Gestadinona** com **Perlutam** ou *Uno Ciclo*. Por vezes são tomados de forma alternada, de maneira que durante algumas semanas se toma um tipo, para depois substituí-lo. Assim, segundo Monique, é possível observar melhor qual de fato "faz efeito no seu organismo". A preferência geral é pelos injetáveis, pois o que se fala muito, entre elas, é que os hormônios em forma de comprimido dão enjôo e engordam mais. O enjôo é causado, muitas vezes, pelo consumo em grande quantidade no mesmo dia, de três a quatro comprimidos, ou mesmo uma cartela completa. "*As bichas não querem esperar, acha que é assim, que vai tomar e puf, numa mágica aparece o corpo*", comenta Keyla Zanon. Esse tipo de observação é bastante comum entre elas, acompanhado da certeza de que esse excesso faz mal, pois "*mexe com o fígado e até com a cabeça*[260], *tem bicha que fica louca, nervosa demais, de tão hormonizada*", observa Danuza, travesti mais velha, que já parou de tomar hormônios. É ela quem afirma que o uso de hormônios é incompatível com os medicamentos anti-retrovirais. Danuza ouviu isso de sua médica. Ela está em tratamento desde 1997, e se mostra muito atenta às recomendações. Contra-indicação também registrada por Kika Medina, que vive com aids desde 1999, e assegura que estudos provam que hormônios comprometem os efeitos dos medicamentos anti-aids[261].

Algumas travestis, quando muito "hormonizadas", chegam a ter leite nos seios. A produção dessa substância simbólica da fertilidade e da feminilidade é interpretada, muitas vezes, como uma propensão natural daquele organismo para o feminino, uma vez que não é em todas que esse efeito se dá.

Se o hormônio é a feminilidade, a beleza e o nervoso, que confirmam os resultados da feminilização, o silicone é "a dor da beleza". O corpo "*feito*", todo "*quebrado na plástica*", é o sonho da maioria. Mas nem sempre as intervenções podem ser conseguidas em clínicas de cirurgia plástica filiadas ao sistema da medicina oficial. Então, procura-

---

260. Em sua etnografia no Vale do Jequitinhonha, Cardoso observou o papel do fígado como o principal regulador de processos fisiológicos ligados à circulação e à digestão. Esse caráter depurador e eliminador dos alimentos e substâncias absorvidas coloca este órgão em relação direta com a qualidade do sangue (Cardoso. 1999: 142). Na organização anatômica própria das classes populares, a cabeça tem uma relação com elementos frios, como discute Queiroz (citado por Cardoso. 1999: 139). Pode-se supor, sob este prisma, que o excesso de hormônio, quando ataca o fígado, compromete o papel regulador do mesmo. Assim, esse excesso circula no sangue afinando-o e, para algumas travestis, sujando-o. O sangue fino associa-se à fraqueza e essa, por sua vez, ao feminino, que se relaciona com o nervoso, como propõe Duarte.
261. Não há estudos científicos que comprovem essa relação.

se o caminho tradicional, aquele que vem sendo usado há pelo menos 30 anos pelas travestis: a *bombadeira*. É Poliane, atualmente com mais de 50 anos, quem conta:

> [Pesquisadora] E aí, quando apareceu o silicone, como é que foi? Teve uma procura muito grande?
> [Poliane] Ah, teve! Ah, teve, porque aí as bichas ficaram enlouquecidas. Porque ninguém mais queria tomar hormônio. Aí todo mundo queria bombar peito, bombar bunda. E também foi a época das próteses. Todo mundo queria pôr prótese. Não sei se você já ouviu falar no doutor Iran... Que era no tempo da Angélica. Da avenida Angélica. Uma maricona baixinha assim, despeitada. Mas todas iam pôr peito com ele. (Entrevista concedida à pesquisadora, em 04/04/05.)

Desde então, são as *bombadeiras* que injetam silicone líquido no corpo das travestis. As *bombadeiras* são, na sua imensa maioria, travestis também. Cabe a elas *"fazer o corpo"*, através da inoculação desse líquido denso e viscoso, no corpo das suas clientes. O processo é dolorido, demorado e arriscado.

Todas as travestis parecem saber que *"se bombar"* é perigoso. Mas a maioria não abre mão dessa técnica de transformação do corpo. Em pesquisa realizada pela *Unidas*, associação formada por travestis de Aracaju (SE), constatou-se que mesmo 68% das 22 travestis entrevistadas, sabendo dos riscos do silicone industrial, e 92% delas conhecendo pessoas que tiveram problemas com o uso do mesmo, 80% fariam aplicações do produto[262]. Essa realidade se verifica também entre as travestis que fazem parte desta pesquisa (travestis da capital e do interior de São Paulo).

Esses dados, colhidos por ONG e reverberados por programas preventivos, não surtem o impacto desejado, pois estão em descompasso com os imperativos das travestilidades e com a forma que a maior parte das travestis tem de pensar sobre o corpo e a saúde.

Acredito que as travestis acionam mais de um modelo explicativo: um bastante informado pelos valores da Biomedicina[263], e outro próprio, que tem suas referências no sistema popular de saúde, marcado pelos saberes da medicina popular[264], aplicados

---

262. Informações divulgadas no livreto *Silicone - Redução de Danos*, publicado pela associação de travestis *Unidas na Luta pela Cidadania*.
263. Há um certo consenso nos estudos de Antropologia da Saúde acerca das definições da Biomedicina, que se caracterizaria por uma rígida separação entre biológico e social; a percepção da doença como um processo biológico universal e o corpo humano como um fato meramente natural (Langdon. 1995). Neste trabalho, uso como sinônimos os termos Biomedicina, medicina institucional, medicina universitária, medicina Ocidental moderna.
264. De acordo com Marina Cardoso, o termo "'medicina popular', designa um corpo heteróclito de conhecimentos, crenças e práticas terapêuticas, tradicionalmente identificados com o repertório medicinal e as intervenções curativas próprias às camadas populares" (Cardoso. 1999: 115-116). A mesma autora frisa que parece haver uma certa dificuldade em determinar as especificidades da medicina popular, bem como seu conteúdo, por ser este saber heterogêneo, assistemático e ter seus elementos constituídos a partir de uma difusão e reelaboração sincrética, mas que não perderam seu caráter de sistema. Os estudos sobre o tema mostram que a medicina popular no meio urbano ganhou um forte

às suas necessidades específicas. Apesar de operarem com lógicas distintas, não são percebidos como inconciliáveis, pois são acionados de acordo com a eficácia que lhes é atribuída e de acordo com cada situação enfrentada, compondo um cabedal de saberes e técnicas que circula entre elas, e que tem, nas *bombadeiras*, as representantes legítimas de suas aplicações e usos. Pode-se dizer que elas guardam uma certa "autonomia terapêutica", em relação às recomendações vindas da medicina Ocidental.

As *bombadeiras* são travestis que "*fazem o corpo*", isto é, injetam silicone industrial em diversas partes do corpo daquelas travestis que desejam ter formas mais volumosas e arredondadas e, assim, associadas ao feminino. *Bombadeiras* não são propriamente agentes médicos ou de cura, mas lidam diretamente com o corpo, sua transformação, cuidados e embelezamento, o que, para as travestis, relaciona-se com uma aparência feminina e, assim, com a saúde, como já insisti ao longo deste livro.

Bombar-se é entrar definitivamente no mundo das travestis, e com ele compactuar. Por isso, algumas travestis *tops* asseguram que não têm, nem nunca terão, esse "lixo" no corpo. Criam, desta forma, uma clara distinção entre elas e "as outras": pobres, "*feias*", "*viados de peito*".

O fato é que serão poucas as travestis que não se valerão do silicone industrial para moldar suas formas. O resultado instantâneo estimula, pois, ao contrário dos hormônios, que levam no mínimo cinco semanas para começarem a agir, de forma discreta, ao finalizar a sessão com a *bombadeira* a travesti "*tem seu corpo*".

As histórias ouvidas, somadas às observações em campo, mostram que desde que se iniciam nos hormônios, as travestis começam a planejar o dia de "*se deitar para bombar*". Mas, para isso, é preciso que se junte dinheiro, pois além do preço do silicone e da aplicação, é preciso ter recursos para os dias em que se ficará sem trabalhar.

Houve um dia em que cheguei à casa de Giovanna, à época, cafetina e *bombadeira* em São Carlos, e encontrei Satine, uma das inquilinas da casa, andando nos calcanhares, devagar. Naquela mesma semana Giovanna havia "*bombado*" seus quadris. As demais travestis da casa recomendavam, em tom maternal, que Satine fosse se deitar.

É preciso ficar de bruços e quieta, para evitar que o silicone "escorra". Na verdade, ela havia se levantado porque um dos furos estava vazando e ela não sabia o que fazer. Recomendou-se esparadrapo e repouso. Nos 15 dias, aproximadamente, de recuperação, ela não deveria ingerir comidas "quentes", chocolate, coisas apimentadas, bebidas

---

vínculo com algumas religiões, guardando assim um conteúdo mágico, mesclado a saberes tradicionais advindos por vezes do meio rural ou de grupos étnicos específicos, mantendo ainda um caráter de "'resistência' e de resignificação próprias a um grupo social sobre as doenças e as formas de curá-las" (Idem: 121). Paula Montero (1983) defende que a medicina popular foi se fixando nos interstícios do campo da medicina oficial, por isso, segundo a autora, é preciso que se volte a atenção para as mudanças históricas que esta última sofre, o que inclui sua crescente legitimação e reconhecimento. É este movimento que cria barreiras e discursos desprestigiosos em relação a outras práticas terapêuticas.

265. Queiroz aponta, em seu estudo sobre representações de cura entre pescadores, que a classificação entre alimentos quentes e frios teria, na lógica subjacente ao pensamento popular, uma correspondência com os órgãos do corpo humano. "Existiria uma correspondência entre cada órgão do corpo, caracterizada como 'fria' ou 'quente', e a susceptibilidade de uma ação dos elementos similares sobre as mesmas, por meio dos quais a doença era identificada e o tratamento elaborado" (Cardoso. 1999: 139).

alcoólicas, para não ter complicações[265]. Como já dito, dentro das práticas de cuidados das travestis, categorias próprias do universo popular estão presentes. É a esse conjunto de saberes que recorrem nesses momentos. Algumas terapias, próprias da medicina ocidental, são incorporadas também a esses cuidados, como o uso de anestésicos, ingestão de antiinflamatórios e antibióticos. Mas, na maioria das vezes, são ministrados pela *bombadeira* ou por uma travesti mais experiente.

A técnica de *bombar* é aprendida, geralmente, com outra travesti, pela observação. Monique, por exemplo, começou como auxiliar da *bombadeira* com quem morava em São Vicente (SP). Ela conta que ficou fascinada pela técnica e se ofereceu para ser ajudante. À ajudante cabe auxiliar nas amarrações, preparar o local, encher o copo com silicone, para depois mergulhar as seringas puxando o líquido viscoso para o êmbolo, enquanto a *bombadeira* faz as aplicações. Foi assim que Monique passou, ela mesma, a *bombar*.

> [Monique] *Eu ajudava a encher o copo... 'Não, coloca aqui que vai ser melhor'... Enchia as seringas...*
> [Pesquisadora] Tem técnica certinha pra encher a seringa?
> [Monique] *É, não pode deixar com ar, né? Não tem técnica nenhuma, assim, só não pode deixar com ar, a seringa. Tem que verificar bem a seringa.*
> [Pesquisadora] E na hora que aplica, Monique, qual é o cuidado maior que tem que ter?
> [Monique] *Tem que aplicar na terceira camada da pele, né? Aí você tem que verificar pra ver se não pegou vaso. Tem que ter tudo esterilizado. Aí você verifica, se sair sangue é porque pegou vaso, aí você tira, espera sair o sangue, aí fura em outro lugar.* (Em entrevista à pesquisadora, em 03/09/2005.)

São as *bombadeiras* também que sabem quando o corpo da travesti "está bom para ser *bombado*". Joyce, *bombadeira* e agente de prevenção do **Tudo de Bom!**, comentava com Viviane, também agente e travesti, sobre uma conhecida delas que vinha insistindo em querer *bombar* o peito. Viviane alertava Joyce para que não o fizesse, pois estava claro que o serviço iria ficar ruim, e depois a culpa recairia sobre Joyce. "*A bicha num tem pele nenhuma, não toma hormônio... quer por peito onde?!*", perguntava-se a *bombadeira*. Ao que Viviane concluía: "*Vai ficar aquela coisa achatada, horrorosa*". (diário de campo, 01/04/2005). Como me explicou Giovanna, ex-cafetina e *bombadeira* em São Carlos, é preciso que se "crie carne" para poder aplicar o silicone. Primeiro os hormônios têm de agir, fazendo os seios crescerem, o quadril se avolumar, para, então, *bombar*.

Monique dá mais detalhes sobre os procedimentos iniciais.

> [Pesquisadora] Normalmente, para fazer um corpo legal, em média, quantos litros vão?
> [Monique] *Pra começar, uns três.*
> [Pesquisadora] Depende se é muito magrinha?
> [Monique] *É, pra começar. Pra começar mesmo é três litros, porque o que agüenta é três litros.*
> [Pesquisadora] Você diz, de dor, ou por causa da carne?
> [Monique] *De dor. Porque dói muito e incomoda, então é só três litros, pra começar é suficiente, né?* (...)

[Pesquisadora] E tem uma ordem, por exemplo, no quadril?
[Monique] *Não, não tem ordem, porque você fura um lado, aí o silicone pode andar, tanto como pode parar. Se parar, aí você vai furando, se andar não precisa furar tanto. Depende do corpo, né?*
[Pesquisadora] Você diz "andar" como?
[Monique] *Ele vai já espalhando sozinho.*
[Pesquisadora] E precisa fazer algum tipo de massagem?
[Monique] *Não. Esse negócio de massagem é mentira. Mentira. Não precisa, porque ele anda sozinho. Massagem, só pra quem já tem muito, né? Muito silicone. Aí dá uma massageada.*
[Pesquisadora] É verdade que dói mais quando a pessoa já tem?
[Monique] *É. Dói mais quando já tem. A primeira vez não dói tanto. Mas a segunda já dói, porque já tem, aí mistura, né?*
[Pesquisadora] Enrijece lá dentro?
[Monique] *Fica duro. (...) Eu sinto onde já tem, porque incha, fica erguidinho, incha. Aí eu já vejo onde tem*[266].

Gisele Loira foi, pelas contas de Monique, o 21º corpo que ela "fez", numa operação que durou quatro horas, e na qual foram injetados 2 litros de silicone nas nádegas e quadris (ver foto 5 em anexo).

A sessão começou por volta das 17 horas. Monique pediu a Liana Piovani que atuasse como auxiliar, uma vez que Francine, a auxiliar oficial, havia saído para resolver algumas coisas de rua a pedido da *bombadeira*. Gisele Loira andava de um lado para o outro, mas não demonstrava nervosismo. Na casa muito cheia, como estava naquele momento, ela buscava seus pertences para poder banhar-se antes de "*se deitar*". Monique fazia observações e comentários dirigidos a ela. "*Nunca vi uma bicha mais fervida*[267] *que essa! Que bicha é essa?! Sossega, bicha!*". E depois: "*Não comeu, né? Ah, bom!*". Dali a pouco recomendou a Gisele que fosse já para o quarto, se deitasse e fosse relaxando.

Acompanhei Monique, que minutos depois se dirigiu também ao quarto. Todos os objetos necessários à aplicação já estavam sobre uma cadeira, e Liana se dedicava a cortar a embalagem de **Superbonder**.

Nada do ambiente asséptico, silencioso e branco que costumamos associar com aqueles onde ocorrem intervenções cirúrgicas. Porém, Monique teve cuidado de cobrir sua cama com um lençol limpo. Sobre a roupa de cama ficou a sacola em que veio o material para o trabalho: seringas (quatro), rolos de papel higiênico (de dois tipos, um mais macio e outro escuro de aparência mais grosseira, seis rolos no total), **Superbonder** e álcool.

Foram 18 furos feitos entre nádegas e quadris. Em cada furo, uma média de 15 seringas de 125ml foi injetada.

---

266. Quando acompanhei a sessão de Juliana Carão, que já tinha silicone nas nádegas, pude ver os "mondrongos" ou "dongos" se formando instantaneamente, enquanto a superfície da pele ficava avermelhada. Alguns dias depois, já haviam desaparecido. Mas também já vi pernas e nádegas encaroçadas pelo silicone enrijecido e regiões do corpo que não perderam a vermelhidão, mesmo meses após as aplicações.
267. "*Ferver*" é gostar de festas, de agitação em geral, de movimentação.

> Nos primeiros momentos não sei muito como proceder, tenho receio de atrapalhar. Monique também parece um pouco tensa. Pede em tom imperativo que Liana comece a encher as seringas, e logo faz a primeira aplicação. De forma muito rápida começa a injetar o silicone, destacando em seguida a seringa, para logo acoplar outra à agulha, que fica enterrada na bochecha da bunda de Gisele. O primeiro furo é feito em baixo, que é, segundo me explicou depois Gisele, para levantar a bunda.
> Já na quinta seringa Gisele solta leves gemidos. Mas comenta que dói menos do que as bichas costumam falar. Os resultados são impressionantemente rápidos, logo se vê o volume aparecer. Gisele comenta que parece que se está enchendo uma bolha, no local. E é isso mesmo que parece estar ocorrendo. Não tarda para que ela comece a sentir dor. Na oitava injeção ela já geme alto e solta gritinhos, que mesclam brincadeira e dor.
> Gisele, que estava achando a dor "suportável", já não pensa da mesma forma quando a operação passa para a outra bochecha. Começa então a chorar. Antes disso, Monique comenta que o silicone está "entrando feito água". Ela calculou que, no ritmo que estava o processo, não demoraria mais que duas horas. Durou quatro. Mas Monique me garante que há os que duram até 5 horas. (diário de campo, 16/12/2005)

Antes de Gisele se deitar, Monique vestiu nela um biquíni com as laterais cortadas. Com as pontas soltas ela fez fortes amarrações, de maneira que a cintura ficasse bem dividida, e que as bochechas da bunda saltassem um pouco, pela pressão da calcinha entre as nádegas.

A *bombadeira* inicia o trabalho sentada ao lado da travesti a quem *bomba*, quando os furos começam a ser feitos mais no meio das bochechas das nádegas, ela se senta sobre as pernas da paciente, em busca de uma posição mais apropriada. Enquanto faz o trabalho ela responde às minhas perguntas, dá ordens a Liana e pergunta a Gisele como ela está se sentindo. Monique não liga que pessoas fiquem olhando o trabalho, também não se importa com conversas, ao contrário, acha que há um momento em que elas são necessárias, para relaxar quem está sendo *bombada* (ver fotos 6 e 7 em anexo).

No dia seguinte, pela noite, retorno à casa de Monique. Gisele confessa que gritou e chorou muito depois que fui embora, no dia anterior. Não conseguiu manter-se calma nos últimos furos. Estava deitada de bruços e parecia bem. Levantou-se apenas para que eu a fotografasse, aproveitou para ir até o quarto da *bombadeira*, onde Juliana Carão estava sendo *bombada*. Andando lentamente, retornou à posição inicial, queixando-se de dor nas costas. Apesar do incômodo da posição, é assim que deverá permanecer por pelos menos três dias, quando já poderá se banhar. Antes disso, deverá se levantar o mínimo possível, para que o silicone não escorra. Para que isso não aconteça é que são feitas as amarrações cuidadosas, em pontos específicos. Se vão *bombar* quadril e nádegas, é preciso amarrar o corpo com faixas de pano na cintura e abaixo dos joelhos (ainda que algumas prefiram não amarrar nesse local). Depois, recomenda-se que a travesti fique uma semana com calcinha, para desenhar melhor o corpo. Por isso, Gisele ainda estava com o biquíni que serviu "de molde" para a aplicação. Se *bombar* os seios, os cuidados devem ser ainda maiores. Sobretudo para a *bombadeira*, pois a proximidade com o coração e pulmão faz com que um erro nessa região seja fatal. Os seios exigem amarrações complexas e cuidados posteriores que pedem determinação e obediência. Por vezes, é preciso que se passe semanas (de 2 a 3) com um objeto cilíndrico entre os seios. Usam-se pedaços de cabo de vassoura ou de canos de PVC (usados para fins hidráulicos).

Jéssica já teve problemas com o uso do silicone e, ainda assim, colocou mais. Agora diz que parou.

> Precisa ter muito cuidado na hora de injetar. Não pode pegar a corrente sanguínea. A primeira vez que eu fui injetar, a mulher pegou a corrente sanguínea. A gente vê logo que pegou porque a seringa enche de sangue. Aí ela pôs **Superbonder** [marca de cola] e parou. Se pegar a corrente sanguínea já era, vai descer mesmo. Pra mim desce tudo pra esse pé [direito]. (Em entrevista concedida à pesquisadora, em 01/05/2004, na casa da mãe de Jéssica.)

O uso de **Superbonder** ou de esmalte é recorrente. Serve para fechar os furos deixados pelas agulhas veterinárias utilizadas nas aplicações. Estas precisam ser grossas, para que o denso líquido passe. Monique não usa esmaltes. Prefere o **Superbonder**, usando a própria embalagem de papelão, na qual vem a cola, como uma espécie de esparadrapo. Primeiro corta a cartonagem em pequenos quadrados, que são depois colocados sobre os furos que já receberam as gotas de cola, vendando-os.

A *bombadeira* Joyce diz que o mais difícil mesmo, depois de *bombar*, é fazer com que a paciente siga as recomendações de repouso. "*O corpo fica pronto na hora, e aí muitas já querem sair pra mostrar, naquele deslumbre*", conta. Monique faz o mesmo tipo de observação: sem que a "*bicha*" siga as recomendações feitas pela *bombadeira*, o sucesso do trabalho fica comprometido. Além do repouso, as *bombadeiras* pedem que não se use salto por pelo menos um mês, no caso de *bombar* quadril e bunda; que se durma sentada, quando se trata dos seios e do rosto. Além disso, é essencial observar-se a dieta alimentar. Nada de alimentos quentes ou reimosos[268]. Sarah, travesti agente de prevenção, dá outros detalhes sobre os cuidados em relação à dieta:

> A pessoa que coloca silicone, ela não pode comer carne de porco. Carne de porco, ovo, dependendo do peixe, não pode comer. Uma coisa muito difícil assim de colocar silicone, por que dá muito furunco, geralmente a pessoa que come, dá muito furunco na pessoa, né? (Depoimento colhido em reunião de supervisão técnica, em 19/04/2005.)

A percepção do corpo, como uma fisicalidade estreitamente ligada a princípios morais, aproxima muitas travestis de uma visão holística sobre esse mesmo corpo, que também está associado a elementos externos como o clima, os alimentos, forças mágicas e da natureza. Acionam, a partir dessas concepções, explicações para o funcionamento

---

268. A reima, como qualidade de alguns alimentos, remonta à medicina humoral, associada aos princípios da medicina hipocrática, do equilíbrio dos humores. Segundo Rodrigues, este é um conceito "muito mais complexo que a classificação em quentes ou frios, fortes ou fracos, pois, enquanto essas qualidades são parte da natureza do alimento, o ser reimoso não o é. A condição de reimoso, atribuída a um alimento, não é permanente e não é a mesma em qualquer circunstância, como são as demais qualidades. Ela nasce da relação do alimento com o organismo que o ingere e é só por essa relação que ganha sentido" (Rodrigues. 2001:140).

do organismo, típicas das terapêuticas populares, como bem ilustrado na fala de Monique:

> *Depois que bombou tudo, não pode... tem que ficar um mês mais ou menos sem tomar qualquer bebida* [alcoólica], *comer qualquer comida remosa... Carne de porco, que mais? Essas carnes gordurosas. Ovo... É... Presunto, sardinha... Essas coisas não pode. É, porque come e aí inflama, né? E aí o silicone estoura da pele, vai pra veia, entope a veia, e aí morre.* (Entrevista concedida à pesquisadora, em 03/09/2005, na residência de Monique.)

O silicone é um elemento "quente", por isso mesmo, forte. Como tal, o seu uso não deve ser associado a alimentos também considerados fortes e "quentes". Caso isso ocorra, provocará obstruções no fluxo do sangue/quente (subir/descer), entupindo a veia, canal dessa circulação.

Esse tipo de classificação de alimentos em associação com partes do corpo e elementos da natureza é bastante recorrente entre classes populares, que se valem dessa homologia, compondo um modelo explicativo para moléstias, suas terapias e profilaxias (Queiroz. 1983, Cardoso. 1999, Kreutz et al., 2003).

Em sua etnografia no Vale do Jequitinhonha (MG), Cardoso, quando discute as representações práticas terapêuticas populares, chama a atenção para as doenças que são explicadas por desequilíbrios biofisiológicos, na relação do corpo com elementos classificados como "quentes" ou "frios", sobretudo os alimentos (Cardoso. 1999: 139). Ao analisar essas representações, propõe que

> Ao se considerar a classificação de elementos frescos e quentes aplicada à alimentação e à manutenção da saúde, o que estava sendo visado era a manutenção da "qualidade" do sangue: alimentos gordurosos, picantes, de difícil digestão tornavam o sangue "grosso", "remoso", o que podia ocasionar desde ferida na perna a um derrame cerebral (...) Tendo um papel de extrema importância no funcionamento do corpo, o "sangue" requeria um controle adequado da alimentação, que passava a ter a um só tempo uma função nutritiva e terapêutica a exemplo das ervas e chás. (Ibidem: 142)

Jéssica diz que o silicone "suja o sangue". É quente, por isso faz sair impurezas na pele. O silicone é forte – daí sua associação com "o quente" –, engrossa o sangue. Seu contato no corpo, com outros elementos quentes, torna-se incompatível, podendo gerar até mesmo a morte, segundo acreditam as travestis que participaram desta pesquisa.

O desejo de se ver cada vez mais feminina, isto é, "*bela*", se sobrepõe aos receios em relação ao uso do silicone, como já discutido, pois se impõe como valor moral entre as travestis o "cuidar-se", que implica a busca permanente por padrões estéticos e comportamentais atribuídos à mulher.

"Cuidar-se" inclui ainda uma série de práticas empreendidas diariamente (ou várias vezes por semana) pelas travestis. Estas vão dos cuidados com pêlos e cabelos a lavagens intestinais. Iniciemos com os primeiros.

Os pêlos e cabelos:
- *"fazer o chuchu"* (tirar a barba), o que pode ser feito com tratamentos estéticos em clínicas especializadas (*laser*, eletrólise), ou mesmo com lâmina, prática malvista, pois remete a uma performance corporal masculina, além de denotar preguiça e falta de determinação;
- pinçar pêlos do rosto, desenhar sobrancelhas, alourar pêlos do corpo;
- escovar, hidratar, tingir, alisar, trançar, aplicar fios sintéticos nos cabelos;
- colocar, manter e valorizar a peruca ou aplique. Esse primeiro acessório é desvalorizado entre as travestis, pois o cabelo natural atesta o tempo que já se está em transformação, apontando também para um maior sucesso nesse processo.

Cuidados e técnicas de valorização do corpo:
- bronzear-se, naturalmente, expondo-se ao sol, ou em máquinas, para que a marca do biquíni, aspecto estético extremamente valorizado entre elas, fique bastante evidente. O bronzeado remete à imagem idealizada da mulher brasileira, principalmente da carioca: sensual, tostada pelo sol que bate em praias prestigiadas. Além de evidenciar o quão branca se é;
- pintar unhas. Mantê-las longas e bem cuidadas é sinal de status, bem como do valor moral do "cuidar-se", simbolizando a feminilidade;
- maquiar-se, principalmente com bases que cubram possíveis asperezas da pele, principalmente na região da barba. Valorizar o olhar com sombras e lápis;
- providenciar, manter e colocar enchimentos, principalmente para fazer os seios, método que a maioria pretende temporário;
- escolher roupas que evidenciem suas formas femininas ou que ajudem a "*dar o truque*", isto é, favorecer sua imagem. Para as que se prostituem, esse é um processo que requer muita atenção, pois as roupas devem mostrar atributos físicos. Aprende-se com o grupo de convivência esse processo de valorização de nádegas, quadris e seios, assim como a se mover dentro dessas roupas, sejam saias justas, tops minúsculos ou calças *leggins* muito agarradas ao corpo. É aqui que entra uma das primeiras técnicas apreendidas pelas travestis, muitas vezes sozinhas, nas descobertas da sexualidade e de seus corpos: "*aqüendar a neca*"[269], que significa esconder o pênis. A "*neca*" é cuidadosamente colocada entre as pernas, pressionando o saco escrotal e, dependendo do "*dote*"[270] de cada uma, presa entre as nádegas, "*fazendo-se*" assim "*a buceta*", como elas gostam de brincar. Com a experiência e a prática, as que se prostituem aprendem a fazer isso na rua, ao sair de um programa.

Importante também, principalmente para as que fazem programas, é realizar a lavagem anal, o que evita que se "*passe cheque*", isto é, que se suje com fezes o pênis do

---
268. A palavra "*aqüendar*" é polissêmica, sendo usada em vários contextos, como se pode ver no Glossário, ao fim do trabalho.
270. Tamanho do pênis da travesti.

parceiro. Essa técnica pode variar de um asseio mais profundo, envolvendo a introdução da mangueirinha do chuveiro no ânus, a uma lavagem feita com produtos como *Fleet-enema*, encontrado em farmácias. Essas informações são passadas na convivência de umas com as outras e, atualmente, nos diversos *sites* e *blogs* de travestis na internet. Drikka, travesti que mantém um *blog* próprio, ensina também aos clientes como proceder:

> Antes de você fazer sexo anal, vá ao banheiro e defeque ou tente ao máximo. Após isso, pegue a mangueirinha do chuveiro e encha de água e solte no vaso sanitário várias vezes, até você sentir que não tem mais nada pra sair. Tenha o cuidado de tirar toda a água, porque se ficar água internamente, é chato! (http://bonecadrikka.blig.ig.com.br/2003_10.html)

Os sapatos também compõem um item importante[271]. Travesti gosta de salto, afirmam muitas. Mas é preciso saber andar sobre eles de maneira elegante e segura. Daí a expressão *"no salto"*, que denota firmeza, desembaraço e elegância para lidar com situações delicadas. Andar no salto, literal ou metaforicamente, pede aprendizado, experiência. Ambos adquiridos num processo que mescla rupturas com a casa, com a família, e proximidade com outras travestis. Esse momento, no qual se deixa de ser *"gayzinho"* para iniciar-se como travesti, é marcado por medo, dor e incertezas, assim como pelo deslumbramento.

Até aqui viemos acompanhando esse processo, começando pela rua, de lá para a casa e para o corpo, chegando por fim à construção da Pessoa, por meio da qual a travesti irá, paulatinamente, alcançar o "passar por mulher".

O Gênero na Carne: a Construção da Pessoa Travesti

> Porque o **meu objetivo sempre foi ser aparentemente mulher, fisicamente mulher**, ter peitão, ter bundão, ter pernão. Então, tudo isso elas [outras pessoas que desejavam também ser travesti] viam e 'ah, tá, eu vou fazer isso'. 'Não, não faz isso, que isso faz mal.' 'Não, eu vou, não quero saber se faz mal, meu objetivo é esse, pronto, e acabou.' Então, se você tem um objetivo, você chega lá. E as pessoas quando vêem você seguindo em frente nesse objetivo, também vão atrás. Então veio uma leva de travesti atrás. (...) Então, não sei, minhas amigas também foram vendo a minha clientela, os elogios na rua foram aumentando, então elas, 'ah, não, também **vou ser travesti, vou me assumir'**. Só que... Assim... Nem todas... Muitos caem na travestilidade sem saber se aquela é a realidade que elas querem, sem conhecer, sem noção **se é aquilo que ela**

---

271. Regina Medeiros, em sua etnografia entre prostitutas que trabalhavam no "Barrio Chino", em Barcelona (Espanha), chama a atenção para o uso dos sapatos de salto como fundamental para a composição da puta. Sem salto suas informantes diziam que não *"estariam de puta"*, ainda que maquiadas, vestidas e perfumadas. Para se sentirem putas teriam de estar *"no salto"* (*llevando tacones*). (Medeiros. 2002: 90)

quer pro resto da vida. (Bianca di Capri, em entrevista concedida à pesquisadora, em 06/01/2006, em sua residência em São Paulo. Grifos meus.)

Bianca nasceu homem, mas como relata, queria parecer mulher. Portanto, construir para si um corpo que remetesse ao feminino tornou-se seu objetivo. E por mais que lhe dissessem que usar silicone líquido para arredondar suas formas ou ingerir hormônios femininos sem prescrição médica era perigoso, fazia mal, para ela eram recomendações vãs. Pois acima dessas advertências e do possível risco a elas relacionadas, estava seu desejo de se ver e ser vista como uma mulher. Pois, como declara Bianca, "ela se sente mulher".

> *Se alguém me pergunta: 'como é que você se coloca: travesti ou transexual?'. 'Nenhum dos dois. Eu sou mulher!'. Travesti é um nome que deram ao que eu sou.* **Eu não sabia o que era ser travesti. Eu sabia o que era ser mulher. E é isso que eu sinto dentro de mim, desde criança.** *Então, travesti... pra mim foi assim... vamos dizer... um nome que colocaram.* (Bianca Di Capri, na já citada entrevista. Grifos meus.)

Essa dimensão interna, expressa no sentir-se mulher (*"sinto dentro de mim"*), aparece na fala de muitas travestis na locução "ter cabeça de mulher"[272]. Uma interioridade que precisa ser externalizada na materialidade do corpo, compondo uma totalidade, que faz do corpo sexualizado o *locus* da produção de uma identidade que, mesmo fluida, se alicerça num sistema simbólico no qual as representações de gênero, sexualidade e corporalidade são categorias estruturantes e mutuamente referentes. Um gênero que pode ser transformado a fim de adequar o desejo – e, assim, a sexualidade – a valores morais que fixam papéis e prescrevem comportamentos cabíveis ao feminino.

Ser travesti não é uma aventura, algo efêmero, uma fantasia que se tira ao chegar em casa, mas uma transformação que passa por um profundo processo. Minha proposta é de se pensar o fenômeno das travestilidades a partir da perspectiva antropológica da noção de Pessoa. Para tanto procurei, até este ponto do trabalho, expor os aspectos culturais e simbólicos que cercam o "universo trans", e como este se conforma e é conformado pelas relações de poder que o instituem como espaço marginal. Busquei evidenciar os discursos que marcam as travestis como seres abjetos, e de como estes são apropriados, resignificados e subjetivados, sendo eles também constituintes da experiência das travestilidades.

Há muita discussão sobre a noção de Pessoa, a partir da obra de Marcel Mauss, mais especificamente a partir do seu texto ***"Uma categoria do espírito humano: a***

---

272. Quando se referem ao momento inicial da percepção de sua sexualidade, as travestis costumam fazer menção a "ter cabeça de mulher", "se sentir mulher". Quando os relatos se referem a momentos posteriores, da vida adulta, a locução "cabeça de travesti" começa a aparecer. Na fase inicial não se pode ter "cabeça de travesti" uma vez que "cabeça" reflete uma dimensão interna, pré-dada, e esta condição é marcada pelo binarismo dos gêneros.

noção de pessoa, a noção do 'eu'". A par dessas discussões, creio que esta categoria é uma boa ferramenta para se pensar a relação indivíduo-sociedade, natureza-cultura, estrutura-agência, livrando-se de armadilhas conceituais que conferem demasiado peso a um dos termos dessas díades. Pensar a noção de Pessoa, sobretudo, como uma categoria antropológica e, portanto, teórica, como propõe N. J. Allen (1985), possibilita-nos organizar essa relação a partir de um conjunto de práticas, ritos, sanções e instituições que incide sobre os indivíduos como membros de determinada sociedade e grupo. Para Anthony Seeger et al., "tomar a noção de Pessoa como uma categoria é tomá-la como instrumento de organização da experiência social, como construção coletiva que dá significado ao vivido" (Seeger et al. 1979: 04).

Em seu texto *"Uma Categoria do Pensamento Antropológico: a noção de Pessoa"*, Márcio Goldman (1996) observa que seria enriquecedor, para o debate teórico sobre a Pessoa, irmos para além das propostas culturalistas, funcionalistas e estruturalistas e, assim, nos libertamos, quer da ambição totalizadora, quer do particularismo que, segundo ele, têm marcado a Antropologia. Ao se realizar uma análise histórica e etnográfica, seria possível darmos conta do exame das sociedades de grande magnitude, além de nos permitir

> uma investigação 'crítica' das condições de possibilidades dos fenômenos humanos, investigação que busque essas condições no conjunto de variáveis concretas com as quais estamos sempre lidando, não em um transcendental qualquer. (Goldman. 1996: 100-101)

Goldman propõe que busquemos, na proposta foucaultiana das "formas de subjetivação", a ferramenta teórica adequada para desatar o nó epistemológico no qual o conceito de Pessoa parece enredado para a análise desse processo nas sociedades ocidentais modernas, a partir da crítica da análise dumontiana que, segundo este autor, estaria presa nas "armadilhas substancialistas e (nas) reificações" da discussão sobre sociedades holistas e individualistas (Ibidem: 103). Goldman propõe incluir nessa análise as relações de poder que, ao longo da história da sociedade ocidental, constituíram o indivíduo como sujeito.

Steven Lukes considera que:

> Para Foucault a concepção moderna da pessoa/indivíduo foi artificialmente construída como universalidade, naturalmente associada com a linguagem (discurso) da moralidade e da lei, com noções de direito, racionalidade, responsabilidade, sanitarismo e sexualidade. Na sua genealogia da episteme, medicalização, loucura, punição e sexualidade, Foucault desconstrói o sujeito moderno por meio de uma investigação das instituições e normas que o conformaram. (Lukes. 1985: 294. Tradução da autora.)

De acordo com a perspectiva foucaultiana, o sujeito seria constituído pela emergência dos saberes especializados e produzidos por meio de práticas discursivas, objetivadas em técnicas e prescrições institucionalizadas, permeadas por relações de poder.

Para Rosi Braidotti, a noção de sujeito, para Foucault,

> se baseia em uma tecnologia do corpo conectado com a natureza racional do poder e com o caráter normativo da razão. Esta idéia estabelece, além disso, um vínculo entre a segunda e a terceira etapas da obra de Foucault [*História da Loucura, Nascimento da Clínica, A Ordem do Discurso* e *Vigiar e Punir/ História da Sexualidade*, volumes I, II e III]; na última, o autor se concentra nos modos pelos quais os seres humanos se transformam em sujeitos: entende a sexualidade como o campo no qual proliferam com maior força em nossa cultura as práticas discursivas e, portanto, os efeitos de verdade normativos. No primeiro volume de sua *História da Sexualidade*, Foucault define a cultura ocidental como "sexo-cêntrica": somos os únicos que inventamos a *scientia sexualis*, fazendo da sexualidade o lugar da auto-revelação e a verdade sobre si mesmo. (Braidotti. 2000)

Subjetividade e corporalidade encontram na sexualidade seu amálgama. Persistentemente reiterados, esses discursos sobre a "verdade de si" instituem, também, padrões corporais para cada gênero, procurando eliminar as ambigüidades a partir de variadas formas de controle corporal. "As técnicas de disciplina corporal são assujeitadoras porque criam não apenas corpos padronizados, mas também subjetividades controladas" (Miskolci. 2005: 03).

> Há cerca de dois séculos vivemos um processo de contínuo disciplinamento e normalização dos corpos. Tal processo também tem conseqüências subjetivas, já que a subjetividade está diretamente associada à materialidade do corpo. A história da criação de corpos e identidades sociais é também uma história dos modos de produção da subjetividade. Percebe-se, assim, que o espaço de problematização das relações entre corpo e identidade é maior do que parece à primeira vista, pois vai muito além das técnicas corporais propriamente ditas e alcança as formas como compreendemos a nós mesmos e, sobretudo, a forma como somos levados a ver o outro. (Ibidem: 03)

Sob esse aspecto, ser Kelly, Samantha ou Verônica, tendo sido criadas como Erasmo, Anderson ou Cléber não é, absolutamente, no caso das travestis, construir para si uma personagem, isto é, representar um papel[273] como figura dramática, ficcional.

---

273. Como aparece na proposta de Goffman, sobretudo em seu *As Representações do eu na Vida Cotidiana* (1999): "O conceito de papel social tem origem no funcionalismo norte-americano e, apesar de ser um avanço por pluralizar o sujeito (especialmente como homem/mulher) se baseia em uma complementariedade que ignora as tensões e conflitos entre os ditos 'papéis'". No interacionismo simbólico, especialmente em Goffman (vide *Estigma*), há um avanço no uso do conceito, pois papéis são criados em relação a outros, por meio de relações de poder. De qualquer forma, apenas a partir da década de 1980 as Ciências Sociais passam a lidar de maneira mais elaborada com a questão das identidades, sobretudo nos estudos de gênero, e o conceito de papel é definitivamente colocado em xeque e, progressivamente, cai em desuso. Sobre a questão, veja o panorama apresentado em *A Emergência das Questões Feministas nas Ciências Sociais*. In: Scavone, Lucila. *Dar a vida e cuidar da vida - Feminismo e Ciências Sociais*. São Paulo: Editora Unesp, 2005. p. 21-42. Agradeço ao professor Richard Miskolci por essas referências e discussões acerca desses conceitos.

Mas sim, agir dentro de uma performatividade que, reforço, não tem relação com atos teatrais que sugerem representações de papéis, senão com os discursos que enunciam práticas e comportamentos, construindo sujeitos a partir dessas práticas e falas, que são prédicas articuladas em contextos de poder. Tornar-se/ser travesti exige toda uma rígida disciplina de cuidados corporais cotidianos que as levam a incorporar, literalmente, os valores dominantes sobre como deve ser o corpo, a roupa, os gestos, as cores e acessórios para cada gênero, num processo de longa e ininterrupta duração.

Daí não me parecer forçado o paralelo entre a construção da Pessoa travesti e os estudos de César Sabino sobre os fisiculturistas (2004), pois acredito que as travestis estejam no pólo oposto ao do fisiculturista, no que se refere ao corpo e ao gênero. Enquanto os primeiros buscam uma supermasculinidade, elas almejam uma feminilidade exacerbada. O que orienta essa materialização é a busca de uma adequação aos padrões de identidade socialmente impostos, submetendo-se, para tanto, às mais variadas formas de controle corporal. Porém, o que resulta desses processos, quase sempre extremados, é um efeito hiperbólico denunciador e perturbador da ordem classificatória dos corpos/gêneros. Ainda que façam um uso "subversivo" das tecnologias protéticas e químicas disponíveis, não subvertem de fato a ordem binária, pois o que buscam é conformar corpos idealmente generificados.

Em sua tese de doutorado, Sabino dedica um breve capítulo à construção ritual da Pessoa fisiculturista/*bodybuilder*. Toma como paralelo o processo discutido por Goldman em relação aos adeptos do Candomblé, retomando as idéias deste autor para traçar sua analogia.

Segundo Goldman, no Candomblé, a Pessoa se constrói em sucessivas camadas representadas pelos santos assentados. O controle corporal/espiritual do iniciado vai se sedimentando neste processo, conferindo-lhe respeitabilidade e autoridade, pois os assentamentos correspondem aos anos de adesão, dedicação, aprendizado, assimilação e prática dos ensinamentos religiosos. A Pessoa se conforma, assim, "como uma síntese complexa, resultante da coexistência de uma série de componentes materiais e imateriais" (Goldman. 1985: 38). Essa analogia entre adeptos do *bodybuilding* e fiéis do Candomblé, aparentemente deslocada, ganha sentido quando Sabino discute os passos ritualizados dessa construção, que tem no corpo o *locus* de inscrição dos valores do grupo[274]. Porém, não basta construir um corpo musculoso. Este precisa ser conquistado

---

[274]. Sabino não propõe que a musculação seja uma espécie de religião, "e sim que determinados processos rituais são similares em instituições diferentes" (Sabino. 2004: 127), reconhecendo que no fisiculturismo o tempo de construção da Pessoa não é tão claramente delimitado como no Candomblé, tendendo a ser abreviado. Se no Candomblé o novo papel social do iniciado e a sua Pessoa vão se conformando pelos santos assentados – sugerindo, como escreve Goldman, que naquela religião a Pessoa é concebida como "folheada", e que sua possível síntese só seria alcançada com o último assentamento –, no fisiculturismo esta mudança de status e a paralela conformação da Pessoa se realizam em conformidade com "as camadas musculares que adquire. Sua identidade fragmentada vai sendo construída pelo processo ritual até que o indivíduo se torne um fisiculturista" (Ibidem: 128).

a partir de treinos, ingestão de determinados químicos e obediência a dietas e técnicas ministradas pelos mais experientes e creditados *bodybuilders*. É assim que esse aspirante pode galgar funções e status, angariando capital social e simbólico, externalizados em capital corporal. O que denota, também, a disciplina e adesão aos preceitos morais que permeiam e conformam o *ethos* fisiculturista.

> O início do consumo de anabolizantes pode ser considerado um rito que consagra a diferença, instituindo-a. Este rito ressalta a linha de passagem entre um status – o de indivíduo comum – para a condição de aspirante a outra posição superior. O que deve ser destacado é que a hierarquia de papéis nas academias de musculação se inscreve no corpo através da forma que este gradativamente adota, isto é, a mudança física fabricada significa mudança de status, pois esta traduz a aquisição de capital de competência – onde comprar as drogas, como utilizá-las, com quem, quais os efeitos de cada uma, para qual objetivo cada uma delas se presta –, além de capital corporal. (Sabino. 2004: 127-128)

Dos terreiros e academias às casas e avenidas por onde as travestis se constroem como Pessoas, o paralelo ainda faz sentido, como pretendo demonstrar a seguir.

Ao discutir a possessão no Candomblé, Goldman tece críticas às análises que passam ao largo da noção de Pessoa, conforme concebida pelos adeptos daquela religião. Referindo-se aos mecanismos teóricos capazes de explicar de maneira mais satisfatória o transe no Candomblé, o autor crê

> ser preciso encarar a possessão e a noção de pessoa como um sistema mais dinâmico que não só classifica como também visa produzir tipos específicos de pessoas, não certamente no sentido de gerar "personalidades" ou "tipos psicológicos", mas no de uma atualização concreta de certas concepções simbólicas do ser humano e de seu lugar no universo. (Goldman. 1995: 35)

É desta forma que considerarei aqui o processo de transformação que envolve a construção da Pessoa travesti: como "uma atualização concreta de certas concepções simbólicas do ser humano e de seu lugar no universo". Há, nessa trajetória, patamares hierárquicos que devem ser alcançados, galgando-se, assim, um outro status dentro da rede, à maneira dos fisiculturistas de Sabino. A estagnação em um dos patamares intermediários implica desprestígio, manifesto em locuções desqualificadoras: "*viado de peito*"; "*bichinha sem-vergonha*"; "*homem de saia*", entre outros, nos quais a incongruência de gênero se manifesta, implicando falhas morais. Um "*viado de peito*" não é uma travesti, porque não teria, de fato, "cabeça" de mulher, comportando-se como um homem afeminado. Assim como uma "*bichinha sem-vergonha*" ou um "*homem de saia*" faz uso de roupas femininas para atrair clientes e ganhar dinheiro, sem ter a "coragem" de investir de fato na sua transformação.

Quando Bianca Di Capri afirma que o seu "*objetivo sempre foi ser aparentemente mulher, fisicamente mulher*", soma-se a muitas outras travestis que, mesmo sabendo que *bombar* (isto é, injetar silicone industrial no corpo) é perigoso, não abrem mão dessa técnica de transformação. O desejo de "ter um corpo" sobrepõe-se aos "riscos", dores e sacrifícios implicados nessa materialização, como observou também Sabino entre os fisiculturistas (2004). Ele adverte que, antes que julguemos esses procedimentos da busca de um corpo específico, como ignorância ou irracionalidade, devemos

> focalizar o aspecto social que confere significado a tal uso. Este, freqüentemente, está imerso em sistemas simbólicos com lógica própria. Em se tratando do sistema simbólico inerente aos grupos sociais das academias, a dor e o sacrifício aparecem como um preço a ser inevitavelmente pago pela conquista de uma vitória presumível na construção de uma identidade inerente à aceitação em um grupo restrito. (Sabino. 2004:169)

A dor, no caso dos fisiculturistas, ou entre as travestis, tem caráter "estatuinte", como discute Duarte: esta "dedicada ao projeto de acesso a estatutos 'atribuídos', pré-determinados, e como 'constitutiva'", uma vez que esta "dedicada a projetos de 'aquisição' pela via da construção ou transformação interior" (1998: 22). Como já disse anteriormente neste trabalho, não é o corpo, ou só ele, que muda. Opera-se uma alteração em todos os planos: interno/psíquico/moral, quanto externo/corporal/físico.

Ingerir hormônios femininos em grandes quantidades e/ou submeter-se a longas sessões para *bombar* o corpo é uma das formas mais reconhecidas de entrada no mundo travesti[275]. As dores desses processos são compartilhadas, são dores públicas, que anunciam a iniciação da novata. Há a expectativa de que ela passe por isso para se tornar travesti, e não mais o *"viadinho"*, o *"gayzinho"*. Quanto mais a travesti conhecer, na carne, os efeitos dessa adesão, mais os terá na alma. Assim, poderá vir a ser, um dia, ela mesma uma *bombadeira*, ou aquela que sabe receitar hormônios, adquirindo posições de prestígio entre as travestis. Esses investimentos diários de dor e disciplina (depilar-se, forçar o pênis para trás, usar saltos altos) poderão promovê-la a *"top"* ou *"diva"*, e ela, quem sabe, poderá se tornar uma *"européia"*, distanciando-se a cada passo, como acreditam, da abjeção e suas conseqüências. Estas, sim, verdadeiramente dolorosas.

"Todo grupo social define implicitamente a legitimidade de suas dores", escreve Sabino (2004: 169). E a dor dos *"coiós"* (humilhações públicas vindas dos heterossexuais), dos tiros e das facadas poucas vezes são tidas como legítimas pelas travestis.

Gênero e estigma encontram na dor o seu vínculo. O primeiro precisa ser posto em camadas sobre o corpo, numa reiteração diária e sem fim. É esse processo que faz recair sobre elas o estigma, desabilitando-as "para a aceitação social plena", nos termos

---

275. Duque vem observando, bombar-se já não se apresente como um imperativo para algumas travestis mais jovens. Algumas delas têm preferido apenas se hormonizar e aguardar um momento financeiro mais propício para fazer intervenções corporais com cirurgiões plásticos. Ainda assim, o "bombar" tem significados diversos para a maioria das travestis, sendo tema de conversas e suscitando preocupações, uma vez que elas declaram ver poucas opções fora desse procedimento para adquirirem corpos adequados ao gênero que pretendem ostentar. As próteses cirúrgicas só têm sido cogitadas como alternativa para "fazer o peito", o que aparece também na pesquisa de Duque (2009).

de Goffman (1988: 07). E aqui têm lugar as dores físicas e simbólicas. Isso porque seus corpos parecem escapar às duras normas que prescrevem como cada sexo deve corresponder a um gênero respectivo, instituindo identidades binárias como naturais, e não ideais regulatórios. As travestilidades também se constituem a partir dessas dores, e das formas de resistir a elas.

O primeiro passo rumo à construção da Pessoa travesti vem, na maioria das vezes, com a saída de casa. Esta se dá quase sempre na adolescência, antes que se complete 18 anos. Existem casos, também comuns, em que ainda na infância a travesti foge, ou é expulsa. Esse deslocamento para fora da casa materna/paterna tem sempre relação com a aparente incongruência do comportamento esperado para um menino. A "suspeita" familiar volta-se, logo, para a sexualidade, erotizando esse desejo de ser/ parecer feminino do garoto. Não é incomum que as travestis relatem que, desde a infância, elas também associavam esse interesse ao desejo por meninos e homens. Para Don Kulick, este é um aspecto central do que ele toma como travestilidade brasileira, e aparece nas narrativas de suas informantes (Kulick. 1998: 48). O relato de Márcia exemplifica essa erotização do desejo de ser/parecer feminino, que acaba conjuminado com o afastamento do ambiente doméstico.

> [Márcia] *Eu saí da minha casa aos 12 ano, porque aí minha mãe descobriu minha opção sexual e ela veio perguntar pra mim, e eu falei que eu era.*
> [Pesquisadora] Por que ela percebeu?
> [Márcia] *Porque eu fui numa festa e beijei um menino. Aí um vizinho meu viu e falou pro meu irmão. E meu irmão falou 'ah, eu vou contar'. E eu falei: 'então, conta'. Ela [a mãe] veio perguntar e eu: 'ah, beijei sim. E quando encontrar ele vou é fazer outras coisas'.*

O distanciamento da casa autoriza intervenções corporais mais duradouras, uma vez que a casa materna/paterna pode se colocar como espaço de constrangimento para a transformação, processo este que começa com práticas corporais feminilizantes epidérmicas, como já dito, e que, desejavelmente, deve seguir até que a travesti tenha um corpo que possa ser considerado "de mulher", independente da presença do pênis.

A materialização desse feminino tem, na rua e na prostituição, seu primeiro espaço de referências e possibilidades. No corpo "de homem" vão sendo inscritas "coisas de mulher", a partir de uma cuidadosa observação do feminino: bocas, olhares, movimento das mãos, jogo de cabelos, caminhadas sobre saltos. Qual seio, qual quadril, que coxas, qual rosto? As referências são buscadas naquelas mulheres que são reverenciadas pela mídia, que simbolizam o hiperfeminino, porque são divas do cinema ou do *show business*, isto é, mais do que mulheres, são "mulheríssimas" (Kulick. 1998). Travestis prestigiadas e "*belas*" também orientam essas escolhas. Fernanda Albuquerque, a Princesa, conta em sua biografia (1994) como se inspirou na travesti Perla para ser Fernanda. E conta seu susto ao ver sua inspiradora moribunda sobre uma cama. Era como se visse a si mesma. Essa cena a encheu de comoção e desespero. Ao contrário, ver uma travesti como atração de TV, num palco de teatro ou ocupando um lugar de prestígio na sociedade é promissor, e cria novas possibilidades de viver como travesti, para além da "*pista*", este espaço ainda significativo de construção da Pessoa travesti.

Na rua, a troca de informações entre as travestis é intensa, assim como a observação mútua. Logo a novata aprenderá sobre os valores corporais, ainda que alguns "segredos" e "truques" não lhe sejam acessíveis até que arrume uma "*mãe*". Sua permanência na *pista*, ainda que não esteja se prostituindo, promoverá todo um aprendizado sobre o negócio do sexo e, o mais importante, sobre os valores estéticos que orientam a construção do feminino. A partir dessa observação atenta aprenderá que o "corpo de mulher" pode prescindir de seios, mas não de nádegas mais volumosas do que as que se espera de um corpo de homem; pode não ter quadris avantajados, mas deve ser acinturado e não deve ter pêlos. O rosto e os cabelos compõem um conjunto no qual a quantidade desejável de pêlos é inversa para cada um dos elementos deste todo: enquanto o rosto não deve ter pêlo nenhum, os cabelos precisam ser naturais, longos, fartos, sem entradas que possam anunciar uma calvície e, assim, sem deixar uma testa grande, considerada característica masculina.

Benedetti observa que o rosto, "sendo a apresentação da pessoa, é a parte do corpo que, segundo o ponto de vista nativo, deve dar a ver o maior número possível de atributos femininos" (Benedetti. 2005: 58). Quanto mais se parecer com mulher, mais realizada estará a travesti, uma vez que a "cabeça" e o "corpo" estarão em maior consonância. Em busca da adequação "da cabeça" (plano moral) ao "corpo" (plano da fisicalidade), muitas travestis com as quais conversei experimentam, ainda na infância, brincadeiras "de menina", porque não gostam das "de menino". Pegam roupas femininas furtivamente, ousam se maquiar, valendo-se de cosméticos maternos ou de irmãs e primas. Esses jogos infantis, não raro, envolvem contatos íntimos com outros meninos, como já mencionado. Nesses contatos, minhas informantes, assim como as de Kulick, desejavam "fazer papel de mulher", isto é, serem penetradas. Nessas narrativas, a genitália não parecia ter a mesma centralidade que o gênero, como elemento englobante. É possível sentir-se mulher, mesmo se tendo um pênis. Ainda assim, será a genitália o índice de "inadequação", aquele que fará muitas travestis se identificarem como "homossexuais". Por isso é preciso agir sobre esse corpo, para que ele se torne feminino e, assim, esteja mais adequado ao desejo e à identidade com o feminino[276].

---

276. Em três anos de trabalho de campo, conheci apenas uma travesti que disse se sentir atraída por mulheres desde criança, ainda que desejasse ela mesma "ser mulher". Mesmo depois de muito transformada e fazendo programas com homens, saía com mulheres, o que era motivo de chacotas e expressões inconformadas das amigas. Uma delas me disse, entre risos, que a travesti em questão "pagava motel pra *sair com buceta*". Atualmente, esta travesti se converteu à Assembléia de Deus, reatando os laços com a família; vive com uma mulher e trabalha como vendedora. Deixou de tomar hormônios, cortou os cabelos e veste-se com roupas que podem ser consideradas "unissex". Quando lhe perguntei, em conversa pelo *MSN*, o que havia feito com seus fartos seios, ela disse que estava "parecendo um *sapatão*", e enviou-me uma foto sua, para que eu mesma avaliasse a sua nova aparência. Mais tarde, quando já havia acabado o trabalho de campo, conheci Márcia Rocha que se declara travesti e vive maritalmente com uma mulher. Durante meu campo, já na pesquisa de pós-doutorado, tive contato na Espanha com travestis brasileiras que declaram ter preferência sexual por homens, mas que também gostavam de mulher. Atribui essas declarações a um certo distencionamento que a distância das normas de gênero e sexualidade vigentes entre as travestis no Brasil pode ter causado. Um recorte geracional também aparece em relação à sexualidade travesti. Entre as sete informantes de Tiago Duque, todas adolescentes, duas declaram "curtir mulher" de vez enquando.

O gênero parece incidir sobre a "cabeça", que por sua vez associa-se à idéia de "alma", sendo o primeiro termo ligado a uma percepção anatômica, mas também moral, como já discutiu Duarte (1986). "Alma" aparece como um termo que sintetiza uma espiritualidade/interioridade que particulariza a pessoa, assim como lhe atribui humanidade. O "sexo" é, geralmente, tomado como atributo físico indicador do gênero, mas, como propõe Benedetti, é na "cabeça" que o gênero se encontra.

> A *cabeça* é uma categoria de representação de Pessoa vigente nesse grupo que compreende a sede da dimensão moral de cada sujeito. A *cabeça* é o domínio do gênero por excelência, é a forma como as travestis se percebem e se produzem femininamente e constroem sua identidade sexual e social. (Benedetti. 2005: 109)[277]

Se a "cabeça" é o domínio do gênero, o corpo biologizado e naturalizado é o do sexo. Sua condição material se opõe à espiritual (alma), muito mais que à cabeça, por esta guardar referência com a fisicalidade do corpo. A cabeça/alma é vista como superior, por ser tida como "a sede da dimensão moral". Pode, portanto, dominar o corpo, controlando-o e, assim, adequando-o à alma. A "cabeça de mulher" (dimensão íntima e "verdadeira" do ser) pede um "corpo de mulher" (dimensão física e social do ser). À essa adequação pessoal corresponde uma inadequação social.

A sexualidade, no caso das travestis, seria o denunciador privilegiado dessa inadequação, que é assim entendida por não traduzir no corpo a coerência esperada entre sexo genital, gênero e desejo. Os processos sociais que constituem esses sujeitos como abjetos são marcados por discursos que tomam o corpo como alvo privilegiado dos mecanismos e das relações de poder e, assim, instituem verdades sobre o que são esses sujeitos.

A percepção de "inadequação" que acompanha muitas travestis desde a infância tem relação, justamente, com o distanciamento das normas hegemônicas, que são, antes de tudo, normas que falam sobre o sexo[278]. Os relatos colhidos e a vivência em campo mostram que, paradoxalmente, para conseguirem um sentido de inteligibilidade a partir dessas normas, as travestis acabam se confrontando com elas, como foi discutido no **capítulo dois (*Gêneros Rígidos em Corpos Fluidos*)**. Isto porque, ao buscarem a inteligibilidade do gênero, denunciam que este não é "uma coisa substantiva, um marcador cultural estático, mas antes (...) uma ação incessante e repetida" e que, assim sendo, pode proliferar-se "para além dos limites binários impostos pelo aspecto binário do sexo" (Butler. 2003: 163), mesmo que as próprias travestis (ou pelo menos a maior parte delas) não reconheçam esta conseqüência.

---

277. O mesmo autor chama a atenção para a convergência da representação de "cabeça" entre as travestis e as classes trabalhadoras, de acordo com os estudos sobre o "nervoso", de Duarte (1986), ressaltando, porém, o uso que certas travestis fazem de um repertório próprio das Ciências *Psi*, a fim de pensarem a si mesmas. Esta discussão será retomada a seguir.
278. O que, paradoxalmente, é tão característico do padrão de masculinidade, associado ao "natural" e, assim, ao normal.

Jéssica, do seu jeito hiperbólico, me dizia que "ser travesti é lutar contra toda a humanidade". Nessa reflexão sobre o que se é, resignação e resistência se encontram. É como se, internamente, não houvesse escapatória, ainda que seguir esse "destino" venha a significar um confronto com as normas socialmente estabelecidas. Negá-lo, porém, é se sacrificar de algum modo. Essa "condição" inescapável se dá, justamente, por estar no plano da internalidade do ser: da alma (espiritual), da cabeça (moral), dos "instintos" (biológico/físico); como aparece na fala que reproduzirei mais abaixo. Desta forma, pode-se entender o "se transformar" como externalização de um imperativo "ser". Mesmo que isso signifique relegar as travestis aos espaços marginais, e a uma vida marcada pela exclusão, esse "se transformar" não pode ser recusado, uma vez que a percepção de "destino" liga-se ao plano sagrado, sugerindo que este não pode ser transgredido sem que isso acarrete danos para aquele/aquela que a ele resiste, justamente por desestabilizar uma ordem de valores que organiza a relação das pessoas com a vida.

Por ser entendida como "destino", o ser/tornar-se travesti aparece nas narrativas, "ligada a expressões totalizadoras da vida pessoal como sempre e nunca" (Duarte. 1996: 209)[279]. O texto redigido por Vitória Ribeiro e postado no **Blog T**, em janeiro de 2005, evidencia este e outros aspectos que serão discutidos nesta seção.

> *Quando! Sempre ouço perguntas que utilizam esse advérbio. 'Quando você começou a se transformar?'; 'Quando você perdeu a virgindade?'; 'Quando você se assumiu?'. Mas a campeã é: 'Quando você descobriu que você era assim?'.*
> *Não existe quando nem por que. **Essa condição já vêm conosco, como um instinto**. Lembro-me que desde que entendo-me por gente **sempre gostei de ficar perto das meninas**, brincar de comidinha, elástico, bonecas, adorava usar os batons da minha irmã. Eu vivia entre a cruz e a espada porque **eu sabia que isso era errado diante de toda a sociedade**, pois já tinha algum discernimento. **Sabia que menina era menina e menino era menino**, mas **eu não era menino, mesmo sabendo ser.** Não gostava das brincadeiras deles, das porcarias que eles falavam, etc. **Me sentia presa dentro de mim mesma**. Media minhas palavras para que minha condição não ficasse explícita, **mas todos sabiam. Eu era 'esquisito'**. (...)*
> ***Opção ou condição?** Interajam comigo. Marquem a opção que mais lhes é adequada:*
> *a) Ser aceito no colégio, em casa, ter um bom emprego, ser motivo de orgulho para seus pais, constituir família, freqüentar bons lugares sem constrangimento, ser aceito pela sociedade hipócrita.*
> *b) Não ter amigos no colégio, ser expulso de casa, ser apedrejado na rua, ser apontado, não ter facilidade em ter um bom emprego, ser uma 'vergonha' para sua família, não constituir família, se expor à prostituição, pois você foi expulso de casa e não pode estudar.*
> *Acho que nem é preciso refletir muito para fazer a escolha. Eu optaria pelo tipo de vida -A-, vocês não? Fazer escolhas nem sempre é tão fácil na vida de todos nós, mas essa proposta seria, no mínimo, irrecusável. Acusações, julgamentos, pervertidos, pederastas... Canso de ouvir coisas do*

---

279. Apesar de fazer essa referência em outro contexto, o das classes trabalhadoras urbanas, Duarte está se referindo às qualidades diferenciais da pessoa pela nascença. Aproveito para remeter o/a leitor/a novamente à fala de Bianca Di Capri, que abre este tópico. Nela as expressões totalizadoras também aparecem e estão ressaltadas em negrito.

tipo. **Mas não posso e nem quero fugir do meu instinto**. *Em nossas vidas, o 'quando' é constante, mas* **a pergunta que mais nos aflige é 'o quê?'** *(*texto de Vitória Ribeiro, postado no *Blog T*, em 14/01/2005).

O "o quê?" aflitivo de Vitória acompanha as travestis desde as primeiras lembranças, e está expresso na dificuldade de saber o que elas são exatamente: *"eu não era menino, mesmo sabendo ser"*. Sem essa referência primeira, "menino" ou "menina", como ser? Ser o quê?

Para Butler, "a marca do gênero parece 'qualificar' os corpos como humanos; o bebê se humaniza no momento em que a pergunta 'menino ou menina' é respondida" (Butler. 2003: 162). Ser reconhecida/o como pertencente a um determinado gênero não é algo dado à escolha. O sexo genital se coloca como o índice do gênero, permitindo o reconhecimento social do que se deve ser, a partir do sexo que se tem. É justamente dessa derivação mecanicista que as travestis escapam, não se reconhecem e, tampouco, são reconhecidas. Em contrapartida, elas mostram que o gênero é algo que pode ser construído, e é essa transgressão que as desloca de um plano de inteligibilidade, de classificação e, assim, de humanidade. As categorias de reconhecimento que lhes são dadas estão circunscritas a termos de acusação, rechaço, desprestígio, restringindo as possibilidades de viverem vidas menos marcadas.

A Pessoa travesti só pôde se constituir como tal depois que um discurso minucioso sobre a sexualidade passou a ser articulado, e que tecnologias protéticas e químicas passaram a ser cada vez mais popularizadas. Não que sem estas últimas, não houvesse pessoas do sexo masculino desejosas de viver vidas femininas, mas, até muito recentemente, elas eram, antes de qualquer coisa, "os pederastas", "as *bichas*", "as *bonecas*", como relatam as travestis mais velhas. Ainda que o termo "travesti" date do início do século passado, não era empregado no Brasil, até muito recentemente, da forma que é usado hoje em dia[280].

O termo "travesti", como categoria classificatória definida dentro dos círculos disciplinares, foi reapropriado pelas travestis numa tentativa de auto-classificação e de reconhecimento de si. Nesse percurso, elas passaram a se valer de categorias próprias dos discursos médicos e *Psi*, justamente aqueles que, segundo Foucault, tomaram para si a tarefa de investigar, separar e classificar as sexualidades, sobretudo, periféricas,

---

280. A antropóloga argentina Josefina Fernández registra que o termo "travesti" foi cunhado no início do século XX pelo médico e sexólogo alemão Magnus Hirschfeld (Fernández. 2000: 20). Green (1999), que procurou traçar um histórico da homossexualidade no Brasil do século XX, encontrou registros sobre homens que se vestiam como mulheres, maquiavam-se, pinçavam sobrancelhas e se relacionavam afetiva e sexualmente com outros homens, mas que não eram chamados de travestis. Trevisan (2004) encontra a palavra "travestido" aparecendo em anúncios desde a segunda metade do século XIX, associada mais ao Carnaval do que para classificar comportamentos sexuais. O mesmo autor registra a relação estreita entre travestis e *show business*, a partir da década de 1960. O que pode indicar a popularização do termo. Em sua tese de doutorado Leite Júnior (2008) dedica-se a toda uma genealogia da "invenção da categoria transexual e travesti no discurso científico", reunindo um interessante conjunto de fontes.

produzindo "espécies", dando nome "a toda essa vegetação da sexualidade", para configurar "a fisionomia rígida das perversões" (Foucault. 2003: 42-48).

Benedetti avalia que

> a sexualidade e o gênero das travestis sendo alvo de explicações e categorias dos saberes "psi" e médicos, coloca-as em situação de contato direto e cotidiano com os valores do individualismo, que parecem influenciar sobremaneira a percepção deste grupo no que diz respeito ao seu "mundo interno" ou dimensão psicológica. É somente em contextos modernos, que noções como "a psicologia da pessoa", *cabeça* e *estrutura*, conforme foram aqui descritas, se fazem possíveis para definir a fonte de "verdade" dos sujeitos, exaltando o mundo interno como instância constitutiva e definidora da representação moderna de Pessoa. (Benedetti. 2005: 110)

Nestes termos, Bianca Di Capri reflete sobre a "verdade de si", procurando me explicar que, para ela, "sentir-se mulher", saber-se desde a infância "travesti", "ou melhor, mulher", não tem relação direta com a genitália.

> *Eu... Pra mim, eu cheguei na minha fase inicial, durante todos os meus primeiros anos, desde dos sete anos, foi mais a área transexual[281] mesmo. Eu sempre pensei no sexo [pênis]. Mas com o tempo, com a experiência de vida, eu fui notando e fui me adaptando ao meu sexo [genital]. Porque meus primeiros anos foram realmente complicados, de aceitação sexual,* **crise de identidade***. Então, é onde você tem aquela dificuldade de você falar: 'o que eu sou?'.* ***Principalmente sob influência do hormônio. Porque você tem traços masculinos ou porque, queria ou não queria, corre uma porcentagem grande de testosterona no teu corpo****, então há esse conflito: 'então o que eu sou? Sou travesti? Eu sou mulher? Sou transexual? Ah, então eu quero operar'. Porque seria muito bom se eu me olhasse no espelho e não visse meu sexo [pênis]. Mas também tem aquela coisa, eu* ***levei muito tempo pra descobrir que o meu psicológico****, que o meu cérebro, ele se adaptou ao meu sexo [pênis]. Então, eu acredito também que ele não se adaptaria a um novo sexo [vagina]. Ele iria sentir uma falta muito grande, eu acredito que eu teria grandes problemas, por exemplo, hoje, se eu acordasse de manhã eu não tivesse meu sexo mais aí.* (Bianca Di Capri, em entrevista à pesquisadora, em 06/01/2006.)

O hormônio feminino a alterar a percepção que se tem de si. Uma certa permanência do masculino na testosterona que "corre no corpo". Um "cérebro" que se adaptou ao pênis e que, agora, com a "experiência de vida", já não se adaptaria a uma vagina. Um "psicológico" capaz de revelar a verdade de si[282]. A permanente

---

281. Ao referir-se à "área transexual", Bianca quis dizer que pensava em fazer a cirurgia de transgenitalização. Atualmente, muitas transexuais reivindicam o direito de identificarem-se como tal, sem que passem ou desejem passar por essa operação. Mesmo dentro do movimento social, essa posição não é de consenso. Agradeço a Bárbara Graner por estas informações. Berenice Bento discute profundamente esta questão em sua tese de doutorado publicada em 2006, e também em seu livro mais recente, *O Que é Transexaulidade*, de 2008.

282. Mesmo aparentemente solidário com o "discurso Psi", esse discurso é reapropriado e operado a partir de uma lógica que, mesmo vinculada aos saberes populares, é traduzida aqui para a realidade do universo travesti.

questão "o quê?", acompanhada da insistente resposta, "*viado*". Talvez, isso seja ser travesti.

Como pessoas que são constituídas por experiências marginais, as travestis desenvolvem respostas imaginativas para lidar com as recorrentes interpelações. Constroem uma imagem de perigo em torno de si; articulam uma rede de proteção que vai da casa à rua e, ainda que esta não evite que tenham fins trágicos, lhes proporciona meios de trânsito e defesa. Acionam o "escândalo", a fim de alargar a abjeção, conseguindo, por vezes, atingir os clientes, intimidar policiais ou fazerem-se ouvir nas unidades de saúde.

A prostituição, como espaço de pertencimento[283], mostrou-se fundamental para que eu pudesse entender o "universo trans" e, assim, as travestilidades. Porém, é importante frisar que nem todas as travestis se prostituem e que ser travesti não é sinônimo de prostituição. Por outro lado, a rua/pista/ avenida ainda parece ser um espaço de referências, mesmo para aquelas que não buscam ali clientes, apenas um lugar de reconhecimento.

Na "*pista*" fui buscar a lógica que preside a circulação do discurso preventivo, do ponto de vista do *ethos* diferenciado desta clientela. É pelas ruas que o discurso preventivo chega mais diretamente até elas. Circula, literalmente, na fala das agentes e dos agentes do **Tudo de Bom!**, nos *fôlderes* distribuídos pelas ONG, nas ações das técnicas de saúde, que montam postos de vacinação em *drive-ins* e motéis.

Toda uma ética e uma estética são apreendidas na prostituição e com a prostituição, constituindo-se uma instituição/local de aprendizado e reconhecimento de si, para si e pelos outros, sejam clientes, outras travestis, uma "*mãe*". As "*mães*" são as responsáveis pela "gestação" da Pessoa travesti que, como espero ter demonstrado, se constitui também a partir de discursos e práticas de exclusão, criminalização e patologização.

Nesses nebulosos lugares de fronteira que são "a noite" e a rua, as travestis que se prostituem na cidade de São Paulo negociam formas de se fazerem visíveis, possíveis e respeitáveis. Quando os programas de prevenção as interpelam nesses ambientes, mais um dos tantos paradoxos que cercam suas vidas aparece: o que se oferece a elas como direito civil e "humano" vem estreitamente ligado à aids, mantendo-as como pessoas associadas à patologia e ao desvio, pois a doença em questão tem sido construída a partir de discursos morais que referendam, na ciência médica, a sua legitimidade. E mais: essa interpelação acaba por exigir que as travestis abdiquem de construir uma cultura própria, passando a se orientar por valores que lhes são alheios.

---

283. Cláudia Wonder conta que as travestis muitas vezes se prostituem "como forma de pertencimento". É ela ainda que relata que muitas travestis "*novinhas*" a procuram, atrás de conselhos e de uma cafetina. Certa feita, respondendo a uma delas, Cláudia argumentou que estava fazendo "um trabalho, não contra a prostituição, mas tentando outras possibilidades". Ao que a travesti respondeu: "Ah, não, não, é que eu só vou me sentir travesti se eu fizer a rua, se eu passar pelo preconceito...". "Entendeu? Então, é uma coisa de pertencimento, porque não tem outra referência. Infelizmente, no Brasil e em outros países pobres, não tem!" (Cláudia Wonder, em entr

A interpelação, segundo Althusser, é um enunciado que tem força de dar visibilidade/materialidade ao interpelado, mas também de subjugá-lo. Butler, valendo-se do exemplo deste autor, escreve que quando um policial diz "ei, você!", essa interpelação, como um ato unilateral, tem o efeito de impor a lei à pessoa advertida. "La reprimenda no se limita a reprimir o controlar al sujeto, sino que forma una parte esencial de la formación jurídica y social del sujeto. El llamado es *formativo*, si no ya *preformativo*, precisamente porque inicia al individuo en la condición sojuzgada del sujeto" (Butler. 2002: 179-180).

Assim, a visibilidade/materialidade do sujeito é alcançada, justamente, pelo que nele se desvia da norma. Althusser conjectura que a interpelação, pelo poder que tem de impor a lei, impõe temor, ao mesmo tempo em que oferece reconhecimento (Ibidem: 180).

Considero este conceito proveitoso para a discussão que foi travada neste trabalho, pois a interpelação que o sistema público de saúde faz junto às travestis que estão "*fazendo pista*" procura esse duplo poder: conferir reconhecimento à pessoa interpelada, mas também torná-la alvo de disciplinarização.

Por meio da interpelação feita pelas agentes de prevenção e técnicas de saúde, teoricamente, se chegaria à "SIDAdanização" das travestis que, soropositivas ou não, passariam a compreender a responsabilidade que têm sobre si e os cuidados que daí deveriam e, a partir de então, dedicar à saúde – entendendo-se como saúde a obediência aos preceitos da Biomedicina. O prazer sexual, os desejos, a transformação do corpo e do gênero e a experiência pouco explorada de se viver o feminino num corpo que guarda estreitos vínculos com o masculino, são aspectos ainda não considerados pelos saberes médicos como parte desses cuidados.

Associadas ao risco e ao perigo, no sentido de serem "ameaçadoras" para a sociedade, o fato é que as travestis vivem em risco e perigo justamente pelo rechaço que sofrem por parte daqueles e daquelas que as vêm como ameaçadoras. Viver em risco faz parte do cotidiano de muitas travestis que integraram essa pesquisa, sendo o HIV apenas mais um, e nem sempre o mais premente ou preocupante. Até mesmo porque, muitas vezes, para (sobre)viver é preciso mesmo se arriscar.

Bibliografia

ABBATE, Maria Cristina. 2003. "No Lugar da Tutela, o Diálogo e o Protagonismo". In: MESQUITA, F.; SOUZA, C. R. de. *DST/Aids a Nova Cara da Luta Contra a Epidemia na Cidade de São Paulo*. São Paulo: Raiz da Terra, pp. 25-37.

AGUSTÍN, Laura. 2000. "Trabajar en la industria del sexo". **OFRIM Suplementos**, Madrid, n. 6, p. 155-172. Disponível em: www.nodo50.org/mujeresred/laura_agustin1.html

ALBUQUERQUE, Fernanda F. & JANELLI, Maurizio. 1994. *A Princesa – Depoimentos de um travesti brasileiro a um líder das Brigadas Vermelhas*. Rio de Janeiro: Nova Fronteira.

ALLEN, N. J. "1985. The category of the person: a reading of Mauss's last essay". In: CARRITHERS, Steven; COLLINS & STEVEN Lukes. *The Category of the Person: Anthropology, Philosophy, History*. Nova York: Cambridge University Press, pp. 26-45.

ALMEIDA FILHO, Naomar. 2000. "O Conceito de Saúde e a Vigilância Sanitária: notas para a compreensão de um conjunto organizado de práticas de saúde. Documento comissionado pela ANVISA para a discussão no *I Seminário Temático Permanente da Agência Nacional de Vigilância Sanitária*. Brasília.

AMUCHÁSTEGUI, Ana. 2006. "Procesos Subjetivos de ciudadanía en México: heteronormatividad y salud". In: CÁRCERES, Carlos F.; CAREAGA, Glória; FRASCA, Tim & PECHENY, Maria (Editores). *Sexualidad, Estigma y Derechos Humanos – desafíos para el acceso a la salud en América Latina*. Lima: FASPA/UPHC.

ARMSTRONG, David. 1993. "Public Health Spaces and the Fabrication of Identity". **Sociology**, vol. 27, nº 3, august, pp. 393-410.

AYRES, José Ricardo C. M.; FRANÇA JR, Ivan & CALAZANZ, Gabriela J. 1993. *Aids, Vulnerabilidade e Prevenção*. Departamento de Medicina Preventiva, Universidade de São Paulo, São Paulo: Mimeo.

AYRES, José Ricardo. C. M. , 1997. *Sobre o risco: para compreender a epidemiologia*. 1ª. ed. São Paulo: Hucitec.

_____. "Práticas educativas e prevenção de HIV/Aids: lições aprendidas e desafios atuais". 2002. *Interface - Comunicação, Saúde, Educação*. Botucatu, v. 6, n. 11, p. 11-24, ago. Disponível em: http://www.interface.org.br/revista11/ensaio1.pdf

BABY, Jovana. "Esteriótipos, Aids e Exclusão" In: LENT, Carmen et al. *Primeiro Simpósio Subjetividade e Aids – o livro*. 2000. Rio de Janeiro: Banco de Horas, pp. 177-183.

BARREDA, Victoria, Virginia, ISNARDI & ARACÓN, Virginia. 2002. "Prevención y Travestismo: Género, Cuerpo e Identidad". *Infosida - Publicación de la Coordinación Sida del Gobierno de la Ciudad de Buenos Aires.* año 3, numero 3 - Julio.

BARREDA, Victoria; ALARCÓN, Graciela & ISNARDI, Virginia. "Prevención de VIH y Travestismo: un escenario de categorías en crisis". In: CÁRCERES, Carlos F.; CAREAGA, Glória; FRASCA, Tim & PECHENY, Maria (Editores). 2006. *Sexualidad, Estigma y Derechos Humanos – desafíos para el acceso a la salud en América Latina.* Lima: FASPA/UPHC.

BASTOS, Francisco Inácio, et al. The Hidden Face of AIDS in Brazil. 1993. *Cad. Saúde Pública*. Rio de Janeiro, v. 9, n. 1. Disponível em: <http://www.scielo.br/scielo.php?script=sci_arttext&pid=S0102-311X1993000100010&lng=en&nrm=iso>. Access on: 11 Jan 2007. doi: 10.1590/S0102-311X1993000100010..

BHABHA, Homi. 2005. *O Local da Cultura.* Belo Horizonte: Editora da UFMG.

BECK, Ulrich. 1986. *Risk Society: Towards a New Modernity.* London: Sage Publications.

BENTO, Berenice M. 2002. *Cuerpo, Performance y Género en la Experiencia Transexual.* Seminario realizado en la Universidad de Barcelona: Mimeo.

BENTO, Berenice. 2006. *A Reinvenção do Corpo – sexualidade e gênero na experiência transexual.* Rio de Janeiro: Garamond Universitária.

BENTO, Berenice. 2008. *O que é transexualidade.* São Paulo: Brasiliense.

BENEDETTI, Marcos. 2005. *Toda Feita: o corpo e o gênero das travestis.* Rio de Janeiro. Garamond Universitária.

BERLANT, Lauren & WANER, Michael. 2002. "Sexo en Público". In JIMÉNEZ (ed.) *Sexualidades Transgresoras – una antología de estudios queer.* Barcelona. Icaria/Ausiàs Marc, pp. 229-257.

BIRMAN, Patrícia. 1995. *Fazer Estilo Criando Gêneros – Possessão e diferenças de gênero em terreiro de umbanda e candomblé no Rio de Janeiro.* Rio de Janeiro: Relume Dumará/ EdUerj.

BONELLI, Maria da Glória. , 1989. *A Classe Média do Milagre à Recessão.* São Paulo: IDESP.

BOURDIEU, Pierre. 1999. *A Dominação Masculina.* Rio de Janeiro: Bertrand do Brasil.

BUTLER, Judith. 2002. *"Cuerpos que Importan" – Sobre os límites materiales y discursivos del "sexo".* Buenos Aires/Barcelona/México: Paidós.

BUTLER, Judith. "Criticamente Subversiva". 2002ª. In: JIMÉNEZ (ed.) *Sexualidades Transgresoras – una antología de estudios queer.* Barcelona: Icaria/Ausiàs Marc, pp.55-79.

_____. 2003. *Problemas de Gênero: feminismo e subversão da identidade.* Rio de Janeiro: Civilização Brasileira.

BOTANSKY, Luc. 1984. *As Classes Sociais e o Corpo.* Rio de Janeiro: Graal.

CANGUILHEM, Georges. 1995. *O Normal e o Patológico.* Rio de Janeiro: Forense Universitária.

CARRARA, Sérgio & MOARES, Cláudia. 1985. "Um mal de folhetim". *Comunicações do ISER* v. 4, n. 17, pp. 20-26.

CARRARA, Sérgio. "A Aids e a História das Doenças Venéreas no Brasil (do século XIX aos anos 20)". 1994. .In: LOYOLA, Maria Andréa (Org.). *Aids e Sexualidade – o ponto de vista das Ciências Humanas*. Rio de Janeiro: Relume Dumará, pp. 73-108.

CARDOSO, Marina D. 1999. *Médicos e Clientela – da assistência psiquiátrica à comunidade*. São Carlos: EDUFSCar/Fapesp.

CARDOZO, Fernanda. 2006. *Parentesco e Parentalidades de Travestis em Florianópolis/SC*. Monografia para obtenção do título de bacharel em Ciências Sociais. Universidade Federal de Santa Catarina, Florianópolis.

CASTIEL, Luis David. 1996. "Vivendo Entre Exposições e Agravos: a teoria da relatividade do risco". *História, Ciências, Saúde – Manguinhos*, III (2): 237-264, julho-outubro. Disponível em: <http://www.scielo.br/scielo.php?script=sci_arttext&pid=S0104-59701996000200003&lng=en&nrm=iso>.

CASTIEL, Luís David. *Strenght and will: theoretical and methodological issues from the standpoint of risk in epidemiology and HIV/AIDS prevention*. Rev. Saúde Pública , São Paulo, v. 30, n. 1, 1996 . Disponível em: <http://www.scielo.br/scielo.php?script=sci_arttext&pid=S0034-89101996000100012&lng=pt&nrm=iso>. Acesso em: 23 Mar 2007.

CASTILHO, Euclides A. & BASTOS, Inácio F. 1997. "Aids (1981-97): o Rastro da Tormenta". *Revista da USP. Dossiê Aids*, nº 33, março/abril/maio, pp. 07-19.

CAROSO, Carlos, RODRIGUES, Núbia & ALMEIDA-FILHO, Naomar. 2004. "'Nem Tudo na Vida Tem Explicação': explicação sobre causas de doenças e seus significados'". In: LEIBING, Annete (Org.). *Tecnologias do Corpo – Uma Antropologia das Medicinas no Brasil*. Rio de Janeiro: Editora Nau, pp. 145-173.

CASTRO-SANTOS, Luiz. A.; MORAES, Cláudia; COELHO, Vera. S. P. "Os Anos 80: A Politização do Sangue". *Physis: Revista de Saúde Coletiva*. Rio de Janeiro, v. 2, n. 1, p. 107-149.1992.

CHEVITARESE, L. & PEDRO, R. 2005. "Risco, Poder e Tecnologia: as virtualidades de uma subjetividade pós-humana". In: *Anais do Seminário Internacional de Inclusão Social e as Perspectivas Pós-estruturalistas de Análise Social*, Recife, CD_ROM, p. 27. Disponível em: http://www.saude.inf.br/filosofia/riscopoder.pdf.

CLIFFORD, James. 1998. *A experiência etnográfica: antropologia e literatura no século XX*. Rio de Janeiro: UFRJ Editora.

DAMATTA, Roberto. *A Casa e a Rua*. 1991. Rio de Janeiro: Editora Guanabara Koogan.

_____. 1978. "O Ofício do Etnólogo, ou Como Ter '*Anthropological Blues*'". In NUNES, Edson O. *A Aventura Sociológica – Objetividade, Paixão, Improviso e Método na Pesquisa Social*. Rio de Janeiro: Jorge Zahar.

DANIEL, Hebert e PARKER, Richard. Richard. 1991. *AIDS: A Terceira Epidemia*. São Paulo: Iglu Editora.

DENIZART, Hugo. 1997. *Engenharia Erótica – Travestis no Rio de Janeiro*. Rio de Janeiro: Jorge Zahar Editor.

DORNELLES, Jonatas. Antropologia e Internet: quando o "campo" é a cidade e o computador é a "rede". *Horiz. antropol.* [online]. Jan./June 2004, vol.10, no.21 [cited 22 March 2005], p.241-271. Available from World Wide Web: <http://www.scielo.br/scielo.php?script=sci_arttext&pid=S0104-71832004000100011&lng=en&nrm=iso>. ISSN 0104-7183.

DOUGLAS, Mary. 1976. *Pureza e Perigo*. São Paulo: Editora Perspectiva.

_____. 1994. *Risk and Blame: essays in cultural theory*. Londres: Routledge.

DUARTE, Luiz Fernando D. 1986. *Da Vida Nervosa nas Classes Trabalhadoras Urbanas*. Rio de Janeiro: Jorge Zahar Editor em co-edição com o CNPq.

DUARTE, Luiz Fernando D., BARSTED, L.L, TAULOIS, M.R & GARCIA, M. H. 1993. "Vicissitudes e Limites da Conversão à Cidadania nas Classes Populares". *Revista Brasileira de Ciências Sociais*, nº 22 – ano 8, junho, pp. 05-19.

DUARTE, Luiz Fernando D. "A Outra Saúde: mental, psicossocial, físico-moral?". In: ALVES, Paulo César e MINAYO, Maria Cecília S. *Saúde e Doença – um olhar Antropológico*. Rio de Janeiro: Editora Fiocruz, 1994, pp. 83-90.

DUARTE, Luiz Fernando D. "Pessoa e Dor no Ocidente". 1998. *Horizontes Antropológicos*. Porto Alegre, ano 4, n. 9, p. 13-28, outubro, pp. 13-28.

DUARTE, Luiz Fernando. 2004. "A Sexualidade nas Ciências Sociais: Leitura Crítica das Convenções". IN PISCITELLI, Adriana, GREGORI, Maria Filomena e CARRARA, Sérgio (Orgs). *Sexualidade e Saberes: Convenções e Fronteiras*. Rio de Janeiro: Garamond Universitária.

DUMONT, Louis. 1993. *O Individualismo*. Rio de Janeiro. Rocco.

DUQUE, Tiago. 2009. *Montagens e Des-Montagens: vergonha e estigma na construção das travestilidades na adolescênci*. Dissertação de mestrado apresentada ao Programa de Pós-Graduação em Sociologia, Centro de Ciências Humanas, Universidade Federal de São Carlos.

FARMER, Paul. 1992. *Aids and Accusation – Haiti and the geography of blame*. Los Angeles. University of Califórnia Press.

FERRAZ, Elisabeth A., SOUZA, Cynthia T de.,? SOUZA, ?Luiza M. de & ??? COSTA, Ney. 2006. "*Travestis profissionais do sexo: vulnerabilidades a partir de comportamentos sexuais*". Trabalho apresentado no XV Encontro Nacional de Estudos Populacionais, ABEP, realizado em Caxambu – MG – Brasil, de 18 a 22 de setembro de 2006. Disponível em <http://www.abep.nepo.unicamp.br/encontro2006/docspdf/ABEP2006_508.pdf>

FOOTE-WHYTE, William. 1990. "Treinando a observação participante". In GUIMARÃES, Alba Z. (Org.) *Desvendando Máscaras Sociais*. Rio de Janeiro: Livraria Francisco Alvez Editora, pp. pg. 77-86.

FOUCAULT, Michel e SENNETT, Richard. 1981. "Sexuality and solitude". In *London Review of Books*, 21 May - 3 June. pp. 04-07.

FOUCAULT, Michel. *Arqueologia do Saber*. 1987. Rio de Janeiro: Forense Universitária.

_____. 1972. "Nascimento da Medicina Social". *Microfísica do Poder*. Rio de Janeiro: Graal.

FOUCAULT, Michel. 2001. *Os Anormais*. São Paulo: Martins Fontes.

_____. 2003. *História da Sexualidade, vl. 1 - A Vontade de Saber*. 13ª edição. São Paulo: Graal.

_____. 2003a. *História da Sexualidade 2 - O uso dos prazeres*. 10ª edição. Rio de Janeiro. Graal.

FRY, Peter. 1982. *Para Inglês Ver: Identidade e Política na Cultura Brasileira*. Rio de Janeiro: Zahar.

GAGNON, John H. 2006. *Uma Interpretação do Desejo - ensaios sobre o estudo da sexualidade*. Rio de Janeiro: Garamond Universitária.

GALVÃO, Jane. 1997. "As Respostas Religiosas Frente à Epidemia de HIV/Aids no Brasil". In PARKER. *Políticas, Instituições e Aids*. Rio de Janeiro. Jorge Zahar Editor/Abia, pp. 109-134.

GAMSON, Joshua. 2002 "¿Deben autodesturise los Movimentos Identitarios? Un extraño dilema". In JIMÉNEZ (ed.) *Sexualidades Transgresoras - una antrología de estudios queer*. Barcelona. Icaria/Ausiàs Marc, pp. 141-172.

GILMAN, Sander L. 1991. *Disease and Representation - images of illness from madness to aids*. Ithaca and Londres: Cornell University Press.

GOFFMAN, Erving. 1988. *Estigma - notas sobre a manipulação da identidade deteriorada*. Rio de Janeiro: Editora LTC.

_____. 1999. *As Representações do Eu na Vida Cotidiana*. Petrópolis: Vozes.

GOLDMAN, Márcio. 1985 "A Construção Ritual da Pessoa: a possessão no Candomblé". *Religião e Sociedade*, vol. 12, n. 1, ago, pp. 22-55.

GOOD, Byron. 1980. *Medicine, Rationality and Experience - An anthropological perspective*. Cambridge: Cambridge University Press.

GREEN, James. 1999. *Além do Carnaval - a homossexualidade masculina no Brasil do século XX*. São Paulo: Editora da Unesp.

GUIMARÃES, Carmem Dora. 1996. "Mas eu Conheço ele!". In PARKER, Richard e GALVÃO, Jane (Orgs.). *Quebrando o Silêncio - Mulheres e Aids no Brasil*. Rio de Janeiro. Elume-Dumar-a/Abia/IMS-UERJ, pp. 169-179.

GUIMARÃES, Carmem Dora. 1998. *Descobrindo as Mulheres: uma Antropologia da Aids nas Camadas Populares*. Tese (Doutorado em Antropologia Social) - Programa de Pós-Graduação do Museu Nacional, Universidade Federal do Rio de Janeiro. Mimeo.

GUIMARÃES JR., Mário J. L. De pés descalços no ciberespaço: tecnologia e cultura no cotidiano de um grupo social on-line. *Horiz. antropol*. [online]. jan./jun. 2004, vol.10, no.21 [citado 06 Abril 2005], p.123-154. Disponível na World Wide Web: <http://www.scielo.br/scielo.php?script=sci_arttext&pid=S0104-71832004000100006&lng=pt&nrm=iso>. ISSN 0104-7183.

HEILBORN, Maria Luiza. 1999. "Construção de si, gênero e sexualidade". In HEILBORN, Maria Luiza (Org.) *Sexualidade - o olhar das Ciências Sociais*. Rio de Janeiro: Jorge Zahar Editor, pp. 40-58.

HEILBORN, Maria Luiza. 2004. *Dois é Par – Gênero e Identidade sexual em contexto igualitário*. Rio de Janeiro: Garamond Universitária.

HELMAN, Cecil G. 1994. *Cultura, Saúde e Doença*. Porto Alegre. Artes Médicas.

JAYME, Juliana. G. 2001. *Travestis, Transformistas, Drag-queens, Transexuais: Personagens e Máscaras no Cotidiano de Belo Horizonte e Lisboa*. Tese de Doutorado apresentada ao Departamento de Antropologia do Instituto de Filosofia e Ciências Humanas da Universidade Estadual de Campinas. Mimeo.

JEOLÁS, L. S. 2003. "Os jovens e o imaginário da aids: notas para uma construção social do risco". *Campos - Revista de Antropologia Social*, Curitiba, v. 04, p. 93-112. Disponível em: http://calvados.c3sl.ufpr.br/ojs2/index.php/campos/article/view/1600

KALICHMAN, Arthur. 1994. "Pauperização e Banalização de uma Epidemia". In. *Seminário A Epidemia Social da Aids*. Rio de Janeiro. Abia. IMS/UERJ, pp.20-26.

KIMMEL, Michael. S. 1998. "A Produção de Masculinidades Hegemônicas e Subalternas". *Horizontes Antropológicos – Corpo, Doença e Saúde*. Porto Alegre, ano 4, n. 9, outubro , pp. 103-117.

KLEIMAN, Arthur. 1988. *The Illness Narratives – Suffering, Healing & the Human Condition*. United States of America: Basic Bock.

KNAUTH, Daniela R. 1995. "Um problema de família. A percepção da Aids entre mulheres soropositivas". In: FACHEL, JM & LEAL OF (Org.). *Corpo e significado - Ensaios de Antropologia Social*, Porto Alegre: Editora da Universidade, pp. 379-390.

KNAUTH, Daniela R. 1999. "Subjetividade Feminina e Soropositividade". In: BARBOSA, R. M.& Parker, R (Org.) *Sexualidades pelo Avesso* São Paulo, Editora 3. pp. 122-135.

KREUTZ, Irene; BARBOSA MERIGHI, Miriam Aparecida & ROSA GUALDA, Dulce Maria. Cuidado popular com feridas: representações e práticas na comunidade de São Gonçalo, Mato Grosso, Brasil. *Cienc Enferm.*, v. 9, n. 1, p.39-53, jun. 2003. [online]. jun. 2003, vol.9, no.1 [citado 16 Septiembre 2005], p.39-53. Disponible en la World Wide Web: <http://www.scielo.cl/scielo.php?script=sci_arttext&pid=S0717-95532003000100006&lng=es&nrm=iso>. ISSN 0717-9553.

KULICK, Don. 1998. *Travestis, sex, gender and culture, among brasilian transgendered prostitutes*. Chicago: The University of Chicago Press.

KULICK, Don and KLEIN, Charles. 2003. "Scandalous Acts: the politics of shame among Brazilian travesti prostitutes". En Barbara Hobson: *The Struggle for Recognition*. Oxford, Blackwell. Disponível: http://www.sociology.su.se/cgs/Conference/Klein%20and%20Kulick2001.pdf

LAURETIS, Teresa D. 1994. "A Tecnologia do Gênero" In BUARQUE HOLLANDA, Heloisa. *Tendências e Impasses - O Feminismo como Crítica da Cultura*, Rio de Janeiro. Rocco.

LEITE Jr., Jorge. 2006. *Das maravilhas e prodígios sexuais - A pornografia "bizarra" como entretenimento*. São Paulo: Annablume/ Fapesp.

LEITE Jr., Jorge. 2008. "*Nossos Corpos Também Mudam*": sexo, gênero e a invenção das categorias "travesti" e "transexual" no discurso científico. Tese de doutorado apresentada ao Programa de Pós-graduação em Ciências Sociais da Pontifícia Universidade Católica de São Paulo.

LEVIGARD, Yvone Elsa. A interpretação dos profissionais de saúde acerca das queixas do nervoso no meio rural: uma aproximação ao problema das intoxicações por agrotóxicos. 2001. Mestrado em Saúde do Trabalhador e Ecologia Humana - Centro de Estudos da Saúde do Trabalhador e Ecologia Humana – Fundação Oswaldo Cruz, Rio de Janeiro.

LÉVI-STRAUSS, Claude. 1970. "A Eficácia Simbólica". Antropologia Estrutural. Rio de Janeiro: Tempo Brasileiro.

LOPES, Suzana Helena S. S. 1995. "Corpo, Metamorfose e Identidades – de Alan a Elisa Star". In LEAL & ONDINA F. (Org.) Corpo e Significado - Ensaios de Antropologia Social. Porto Alegre. Editora da Universidade, pp. 227-233.

LOURO, GUACIRA LOPES. 2001. "Teoria Queer: uma política pós-identitária para a educação". Revista Estudos Feministas, vol.9, no.2, p.541-553.

LOYOLA. Maria Andréa. 1984. Médicos e curandeiros: conflito social e saúde. São Paulo: DIFEL.

LUKES, Steven. "Conclusion". 1985. In: CARRITHERS, Steven, COLLINS & STEVEN Lukes. The Category of the Person: Anthropology, Philosophy, History. Nova York: Cambridge University Press.

LUIZ, Olinda do Carmo e COHN, Amélia. Sociedade de risco e risco epidemiológico. Cad. Saúde Pública. [online]. 2006, vol. 22, no. 11 [citado 2007-02-26], pp. 2339-2348. Disponível em: <http://www.scielosp.org/scielo.php?script=sci_arttext&pid=S0102-311X2006001100008&lng=pt&nrm=iso>. ISSN 0102-311X..

MAGNANI, José Guilherme C. "De perto e de dentro: notas para uma etnografia urbana". Revista Brasileira de Ciências Sociais, vol. 17, nº 49, jun., 2002, pp.11-29.

MÁRQUES, Fernanda T. 2002. No Cais do Corpo – um estudo etnográfico da prostituição viril na região portuária santista. Tese de doutorado em Sociologia apresentada à Faculdade de Ciências e Letras da Universidade Estadual Paulista "Júlio de Mesquita Filho". Araraquara.

MAUSS, Marcel. 1974. "As Técnicas Corporais". Sociologia e Antropologia. São Paulo: EDUSP/EPU.

_____. 1974. "Uma Categoria do Espírito Humano: a noção de pessoa, a noção do "eu"". Sociologia e Antropologia, vol I. São Paulo: EPU/EDUSP.

MCCALLUM, Cecília. Travesti: sex, gender and culture among Brazilian transgendered prostitutes. Mana., Rio de Janeiro, v. 5, n. 1, 1999. Disponível em: <http://www.scielo.br/scielo.php?script=sci_arttext&pid=S0104-93131999000100011&lng=en&nrm=iso>. Acesso em: 15 Mar 2005. Pré-publicação. doi: 10.1590/S0104-93131999000100011.

MEDEIROS, Regina de Paula. 2002. Hablan las Putas – sobre prácticas sexuales, preservativos y SIDA em el mundo de la prostituición. 3º edição. Bilbao. Vírus/Crônica.

MEYER, Dagmar Estermann, SANTOS, Luis Henrique Sacchi dos, OLIVEIRA, Dora Lúcia de et al. 'Shameless woman' and 'responsible traitor': problematizing gender representations in official HIV/AIDS television advertisements. Rev. Estud. Fem., May/Aug. 2004, vol.12, no.2, p.51-76. ISSN 0104-026X.

MINISTÉRIO DA SAÚDE. 1998. *Aids no Brasil: um esforço conjunto governo-sociedade*. Coordenação Nacional de DST e Aids, Brasília.

MINISTÉRIO DA SAÚDE. 1999. *Aconselhamento: um Desafio para a Prática Integral em Saúde – avaliação das ações*. Brasília. Ministério da Saúde, Secretaria de Políticas de Saúde, Coordenação Nacional de DST e Aids.

MINISTÉRIO DA SAÚDE. 2000. *Aconselhamento em DST, HIV e Aids – diretrizes e procedimentos básicos*. Brasília. Ministério da Saúde, Secretaria de Políticas de Saúde, Coordenação Nacional de DST e Aids.

MINISTÉRIO DA SAÚDE. 2002. *Guia de Prevenção das DST/aids e Cidadania para Homossexuais* (Org. Lília Rossi). Ministério da Saúde, Secretaria de Políticas de Saúde, Coordenação Nacional de DST e Aids.

MISKOLCI, Richard. 2005. "Corpos Elétricos – do assujeitamento à estética da existência". Texto apresentado no *I Colóquio Corpo e Identidade Social*. São Carlos, UFSCar, 2005. Mimeo.

_____. 2005a. "Do Desvio às Diferenças". *Teoria & Pesquisa*, nº47, São Carlos/UFSCar, jul/dez. 2005.

_____. "Pânicos Morais e Controle Social: Reflexões sobre o Casamento Gay". *cadernos pagu*, v.28. Campinas, Núcleo de Estudos de Gênero Pagu UNICAMP, 2007, pp. 101-128.

_____. 2007a. "Comentário sobre A Epistemologia do Armário". *cadernos pagu*. Campinas, Núcleo de Estudos de Gênero Pagu UNICAMP, n.28 , pp. 56-63.

MISKOLCI, Richard & SIMÕES, Júlio Assis. 2007. "Apresentação: Sexualidades Disparatadas". In Dossiê Sexualidades Disparatadas. *cadernos pagu*. N. 28. Campinas: Núcleo de Estudos de Gênero Pagu UNICAMP, n.28, pp. 09-18.

MONTERO, Paula. 1985. *Da Doença á Desordem - a magia na umbanda*. Rio de Janeiro: Edições Graal ltda.

MONTEIRO, Simone. 2002. *Que Prevenção – Aids, sexualidade e gênero em uma favela carioca*. Rio de Janeiro: Editora Fio Cruz.

NOGUEIRA-MARTINS Maraia Cezira F. & BÓGUS Cláudia Maria. 2004 "Considerações sobre metodologia qualitativa como recurso para o estudo das ações de humanização em saúde". *Saúde e Sociedade*; 13(3):44-57. Disponível em: http://www.scielo.br/scielo.php?pid=S0104-12902004000300006&script=sci_arttext&tlng=es

OCHOA, Marcia. 2004. "Ciudadanía perversa: divas, marginación y participación en la 'localización'". En Daniel Mato (coord.), *Políticas de ciudadanía y sociedad civil en tiempos de globalización*. Caracas: FACES, Universidad Central de Venezuela, pp. 239-256. Disponible em http://www.globalcult.org.ve/pub/Rocky/Libro2/Ochoa.pdf.

OCHOA, Marcia. 2009. "Las Transformistas y la Transformación". Palestra proferida no *Seminário Trânsitos Trans, Corpos, territórios e gerações nas experiência contemporâneas das travestilidade*, realizada pelo Núcleo de Estudos de Gênero Pagu –Unicamp. Mimeo.

OLIVEIRA. Neusa Maria. 1994. *Damas de Paus – O jogo aberto dos travestis no espelho da mulher*. Salvador: Centro Editorial e Didático.

OLIVEIRA, Marcelo J. 1997. *O Lugar do Travesti em Desterro*. Dissertação de Mestrado em Antropologia Social, apresentada ao Centro Filosofia e Ciências Humanas da Universidade Federal de Santa Catarina. Mimeo.

OLIVEIRA. Pedro Paulo. 2004. *A Construção Social da masculinidade*. Belo Horizonte: Editora UFMG; Rio de Janeiro: IUPERJ.

ORTEGA, Francisco. "Biopolíticas da Saúde: reflexões a partir de Michel Foucault, Agnes Heller e Hannah Arendt". *Interface – Comunicação, Saúde, Educação*, vl. 8, n. 14, pp. 09-20, set. 2003-fev. 2004. Disponível: http://www.interface.org.br/revista14/ensaio1.pdf

ORTEGA, Francisco. 2008. *O Corpo Incerto – corporeidade, tecnologias médicas e cultura contemporânea*. Rio de Janeiro: Garamond.

PAIVA, Vera. 1992. "Os Simbolismos da Aids: alteridade e cidadania". In PAIVA, Vera (Org.) *Em tempos de AIDS*. São Paulo: Summus, pp. 53-62.

PAULILO, Maria Angela Silveira; JEOLÁS, Leila Sollberger. AIDS, drugs, risks and meanings: a sociocultural construction. *Ciênc. saúde coletiva.*, Rio de Janeiro, v. 10, n. 1, 2005. Disponível em: <http://www.scielo.br/scielo.php?script=sci_arttext&pid=S1413-81232005000100024& lng=en&nrm=iso>. Acesso em: 06 Feb 2007. Pré-publicação. doi: 10.1590/S1413-81232005 000100024

PARK, Robert. 1979. "A Cidade: sugestões para a investigação do comportamento Humano no meio Urbano". In VELHO, Gilberto (Org.) *O Fenômeno Urbano*. Rio de Janeiro: Zahar, pp.26-67.

PARKER, Richard. 1993. *Corpos, Prazeres e Paixões*. Rio de Janeiro: Editora Best-Seller.

_____. 1994. *A Construção da Solidariedade – AIDS, Sexualidade e Política no Brasil*. Rio de Janeiro: Relume Dumará.

PARKER, Richard & ANGGLENTON, Peter. 2001. *Estigma, Discriminação e Aids*. Coleção Abia – Cidadania e Diretos, nº 1. Rio de Janeiro: Abia. Disponível em http://www.soropositivo.org/abia/estigma/3.htm.

PARKER, Richard. 2000. *Na Contramão da Aids – Sexualidade, Intervenção, Política*. Rio de Janeiro: Abia/Editora 34.

_____. 2002. *Abaixo do Equador – Cultura do Desejo, Homossexualidade Masculina e Comunidade Gay no Brasil*. Rio de Janeiro: Record.

PATRÍCIO, Maria Cecília. 2002. *Travestismo: mobilidade e construção de identidades em Campina Grande*. Dissertação de Mestrado em Antropologia Social apresentada ao Programa de Pós-Graduação em Antropologia da Universidade Federal de Pernambuco. Recife.

PATRÍCIO, Maria Cecília. 2005. *Travestilidade: Mobilidade e Tecnologias Corporais (Um Estudo Sobre Brasil e Espanha Através de Representações de Identidade de Travestis Brasileiros)*. Projeto de doutorado. Mimeo.

_____. 2008. *No Truque: transnacionalidade e distinção entre travestis brasileiras*. Tese de doutorado apresentada ao Programa de Pós-Graduação em Antropologia da Universaidade Federal de Pernambuco.

PEIRANO, Mariza. 1995. A *Favor da Etnografia*. Rio de Janeiro: Relume-Dumará.

PELÚCIO, Larissa. 2002. *ONGS/Aids e Estado: parceria e conflito*. Dissertação de mestrado em Ciências Sociais apresentada ao Programa de Pós-graduação em Ciências Sociais da Universidade Federal de São Carlos. São Carlos.

PELÚCIO, Larissa e MISKOLCI, Richard. 2006. "Fora do Sujeito e fora do lugar:Reflexões sobre Performatividade a partir de uma etnografia entre travestis". Texto apresentado na 38ª *Reunião da ANPOCS*. Disponível em http://www.ufscar.br/richardmiskolci/paginas/academico/cientificos/foradosujeito.htm

PERES, Wiliam Siqueira. 2005. *Subjetividade das Travestis Brasileiras: da vulnerabilidade da estigmatização à construção da cidadania*. Tese de Doutorado - PPG em Saúde Coletiva/ Universidade Estadual do Rio de Janeiro. Rio de Janeiro.

PERLONGHER, Néstor. 1987. *O Negócio do Michê: prostituição viril em São Paulo*. São Paulo: Brasiliense.

_____. 1987a. *O Que é Aids*. São Paulo: Brasiliense.

_____. 1993. "Antropologia das Sociedades Complexas: Identidade e Teritorialidade, ou como estava vestida Margareth Mead". *Revista Brasileira de Ciências*, nº 22. ano 8, junho, pp. 137-144.

_____. 2005. "Territórios Marginais". In GREEN, James & TRINDADE, Ronaldo. *Homossexualismo em São Paulo e Outros Escritos*. São Paulo: Editora Unesp, pp. 263-290.

PICITELLI, Adriana. 2004. "Entre a Praia de Iracema e a União Européia: turismo sexual internacional e migração feminina". In PISCITELLI, Adriana, GREGORI, Maria Filomena & CARRARA Sergio (Org.) *Sexualidade e saberes: convenções e fronteiras*. Rio de Janeiro: Garamond Universitária.

POLLAK, Michael. 1990. *Os Homossexuais e a Aids – Sociologia de uma Epidemia*. São Paulo: Estação Liberdade.

PRINS, BAUKJE and MEIJER, IRENE COSTERA. "Como os corpos se tornam matéria: entrevista com Judith Butler". *Rev. Estud. Fem.* [online]. Jan. 2002, vol.10, no.1 [cited 02 March 2006], p.155-167. Available from World Wide Web: <http://www.scielo.br/scielo.php?script=sci_arttext&pid=S0104-026X2002000100009&lng=en&nrm=iso>. ISSN 0104-026X.

RAGO, Margareth. 2005. "Amores Lícitos e Ilícitos na Modernidade Paulistana ou no Bordel de Madame Pommery". In: MISKOLCI, Richard. (Org.) *Dossiê Normalidade, Desvio, Diferenças. Teoria& Pesquisa*, nº 47, São Carlos, Pós-Graduação em Ciências Sociais, pp. 93-118.

REVEL, Judith. 2005. *Michel Foucault: conceitos essenciais*. São Carlos: Editora Clara Luz.

RODRIGUES, Antônio Greco. Buscando raízes. *Horiz. antropol.* [online]. Dec. 2001, vol.7, no.16 [cited 11 March 2006], p.131-144. Available from World Wide Web: <http://www.scielo.br/scielo.php?script=sci_arttext&pid=S0104-71832001000200007&lng=en&nrm=iso>. ISSN 0104-7183.

ROSSI, Lília (Org.). *Guia de Prevenção das DST/Aids e Cidadania para Homossexuais*. Brasília. Ministério da Saúde – Secretaria de Políticas de Saúde – coordenação de DST/Aids. 2002.

RUBIN, Gayle. 2003. "Pensando sobre Sexo: Notas para uma teoria radical da política da sexualidade". *cadernos pagu*, Campinas: Núcleo de Estudos de Gênero Pagu UNICAMP, n°. 21. pp. 01-88.

SABINO, César. 2000. *Os Marombeiros: construção social de corpo e gênero em academias de musculação*. Rio de Janeiro, Dissertação de Mestrado em Antropologia Social apresentada ao Instituto de Filosofia e Ciências Sociais da Universidade Federal do Rio de Janeiro.

SABINO, César. *O Peso da Forma – Cotidiano e Uso de Drogas entre Fisiculturistas*. Tese de Doutorado em Ciências Humanas – Sociologia apresentada ao Programa de Pós-Graduação em Antropologia e Sociologia/Instituto de Filosofia e Ciências Sociais da Universidade Federal do Rio de Janeiro). Mimeo. 2004. Disponível em <http://sociologia.com.br/divu/colab/d20-csabino.pdf>.

SACHS, Lisbeth. 1996. "Causality, responsability and Blame – core issues in the cultural construction and subtext of prevention". *Sociology of Health & Ilness*, vol. 18, n° 5, pp. 632-652.

SANT' ANNA, Denise. B. 2001. "Pacientes e Passageiros". *Corpos de passagem – ensaios sobre a subjetividade contemporânea*. São Paulo: Estação Liberdade.

SEEGER, A., DAMATTA, Roberto & VIVEIROS DE CASTRO, Eduardo. B. 1979. "A construção da Pessoa nas Sociedades Indígenas Brasileiras". *Boletim do Museu Nacional* (32). Rio de Janeiro: Museu Nacional/UFRJ, pp. 01-37.

SEFFNER, Fernando. 1995. "Aids, Estigma e Corpo". In LEAL, Ondina F. (Org.) *Corpo e Significado – Ensaios de Antropologia Social*. Porto Alegre: Editora da Universidade, pp. 391-415.

SILVA, Cristina Luci C. 1999. *Ativismo, Ajuda-mútua e Assistência – A Atuação das Organizações Não-Governamentais na luta contra a Aids*. Tese de Doutorado em Ciências Humanas – Sociologia apresentada ao Programa de Pós-Graduação em Antropologia e Sociologia/Instituto de Filosofia e Ciências Sociais da Universidade Federal do Rio de Janeiro. Mimeo.

SILVA, Hélio R. 1993. *Travesti – A invenção do Feminino*. Rio de Janeiro: Relume Dumará/ ISER.

SPINK, Mary Jane. 2001. "Tópicos do discurso sobre risco: risco-aventura como metáfora na modernidade tardia". *Cadernos de Saúde Pública*, n° 17, pp:1277-1311. Disponível em: http://www.scielo.br/scielo.php?script=sci)arttext&pid=S01-2-311X200100060002&lng=pt&nrm=iso. Acesso em: -7/08/04.

SPINK, Mary Jane P. et al . A construção da AIDS-notícia. *Cad. Saúde Pública.*, Rio de Janeiro, v. 17, n. 4, 2001. Disponível em: <http://www.scielo.br/scielo.php?script=sci_ arttext&pid=S0102-311X2001000400019&lng=pt&nrm=iso>. Acesso em: 26 Fev 2007. Pré-publicação. doi: 10.1590/S0102-311X2001000400019

STRAUSS, Anselm. 1995. *Espelhos e Máscaras*. São Paulo: Edusp.

TAMAYO, Alvaro et al . Prioridades axiológicas e uso de preservativo. *Psicol. Reflex. Crit.*, Porto Alegre, v. 14, n. 1, 2001. Disponível em: <http://www.scielo.br/scielo.php?script=sci_arttext&pid=S0102-79722001000100014&lng=pt&nrm=iso>. Acesso em: 04 Maio 2007. Pré-publicação.

TERTO, JR. 1996. "'Homossexuais Soropositivos e Soropositivos Homossexuais'": questões da homossexualidade masculina em tempos de AIDS". In PARKER, Richard e BARBOSA, Regina M. (Org.). *Sexualidades Brasileiras*. Rio de Janeiro: Relume Dumará, pp. p.90-104.

TREVISAN, João S. 2004. *Devassos no Paraíso* – A homossexualidade no Brasil, da colônia à atualidade. Rio de Janeiro e São Paulo: Record.

VALE DE ALMEIDA, Miguel, 2000. *Senhores de Si* – uma interpretação Antropológica da Masculinidade. Lisboa: Fim de Século.

VALE, Alexandre F. C. 2005. *O Vôo da Beleza: travestilidade e devir minoritário*. Tese de Doutorado em Sociologia, aprentada ao Programa de Pós-graduação em Sociologia da Universidade Federal do Ceará. Fortaleza.

VALLE, Carlos G. O do. 2000. *Identidade, doença e organização social: um estudo antropológico das "Pessoas Vivendo com HIV e AIDS"* (versão preliminar de artigo do autor baseado em sua tese de doutoramento "The making of People living with HIV and AIDS: identities, illness and social organization in Rio de Janeiro, Brazil"): Mimeo.

VALLE, Carlos Guilherme do. Identidades, doença e organização social: um estudo das "Pessoas Vivendo com HIV e AIDS". *Horiz. antropol.* , Porto Alegre, v. 8, n. 17, 2002 . Disponível em: <http://www.scielo.br/scielo.php?script=sci_arttext&pid=S0104-71832002000100010&lng=en&nrm=iso>. Acesso em: 15 Aug 2004.

VAZ, Paulo Roberto Gibaldi. "Corpo e Risco". *Forum Media*, Viseu, v.1, n.1, p.101-111, 1999. Disponível em http://www.eco.ufrj.br/paulovaz/textos/corpoerisc.pdf

VELHO, Gilberto. 1978. "Observando o Familiar". In: NUNES, Edson O. *A Aventura Sociológica – Objetividade, Paixão, Improviso e Método na Pesquisa Social*. Rio de Janeiro: Jorge Zahar, pp. 36-46.

VENCATO, Anna Paula. 2002. *"Fervendo com as Drags"* – coporalidade e performances de drag-queens em território gays da Ilha de Santa Catarina. Dissertação de Mestrado em Antropologia apresentada ao Programa de Pos-graduação em Antropologia Social do Centro de Filosofia e Ciências Humanas da Universidade Federal de Santa Catarina. Santa Catarina.

_____. 2008. "Existimos pelo prazer de ser mulher: um olhar antropológico sobre o *Brazilian Crossdresser Club*". In: 26a. *Reunião Brasileira de Antropologia: des/igualdade na diversidade*, 2008, Porto Seguro. 26a. Reunião Brasileira de Antropologia: des/igualdade na diversidade.

VILLELA, Wilza. 1997. "Práticas de Saúde, Gênero e Prevenção do HIV/Aids". *2o Seminário, Saúde Reprodutiva em Tempos de Aids*; mar. 13-15. Rio de Janeiro: ABIA/IMS/UERJ; 1997. p. 66-72.

_____. 1998. "Homem que é Homem Também Pega Aids?". In ARILHA, Margareth, UNBERHAUM, Sandra e MEDRADO. *Homens e Masculinidades – Outras Palavras*. Rio de Janeiro: Editora 34/ECOS, pp. 129-134.

_____. Gender, men health and manliness. *Ciênc. saúde coletiva* , Rio de Janeiro, v. 10, n. 1, 2005 . Disponível em: <http://www.scielo.br/scielo.php?script=sci_arttext&pid= S1413-81232005000100008&lng=en&nrm=iso>. Acesso em: 15 Aug 2007.

VIVEIROS DE CASTRO, Eduardo B. 1979. "A fabricação do corpo na sociedade xinguana". *Boletim do Museu Nacional*, vl. 32: 40-49. Rio de Janeiro: Museu Nacional/UFRJ, pp. 2-19.

WARNER, Michel. 1999. *The Trouble with Normal – sex, politics, and the ethics of queer life*. Cambridge, Massachusetts. Havard University Press.

WIIK, Flavio Braune. 1998. *"When the Búzios Say No!" – The Cultural Construction of Aids and its Social Disrupitive Nature: The case of Candomblé (afro-Braszilian) Religion*. Thesis submitted in partial fulfillment of the degree cand. Polit. In Social Anthropology at the University of Oslo – Norway.

WELZER-LANG, DANIEL. A construção do masculino: dominação das mulheres e homofobia. Rev. **Estud. Fem.** [online]. 2001, vol.9, no.2 [citado 28 Abril 2005], p.460-482. Disponível na World Wide Web: <http://www.scielo.br/scielo.php?script=sci_arttext&pid=S0104-026X2001000200008&lng=pt&nrm=iso>. ISSN 0104-026X.

Fontes eletrônicas

BARREDA, Victoria & ISNARDI, Virginia. Travestismo y HIV: uma problemática em torno a la diferencia < http://www.sasnac.org.ar/docs/ciencias_sociales/travestismo_y_hiv.pdf.> . Consulta em 09/01/2007.

BENEDETTI, Marco R. HORMONIZADA! Reflexões sobre o uso de hormônios e tecnologia do gênero entre travestis de porto alegre. Trabalho apresentado XXII Encontro Anual da Anpocs Caxambu, MG, 27 a 31 de Outubro de 1998. <http://www.clacso.edu.ar/~libros/anpocs/renato.rtf>. Consulta em 07/03/2004.

_____. 2004. "A batalha e o corpo: Breves reflexões sobre travestis e prostituição". Boletin Electrónico Del Proyeto Sexaulidades, Salud y Derechos Humanos, nº 11. 2004. Disponible em <http://www.ciudadaniasexual.org/boletin/b11/Boletin11 CiudadaniaSexual.pdf.> Consultado em 12/08/2005.

BENTO, Berenice. 2006. "Corpos e Próteses: dos Limites Discursivos do Dimorfismo". Texto apresentado durante o Seminário Internacional Fazendo Gênero 7. Disponível em <http://www.fazendogenero7.ufsc.br/artigos/B/Berenice_Bento_16.pdf>. Consulta em 29/08/2006.

BOURCIER, Marie- Hélène & BALLAND, Modernes. "Le Queer Savoir", in *Queer zones – politiques des identités sexuelles, des représentations et des savoirs*. <http://branconolilas.no.sapo.pt/bourcier_preciado.htm>. Consulta em 27/01/06

BRAIDOTTI, Rosi. "A Ética da diferenta Sexual: o caso Foucault". <http://www.unb.br/fe/tef/filoesco/foucault/art08.html>. Consulta em 10/01/2006.

FERNÁNDEZ, Josefina. 2000. "El Travestismo: ¿Ruptura de las Identidades Sexuales, Reforzamiento de los Procesos de Generización o Identidad Paradójica?" <http://www.cenesex.sld.cu/webs/diversidad/travestismo.htm>. Consulta em 26/04/2007.

FONSECA, Ana João Mexia Sepulveda da. O paradoxo entre o real e o imaginado www.europrofem.org/02.info/ 22contri/2.10.pt/fonseca/Ana%200.html. Consulta em 12/01/2005.

GRANDI, J.L <http://www.unifesp.br/comunicacao/jpta/ed154/pesq1.htm>. Consulta em 13/07/2003.

GUIMARÃES JR., Mário J. L. 1999. *Sociabilidade no Ciberespaço: Distinção entre Plataformas e Ambientes* Trabalho apresentado na 51ª Reunião Anual da SBPC - PUC/RS, julho. <http://www.cfh.ufsc.br/~guima/papers/plat_amb.html>.Consulta em 07/03/2005.

LANGDON, E. J. A Doença como experiência: a construção da doença e seu desafio para a prática médica. Palestra proferida na Conferencia 30 Anos Xingu, Escola Paulista de Medicina, São Paulo, 23/08/95. <http://www.cfh.ufsc.br/~nessi/A%20Doenca%20como%20 Experiencia.htm>. Consulta em 23/06/2003.

LOURO, Guacira L. 2003. *"Corpos que Escapam"*. *Labrys estudos feministas*, número 4, agosto/dezembro. Disponível em: http://www.unb.br/ih/his/gefem/labrys4/textos/guacira1.htm#notium. Consulta em 12/06/2003.

MENSAGEM DO DIRETOR-GERAL DA UNESCO, sr. Koichiro Matsuura, sobre o Dia Mundial de Luta Contra a Aids, 1 de dezembro de 2005http://www.unesco.org.br/noticias/opiniao/disc_mat/aidsdia/mostra_documento. Consulta em 18/01/2006.

PERES, Wilian. <*www.casadamaite.com*>. Consulta em 19/02/2004.

POLÍTICAS PÚBLICAS DE SAÚDE PARA A PROMOÇÃO À SAÚDE, PREVENÇÃO DAS DST/AIDS E GARANTIA DOS DIREITOS HUMANOS DAS PESSOAS VIVENDO COM HIV/AIDS www.aids.gov.br/prevencao. Consulta em 15/03/03 www.aids.gov.br/prevencao. Consulta em 15/03/03 PREVENÇÃO www10.prefeitura.sp.gov.br/dstaids/novo_site/comissão/index?texto=propostas> Consulta em 02/08/2004.

PRECIADO, Beatriz. Em entrevista a Jesus Carillo. Disponível em *http://www.arteleku.net/4.0/pdfs/preciado.pdf.* Consulta em 05/02/207.

PRECIADO, Betriz. Multitudes queer. Notas para uma política de los "anormales". *Página de Izquierda Antiautoritaria*. *http://www.eutisi.org/kea*. Consulta em 05/05/2007.

SEFFNER, FERNANDO .*O conceito de vulnerabilidade: uma ferramenta útil em seu consultório.* <*http://www.aids.gov.br/final/dh/afroatitude/vulnerabilidade_protagonismo/vulnerabilidade.rtf*>. Consulta em 18/12/2005.www10.prefeitura.sp.gov.br/dstaids/novo_site/comissão/index?texto=propostas>.

SILVA, Marco Aurélio. O *Carnaval das Identidades: homossexualidade e liminaridade na Ilha de Santa Catarina*. http://www.antropologia.com.br/arti/arti_ant.html, edição 22. Consulta em 23/01/2006.

Spink MJ. *Suor, arranhões e diamantes: as contradições dos riscos na modernidade reflexiva*. http://www.ensp.fiocruz.br/projetos/esterisco. Consulta em 26/01/2007.

UNAIDS. *Intensificação À Prevenção ao HIV – Documentação Referencial ao HIV/AIDS* – Junho de 2005. Consulta em 20/04/2006.
http://www.aids.gov.br/m ain.asp?View ID=% 7BA6 2BD F6E% 2D914 A% 2D4D F7%2 DA10E%2DCE0AB4E26 F7%7D&params=itemID=%7B1CCB E5CB%2DD45 A%2D4476 %2 D86 A9%2DB4B99A9B1C22%7D;&UIPartUID=%7B58 5687B3 %2DF650%2D459E%2DAC6E%2D23C0B92FB5C4%7D. Consulta em 12/01/2005

REZENDE, Joffre. *Epidemia, Endemia, Pandemia, Epidemiologia*. http://usuarios.cultura.com.br/jmrezende/endemia.htm. Consulta em 16/02/2006.

Glossário

Travestis

abala/abalou: causou sensação, despertou a atenção.

adé: termo com o qual se designam, nos candomblés, os efeminados em especial e, genericamente, os homossexuais masculinos. Usado também pelas travestis para se referirem a rapazes afeminados.

ajé: ruim, péssimo.

alibã: policial, polícia.

amapô/mapô: vagina, mulher.

aqüé: dinheiro.

aqüendar: prestar atenção a algo, olhar, ver. No caso da expressão "*aqüendar a neca*", significa esconder o pênis.

azuelar: roubar.

babado: significa algo muito bom; uma novidade que se conta (geralmente boa); um acontecimento interessante, divertido e/ou com episódios surpreendentes; algo bom. Porém, dependendo do contexto, pode significar algo que vai ter conseqüências ruins. Seu uso às vezes se assemelha ao uso que se faz do termo "*bafão*", que tem usos mais positivos do que "babado".

bafão: a expressão deriva do termo francês "*bas-found*", que soa como "*bafon*", e daí se transforma em "*bafão*", pela proximidade sonora. O termo tem diversas possibilidades de uso, todas ligadas a eventos que saem da rotina, que têm potencial para virarem fofoca, ou algo que movimenta a cena onde ocorreu. Significa, assim, algo inusitado, confusão, uma revelação bombástica, situação polêmica e/ou explosiva.

barraqueira: travesti ou mulher que faz escândalo.

bater cabelo: esnobar, ferver, aparecer mais que as outras.

bater porta: fazer programa (numa alusão ao entrar e sair dos carros dos clientes).

bofe: homem.

caricata: palhaça, brincalhona.

chuca: lavagem do ânus, a fim de não sujar com fezes o pênis do parceiro.

chuchu: barba.

close: exibir-se, esnobar as outras travestis.

coió: ser xingada e humilhada.

colocada, se colocar: pessoa drogada, se drogar.

cosuó: coisa "*uó*", coisa chata, incômodo, perturbação.

desaqüendar: ir embora, desencanar.

desce ou descer pra avenida: ir para o ponto de prostituição.

doce: algo ruim; aprontar alguma coisa de mal para outra pessoa; mandar bater; ou armar situações constrangedoras e ameaçadoras.

dun-dun: homem negro.

"é bem!" ou "é bens!": pessoa ou coisa boa, legal.

edi: ânus.

Elza: quem rouba, roubar.

entrevista: conversa inicial com o cliente, na qual ele sonda preço, práticas e local, entre outros acertos relativos ao programa.

eqüé: mentira.

européia: travesti que teve experiência com prostituição na Europa.

fazer a linha: fazer tipo; oferecer algo para ser agradável.

fazer o vício: ficar com alguém por prazer, para se divertir, sem interesses comerciais.

fazer pista: prostituir-se.

fino/fina: adjetivo para se referir a pessoas, no sentido de serem educadas, amáveis e de terem um bom nível de educação formal.

fuá : bagunça, *bafão*.

garota: ser feminina e delicada.

gayzinho: quando a travesti ainda não se transformou. Pode ser usado também para designar rapazes homossexuais.

grudar o cliente: intimidá-lo fisicamente, para roubá-lo.

guanto: camisinha.

ilê: casa.

jogar o cabelo: esnobar.

maricona: cliente de programa que tem trejeitos masculinos, mas que muitas vezes é passivo no sexo.

menininha: travesti com aparência muito feminina, isto é, miúda e pequena na estatura. Geralmente mais nova.

"meu cu!": "que se dane!", "que se foda!".

mona: travesti.

neca: pênis.

nena: esperma, porra.

Neuza: roubar. Dizem as travestis que "Elza roubou tanto que ficou rica"; por isso agora, "sua prima, Neuza, é quem rouba".

ninfeta: travesti nova e vistosa.

no truque: para enganar, otimizar seus atributos por meio de certos artifícios.

ocó: homem.

otim: qualquer bebida alcoólica.

passada: expressão usada para manifestar surpresa com alguma situação ou declaração feita pelo interlocutor.

passar cheque: sujar com fezes o pênis do parceiro.

penoso/penosa: adjetivo que qualifica algo que não dá dinheiro, que é pobre, empobrecido, não rentável. Usa-se também para classificar clientes.

picumã: peruca.

pintoso/pintosa: pessoa homo-orientada que deixa transparecer, em seu comportamento, sua orientação sexual. Vale também para travestis que denunciam sua condição pela aparência física.

piriri, padê: cocaína.

racha: mulher ou vagina.

retetê: confusão.

se deitar: não se humilhar. Em outro sentido, refere-se a "*bombar*" o corpo.

taba: maconha.

"tá get!": expressão nova nas ruas de São Paulo. Algo que está ruim, que está "*o doce*".

"tá, meu bem?!": "Eu não te disse?!"; "Arrasou!"; coisa boa.

tô bege: corresponde a estar pasma com algo, sem graça ou surpresa, mas de maneira não muito agradável.

***toda quebrada na plástica*:** ter feito muitas intervenções cirúrgicas, a fim de se feminilizar.

***tombar, mamar, xoxar*:** humilhar, tirar sarro, diminuir moralmente.

***top*:** travesti considerada bonita, porque muito feminina. Está na internet em *sites* e *blogs*, e/ou faz filmes e ensaios fotográficos de sexo explícito.

***travecão*:** travesti com atributos físicos exagerados, muito "*bombada*", ou grande demais.

***truque*:** o termo pode ser usado em algumas situações, sempre sugerindo engodo. Usar artifícios para enganar e, assim, otimizar a aparência feminina (sutiãs com enchimento, perucas, etc).

***turvo/turva*:** ficar ou estar bêbado/a.

***uó*:** tudo que é ruim. "*É uó!*" começou como exclamação das travestis no Rio, na década de 80, e se instalou como frase obrigatória do vocabulário moderno.

***varejão*:** adjetivo que normalmente qualifica pessoas, sobretudo clientes, referindo-se àqueles que regateiam preço e que apalpam as travestis enquanto sondam as condições do programa.

***vício*:** o homem com quem se fica amorosamente ou sexualmente, sem cobrar. "*Fazer vício*" significa namorar cliente, ou ficar com alguém durante as horas de trabalho.

***vicioso/a*:** travesti, cliente ou homens em geral que confundem relações sexuais profissionais com afetivas. "Segundo Cutileiro (1977: 128) o vício é a ' predisposição pelos potenciais perigos sociais que decorrem da (...) vida social ativa das mulheres'. Pina-Cabral (1989) acrescenta que a palavra também refere-se tendências anti-sociais e autodestrutivas, e que a fusão, na linguagem popular, entre ' viço' e ' vício', dá conta da associação entre vigor do corpo à fertilidade, sexo e sexualidade, 'e que estas qualidades assumem

uma conotação moralmente pejorativa'" (1989:126). (Vale de Almeida. 2002: 64, nota de rodapé, 14).

***xoxar*:** fofocar, falar mal.

T-lovers

***atender em PVT*:** ter local privado para fazer programa, como o próprio apartamento.
***beijo grego*:** beijo no ânus.
***confere*:** sair com uma travesti para testar suas habilidades sexuais e divulgar para os colegas.
***dote*:** tamanho do pênis.
***falar em PVT*:** estabelecer conversa privada. Geralmente usado no ambiente da Internet. Significa conversar fora dos *chats* abertos.

fazer 0800: tentar sexo gratuito com travestis que são garotas de programa, assim como com mulheres.

fazer blitz: procedimento que os *T-lovers* tinham antes de se organizar o **Dia T**. Consistia em sair pelos pontos de prostituição travesti para conversar com as travestis, tirar fotos, mapear as áreas e convidá-las a comparecer aos encontros.

fazer PG: fazer programa (vender sexo).

GG (*genetic girl*): garota nascida com o sexo genético feminino.

hard core (HC): ensaios fotográficos ou filmes com sexo explícito.

LB (Lista Branca): travestis que são consideradas honestas, pois não roubam clientes, são gentis com os mesmos e, se usam drogas, não deixam que isso interfira no programa.

LN (Lista Negra): o oposto de LB. São aquelas que roubam os clientes, tratam mal durante o programa e não cumprem o que foi acordado durante as negociações.

privê: local próprio (casa, apartamento da travesti) para fazer programas.

QMM (Quanto Maior, Melhor): refere-se aos atributos físicos das travestis (formas avantajadas como quadris, seios, e também o pênis).

TD (test-drive): significa "experimentar" o sexo com uma travesti com a qual ainda não se tenha saído.

T-gata (TG): travesti. Termo traduzido do similar inglês T-girl.

T-girl: travesti.

T-fucker: termo depreciativo quando acionado pelas travestis, pois atribui ao *T-lover* a qualidade de ter apenas interesses sexuais com os transgêneros, sem considerar o lado humano. Entre *T-lovers*, trata-se de uma opção dentro da condição: a de não se envolver para além do sexo.

virar punheta: é quando a travesti em questão não cumpre com o combinado. Não faz oral, não quer ser penetrada.

Anexo

Foto 1 (Arquivo pessoal) – Duda Guimarães, travesti brasileira que vive atualmente na Espanha, onde é considerada pela clientela como "uma verdadeira top". Para ser merecedora do duplo título de "européia" e "top", Duda fez investimentos significativos em seu capital corporal e cultural. Como "top" fala outros idiomas, além do português, frequenta lugares sofisticados e procura manter um bom relacionamento profissional com a clientela. Sendo uma européia, almeja com essa experiência internacional angariar prestígio e "muitos euros", como frisa ela.

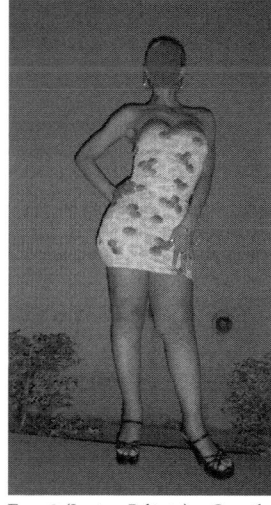

Foto 2 (Larissa Pelúcio) – O estilo "travecão". O rosto da travesti aparece borrado, por ser essa uma categoria, hoje, tida como depreciativa entre as travestis. "O corpo Paris", saiu de moda, ou seja, o excesso nas formas deu lugar, como para outras pessoas, a formas mais enxutas.

Foto 3 (Larissa Pelúcio) – Jennifer "faz a linha" "ninfetinha". É nova, tem formas menos exageradas e se veste no dia-a-dia com modelos que lembram os usados pelas adolescentes de programas televisivos. Atualmente ela já tem suas próteses de silicone, as quais buscou que fossem "naturais", de forma que seu estilo coporal não se confunda com de "um travecão".

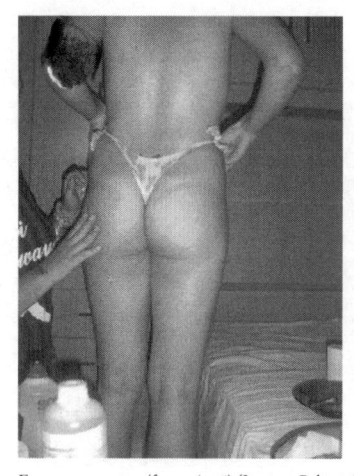

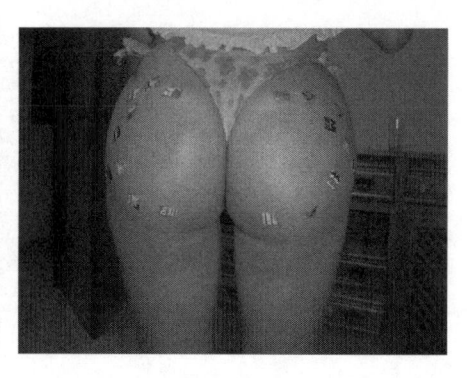

Foto amarrações (**fotos 4 e 5**) (Larissa Pelúcio) – Na primeira, Gisele é preparada com as amarrações para bombar as nádegas. Ao lado direito, o resultado do processo que durou 4 horas. Os pequenos quadrados em torno das nádegas são pedaços de papelão colados com Superbonder, a fim de impedir que o silicone líquido escorra.

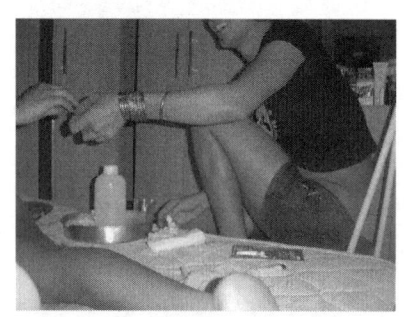

Foto 6 (Larissa Pelúcio) – Francine auxilia Monique durante o processo de bombar o corpo de Fernanda. Sobre a vasilha metálica estão o litro de silicone, o copo, as seringas. E o algodão. Sobre a cama: o papel higiênico, o Superbonder, ainda na embalagem, e o isqueiro que acenderá os cigarros fumados por Fernanda, enquanto esta "faz seu corpo".

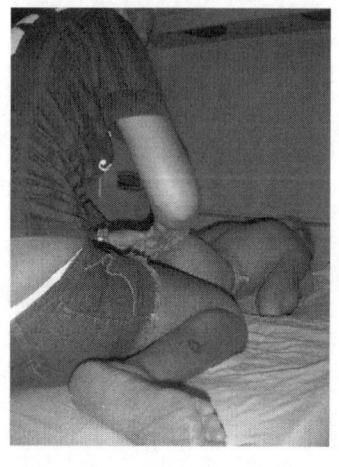

Foto 7(Larissa Pelúcio) – Monique injeta a primeira seringa de silicone em Gisele. O primeiro furo, segundo a técnica desta bombadeira, deve ser na parte inferior das nádegas, para subir o "bumbum".

Caro Leitor,

Agradecemos pela aquisição desta publicação da Annablume Editora.

Desde 1993, a Annablume edita ensaios acadêmicos sobre os mais diversos temas ligados às Humanidades.

Gostaríamos de mantê-lo atualizado sobre nossos lançamentos, eventos, reedições e promoções nas áreas de seu interesse.

Basta acessar o nosso site (www.annablume.com.br), informar seus dados na seção *Cadastre-se* e selecionar os assuntos sobre os quais você deseja receber informações.

Obrigado e até breve!

José Roberto Barreto Lins
Editor

ANNA BLUME
www.annablume.com.br